Carl-Auer-Systeme Verlag

Systemdynamische Organisationsberatung

Klaus Grochowiak/Joachim Castella

Handlungsleitfaden für Unternehmensberater und Trainer

CIK UnternehmerBeratung GmbH
St. Ottilien-Str. 8 · D-82299 Türkenfeld

Zweite, überarbeitete Auflage, 2002

Carl-Auer-Systeme im Internet: **www.carl-auer.de**
Bitte fordern Sie unser Gesamtverzeichnis an:

Carl-Auer-Systeme Verlag
Weberstr. 2
69120 Heidelberg

Über alle Rechte der deutschen Ausgabe verfügt Carl-Auer-Systeme
Verlag und Verlagsbuchhandlung GmbH Heidelberg
www.carl-auer.de
Fotomechanische Wiedergabe nur mit Genehmigung des Verlages
Satz und Diagramme: Josef Hegele
Umschlag: WSP Design, Heidelberg
Umschlagfoto: © Superstock, München
Druck und Bindung: Kösel, Kempten (www.KoeselBuch.de)
Printed in Germany 2002

Zweite, überarbeitete Auflage, 2002
ISBN 3-89670-232-7

Die Deutsche Bibliothek – CIP-Einheitsaufnahme

Ein Titeldatensatz für diese Publikation ist bei
Der Deutschen Bibliothek erhältlich.

Inhaltsverzeichnis

Vorwort ... 7

Einleitung ... 8
    Wie liest man dieses Buch? ... 9

Erster Teil:
**Systemdynamische Organisationsberatung –
Woher, wohin, wozu? ... 11**

1. **Systemdynamisch – Was ist das? ... 13**
    Therapie und Consulting?! ... 13
    Abstammungen ... 13
    Systeme ... 13
    Systemeigenschaften ... 14
    Systemdynamiken ... 15

2. **Die Methode ... 17**
    System und Individuum ... 17
    Aufstellungen ... 18
    Jakob Moreno: Psychodrama ... 18
    Virginia Satir: Familienskulptur ... 18
    Bert Hellinger: Systemkonstellation ... 19
    Systemdynamische Organisationsberatung ... 19

3. **Rahmen der Beratung ... 21**
    Unterschiedliche Problemsituationen ... 21
    Das Problem hinter dem Problem ... 22
    Zugangshinweise ... 22
    Außenperspektive ... 22
    Innenperspektive ... 24

4. **Das Arbeitsfeld ... 28**
    Die multiple Konzentrik ... 28
    Anforderungen an den Berater ... 30

5. **Systemdynamische Grundlagen der Beratung ... 33**
    Der systemische Ansatz Bert Hellingers ... 33
    Bindung ... 34
    Ordnung ... 34
    Ausgleich von Geben und Nehmen ... 34
    Das unmögliche Gleichgewicht ... 35
    Verstrickungen ... 35
    Systembedingungen ... 36
    Formen der Verstrickung ... 37
    Gefühle ... 37
    Spezifikationen für den Beratungskontext ... 38

Zweiter Teil:
Aufstellungspraxis ... 41

Aufstellungen im Profit-Bereich ... 43
    Aufstellung 1:
    Welche Rolle habe ich als Teamleiter
    in meinem Team? ... 47
    Aufstellung 2a:
    Warum werden meine Anordnungen
    nicht befolgt? ... 59
    Aufstellung 2b:
    Warum werde ich in meiner Kompetenz
    nicht gewürdigt? ... 73
    Aufstellung 3:
    Meinen Platz in der veränderten
    Unternehmenssituation finden ... 83
    Aufstellung 4:
    Meine Kunden versauen mir den Erfolg ... 96
    Aufstellung 5:
    Wie kann ich gehen, ohne Schaden
    zu hinterlassen? ... 106
    Aufstellung 6:
    Es blüht, es welkt ... 114

Aufstellungen für Familienunternehmen ... 134
    Aufstellung 7:
    Seit ich Geschäftsführer bin,
    trage ich eine Stinkwut mit mir rum! ... 136
    Aufstellung 8:
    Trotz bester Voraussetzungen
    bleibt der Unternehmenserfolg aus ... 146

Aufstellungen im Non-Profit-Bereich ... 168
    Aufstellung 9:
    Unklarer Auftrag oder
    Wo gefühlt statt gehandelt wird ... 169

Aufstellungen im Beraterkontext ... 172
    Aufstellung 10:
    Meine Rolle als Berater und Trainer klären ... 174
    Aufstellung 11:
    Wie muss ich meine beruflichen Ziele gestalten?
    Was ist mein Ziel? ... 188

Dritter Teil:
Arbeiten mit Aufstellungen ... 197

Das Metaformat der systemdynamischen Aufstellungsarbeit ... 199

Erläuterungen zum Metaformat ... 204
    1. Akquise ... 204
    2. Diagnose ... 204
    3. Sondierung ... 205
    4. Auswahl ... 206
    5. Einleitendes Interview ... 206
    6. Aufstellen des Systems ... 207
    7. Befragen der Stellvertreter ... 207
    8. Interventionen ... 207
    9. Übergang ins Familiensystem ... 208
    10. Lösungen ... 208

Vergiftete Aufträge ... 209
    Berater als verlängerter Arm des Auftraggebers ... 210
    Konflikte innerhalb der Geschäftsleitung ... 210
    Training als Legitimation ... 210
    Sabotageprogramm des Chefs ... 210
    Nichtwürdigung früherer Trainer ... 211
    Auftraggeber ist selbst das Problem ... 211

Verschiedene Problemsituationen ... 212

Module ... 213
    Abgrenzung ... 213
    Rückgabe ... 213
    Rangfolge ... 214
    Ehre geben ... 214
    Ich sehe dich als 214
    Segen geben ... 215
    Ich folge dir nach/Ich mache für dich weiter ... 215
    Kontakt herstellen ... 215
    Doppelbelichtung auflösen ... 215
    Triangulierung auflösen ... 216
    Das innere Bild wirken lassen ... 216

Gefühlskategorien ... 217
    Primärgefühle ... 217
    Sekundärgefühle ... 217
    Fremdgefühle ... 217
    Seinsgefühle ... 217
    Erkennen von Gefühlszuständen als Leitfaden für Therapie ... 218
    Gefühle und Aufmerksamkeit ... 218
    Aufmerksamkeit und Ablenkung ... 218
    Jeder ist Teil des Systems ... 218

Zugangshinweise für Verstrickungen ... 219
    Sprachliche Zugangshinweise ... 220
    Auditiv digitale Zugangshinweise ... 220
    Auditiv tonale Zugangshinweise ... 220
    Visuelle Zugangshinweise ... 220
    Trauma, Verstrickung ... 222
    Innere Repräsentationen: auditiv ... 222
    Innere Repräsentationen: visuell ... 222

Möglichkeiten der Aufstellungen ... 224

Unterschiedliche Arten von Aufstellungen ... 225

Fragen zu Familienbetrieben ... 226
    Zugehörigkeit ... 226
    Krisen ... 226
    Macht ... 226
    Nachfolge ... 226
    Leistungen ... 226
    Familie – Betrieb ... 226
    Kompetenz und Risiko ... 226
    Rechtsform ... 226
    Loyalität ... 226

Organisationen stellen ... 227
    Ordnung ... 227
    Bindung und Würdigung ... 227
    Systemgrenzen – Hierarchieebenen und Führung ... 227
    Ausgleich ... 228
    Der Unternehmenszweck ... 228
    Berater, Veränderungsprozesse und Arbeitsstil ... 228
    Allgemein ... 229

Fragen zur Macht ... 230

Eigene systemische Verstrickungen auflösen ... 239

Literatur ... 240

Vorwort

Jede Methode hat ihre Grenzen. So wird sich jeder, der als Trainer und Unternehmensberater tätig ist, immer wieder vor die speziellen Leistungsgrenzen der kommunikationstheoretisch fundierten Beratungskonzepte gestellt sehen. Vor diesem Hintergrund ist die Entwicklung der systemisch-phänomenologischen Methode Bert Hellingers eine große Vertiefung und Erweiterung des Verständnisses der in Organisationen relevanten Dynamiken.

Da die Arbeit Hellingers allerdings vorwiegend am Gegenstand des Familiensystems entwickelt worden ist, ist es notwendig, diesen Ansatz auf die speziellen Bedingungen in Unternehmen, Organisationen und Institutionen zu übertragen. Dieser Übertragungsprozess bedeutet dann, die spezifische Differenz zwischen Familiensystemen einerseits und dem Bereich von Unternehmen und Organisationen andererseits sichtbar zu machen.

Die Idee, das familientherapeutische Konzept Hellingers auf Firmensysteme zu übertragen, entwickelte sich zwischen Klaus Grochowiak und seinem Schüler Peter Klein vor nunmehr sechs Jahren. Rund ein halbes Jahrzehnt also, in dem Peter Klein als Mitveranstalter der ersten Workshops zum Thema, vor allem aber durch seine kontinuierliche und konstruktive Diskussion das Zustandekommen dieses Buches, als dessen Initiator er hier ausdrücklich genannt werden soll, maßgeblich befördert hat. Die vorliegende Arbeit nun zeigt in Theorie und Praxis den gegenwärtigen Stand der Erkenntnisse, auf der Basis der Erfahrungen, die K. Grochowiak mit der Übertragung der Methode Hellingers auf Unternehmenskontexte gemacht hat. Darüber hinaus möchte das Buch ein methodischer und handlungstechnischer Leitfaden sein, Firmen- und Organisationsaufstellungen selbstständig durchzuführen.

Der systemisch-phänomenologische Ansatz dieser Arbeit impliziert, dass ein solcher Leitfaden niemals den Status der Abgeschlossenheit für sich in Anspruch nehmen kann, da er als die kontinuierliche Auseinandersetzung mit dem, „was sich zeigt", notwendigerweise in einem offenen Prozess der Weiterentwicklung steht – einem Entwicklungsprozess, der seine Erfahrungen aus vielen Quellen schöpft. Daher möchten wir es nicht verabsäumen, Katharina Stresius zu erwähnen, die gemeinsam mit K. Grochowiak Seminare zum Thema „NLP und systemisch-phänomenologische Familientherapie" veranstaltet. Viele Aspekte des dritten Teils dieses Buches sind Ergebnis dieser gemeinsamen Seminararbeit.

Und nicht zuletzt gilt unser herzlicher Dank Herrn Roland Kenzler. Er hat die oft mühsame Arbeit auf sich genommen, jene Aufstellungstranskripte zu erstellen, mit denen wir die Aufstellungsarbeit dokumentieren.

Klaus Grochowiak, Joachim Castella

Einleitung

„Der Stein ist ins Wasser geworfen, und die Wellen dehnen sich – offensichtlich ohne an Kraft zu verlieren – in viele Richtungen aus." Mit diesem Bild resümiert Gunthard Weber die rasante Entwicklung, die die Auseinandersetzung mit der systemisch-phänomenologischen Therapie von Bert Hellinger in den zurückliegenden Jahren genommen hat (Weber, 1998, S. 12). 1993 war es, als Weber das Hellinger-Buch *Zweierlei Glück* herausgab, mit dem ein bis dahin eher Insidern vertrauter Ansatz der Kurzzeittherapie für das breitere Publikum zugänglich wurde.

Inzwischen kann ohne Übertreibung davon gesprochen werden, dass Hellinger eine der zentralen Figuren der europäischen Therapieszene ist. Seine Auftritte füllten die größten Säle, waren beinahe früher ausverkauft als publik – und die Wellen schlagen hoch. Wer wie Hellinger im Fokus des öffentlichen Interesses arbeitet, der unterliegt den besonderen Gesetzmäßigkeiten, die sich aus Erwartungen und Ressentiments, Hoffnungen und Ängsten, Projektionen und Beobachtungen zu dem bündeln, was man die öffentliche Meinung nennt.

Wenn wir das Zitat Webers an den Anfang gestellt haben, dann deswegen, um damit auf die Notwendigkeit der Positionierung des von uns vorgelegten Buches hinzuweisen. Denn einer solchen Positionierung bedarf es. Würden wir nämlich ohne weiteren Kommentar davon sprechen, mit diesem Buch eine neue Form der Unternehmensberatung vorzustellen, dann wäre dies zumindest missverständlich. Genauer gesagt, ist die Einordnung der systemdynamischen Organisationsberatung als eine vollkommen neue Form der Beratung richtig und falsch zugleich.

Falsch, insofern die Grundlegung der systemisch orientierten Unternehmensberatung mit dem Bekanntwerden der systemisch-phänomenologischen Therapie Hellingers zusammenfällt. Die Grundidee ist also schon einige Jahre alt, sie geht nahezu zwingend aus Hellingers Ansatz hervor.

Und dennoch ist es zugleich auch richtig, die systemdynamische Organisationsberatung als eine neue Form des Consultings zu betrachten. Gemessen an ihrem Bekanntheitsgrad oder ihrer Verbreitung, vor allem aber im Hinblick auf die kaum vorhandenen Möglichkeiten, sie zu erlernen, stellt die systemisch orientierte Beratung ein Novum im Businessbereich dar.

Insofern ist sie tatsächlich eine der Wellen, von denen Weber spricht, die sich konzentrisch um den von Hellinger geworfenen Stein herum ausdehnen: ohne Hellinger nicht denkbar, aber seit geraumer Zeit schon auf eigenen Wegen. Um diese Ambivalenz von Abkunft und Abstand auch im Namen zu dokumentieren, haben wir uns entschlossen, die allgemein geläufige Redeweise von *systemischer* bzw. *systemisch-phänomenologischer* Organisationsberatung aufzugeben. Stattdessen sprechen wir von *systemdynamischer* Organisationsberatung. Zum einen möchten wir die leidige Diskussion, ob Hellinger selbst das Attribut *systemisch* zu Recht oder zu Unrecht im Titel führt, nicht auf unsere Gebiete hin verlängern. Zum anderen aber, und dies ist wesentlich wichtiger, sind wir der Ansicht, dass in dem hier gewählten Begriff deutlich die Differenz zwischen Therapie und Consulting angezeigt wird, ohne dass dabei die grundlegende methodische Parallele verleugnet würde. Die systemdynamische Organisationsberatung kann also in einem ersten Schritt als ein Instrumentarium verstanden werden, das die jeweiligen Dynamiken in Organisationen beobachtet und verändert. Dies ist möglich, weil sie bestimmte Systemparameter als grundlegende Eigenschaften von (Firmen-) Systemen ansetzt. (Was darunter im Einzelnen zu verstehen ist, soll im weiteren Verlauf eingehend dargestellt werden.)

Damit können wir der ersten Einordnung dieses Buches eine zweite folgen lassen: Dies ist ein Buch der Praxis, und zwar im doppelten Sinn. Einerseits ist es *aus der Praxis* entstanden. Das heißt, wir dokumentieren unsere Erfahrungen und stellen die Ergebnisse und Erkenntnisse, die wir im Laufe der Zeit mit der Methode gemacht haben, und die Schlussfolgerungen, die wir daraus ziehen, vor; wie wir ebenso die Probleme und offenen Fragen, die uns dabei erwachsen sind, zur Diskussion stellen.

Und andererseits ist dieses Buch ein Buch *für die Praxis*. Das heißt, es richtet sich an diejenigen, die sehr anwendungsorientiert etwas über die neue Beratungstechnik erfahren möchten. Theoretische Erwägungen und konzeptionelle Überlegungen finden sich im Weiteren also nur insofern, als sie zum notwendigen Hintergrundverständnis oder zum unmittelbaren Nachvollzug der dokumentierten Arbeiten unabdingbar sind. Hier ist das Maß, nach dem wir dosiert haben, eindeutig: So viel Theorie wie nötig, so wenig wie möglich.

Demgegenüber werden wir die exemplarisch vorgestellten Aufstellungen jeweils kommentierend begleiten, um die Interventionen, Ein- und Handgriffe, die auf den ersten Blick oftmals kontraintuitiv erscheinen, zu erläutern und jederzeit nachvollziehbar zu gestalten. In dieser Hinsicht hat das Buch einen ausgesprochenen Workshopcharakter: Learning by Doing im Sinne eines Verständnis schaffenden Nachvollzuges der dokumentierten Arbeiten. Denn: Auf welchem Gebiet auch immer, jeder, der mit der Methode Hellingers bereits Bekanntschaft gemacht hat, wird mit der zentralen Erfahrung konfrontiert worden sein, dass das echte und tiefe Verständnis der Funktionsweisen dieser Methode sich allein im Kontakt mit ihrer Anwendung einstellt. Berichte darüber nutzen hier ebenso wenig wie Theorien und Spekulationen über das Wie ihres Funktionierens. Hier bedarf es in erster Linie der Offenheit, sich auf das durchaus Fremde und Befremdliche einzulassen.

Wir sind der Überzeugung, dass mit der systemdynamischen Organisationsberatung ein Ansatz bereitsteht, der über ein bis dahin nicht gekanntes Leistungsprofil verfügt. Anders als alle bekannten Formen der Beratung verbindet die systemdynamische Beratung die Kriterien von Ziel- und Lösungsorientierung mit dem so wesentlichen Plus eines minimalen Zeitaufwandes. Und zugleich arbeitet der systemdynamische Berater auf einer so fundamentalen Ebene, die allen bislang bekannten Rückfallphänomenen eine neue, überraschende und dennoch ganz in der Logik der Sache liegende Dauerhaftigkeit und Haltbarkeit der Veränderung entgegenstellt.

Aus diesem Grund stellen wir in diesem Buch die Ergebnisse unserer Lehr- und Forschungstätigkeit in einer Form vor, die vorrangig einer doppelt gelagerten Zielsetzung dient: Zum Ersten versteht sich die vorgestellte Aufbereitung des Anschauungsmaterials als ein deutliches Plädoyer für die Lehr- und Lernbarkeit der systemdynamischen Methode.

Zum anderen und eng damit verbunden möchten wir die Diskussion über den gegenwärtig noch sehr eng gezogenen Bannkreis der Experten in Richtung auf die ungleich größere Zahl der Endverbraucher hin ausweiten. Denn auch wenn etwa das von Gunthard Weber organisierte Symposium zum Organisationsstellen (Heidelberg, 17.–18.04.1998) bereits rund 200 Interessierte zusammenführen konnte – gemessen am Bedarf, verbleibt die damit erreichte Dichte weit unterhalb eines nur ansatzweise ausreichenden Potenzials. Hier ein Stück weit gegenzusteuern ist das anvisierte Ziel dieses Buches.

Wie liest man dieses Buch?

Es war bereits die Rede davon, dass dieses Buch einen ausgesprochenen Workshopcharakter besitzt. Der Grund dafür liegt zunächst darin, dass die hier zusammengetragenen Erfahrungen und Beispiele eben das Produkt einer Reihe von Seminaren und Workshops zum Thema sind. Daher soll die Form der Darstellung unseren eigenen Weg in die Materie widerspiegeln.

Wesentlich wichtiger jedoch war uns etwas anderes. Den Ausschlag, keine theoretische Grundlegung der systemdynamischen Organisationsberatung zu verfassen, gab der Wunsch, die in der Regel ganz unterschiedlich gelagerten Bedürfnisse der Leser möglichst flächendeckend befriedigen zu wollen. Da wir davon ausgehen, dass die spezifischen Interessenlagen, die Verwertungs- und Anwendungsabsichten, die Vorkenntnisse und Hintergrundinformationen sich von Fall zu Fall ganz erheblich unterscheiden, versucht die Konzeption des Buches, diesem Spektrum Rechnung zu tragen.

Wer also den auf seine Bedürfnisse maßgeschneiderten schnellen und effizienten Zugriff sucht, der möge sich kurz mit den folgenden Zugangshinweisen vertraut machen:

- Diejenigen, die bereits intensiv mit der Methode Hellingers vertraut sind und sich vorrangig für die Übertragung seines Ansatzes auf Organisationskontexte interessieren, können sich direkt dem Dokumentationsteil (Zweiter Teil: Aufstellungspraxis) zuwenden.
- Wer in den Begriffen des systemischen Ansatzes noch keine oder wenig Kenntnis hat, aber trotzdem sehr schnell in den Praxisteil einsteigen möchte, kann dazu die grundlegendsten Begriffe, Techniken und Verfahrensweisen dem Kapitel Module (S. 213) entnehmen. Da die Falldokumentationen stets parallel kommentiert werden, ist auf diese Weise auch der für manche angenehmere Zugang von der Praxis her zur Theorie gewährleistet.
Wer über etwas mehr Zeit verfügt, der kann den Dritten Teil: Arbeiten mit Aufstellungen (er enthält das Kapitel Module) als Einstieg wählen.
- Diejenigen, die keine oder wenig Vorkenntnisse über den systemischen Ansatz mitbringen und denen es eher um konzeptionelle denn um pragmatische Belange geht, können den dokumentarischen Zweiten Teil als illustrative Ergänzung und flankierende Materialsammlung neben den deskriptiven Teilen in den Hintergrund treten lassen.
- All jene, die bereits eigene Erfahrungen mit dem systemischen Ansatz gemacht haben und die ihren Kenntnisstand hier oder da vertiefen möchten, können dies punktuell und nach eigenem Zuschnitt sowohl in den theoretischen wie auch in den praktischen Teilen tun. Die einzelnen Inhalte sind als kleinere, in sich geschlossene Einheiten aufbereitet.
- Diejenigen, die Bücher in der vertrauten Weise von Anfang bis Ende durchlesen, brauchen von ihrer lieb gewonnenen Gewohnheit nicht Abstand zu nehmen. Auch dieses Buch lässt sich in der von den Seitenzahlen angegebenen Reihenfolge Seite für Seite lesen.

Erster Teil:

Systemdynamische Organisationsberatung – Woher, wohin, wozu?

1. Systemdynamisch – Was ist das?

Therapie und Consulting?!

Die systemdynamische Organisationsberatung geht auf die Arbeiten Bert Hellingers zurück. Genauer gesagt, stellt sie eine Anwendung seiner therapeutischen Methode auf Kontexte im Businessbereich dar. Wenn hier von der Übertragung einer therapeutischen Methode die Rede ist, dann bedarf dies einer Erklärung. Denn Therapie setzt im Allgemeinen einen pathologischen Zustand voraus, der mithilfe geeigneter therapeutischer Maßnahmen beseitigt werden soll. In diesem Sinn kann also nicht gesagt werden, dass innerhalb der systemdynamischen Organisationsberatung anstelle von Familien und ihren Mitgliedern nun Firmen und Organisationen therapiert würden. Fehlende Motivation, schlechter Informationsfluss, ausbleibender Erfolg u. a. m. gelten schließlich nicht als pathologische Tatbestände im klinischen Sinn des Wortes.

Versteht man allerdings unter Therapie ein Geschehen, das Veränderung bewirkt, dann ändert sich die Situation sehr weit reichend. Nicht nur verliert bereits der Begriff „Therapie" seinen für viele geradezu „krankhaften" Beigeschmack, vielmehr rücken plötzlich ganz und gar „untherapeutische" Interaktionen in den Rang therapeutischer Interventionen: Ein klärendes Gespräch unter Freunden, ein emotional aufwühlendes Erlebnis, eine wichtige Begegnung mit einem Menschen – all das kann für uns therapeutischen Charakter besitzen, wenn wir Therapie vorrangig an der Qualität der Veränderung, die sie bewirkt, messen.

Allerdings unterscheidet sich der bloße Besuch eines noch so aufwühlenden Kinofilms von einer Therapie in einem wesentlichen Punkt: Das therapeutische Setting arbeitet zielgerichtet. Das heißt, es gibt ein bestimmtes Problem, das im Laufe der mehr oder weniger zahlreichen Sitzungen gelöst werden soll. Und zwar mithilfe einer bestimmten Therapieform, sprich: mittels einer bestimmten Methode.

Methoden sind Handlungsanweisungen, die zur Erreichung zuvor definierter Ziele dienen. Als solche sind sie notwendigerweise immer schon von einer gewissen Allgemeinheit. Das richtige Verschweißen von Metallteilen etwa soll ja nicht nur im Schiffsbau seine Anwendung finden, sondern als generelle Methode überall dort anwendbar sein, wo es darum geht, einzelne Metallteile zu größeren Einheiten zu verbinden. Generell also sind Methoden relativ kontextunabhängige, formale Handlungsanweisungen, die für sich genommen noch nichts darüber verraten, auf welchem Gebiet sie schließlich angewendet werden.

Betrachten wir nun noch einmal die systemdynamische Organisationsberatung als eine Anwendung der therapeutischen Methode Hellingers auf Businesskontexte, dann können wir ein allererstes grobes Bild skizzieren:

- Die systemdynamische Organisationsberatung ist eine Methode der Veränderung.
- Sie übernimmt einen Methodenapparat aus einem ursprünglich therapeutischen Kontext.
- Sie umfasst eine allgemeine Handlungsanweisung, die kontextunabhängig anwendbar ist.

Abstammungen

Wenn die systemdynamische Organisationsberatung sich als Anwendung der Methode Hellingers auf dessen Arbeiten beruft, dann stellt sie sich damit in eine ganz spezielle Traditionslinie. Das heißt, sie übernimmt ein bestimmtes Repertoire an grundlegenden Voraussetzungen, an Präsuppositionen und Prämissen, die es ihr überhaupt erlauben, den Übertrag des Handwerkszeugs auf die ihr eigenen Gegenstände zu vollziehen.

Diese Vorannahmen beziehen sich auf die therapietheoretischen Erwägungen darüber, was für die Zweck-Mittel-Relation zwischen Symptom, Ursache und Heilung als die wesentlichen und entscheidenden Faktoren zu gelten hat. Die Diskussionen darüber sowie die Veränderungen, die sich im Laufe der Zeit in den diesbezüglichen Einschätzungen herauskristallisiert haben, lassen sich in den einschlägigen Abhandlungen zur Geschichte der Psychotherapie nachlesen. Sie brauchen uns hier nicht im Detail zu interessieren.

Was wir uns jedoch vor Augen führen müssen, sind die Basisbegriffe und fundamentalen Grundannahmen, auf denen Hellinger und auf denen damit die systemdynamische Organisationsberatung steht.

Systeme

Im allgemeinen Sprachgebrauch versteht man unter einem System ein gegliedertes Ganzes, also etwas Zusammengesetztes im Unterschied zu etwas Elementarem. Als systematisch gilt dementsprechend alles, was klar gegliedert ist, was in seinem Aufbau leicht zu erkennen oder gut nachzuvollziehen ist.

1. Systemdynamisch – Was ist das?

Systeme dieser Art sind als Klassifizierungssysteme etwa aus der Biologie oder der Chemie bekannt; das Linné'sche Ordnungssystem der Organismen oder das Periodensystem der Elemente spiegeln den gegliederten Aufbau der im Blick stehenden Bestandteile (Lebewesen/Elemente) wider. Aber auch in anderen Bereichen, beispielsweise der Philosophie, sprechen wir von Systemen, wenn etwa bestimmte Theoretiker die disparate Vielfalt der Welt auf ein einziges Ordnungs- und Erklärungsprinzip hin zurückführen wollen. Systeme in dem hier gemeinten Sinn lassen sich damit generell als gegliederte Ganzheiten verstehen, die einem spezifischen Ordnungsprinzip folgen.

Gerade dieser Systembegriff nun liegt dem nicht zugrunde, was in dem Wort „systemdynamisch" gemeint ist. Der dort angesetzte Systembegriff knüpft demgegenüber an den speziellen Systembegriff der Systemtheorie an, hinter der sich dementsprechend auch nicht die Theorie von dem gegliederten Ganzen verbirgt. Denn das entscheidend neue Motiv, das den Systembegriff der Systemtheorie kennzeichnet, ist weniger der bis hierhin betonte Ordnungsaspekt des Ganzen, die Systemtheorie nimmt vielmehr die Beziehung der einzelnen Bestandteile untereinander in den Blick.

Beziehungen zwischen den einzelnen Bestandteilen lassen sich allerdings in jedem gegliederten Ganzen ausmachen, d. h. die bloße Tatsache, dass es Beziehungen unter den Elementen gibt, qualifiziert das System noch lange nicht als ein System im Sinn der Systemtheorie. So ist es in der Tat zu kurz gegriffen, den Beziehungsaspekt allein bereits für eine hinreichende Erklärung des neuen Systembegriffs zu reklamieren. Was hier dazutreten muss, ist die besondere Qualität der Beziehung; dazukommen muss die spezifische Art der Beziehung, die aus einem klaren und geordneten Aufbau ein System im Sinne der Systemtheorie, der systemischen Therapie und nicht zuletzt der systemdynamischen Organisationsberatung werden lässt.

Das Fachwort für diese besondere Art der Beziehung heißt „Wechselwirkung". Darunter ist zu verstehen, dass die Elemente eines Systems nicht isoliert voneinander existieren, sondern dass ihr Verhalten sich gegenseitig in der Weise beeinflusst, dass eine Veränderung an einem Punkt eine Veränderung an einem anderen Punkt nach sich zieht, die wiederum verändernd auf den ersten Punkt zurückwirkt. Was sich hier kompliziert anhört, lässt sich weniger kompliziert an ganz handfesten Beispielen illustrieren. Denken wir etwa an einen Teich und betrachten die Populationsdichte der dort ansässigen Frösche. Sie wird in genau dem Maße wachsen, in dem für die Frösche ausreichend Nahrung vorhanden ist. Nimmt die Zahl der Frösche nun infolge des reichen Nahrungsangebotes zu, so verringert sich die zur Verfügung stehende Menge an Nahrung, was in der Folge eine Verringerung der Froschpopulation nach sich zieht. Ist nun die Zahl der Frösche auf ein niedrigeres Niveau gesunken, wird sich das Nahrungsangebot wieder vergrößern, sodass die Zahl der Frösche wieder wachsen kann – und der Kreislauf kann von neuem einsetzen.

Das hier beschriebene Auf und Ab von Fröschen und Nahrungsangebot ist ein nachgerade klassisches Beispiel für ein System, innerhalb dessen seine Elemente (Frösche/Futter) in Wechselwirkung miteinander verbunden sind: Die Veränderung auf der einen Seite trifft die andere Seite, verändert dort die Bedingungen, läuft gleichsam durch diese hindurch auf ihren Ausgangspunkt zurück, um von hier aus eine neue Runde einzuläuten.

Wesentlich ist dabei nun zweierlei: Erstens lässt sich an diesem stetigen Prozess nicht sinnvoll entscheiden, wo er anfängt oder aufhört. Es ist die Willkür des Beobachters zu sagen, ich fange bei den Fröschen an und verfolge die Konsequenzen ihrer Populationsdichte für das Nahrungsangebot – oder umgekehrt. Wechselwirkungsprozesse, könnte man sagen, sind in Kreisen organisiert, die es verhindern, Ursache und Wirkung ein für alle Mal klar auseinander zu halten. Oder, noch schärfer: Die Wirkung (an einem Ort) ist die Ursache (an einem anderen Ort), die Wirkung wird ihre eigene Ursache.

Und zweitens lässt sich dem Beispiel entnehmen, dass Systeme, deren Elemente in Wechselwirkung zueinander stehen, nie zur Ruhe kommen. Die Zahl der Frösche wird wachsen und wachsen, bis nicht mehr ausreichend Nahrung vorhanden ist; dann wird sie abnehmen und abnehmen, bis sich das Angebot wieder erholt hat, um sofort wieder zu wachsen. Statt einer festen Größe lässt sich also nur ein Anwachsen und Abnehmen innerhalb bestimmter Grenzwerte feststellen, ein Auf und Ab, das allerdings dazu führt, dass die Population insgesamt stabil gehalten wird. Insofern spricht die Systemtheorie hier von einem Fließgleichgewicht, womit angedeutet wird, dass der Gleichgewichtszustand nie absolut als statischer erreicht wird, sondern nur als eine kontinuierliche Schwankung um einen Mittelwert beobachtet werden kann.

Systemeigenschaften

Systeme der hier beschriebenen Art lassen sich auf den unterschiedlichsten Ebenen beobachten. Die Marktökonomie etwa pendelt ihre Preise im Wechselspiel von Angebot und Nachfrage aus, wenn die Preise in dem Maße steigen, in dem sich die Nachfrage erhöht, bis der Preis an einem bestimmten Grenzwert für die Käufer unattraktiv wird und sich infolge der ausbleibenden Nachfrage wieder senkt. In der Astrophysik stellt unser Sonnensystem ein System dar, dessen Elemente (Planeten und Sonne) über die Schwerkraft miteinander in Wechselwirkung stehen. Aber auch in ganz profanen Alltagssituationen lassen sich Wechselwirkungen erkennen, wenn etwa ein Mann und eine Frau miteinander flirten: Deine Ermunterungen ermuntern mich, dich zu ermuntern, mich zu ermuntern …

Die Frage, die sich an dieser Stelle aufdrängt, richtet sich an den Nutzen des so konzipierten Systembegriffs: Welchen erkenntnis- und handlungstechnischen Zugewinn erbringt das Wissen, dass es wechselseitige Abhängigkeiten und Beeinflussungen gibt? Was ändert sich, wenn der so geartete Systembegriff die Beobachtung lenkt?

Zunächst erreicht die Beschreibung einen höheren Grad der Genauigkeit und Adäquatheit hinsichtlich der untersuchten Objekte. Komplexität ist dabei das einschlägige Stichwort, wenn nun die Beschreibung selbst komplexe Strukturen annimmt, um die Komplexität der Phänomene wiederzugeben. Im Unterschied zu Kompliziertheit meint Komplexität ja gerade die Überlagerung mehrerer logischer Beschreibungsebenen; im Fall der Wechselwirkung also die Gleichzeitigkeit von zwei gegenläufigen Ursache-Wirkungs-Ketten. Komplexe Zusammenhänge lassen sich daher nicht mit einem Anfang und einem Ende in einer Reihe auflisten, sondern zeigen eine gegenläufige oder zirkulare Struktur.

Der zweite wesentliche Zugewinn der systemtheoretischen Perspektive besteht darin, dass sie in der Lage ist, Phänomene und Sachverhalte abzubilden, die ansonsten keinen Beschreibungsrahmen besitzen. Der Komplexitätszuwachs aufseiten der Beobachter ermöglicht einen Zugang zu Aspekten der Wirklichkeit, der ohne ihn verschlossen bliebe: In dem Augenblick, in dem Systeme als Ganzheiten untersucht werden, also nicht als die summarische Aufzählung, sondern als das interdependente Zusammenspiel ihrer Elemente in den Blick treten, werden Eigenschaften dieser Ganzheiten zugänglich, die sich überhaupt nur dann erfassen lassen, wenn denn der Bezugsrahmen der Beobachtung von vornherein die Systeme als Ganzheiten sind.

Ein Beispiel
Die Meteorologie schreibt Wirbelstürmen spezifische Eigenschaften zu. Wirbelstürme zeichnen sich durch eine kreisende Luftbewegung aus, weisen einen Luftdruckabfall im Zentrum auf, zeigen eine relativ lange Lebensdauer, können sich teilen u. v. m. Untersucht man Wirbelstürme auf ihre einzelnen Elemente hin, so lassen sich keine anderen finden als diejenigen, die überall in der Luft anzutreffen sind: Atome und Moleküle, aus denen sich die Atmosphäre zusammensetzt, Wasser in unterschiedlichen Aggregatzuständen, Staubpartikel, Sonneneinstrahlung u. a. m. Wollte man nun die spezifischen Eigenschaften von Wirbelstürmen in den jeweiligen Elementen suchen, aus denen sie sich zusammensetzen, so wäre diese Suche erfolglos; auch die Summe der einzelnen Bestandteile liefert insgesamt nichts, was diese Eigenschaften besitzt. Diese Eigenschaften zeigen sich nur dann, wenn die Elemente unter bestimmten Bedingungen in einer besonderen Weise zueinander im Verhältnis stehen. Und nur dieses besondere Zusammenspiel der Elemente untereinander produziert all jene Eigenschaften, die wir als das Phänomen „Wirbelsturm" ansprechen.

Hier ist sehr deutlich zu erkennen, was damit gemeint ist, wenn die Systemtheorie davon spricht, dass das Ganze mehr ist als die Summe seiner Teile. Die Eigenschaften eines System, die so genannten Systemeigenschaften, sind mehr oder, besser: etwas anderes als die bloße Addition all seiner Bestandteile. Systemeigenschaften lassen sich nicht aus der Analyse der einzelnen Elemente ableiten, sie sind nur zugänglich, wenn das Gesamtsystem als das wechselseitige Zusammenspiel seiner Teile beobachtet wird.

Und umgekehrt lassen sich die Systemeigenschaften nur dann und so lange erkennen, wenn und so lange das System als System existiert. Ohne das System gibt es diese Eigenschaften nicht, sie binden sich ganz unmittelbar an das Bestehen des Systems als einer existierenden Ganzheit. Auch hier tritt eine komplexe Verbindung ans Licht: Das System als das Zusammenspiel der Elemente produziert die Systemeigenschaften, und die Systemeigenschaften bringen das System als System hervor.

Systemdynamiken

Die Systemtheorie, so haben wir festgestellt, beobachtet nicht mehr das isolierte Element, sondern richtet ihr Augenmerk von vornherein auf Ganzheiten. Dabei werden Ganzheiten nicht als die Summe ihrer Teile verstanden, sondern als das Zusammenwirken von Elementen und der sie verbindenden Relationen. Als ein System im Sinn der Systemtheorie gilt damit eine Menge von Elementen, deren Beziehung untereinander als Wechselwirkung erfasst werden kann. Erst wenn dieses System in den Blick genommen wird, lassen sich die spezifischen Systemeigenschaften adäquat erfassen, da sie keine Funktionen oder Eigenschaften der jeweiligen Elemente darstellen und sich aus diesen auch nicht kausal ableiten lassen.

Es wird – abschließend – etwas Weiteres deutlich, das den vielleicht wichtigsten Aspekt für die zuvor gestellte Frage nach dem Nutzen einer systemtheoretischen Perspektivierung darstellt. Gemeint ist der hier erkennbare Grad der Abstraktion: Wenn ein System ganz abstrakt als eine Menge definiert wird, deren Elemente zueinander in Wechselwirkung stehen, dann ist über die konkrete Beschaffenheit eines Systems damit noch nichts gesagt.

Dahinter steckt die Annahme, dass sich Systeme mit spezifischen Systemeigenschaften in ganz unterschiedlichen Bereichen unserer Umwelt erkennen lassen. Ansatzweise hatten wir ja bereits verschieden gelagerte Beispiele genannt. So lassen sich Systeme erkennen im atomaren Bereich der Teilchenphysik und in den kosmischen Dimensionen der Astrophysik; Systeme finden sich in politischen, sozialen, ökonomischen, ökologischen und anderen Bereichen. Ganz unabhängig von dem jeweils betrachteten Bereich begegnen wir Phänomenen, die sich nicht aus der summarischen Analyse der einzelnen Elemente erklären lassen.

Auf vollkommen unterschiedlichen Ebenen also lassen sich Phänomene anführen, deren tieferes Verständnis Erklärungsprinzipien voraussetzt, die als grundlegende Systemgesetzlichkeiten von den ursprünglich beobachteten Phänomenen abstrahieren. Anders ausgedrückt, lassen sich die in einem System festgestellten Gesetzmäßigkeiten auch in anderen Systemen nachzeichnen, sodass ein Einblick in das Funktionsschema von Systemen sich in dem Maße einstellt, in dem von einem konkreten System abgesehen und stattdessen eine Vielzahl vergleichbarer Systeme auf die infrage stehenden Mechanismen hin untersucht wird.

Was aber wird beobachtet, wenn die in einem System beobachteten Gesetze sich auch in anderen Systemen beobachten lassen, und das, obwohl die Systeme von vollkommen verschiedener materieller Zusammensetzung sind? Beobachtet werden Strukturen, die sich gerade in Unabhängigkeit von den konkreten, materialen Realisierungen der Systeme übergreifend nachzeichnen lassen. Strukturen, die in Unabhängigkeit vom jeweils beobachteten Objekt erkennbar sind und die auf diese Weise als Verbindungsglied zwischen vollkommen unterschiedlichen Systemen erscheinen. So verstanden, kann die Systemtheorie als eine Strukturtheorie gelten, da sie nicht mehr am konkreten, materialen Inhalt orientiert ist, sondern an den darin zwar verwirklichten, aber dennoch davon unabhängigen, übergreifenden Strukturen.

Hellinger hat nun in seiner langjährigen Arbeit festgestellt, dass auch Familiensysteme über spezifische Systemeigenschaften verfügen. Das heißt, in Familiensystemen lassen sich allgemeine Strukturen erkennen, die für das störungsfreie Funktionieren dieser Systeme wesentlich sind. Es sind dies die drei Grunddynamiken von

- Bindung,
- Ordnung,
- Ausgleich von Geben und Nehmen.

Was darunter im Einzelnen zu verstehen ist, werden wir eingehend im fünften Kapitel dieses ersten Teiles beleuchten. An dieser Stelle ist zunächst die Tatsache wichtig, dass Familien als Systeme sowohl bestimmte Systemeigenschaften als auch bestimmte Strukturen aufweisen. Hier unterscheiden sie sich also in nichts von anderen Systemen, gleich welcher Herkunft sie sein mögen.

Lassen sich Familien aber legitim als Systeme ansprechen und lassen sich in Familiensystemen allgemeine Strukturgesetze ablesen, dann ist zu vermuten, dass sich diese Strukturen auch in anderen vergleichbaren Systemen erkennen lassen.

Diese Vermutung nun ist die grundlegende Arbeitshypothese der systemdynamischen Organisationsberatung. Die systemdynamische Organisationsberatung geht davon aus, dass die in Familiensystemen wirksamen drei Grunddynamiken sich analog in Systemen feststellen lassen, die statt durch Verwandtschaftsbeziehungen durch einen gemeinsamen Ziel- und Handlungsrahmen gebildet werden: Unternehmen, Verbände, Vereine – kurz: Organisationen.

Damit ergeben sich einige erste Bestimmungen für die Vorgehensweise der systemdynamischen Organisationsberatung:

- Die systemdynamische Organisationsberatung beobachtet Organisationen als Ganzheiten.
- Sie richtet ihr Augenmerk nicht auf isolierte Einheiten (Angestellte, Chef, Kunden, Abteilung …), sondern nimmt das Unternehmen als das komplexe Zusammenspiel seiner Elemente in den Blick.
- Für die systemdynamische Organisationsberatung ist die Organisation mehr als die Summe ihrer Beschäftigten.
- Für die systemdynamische Organisationsberatung ist das Unternehmen ein System im Sinn der Systemtheorie, d. h. eine Menge von Elementen, die untereinander in permanenter Wechselbeziehung stehen. Jede Veränderung an jedem Ort zieht Veränderungen an allen anderen Orten nach sich.
- Die systemdynamische Organisationsberatung geht davon aus, dass die von Hellinger in Familiensystemen beobachteten Grunddynamiken (in noch näher zu bestimmender Weise) auch in Organisationssystemen wirksam sind.
- Die Systemdynamiken von Ausgleich, Bindung und Ordnung sind als Systemeigenschaften von Organisationen weder Eigenschaften noch Funktionen ihrer (einzelnen) Mitglieder und lassen sich auch nicht kausal von ihnen her erklären oder ableiten.
- Wenn die Systemdynamiken von Ausgleich, Bindung und Ordnung Systemeigenschaften von Organisationen sind, dann sind sie konstitutiv an das Bestehen der Organisation gebunden, und umgekehrt kann das Organisationssystem nur dann und so lange bestehen, wie diese Dynamiken aufrechterhalten werden.

2. Die Methode

System und Individuum

Die Bezugsgröße jedes systemischen Ansatzes ist – das System. Dies gilt auch dann, wenn etwa in der systemischen Psychotherapie Störungen, Limitationen oder Krankheiten eines Einzelnen überwunden werden sollen. Der Einzelne wird auch hier nur insoweit als Individuum betrachtet, wie er als Element des Systems dessen Kräftefeld ausgesetzt ist. Folgerichtig spricht die systemische Psychotherapie von einem *Symptomträger*, um damit anzudeuten, dass die Problematik, die sich an einem konkreten Individuum zeigt, nicht dessen ureigene und isoliert zu betrachtende Symptomatik sein muss. Vielmehr manifestiert sich u. U. an ihm eine Störung, die ursächlich auf gestörte Abläufe im Gesamtsystem zurückgeht.

> *Ein Beispiel*
> Ein elfjähriger Junge wird von seinen Eltern in die Therapie gebracht, da er in der Schule durch aggressives Verhalten gegen Mitschüler und Lehrer in ernste Schwierigkeiten gekommen ist. Auch zu Hause ist mit ihm kein Kontakt möglich, der nicht in Streit und heftigsten Auseinandersetzungen endet. Als der Junge schließlich noch beim Aufbrechen eines Autos ertappt wird, entschließen sich die Eltern zur Therapie.
> Nach einigen Sitzungen gelingt es der Therapeutin, den Jungen so weit zu stabilisieren, dass er mit seinen Eltern wieder einen reibungsfreien Kontakt herstellen kann, und einige Zeit später ist auch von der Aggression nichts mehr zu spüren. Am Ende der Therapie macht der Junge einen offenen, fröhlichen und aufgeschlossenen Eindruck – sehr zur Freude seiner Eltern, Lehrer und Mitschüler.
> Drei Monate später suchen die Eltern erneut die Therapeutin auf: Ihre Tochter, die 14-jährige Schwester des Jungen, zeigt seit einiger Zeit dramatische Essstörungen. Früher der Sonnenschein und das „Vorzeigeexemplar" der Familie, weigert sie sich, wie üblich zu essen, hat drastisch abgenommen, steht in der Frühphase einer Magersucht. –
> An diesem Beispiel kann das „Wandern des Symptoms" abgelesen werden. Auch wenn die Art der Symptome sich ändert (Aggression/Magersucht) und an verschiedenen Protagonisten zum Vorschein kommt, kann hier auf eine Störung des Gesamtsystems geschlossen werden, die sich zwar individuell manifestiert, die aber ursächlich nicht im Individuum begründet liegt. Eine diesbezügliche Untersuchung ergibt, dass der Vater die Familie verlassen will. Die Symptome der Kinder sind als Reaktionen hierauf also erst verständlich, wenn das Gesamtsystem in den Blick tritt.

Selbstverständlich lassen sich nicht alle Störungen auf systembedingte Ursachen zurückführen. Und ebenso muss nicht jede Intervention das System als Hintergrund des Individuums mit thematisieren. Allerdings führen die systemisch orientierten Therapeuten ein starkes Argument dafür an, den Einzelnen im Zusammenhang seiner Interaktionssysteme zu betrachten: Unsere gesamte Sozialisation und unser gesamtes kommunikatives Agieren vollzieht sich im Zusammenspiel mit anderen. Eine totale Isolation, die dazu berechtigen würde, den reinen Kernbestand eines individuellen Eigenanteils freizulegen, ist nur unter den Laborbedingungen eines Kaspar-Hauser-Experimentes – realiter also nie – möglich.

Weil Kommunikation dabei stets eine wechselseitige Beziehung etabliert, können eigene Dispositionen, Kommunikations- und Verhaltensschemata immer auch als Spiegel der kommunikativen Umgebung des Einzelnen gesehen werden. Das heißt, jede Aktion, jedes Symptom, jedes Verhalten kann zugleich auch als Reaktion, als Antwort, als Echo auf eine vorausgehende Aktion des relevanten kommunikativen Systems gesehen werden, in das der Einzelne eingebettet ist. In dem zuvor genannten Beispiel waren die Symptome der Kinder (Aggression/Magersucht), auf das Individuum bezogen, zwar (destruktive) Erscheinungen, vor dem Hintergrund des Familiensystems jedoch waren sie (produktive) Reaktionen auf die vom Vater bewusst und unbewusst ausgesandten Signale, sich von seiner Frau zu trennen. Wie in allen Systemen, deren Elemente in Wechselwirkung miteinander verbunden sind, kehrt die Einbettung des Individuums in sein relevantes System die Reihenfolge von Ursache und Wirkung um oder löst zumindest die Möglichkeit ihrer eindeutigen Bestimmung auf.

Aus systemischer Perspektive kann dann im eigentlichen Sinne auch nicht mehr von isolierten Akteuren und Handlungsträgern im System gesprochen werden. Wenn das System das Zusammenspiel seiner Elemente ist, dann besteht das System eben nicht mehr aus einzelnen Personen, die sich summarisch zu diesem aufaddieren ließen. Vielmehr knüpft sich die Realität des Systems an die Produktion der Systemeigenschaften, und die Systemeigenschaften sind immer schon das Produkt eines bestehenden Systems.

2. Die Methode

Anders gewendet: Die Identität des Systems wird dadurch erzeugt, dass die Elemente das System produzieren, und die Elemente werden nur dadurch hervorgebracht, dass die Systemwirklichkeit sie als ihre Elemente hervorbringt. Außerhalb des Systems existieren seine Elemente nicht, und ohne das Zusammenspiel seiner Elemente gibt es das System nicht.

Aufstellungen

Wenn die „Operationsbasis" systemischer Ansätze das System ist, dann stellt sich die Frage, wie das System in diese Operation eingebunden werden kann. Problemrelevante Systeme können vielfältige Gesichter tragen: Vereine, Firmen, Verbände, Freundeskreise, Patienten, Schulklassen etc., und in den wenigsten Fällen ist es möglich, das betreffende System der notwendigen Intervention direkt zugänglich zu machen.

Die systemische Therapie entwickelte daher bereits sehr früh Verfahren, die es ermöglichen sollten, das System als Ganzes oder zumindest seine für die Lösung wesentlichen Teile in die Therapie einzubinden. Allgemein die bekannteste Methode ist dabei die so genannte Familienskulptur, die aus der Zusammenarbeit von Bunny und Fred Duhl mit David Kantor am *Ackermann Institute* in New York zu Beginn der 50er-Jahre entstand. Ihre eigentliche Verbreitung allerdings verdankt die Skulpturarbeit Virginia Satir, die als Mitglied der Palo-Alto-Gruppe um Gregory Bateson dann auch theoretisch über einen dezidiert systemisch-kybernetischen Hintergrund verfügte.

Jakob Moreno: Psychodrama

Die Wurzel der Skulpturarbeit selbst liegt wiederum im so genannten Psychodrama, das von dem 1925 aus Wien in die Vereinigten Staaten emigrierten Jakob Moreno am Beginn der 30er-Jahre entwickelt wurde. Dabei war der Ansatz Morenos zunächst eine kritische Gegenbewegung zu der damals dominanten Form der Psychotherapie, der Psychoanalyse. Deren Fixierung auf die Sprache und auf die Vergangenheit setzte Moreno eine neue Konzeption von Therapie entgegen, indem er seine private Leidenschaft für das Theater in eine Technik einfließen ließ, die das gesamte Repertoire des Selbst- und Welterlebens des Klienten in gespielter Form manifestierte.

Auf der mit Requisiten möblierten Bühne lässt das Psychodrama die Gedanken, Wünsche, Hoffnungen, Ziele und Ängste, aber auch die relevanten Interaktionspartner (Ehepartner, Eltern, Kinder, Kollegen, Freunde etc.) des Klienten in fiktiver Form Wirklichkeit werden. Auf diese Weise gelangen Dinge zur Darstellung, die als versprachlichte, als sichtbare, erleb- und erfahrbare Ereignisse das Beziehungsgeflecht des Klienten zugänglich machen. Dabei eröffnet die Bühne als Ort dieser Darstellung zusätzlich die Möglichkeit, Alternativen zu bisherigen Verhaltensmustern durchzuspielen. Ein wesentliches Ziel des Psychodramas ist daher, das Erproben und Kennenlernen noch nicht genutzter Möglichkeiten zu erschließen, im Rollenspiel und -tausch die Bekanntschaft mit anderen Perspektiven zu machen und so zu einem neuen inneren Erleben der eigenen Wirklichkeit zu gelangen.

Virginia Satir: Familienskulptur

Wenn das Psychodrama als Verbindung von Gruppenarbeit und theatralischer Inszenierung gelten konnte, dann stellte die Familienskulptur in der von Virginia Satir verfolgten Form gewissermaßen eine Abstraktion der realistischen Nachbildungsstrategie des psychodramatischen Szenarios dar. An die Stelle der detailgenauen Ausstattungsfreude trat hier die Betonung der Strukturen, die die Familien- bzw. Systemmitglieder untereinander verbinden. Das heißt, es ging nicht mehr um konkrete Situationen und tatsächliche Ereignisse, sondern nun trat das von solchen Kontexten unabhängige, ihnen zugrunde liegende Schema in den Vordergrund, das als das Identitätsprofil des Systems die Basis für wiederkehrende Verhaltensmuster – des Einzelnen wie des Systems – bildet. Ziel der Familienskulptur war das Aufdecken von (hinderlichen) Beziehungsmustern, um durch das Vergegenwärtigen dieser Strukturen dem System neue Wachstums- und Entwicklungsmöglichkeiten zu erschließen.

Der eigentlichen Skulpturarbeit vorgeschaltet war dabei die so genannte Familienrekonstruktion, die als z.T. mehrtägiger Workshop die Geschichte der Familie in möglichst allen Facetten, auf allen Ebenen und unter Einbezug aller emotionalen und verwandtschaftlichen Beziehung über mehrere Generationen hinweg aufbereiten sollte. Erst im Anschluss an diese nach Objektivität und Vollständigkeit strebende Vergegenwärtigung des Systems repräsentierten die Familienmitglieder ihre innere Wirklichkeit des Systems im Rollenspiel der Familienskulptur. Dass dabei der Begriff „Skulptur" gewählt wurde, weist bereits auf ein zentrales Motiv dieser Methode hin: Das Ausdrucksverhalten der in den Skulpturen stehenden Personen sollte möglichst dicht an der für die dargestellten Personen typischen Gestik und Mimik angesiedelt sein, was sehr häufig dann ein tatsächlich skulpturhaft anmutendes Erscheinungsbild zur Folge hatte.

Auf diese Weise aber ließ sich in gestisch-mimischer Form veräußerlichen, was bis dahin als innere Bilder und Vorstellungen des Einzelnen verborgen blieb; über Gesten, Positionen oder Entfernungsverhältnisse wurden so für die Teilnehmer die Wahrnehmungen der anderen Systemmitglieder erfahrbar. Und mehr noch konnte gerade die mimisch-gestische Wiederholung eines Stereotyps den Teilnehmern erlebbar machen, was in den anderen vorgeht, wenn sie ihre Muster an den Tag legen. Satir nämlich machte die Erfahrung, dass Menschen dazu neigen, ähnliche Gefühle zu entwickeln, wenn sie ähnliche Körperhaltungen einnehmen.

Dieser Umstand war es dann auch, der ab den frühen 60er-Jahren dazu führte, anstelle der Familienmitglieder selbst mit Stellvertretern zu arbeiten: Wenn es sich gezeigt hatte, dass gleicher Ausdruck gleiche Emotionen hervorrief, dann mussten für die Sitzungen nicht mehr alle Familienmitglieder selbst anwesend sein und sich (gegenseitig) spielen. Die Rollen, Beziehungen und Emotionsverflechtungen ließen sich auch mit Stellvertretern ans Licht bringen, die unter Anleitung des Klienten und des Therapeuten die Systemwirklichkeit reproduzierten.

Bert Hellinger: Systemkonstellation
Gegenüber Virginia Satir, vor allem aber gegenüber Jakob Moreno kann die Arbeit Bert Hellingers als eine weitere Reduktion gesehen werden bzw. als ein noch dichteres Kondensat. Und dies in zweierlei Hinsicht: Erstens klammert Hellinger bis auf wenige essenzielle Daten (Geburt, Tod, Heirat, Scheidung u. Ä.; genauere Darstellung in Kapitel 5) die Geschichte des Systems aus. Bei ihm tritt an die Stelle einer möglichst maximalen und umfassenden Informationsmenge die Beschränkung auf einige wenige Ereignisse, deren Relevanz sich aus ihrem Zusammenhang mit den von Hellinger gefundenen Grunddynamiken herleitet (zu Grunddynamiken und Systemeigenschaften vgl. Kapitel 1, ausführlich Kapitel 5). Zur Erstellung der Systemkonstellation werden bei Hellinger weder subjektive Interpretationen noch emotionale Zustände oder Befindlichkeiten jedweder Art erfragt. Hellinger beschränkt seine Informationsgewinnung auf reine Tatsachen, auf objektive Ereignisse, die Rückschlüsse darauf erlauben, welche Konsequenzen sie hinsichtlich der Grunddynamiken im System hinterlassen haben können.

Zweitens dann entkleidet Hellinger seine Art der Aufstellung jeder Form oberflächlich sichtbarer, inszenatorischer Elemente. Weder wird hier gestisch oder mimisch etwas gespielt, und noch weniger werden reale Ereignisse nachgestellt. Worum es geht, ist allein das emotionale Befinden der aufgestellten Personen, wie es sich aus der konstellativen Form, d. h. aus ihrer Position innerhalb der Aufstellung, ergibt.

Denn – und dies ist ein wesentlicher Aspekt – Hellinger erarbeitet seine Aufstellungen grundsätzlich mit Stellvertretern, auch für den Klienten. Bei ihm also gibt es nur den aufstellenden Klienten und eine Gruppe von Repräsentanten, die im Idealfall über keinerlei Informationen bezüglich des aufzustellenden Systems verfügt. Die dahinter liegende Idee gründet analog zu den Erfahrungen von Satir in der Annahme, dass die durch die Aufstellung erzeugte Erfahrungsrealität eben der Systemrealität entspricht, die der Aufstellung zugrunde liegt: Wer in der Aufstellung das Gefühl hat, ausgeschlossen zu sein, der hat dieses Gefühl, weil er nach dem inneren Bild des Klienten so positioniert wurde, wie der Klient die Person, für die er jemanden aufgestellt hat, tatsächlich wahrnimmt – als eine ausgeschlossene.

Das Ziel der Aufstellung ist ebenfalls auf einer zweifachen Ebene gelagert: Zum einen soll mit der Aufstellung die Wirklichkeit des Systems ans Licht gebracht werden, wie sie sich in der Wahrnehmung des Klienten gestaltet: Indem der Klient seine innere Wahrnehmung nach außen projiziert und sich dann auf die Rolle des Zuschauers zurückzieht, werden die Stellvertreter als unvoreingenommene Medien zum Spiegel der Beziehungs-, Bedürfnis-, Emotionsmuster, die das Klientensystem kennzeichnen. Vom Klienten einmal positioniert, wird dem aufgestellten System vollkommene Freiheit gelassen, die systemischen Dynamiken, die sich in der jeweiligen Konstellation ergeben, an sich selbst zu entfalten. In dieser Hinsicht also geht es darum, dem Klienten eine distanzierte Wahrnehmung seines eigenen Systems zu ermöglichen, die nicht von introspektiven Verzerrungen überlagert ist, sondern ihm von außen angetragen wird.

Das zweite und weiter gehende Ziel dann liegt in dem so genannten Lösungsbild. Damit ist jene abschließende Konstellation der Aufstellung gemeint, in der sich im Idealfall alle Teilnehmer wohl fühlen oder in der es ihnen zumindest besser geht als zuvor. Um diese Konstellation zu erreichen, sind die noch näher zu erläuternden Interventionsschritte des Therapeuten/Aufstellungsleiters notwendig; er greift in das vom Klienten gestellte Bild ein, verändert es unter bestimmten Maßgaben so weit, bis die für das System beste Konstellation erreicht ist. Erst im Anschluss daran tritt der Klient in die Konstellation, d. h., erst wenn das Lösungsbild gefunden ist, nimmt der Klient seinen neuen Platz in dem verwandelten System ein, um die bis dahin von außen beobachtete Veränderung um die emotional-kognitive Erfahrung der neuen Systemrealität zu ergänzen.

Systemdynamische Organisationsberatung
Die systemdynamische Organisationsberatung greift methodisch auf die Arbeitsweise Hellingers zurück, d. h., sie setzt als ihr wesentliches Werkzeug das Instrument der Systemkonstellation ein, wie er es für Familien ausgearbeitet hat.

Damit geht die systemdynamische Organisationsberatung ebenfalls von der Voraussetzung aus, dass die von einem Kunden aufgestellte Systemkonstellation das innere Bild des Kunden widerspiegelt, das dieser von dem Beziehungs-, Orndungs- Hierarchie-, Abhängigkeits-, Kommunikationsgeflecht seiner Organisation hat. Analog zu Hellinger beschränkt sich hierbei auch die systemdynamische Organisationsberatung auf das Zusammentragen weniger Daten: Ausschließlich werden die Elemente und die Relationen erfragt, das heißt, nur die Systemmitglieder und ihre Beziehungen untereinander sowie zugehörige systemrelevante Ereignisse (Kündigungen, Neueinstellungen, innerbetriebliche Neuordnungen, Fusionen etc.) werden als Informationen herangezogen.

Ist dies geschehen, dann werden ebenso wie bei Hellinger die Stellvertreter für die entsprechenden Systemmitglieder aufgestellt, wobei innerhalb der systemdynamischen Organisationsberatung die Besonderheit auftritt, dass die Stellvertreter u. U. für ein Kollektiv stehen können. Damit ist gemeint, dass ein Stellvertreter eine ganze Gruppe repräsentieren kann, z. B. die Kunden, die Gruppe der weiblichen Mitarbeiterinnen u. Ä. Darüber hinaus werden auch nonpersonale

Faktoren durch Personen repräsentiert, etwa die Unternehmensziele, Immobilien usw.

In Analogie zu der Arbeit Hellingers ergibt sich für das technische Vorgehen der systemdynamischen Organisationsberatung auf dem Stand des bisher Gesagten folgendes Bild:

- Die systemdynamische Organisationsberatung arbeitet zentral mit dem Instrument der Organisationsaufstellung bzw. der Organisationskonstellation.
- Die Organisationskonstellation überträgt den methodischen Rahmen der Familienkonstellation auf Firmen- und Organisationssysteme.
- Die Perspektive der systemdynamischen Organisationsberatung ist radikal präsentisch. Es werden die Konstellationen sichtbar gemacht, die dem gegenwärtigen inneren Bild des Kunden von seiner Organisation entsprechen.
- Die systemdynamische Organisationsberatung verfolgt keine kausal-analytische Suche nach möglichen Problemgründen.
- Die Organisationskonstellation arbeitet nicht mit den Systemmitgliedern, sondern mit Stellvertretern. Die Stellvertreter agieren als unvoreingenommene Medien, die die Interaktionsmuster des zu beratenden Systems widerspiegeln.
- Die Wahrnehmungen der Stellvertreter spiegeln die Realität des Systems wider, wie sie sich aus der Wahrnehmung dem zu beratenden System ergibt.
- Das Ziel der Organisationsaufstellung liegt a) darin, die Wirklichkeit des Systems ans Licht zu bringen, wie sie sich in der Wahrnehmung des Klienten gestaltet.
- Das Ziel der Organisationsaufstellung liegt b) darin, dem Klienten eine distanzierte Wahrnehmung seines Systems zu ermöglichen. Aus der Entwicklung der von ihm initial aufgestellten Konstellation ergeben sich sichtbar und von außen ablesbar die Dynamiken des Systems als dessen relevante Informationen.
- Ein weiteres Ziel der Organisationsaufstellung liegt c) darin, die vorhandene Konstellation so zu verändern, bis eine für alle Teilnehmer angenehme Position erreicht ist. Diese als Lösungsbild bezeichnete Konstellation ist allerdings im Zusammenhang mit Organisationen deutlich nachgeordnet. Die systemdynamische Organisationsberatung sieht aus noch zu erläuternden Gründen ihre vorrangige Zielsetzung in den Punkten a) und b), die auf die Informationsgewinnung angelegt sind. Von diesen Informationen hängen Entscheidungen ab, mit welchen Maßnahmen, wie z. B. Training, Coaching, Veränderung der Unternehmensstruktur, weitergearbeitet werden kann.
- Auch innerhalb der systemdynamischen Organisationsberatung kann der Kunde abschließend selbst in die Konstellation treten, um eine deutliche Repräsentation für die vollzogene Transformation des Systems zu entwickeln.

3. Rahmen der Beratung

Unterschiedliche Problemsituationen

Nicht jedes Problem hat eine systemisch bedingte Ursache. Aber umgekehrt gilt ebenso: Nicht jedes Problem hat eine nichtsystemische Ursache. Das mag sich zunächst trivial und kaum erwähnenswert anhören, ist aber mehr als eine bloß logisch anmutende Schlussfolgerung. Im Kontext von Consulting und Unternehmensberatung ist diese Aussage eine z. T. noch ganz und gar unbekannte Tatsache. Daher halten wir eindringlich fest: Es gibt betriebliche Probleme und Störungen, deren Ursachen auf eine systemische Störung der Firma als System zurückgehen.

Für Unternehmensberater und Trainer bedeutet dies, das bis dahin geläufige Kategorisierungsschema um eine nächste Klassifikationsstufe zu erweitern, wenn zu den im Allgemeinen anvisierten Problemumgebungen nun der systemische Hintergrund dazutritt. Für eine erste Einordnung firmeninterner Probleme ergibt sich damit das Schema der folgenden vier Kategorien, nach denen sich Probleme in Bezug auf ihren ursprünglichen Hintergrund unterscheiden lassen:

- Individuelle Probleme,
- Bildungs- und Qualifikationsdefizite,
- Betriebswirtschaftliche und Organisationsprobleme,
- Systemische Konflikte.

Selbstverständlich tauchen in Unternehmen auch andere Probleme auf, die sich nicht in dem hier aufgeführten Viererschema wieder finden. Doch hat sich diese grundlegende Checkliste als ein hilfreicher Zugang erwiesen, der es dem Berater und Trainer schon in einem sehr frühen Stadium erlaubt, erste Hinweise auf mögliche Lösungen und Maßnahmen zu gewinnen. Da sich Berater und Trainer häufig vor die Situation gestellt sehen, bereits auf eine anfängliche kurze Skizze des Klienten hin ad hoc Vorschläge und Perspektiven für mögliche Lösungen und notwendige Maßnahmen produzieren zu müssen, hat sich der Viererraster gut bewährt, um hierfür konstruktiv erste Empfehlungen aussprechen zu können. Dazu kommt, dass die darüber hinausgehenden Probleme – etwa in Bezug auf Marketing, PR, Technologien etc. – in der Regel von themenzentriert eigens dafür qualifizierten Experten behandelt werden.

Zweierlei muss bei der hier vorgeschlagenen Kategorisierung nun immer mitbedacht werden: Erstens sind die Probleme sehr häufig miteinander verzahnt und tauchen nicht in der kataloghaft anmutenden Trennschärfe auf. Das heißt, auch ein einzelnes und in seinem Erscheinungsbild klar eingegrenztes Problem kann sich immer aus mehreren Problemkontexten zuammensetzen. Der dafür adäquate Maßnahmenkatalog hat also in der Regel zu berücksichtigen, dass auftauchende Probleme sich zumeist als Schnittmenge aus mehreren Bereichen zusammensetzen. Um hier zu der notwendigen Klarheit zu gelangen, kann die systemdynamische Organisationsberatung grundsätzlich immer auf das diagnostisch hilfreiche Instrument der Aufstellung zurückgreifen, dessen Verwendung für einen schnellen und treffenden Informationsgewinn sich in der Praxis als zunehmend unentbehrlich erwiesen hat. Im Hinblick auf die Qualität der Informationen sowie die durch eine Aufstellung eingesparte Zeit und Energie – sowohl beim Trainer als auch beim Kunden – ist diese Technik dem Interview deutlich überlegen.

Die zweite Konsequenz, die sich mit dem von uns vorgeschlagenen Klassifizierungsschema verbindet, bezieht sich auf die für eine jeweilige Problemsituation spezifisch zugeschnittene Beratungs- und Trainingsentwicklung. Grob gesprochen und immer in Erinnerung an die zuletzt genannte Schnittmengenstruktur der Problemkontexte, lässt sich sagen: Jeder Problemkontext fordert seine eigene Antwort, jede Problemkategorie erfordert einen speziell auf sie zugeschneiderten Maßnahmenkatalog.

- Im Bereich individueller Probleme ist dies
  – individuelles Coaching einzelner oder mehrerer Mitglieder mithilfe ressourcenorientierter Techniken.
- Im Bereich Bildungs- und Qualifikationsdefizite ist dies die Qualifizierung der Mitarbeiter und Führungskräfte
  – in fachlicher Hinsicht,
  – im Zuge eines Führungstrainings,
  – im Zuge eines Persönlichkeitstrainigs.
- Im Bereich betriebswirtschaftlicher Beratung liegen die Maßnahmen in
  – Quality Circles,
  – Outsourcing,
  – Organisationsentwicklung,
  – Reorganisation,
  – An- und Verkauf von Unternehmen(steilen),
  – etc.
- Im Bereich systemischer Probleme zeigen sich die geeigneten Maßnahmen
  – als systemdynamische Organisationsberatung,
  – als systemische Beratung einzelner Mitglieder.

Das Problem hinter dem Problem

Wir hatten gesagt, dass es systemisch und nichtsystemisch bedingte Problemsituationen in Organisationen gibt, die jeweils einer spezifisch auf sie zugeschnittenen Interventionsform bedürfen. Damit drängt sich ganz unmittelbar eine Frage auf: Wie kann man systemische und nichtsystemische Probleme unterscheiden? Wenn es sich als effizient erwiesen hat, die anstehenden Firmenprobleme nach unterschiedlichen Kategorien zu sortieren, dann ist es für Trainer und Berater unabdingbar, über Kriterien zu verfügen, die bereits sehr früh erkennbar werden lassen, ob ein anstehendes Problem einen systemischen Hintergrund hat oder nicht.

Im Allgemeinen gehen wir davon aus, dass sich betriebswirtschaftliche und qualifikationstechnische Probleme in der Regel sehr leicht als solche bestimmen lassen. Und ebenso scheint es auch recht unproblematisch zu sein, individuelle Defizite auf ihre den Einzelnen betreffenden Kernursachen zurückzuführen. Allerdings kann diese Sicherheit auch täuschen. Denn: Aus einer systemischen Perspektive heraus kann von der Ursache hinter den Ursachen gesprochen werden. Damit ist gemeint, dass sich Probleme, gleich welcher Art, u. U. sehr schnell als nichtsystemisch bedingte Probleme klassifizieren und behandeln lassen, dass aber die damit angesprochene Problemebene selbst nur Ausdruck eines dahinter liegenden systemischen Konfliktes ist. Anders gewendet: Die Tatsache, dass es überhaupt zu individuellen, qualifikationstechnischen oder betriebswirtschaftlichen Problemen kommt, kann eventuell selbst Ausdruck einer systemischen Störung sein. Einer systemischen Störung, die entweder das Firmensystem als Gesamtsystem oder die ein einzelnes Mitglied der Organisation betrifft.

Zugangshinweise

Außenperspektive

Aus den zuletzt genannten Gründen ist es von wesentlicher Bedeutung, über Kriterien zu verfügen, die bereits in einem frühen Stadium zu unterscheiden erlauben, ob hinter dem wie auch immer gelagerten Problem noch ein systemisches Problem als dessen eigentliche Ursache wartet. Woran also, so fragen wir noch einmal, lässt sich in der ersten Begegnung oder im ersten Interview mit dem Auftraggeber erkennen, ob das Problem überhaupt einen systemischen Hintergrund hat oder nicht?

In der systemischen Therapie Hellingers existieren hierfür einige sehr klare Indizien, die als so genannte Zugangshinweise (vgl. Kapitel 3 und im dritten Teil S. 219) eine Entscheidung darüber erlauben, ob eine systemische Problemkonstellation vorliegt oder nicht. Im Kontext von Firmen und Organisationen ist das in dieser Klarheit noch nicht der Fall. Der Grund dafür liegt ganz einfach darin, dass weniger empirische Erfahrungen für dieses Gebiet vorliegen als für den therapeutischen Sektor.

Dennoch haben wir aus unserer Erfahrung einige Hinweise zusammengetragen, die uns als wiederkehrende Muster immer dann begegnen, wenn ein systemischer Konflikt zugrunde liegt. Als unumstrittener Königsweg, eine Entscheidung über das Vorliegen systemischer oder nichtsystemischer Ursachen fällen zu können, hat sich dabei eine Methode herauskristallisiert, die mit einer Trefferquote von nahezu 100 Prozent arbeitet. Sie lässt sich etwa in folgender Maxime für Berater und Trainer auf den praktikablen Nenner bringen: Machen Sie Ihr Training wie gewohnt. Kommen Sie nach einem halben Jahr wieder. Wenn es geholfen hat, war es kein systemisches Problem. – Wenn nicht, werden Sie sowie nicht mehr zurate gezogen werden!

Diese Vorgehensweise also ist wirklich sicher – für die Existenz der allermeisten Beratungspraxen allerdings auch todsicher. Daher ist es gewiss sinnvoll, zusätzlich noch nach anderen Kriterien Ausschau zu halten, die einen frühen Zugang dahin gehend erlauben, welcher Art von Problem man denn gegenübersteht. Allerdings bringt der eben genannte Ratschlag – der bitte nicht befolgt werden soll – einen wichtigen Hinweis, in welcher Richtung eine nicht weniger sichere Antwort liegen könnte.

> *Ein Beispiel*
> Ein mittelständischer Zuliefererbetrieb der Elektroindustrie engagiert einen Trainer, weil es zwischen Entwicklung und Vertrieb zu unausgesetzten Problemen kommt. Informationen werden nicht in dem erforderlichen Maße weitergegeben, die beiden Abteilungen haben sich zu starren, fast hermetischen Einheiten herausgebildet, deren jeweilige Mitglieder keine Gelegenheit ungenutzt lassen, sich in gegenseitigen Schuldzuweisungen zu üben. Es herrscht ein ausgesprochener Corpsgeist in den Abteilungen, der eine effiziente Zusammenarbeit unterminiert und die übrigen Abteilungen und Mitarbeiter ständig zu einer Parteinahme zwingt.
>
> Der Firmeninhaber und Chef des Unternehmens trägt dem Berater das Problem als ein Problem dieser beiden Abteilungen vor, das er im Zuge einer Teambildungsmaßnahme aus der Welt schaffen möchte.
>
> Auf die Frage des Trainers, ob es im Unternehmen zuvor schon Teambildungsmaßnahmen gegeben habe, gibt der Chef zu erkennen, dass es bereits eine Reihe solcher Maßnahmen gegeben habe, die aber nach seinem Empfinden offensichtlich alle an dem Unvermögen der damit betrauten Berater und Trainer gescheitert seien. Auf die anschließende Frage, ob er denn wirklich glaube, dass all die Vorgänger unfähig gewesen seien, und ob er tatsächlich noch einmal das gleiche Mittel anzuwenden gedenke, obschon es sich in der Vergangenheit als wenig hilfreich erwiesen habe, antwortet der Chef mit einem resigniert-lakonischen Schulterzucken: „Irgendwann muss es ja mal klappen."

In diesem Beispiel begegnen wir genau jener Situation, die sich aus dem nicht ganz ernst gemeinten Ratschlag von vorhin ergibt: Wenn das Standardtraining geholfen hat, war es kein systemisches Problem – wenn nicht, wird ein anderer Trainer sich erneut versuchen! Hat es also bereits eine Reihe von mehr oder minder unfruchtbaren Trainings derselben Art gegeben, so lautet das Motto, nach dem in solchen Fällen vonseiten der Geschäftsleitung verfahren wird, dann folgendermaßen: Mehr vom selben! Das heißt, es wird nicht der Versuch unternommen, alternative Lösungswege zu finden, sondern der einmal eingeschlagene Weg wird immer wieder neu und immer wieder erfolglos beschritten.

Ein solches Wiederholungsmuster kann nun ein erster Hinweis darauf sein, dass das zugrunde liegende Problem gar nicht in den genannten Kommunikationsschwierigkeiten zwischen den in Rede stehenden Abteilungen besteht. Dieses Problem – und das wäre die systemische Perspektive – kann u. U. selbst Ausdruck eines Problemdrucks sein, der das Firmensystem als Ganzes betrifft. Generell nämlich deutet eine hohe Wiederholungsrate an gescheiterten oder nur kurzfristig hilfreichen themenspezifischen Trainings darauf hin, dass die eigentliche Ursache nicht in dem von diesen Trainings abgedeckten Themenbereichen zu suchen ist. Eine große Rückfallziffer also sollte als ein erster Zugangshinweis hellhörig machen.

Des Weiteren macht in dem hier geschilderten Fall stutzig, dass die Unternehmensleitung in eigentümlichem Gleichmut bereit ist, immer wieder viel Geld für offensichtlich wenig fruchtbare Trainings zu investieren. Für einen nüchternen Unternehmer aber ist im Allgemeinen die Frage der Effizienz, die Kosten-Nutzen-Analyse ausschlaggebend, die hier jedoch negativ ausfallen würde. Warum also – so die logische Frage – noch ein Training, warum also ein weiterer Trainer, von dem nach allem Gesagten bereits jetzt absehbar zu sein scheint, dass auch er nicht der letzte sein wird?

Eine mögliche Antwort, die bei dem bis hierhin zusammengetragenen Kenntnisstand allerdings nicht mit Sicherheit zu geben ist, könnte darin bestehen, dass die Unternehmensleitung auf diese Weise versucht, höchsteigene Aufgaben an den Berater zu delegieren: Wenn die Unternehmensführung bewusst oder unbewusst versucht, eigene Zuständigkeiten an Dritte abzutreten und ihnen die Verantwortung für Aufgaben zuzuschieben, die sie selbst in Angriff zu nehmen hätte, so ist dies ein für Trainer zentraler Hinweis auf eine doppelt gelagerte systemische Konfliktsituation. Erstens erfüllt die Unternehmensführung ganz offenbar nicht die ihr zukommende Aufgabe, d. h., sie nimmt innerhalb des Unternehmens nicht den ihr gebührenden Platz ein; illegitim delegierte Aufgaben weisen auf eine funktionale Leerstelle und also auf eine systemische Störung des Unternehmens hin. Der Auftrag, der hier unausgesprochen an den Trainer ergeht, folgt also dem Schema: Erledige du meine Aufgaben!

Und zweitens bezieht die illegitime Übertragung von Verantwortung den Trainer oder Berater in einer Form in das System mit ein, die ihn seiner externen Position beraubt: Der Trainer, der Aufgaben und Verantwortungen wahrnimmt, die eigentlich in die Zuständigkeit der Unternehmensführung fallen, macht sich zum Komplizen, zum Erfüllungsgehilfen der Leitung, wird damit selbst Teil des Problemsystems und auf diese Weise der notwendigen Differenz beraubt, die er gegenüber dem System unbedingt aufrechterhalten muss. Hier kann es zu einer Vereinnahmung eines Dritten kommen, die dem Schema folgt: Sieh die Dinge so wie ich – teile meine Illusion!

Grob gesprochen, erfüllt die unausgesprochene Anforderung, die an den Trainer nach dem Schema: Teile meine Illusion! ergeht, für die Unternehmensführung die Funktion einer subversiven, zumeist unbewussten Strategie zur innerbetrieblichen Stabilitätssicherung des Status quo. In dem vorliegenden Beispiel: Wir geben uns doch alle erdenkliche Mühe, leisten uns teure Trainings – was sollen wir denn noch tun? Dementsprechend wird aufseiten der Führungsebene der dafür notwendige finanzielle Aufwand häufig als das Maximum dessen empfunden, was ihr für eine Verbesserung überhaupt möglich ist: Hier ist man mit sich im Reinen, und die subjektive Einschätzung der Situation ist tatsächlich die einer umsichtigen, fürsorglichen Pflichterfüllung.

In der Tat kann das ja auch der Fall sein – muss es aber bei weitem nicht immer sein. Gewiss gibt es Probleme, die sich ausschließlich auf das konfligierende Zusammenspiel unterer Hierarchieebenen beschränken. Selbst systemische Störungen können so gelagert sein, dass zu ihrer Beseitigung eine systemdynamische Intervention auf dieser Stufe sich als hinreichend erweist. Allerdings sollte der Berater im Erstinterview sehr genau darauf achten, in welcher Art und Weise das Problem und die anvisierte Lösung vonseiten der Leitung skizziert wird. Wenn der Eindruck entsteht, die Unternehmensführung versuche, eigene Aufgaben und Zuständigkeiten an den Trainer zu delegieren, dann muss dies unbedingt als Hinweis auf eine mögliche systemische Problemsituation aufgegriffen werden, um in weiteren Gesprächen mit den betreffenden Abteilungen überprüft werden zu können.

Ein wesentlicher Hinweis, dass ein solcher Delegationsauftrag an den Berater ergeht, kann des Weiteren darin gesehen werden, dass der unausgesprochene Auftrag: Erledige du meine Angelegenheiten! dem Tenor nach die implizite Anweisung beinhaltet: Erledige du meine Angelegenheiten und lass mich aus dem Spiel! Wie gesagt: Es kann in der Tat Probleme geben, die sich als abteilungsinterne Probleme begreifen und also lokal, d. h. auf dieses Subsystem begrenzt, lösen lassen. Doch besagt bereits der Terminus „Subsystem", dass es als solches notwendigerweise in das Gesamtsystem eingebunden ist und dass daher subsystemische Verhaltensmodifikationen immer auch Konsequenzen für das Gesamtsystem zeigen – und umgekehrt. Insofern ist ein Auftrag nach dem impliziten Schema: Erledige du meine Angelegenheiten und lass mich aus dem Spiel! in der Regel ein deutlicher Hinweis darauf, dass die elementare Einheit des Systems als das funktionale Zusammenspiel all seiner Komponenten nicht in dem erforderlichen Maße realisiert ist.

Geradezu explizit tritt diese Art der systemischen Störung zutage, wenn der Berater seinen Auftrag von nachrangiger und nicht mit Entscheidungskompetenz versehener Seite her bekommt: Halten sich die relevanten Entscheidungsträger bereits aus der Sondierungsphase heraus, indem sie nicht befugte Vermittlungsinstanzen dazwischenschalten, dann kann darin ein deutlicher Hinweis auf systemisch bedingte Konflikte im Unternehmen gesehen werden. Dies ist deswegen so aufschlussreich, weil die Tatsache, dass die Sondierungsgespräche mit dafür nicht zuständigen Funktionsträgern des Unternehmens geführt werden, eine ganze Reihe von verschiedenen Gründen in den Blick bringt, die alle auf einen systemischen Hintergrund verweisen.

Die hier möglichen Systemkonflikte könnten etwa darin bestehen, dass die Führung a) ihre Position im System nicht realisiert, dass sie b) das Problem selbst nicht sehen will, dass c) ein subalternes Systemelement sich einen Rang und eine Funktion anmaßt, die ihm nicht zukommen, oder dass d) ein Unternehmensteil von der Führung ganz aktiv und daher missbräuchlich in diese Rolle/Funktion gedrängt wird, was e) bei den anderen, vor allen aber bei den gleichrangigen Unternehmensteilen, zu Verwirrung, Ablehnung, Protest führen kann. Offenbart sich am Ende eines solchen Gespräches dann auch noch, dass das Gespräch ganz und gar ohne das Wissen der Geschäftsleitung zustande gekommen ist, dann sieht sich der Berater bereits in ärgste systemische Problematik verwickelt, in die er beim abschließenden Händeschütteln mit dem jovial-verbrüdernden „Jetzt müssen wir das nur noch dem Chef schmackhaft machen!" vollends verstrickt werden soll.

Damit gelangen wir zu weiteren Hinweisen, die auf mögliche systemische Konfliktsituationen schließen lassen: zu Verbrüderungs- und Koalitionsangeboten. Ergeht an den Berater offen oder verdeckt das Angebot, sich mit dem Auftraggeber bzw. Gesprächspartner gegen andere Firmenteile oder -mitglieder zu verbinden, so kann das als Einladung verstanden werden, die internen Probleme zu potenzieren, indem sie nun gleichsam noch über die Betriebsgrenze hinaus verlängert werden. Geht der Berater auf solche Avancen ein, dann ist er im gleichen Augenblick seiner notwendigen Differenz zum System beraubt; er ist Teil des Problems, da er die firmeninterne Problemkonstellation um einen weiteren Mitspieler ergänzt – nämlich sich selbst.

Solche Verbrüderungs- und Koalitionsangebote werden in der Regel nicht offen ausgesprochen, sondern in verdeckter und subtiler Form an den Berater adressiert: Ein verschmitztes Grinsen bei der kritischen Erwähnung einer Person/Gruppe ist vielleicht schon alles. Wird es vom Trainer in gleicher Weise beantwortet, ist die Koalition stillschweigend besiegelt, und der Trainer hat keine Chance mehr, die Systemdynamik aufzudecken. Hier also gilt es, extrem wachsam und hellhörig zu sein, um die eigene Differenz zum System nicht zu gefährden.

Diese Differenz ist die fundamentale und unabdingbare Grundbedingung, um überhaupt systemisch arbeiten zu können. Daher kommt ihrer Wahrung ein so vorrangiger Wert zu. Allerdings ist es gerade diese Souveränität, die als eine distanzierte Form der Unbestechlichkeit in systemischen Problemsituationen wiederum am stärksten gefährdet ist. Allein aus der bisher zusammengetragenen Aufstellung der Zugangshinweise geht hervor, dass Systeme dazu tendieren, sich den externen Berater „einzuverleiben". Und das keineswegs aus böser Absicht heraus. Vielmehr liegt es in der Logik der Sache begründet. Denn Systeme neigen dazu, einen möglichst stabilen Zustand einzunehmen, der ihnen ein störungsfreies Agieren gewährleistet. Dabei können gerade auch problematische Konstellationen und dauerhafte interne Konflikte eine solch stabilisierende Funktion besitzen, da sie selbst die (bislang) beste Antwort auf die (bislang) bestehende Systemstruktur darstellen.

So gesehen, muss für jedes System ein von außen herangetragener Versuch, in die interne Struktur einzugreifen, in höchstem Maße bedrohlich sein, da das bis dahin bestehende Gleichgewicht außer Kraft gesetzt zu werden droht. In der Konsequenz tendieren Systeme daher dazu, die perturbativen Kräfte zu assimilieren, d. h., sie versuchen, die absehbare Binnenveränderung abzuwenden, indem sie umgekehrt die Veränderungsfaktoren in ihrer Umgebung verändern bzw. sie sich einverleiben.

Daher ist die wichtigste Voraussetzung für jede Form systemischer Beratung darin zu sehen, den z. T. verlockenden Angeboten und nicht zu unterschätzenden Angeboten, „mit ins Boot zu kommen", zu widerstehen. Notwendig dafür ist dann ein feines Unterscheidungs- und Beobachtungssensorium des Beraters, der gleichsam ständig auf der Hut sein muss, um diesen Einverleibungstendenzen bereits im Ansatz zu widerstehen.

Allerdings ist mit der genauen und aufmerksamen Beobachtung des begegnenden Systems sowie seiner Kommunikationsform nur die eine Seite der dazu notwendigen sensorischen Wachsamkeit beschrieben. Wir haben dies in der Abschittsüberschrift bereits angedeutet, indem wir zunächst die Außenperspektive benannt haben. Ihr korrespondiert folgerichtig die Innenperspektive, der wir uns nun zuwenden wollen.

Innenperspektive
Für den Berater besteht ein zentrales Problem, seine notwendige Distanz zum System aufrechtzuerhalten, darin, dass die Ebene, auf der er den ersten Kontakt mit dem System aufnimmt, die des rationalen Diskurses ist. Das heißt, er macht sich ein Bild von den bevorstehenden Aufgaben und den möglichen Ursachen der Probleme aufgrund der im Gespräch angebotenen Informationen. Da der Berater in der Regel zuerst mit dem Auftraggeber verhandelt, wird er anfänglich also mit der Sachlage konfrontiert, wie sie sich aus dessen Perspektive darstellt. Im Laufe der Arbeit dann wird dieses erste Bild um all die anderen Daten und Perspektivierungen ergänzt, die sich aus dem vertieften Kontakt mit den übrigen Unternehmensteilen erschließen. Insofern könnte hier der Eindruck entstehen, als ge-

währleiste die eingehend intensive Auseinandersetzung mit möglichst allen Teilen der Organisation ein flächendeckendes und nach allen Seiten ausgewogenes Bild, das der Wirklichkeit des Systems wenn nicht gleichkommt, so doch zumindest asymptotisch sich ihr annähert.

Allerdings muss eines dabei bedacht werden: Gespräche und informationelle Verständigungen können stets mehrfach gelagerte Stoßrichtungen verfolgen. Es war bereits die Rede von offenen und verdeckten, von expliziten und impliziten Gesprächsangeboten, und da wir uns an dieser Stelle dem Problem der Zugangshinweise widmen, gilt es, der funktionalen Differenzierung und Mehrschichtigkeit von Gesprächen besondere Aufmerksamkeit zu schenken.

Was hiermit gemeint ist, bezieht sich nicht so sehr auf die allgemein geläufige Unterscheidung zwischen digitaler und analoger Informationsvergabe in der Kommunikation, also nicht auf die verbalen und nonverbalen Äußerungen, die zusammen erst die Gesamtsumme der fixierbaren Informationen ergeben. Worauf wir abzielen, liegt demgegenüber in der Unterscheidung zwischen dem, was im Gespräch gesagt wird, und dem, was durch das Gespräch produziert wird. Oder, anders: Was wird auf einer Oberflächenebene dem Wortlaut nach gesagt, und was wird *damit* gesagt; was wird mit dem Gesagten eigentlich gesagt?

Dass diese beiden Ebenen nicht zwangsläufig miteinander deckungsgleich sind, wird deutlich, wenn etwa an die im vorangegangenen Abschnitt dargestellten Versuche erinnert wird, mit denen die Unternehmensleitung den Berater in eine Koalition mit der eigenen Position bringen will: Das oberflächlich fixerbare Gesagte kreist dabei möglicherweise bloß um die Vorwürfe gegen einen bestimmten Unternehmensteil, eine Abteilung oder Person, der oder die ein bestimmtes dysfunktionales Verhalten an den Tag legt. Alles deutet hier darauf hin, dass es der Unternehmensführung um einen raschen Zugriff auf die nach ihrer Meinung verantwortlichen Ursachen geht. Was aber damit eigentlich oder zumindest zugleich auch angelegt wird, ist der Versuch, den Berater in die eigene Perspektive zu integrieren, ihn zu einem Teil des Systems umzugestalten.

Das Problem aufseiten des Beraters besteht nun darin, dass sich die Analyse des Chefs durchaus sehr rational und vernünftig anhört; alles, was er sagt, ist folgerichtig, es begründet seine Einschätzung der Situation lückenlos und lässt seinen Standpunkt als vollkommen vertretbar und akzeptabel erscheinen. Selbstverständlich weiß der Berater in diesem Moment, dass sich dieser Eindruck ebenso einstellen wird, wenn er sich mit der anderen Seite unterhält, doch ist das in unserem Zusammenhang nebensächlich. Worauf es hier vielmehr ankommt, ist etwas anderes: Die für den Berater im Hinblick auf mögliche Zugangshinweise auf systemische Konflikte relevante Frage ist in dieser Situation nicht die, ob die von der Unternehmensleitung geschilderte Sachlage richtig ist oder falsch; die hier ungleich wichtigere Frage richtet sich darauf, welche Art von Beziehungsstrukturen zwischen dem System und dem Berater produziert, ermöglicht, eröffnet werden dadurch, dass der Auftraggeber genau das sagt, was er sagt. Die dominante Leitfrage wäre also nicht: Ist das richtig oder falsch, was hier gesagt wird?, sondern heißt vielmehr: Was geschieht hier eigentlich gerade?

Nun könnte man sagen, dass zur Beantwortung dieser Frage die Aufmerksamkeit des Beraters ganz und gar nach außen gerichtet zu sein hat: Nur der wachsame Blick auf die Situation und die scharfe Wahrnehmung der digitalen und analogen Signale seines Gegenübers wird ihn hier zu einer Antwort führen. Dem ist aber nur zum Teil so, und nicht ohne Grund haben wir diesen Abschnitt mit dem Titel *Innenperspektive* überschrieben. Die Frage nämlich nach dem, was in einem solchen Moment geschieht, erschöpft sich nicht in der Auflistung sämtlicher Informationen, die der Auftraggeber kommuniziert. Damit ist allein bestimmbar, was als seine Sicht der Dinge einen ersten Zugang zum System und zum Problem eröffnet.

Die Antwort auf die hier gestellte Frage aber bezieht sich gar nicht auf das Unternehmen, also auf das isoliert beobachtete System, sondern umfasst dieses System und den Berater als eine neue systemische Größe. Die Frage „Was geschieht hier eigentlich?" beinhaltet also immer auch die Ergänzung: Was geschieht hier eigentlich mit mir, wenn ich diesem System begegne? Damit richtet die Frage den Fokus ihrer Aufmerksamkeit zentral auf den Trainer und Berater, der mit dem System in Kontakt tritt, womit beide das neue System „Trainer/Firma" bilden.

Hier gilt es, aufmerksam hinzusehen und hinzuhören, um der Frage nach dem eigentlichen Begehren, das an den Trainer und Berater herangetragen wird, rechtzeitig gewahr werden zu können. Entsteht hier der Eindruck, dass die Situation tatsächlich das vom Trainer verlangt, was verbal und argumentativ geäußert wird, dann ist nicht nur alles in Ordnung – dann stellt sich die Frage auch gar nicht. Denn das Eigentümliche an der Tendenz von Systemen, zu versuchen, sich den externen Berater einzuverleiben, besteht darin, dass die Frage „Was geschieht hier gerade?" erst dann bei dem Berater auftaucht, wenn sich seine Exteriorität bereits in größter Gefahr befindet.

Um es vorwegzunehmen: Da wir davon ausgehen, dass der Berater und Trainer über einen hinreichenden Vorrat an Handlungsoptionen und genügend Flexibilität verfügt, kann allein schon das Aufkommen der Frage „Was geschieht hier eigentlich?" als deutlicher Hinweis auf eine systemische Störung des begegnenden Systems gewertet werden. Mehr noch: Salopp formuliert, liegt der sicherste Hinweis auf eine systemische Problemsituation darin, dass es dem Berater gerade nicht möglich ist, diese Frage zu beantworten. Sobald sich nämlich diese Frage in ihrer Dringlichkeit erhebt, ist dies ein Indiz dafür, dass man eben nicht weiß, was gerade passiert. Es sind ja gerade Verwirrung und Desorientierung die Auslöser, die uns fragen lassen: Was passiert hier eigentlich gerade?

Das Wesentliche ist nun, dass diese Verwirrung ihren kausalen Ursprung nicht in der Inkompetenz des Trainers oder Beraters hat. Metaphorisch könnte man davon sprechen, dass diese Verwirrung oder Irritation überhaupt nicht die Verwirrung des Beraters ist. Sie entsteht ja gerade nur, wenn die neue systemische Einheit von Berater und Firma etabliert ist, sie ist also eine Systemeigenschaft dieses neuen Systems. Damit reichen ihre Wurzeln immer auch in das Firmensystem hinein, ja mitunter kann davon ausgegangen werden, dass gerade in der Systemstrategie, den externen Berater seiner Souveränität zu berauben, der Ursprung für die beim Berater als Verwirrung gespürte Irritation gesucht werden kann. Wenn nämlich die Oberflächenebene als rationaler Diskurs überhaupt keine Anzeichen einer Vereinnahmung offenbart, wenn aber zugleich und unausgesetzt damit eine Beziehungsstruktur produziert wird, die die Exteriorität des Beraters infrage stellt oder gar unterminiert, dann kann die solcherart gedoppelte Kommunikation als permanente tektonische Verschiebung von Oberfläche und Untergrund verstanden werden: Zwei disparate und unverbundene Platten schieben sich aneinander vorbei, ohne je zur Deckung zu gelangen.

Bewusst oder unbewusst spürt jeder dieses strategische Knarren unter der Oberfläche. Aber auch für routinierte Berater ist es immer wieder erstaunlich, wie schnell man der Versuchung erliegt, dieses Gefühl der Irritation als ein Kompetenzdefizit auf der eigenen Debet-Seite zu verbuchen.

Das grundsätzliche Problem ist dabei, dass die gängigen Diagnosemittel, die sich vorrangig an der Begrifflichkeit von analoger und digitaler Informationsvergabe und der Unterscheidung von kongruenter und inkongruenter Mitteilung orientieren, an dieser Stelle gar nicht oder zumindest nur teilweise weiterhelfen. Denn es ist nicht so, dass die Inkongruenz zwischen der hier intendierten Oberflächen- und Tiefenebene eine Inkongruenz zwischen Inhalt und Ausdrucksverhalten des Sprechers umfasst. Vielmehr kann dessen Verankerung im System zu einer vollkommenen Kongruenz des von ihm Gesagten und des dabei an den Tag gelegten Verhaltens führen. Doch kann neben dieser Form der Kongruenz zugleich aber dennoch eine inkongruente Doppelbotschaft vorliegen, und zwar in Bezug auf das Gesagte und den durch das Gesagte an den Trainer mit ergehenden Appellcharakter dieser Botschaft. Eine mögliche Verschiebung könnte beispielsweise darin bestehen, dass der Auftraggeber sich verbal – dabei ganz ernsthaft und subjektiv ehrlich gemeint – eine wirkliche Erklärung für die Unternehmensprobleme herbeiwünscht, dass er das aber in einer Form tut, die dem Trainer zugleich suggeriert, dass eben eine solche Klärung einem wahren Sakrileg und einer für den Betrieb eindeutigen Katastrophe gleichkäme.

Hier widerstreiten also nicht Äußerung und Ausdruck als klassische Merkmale einer Inkongruenz. Was hier im Widerstreit liegt, ist das tatsächlich ganz drängend empfundene Bedürfnis nach Klarheit und die zugleich ebenso deutliche (wenn auch mitunter unbewusst) empfundene Gewißheit, dass dies im Rahmen der bisherigen Organisationsstruktur nicht ohne weiteres integrationsfähig ist. Das Resultat einer solchen Sowohl-als-auch-Botschaft ist dann eine eigentümliche Lähmung, geradezu ein Desinteresse und Widerwille des Beraters, auch nur den Ansatz einer möglichen Initiative in Richtung auf eine lösungsbringende Maßnahme zu entwickeln. Man spürt: Irgendetwas stimmt hier nicht. Obgleich nicht sofort klar ist, was dabei im Argen liegt oder, besser gesagt: Gerade weil man noch nicht einmal weiß, was denn hier nicht stimmt, ist das Unlustgefühl nicht nur deutlich zu spüren, sondern erscheint dazu auch noch als ein diffuser Komplex der Überforderung – man weiß nicht nur nicht weiter, sondern schlimmer noch: Man weiß noch nicht einmal, warum man das nicht weiß!

Deswegen haben wir eingangs des Abschnitts davon gesprochen, dass der rationale Diskurs, in dem sich Auftraggeber und Trainer verstünden, nicht unerhebliche Schwierigkeiten für den Trainer bereiten kann. Unsere kulturelle Prägung, dem gesagten Wort, dem Inhalt als dem anzuhängen, worum es auch tatsächlich geht, verhindert in diesem Zusammenhang sehr häufig den unverstellten Blick auf die eigenen Empfindungen. Da diese noch nicht notwendigerweise sprachlich fixiert sind, da sie in diesem frühen Stadium eher einem diffusen Gefühl gleichkommen als einer ausdifferenzierten, rational-argumentativen Diagnose, besteht die große Gefahr, diese untergründigen und nicht voll bewussten Empfindungen nicht in der ihnen gebührenden Form zu beachten. Das seltsame Gefühl, sich irgendwie, wie auch immer, plötzlich handlungs-, entscheidungs-, zugriffsunfähig zu fühlen, das untergründige Unbehagen, seiner Kriterien und Überblicksstrategien beraubt zu sein – all das sind (wenn es nicht das Standardgefühl ist, das jede neue Auftragsannahme begleitet) wichtige, wenn auch ungewohnte Zugangshinweise und Entscheidungskriterien im Zusammenhang mit systemischen Störungen.

Ungewohnt dürfte diese Art der Beobachtung sein, da sie sich ganz ausdrücklich auf die innere Warnung des Beraters und Trainers richtet. Denn damit ergibt sich die in den Maßgaben der abendländischen Technikrationalität seltsame Forderung, dass ein objektiver Tatbestand sehr wohl durch die introspektive und subjektive Selbstbeobachtung ermittelt werden kann. Unvertraut ist dies ganz gewiss, da die Art und Weise, in der hier die Kriterien für eine zu treffende Entscheidung gewonnen werden, sich gerade nicht dem argumentativen, rationalen Bereich entlehnen.

Weniger unvertraut jedoch zeigt sich diese Art der Sondierung, wenn die alltägliche Praxis von Unternehmensberatern Störgefühle und Empfindungen des Unbehagens dieser Art zuhauf produziert; d. h., der Sachverhalt der Irritation, des Unlustgefühls, dürfte den allermeisten, wenn nicht allen Beratern und Trainern in ihrer Alltagspraxis ein überaus bekanntes Phänomen sein. Was daran nicht nur neu, sondern auch überaus entlastend sein kann, ist nun die Möglichkeit, produktiv mit diesen Empfindungen als ganz wesentlichen und unabdingbaren sensorisch-emotionalen Kriterien der Entscheidungsfindung umzugehen.

Damit können wir die Zugangshinweise festhalten, die sich aus unserer Erfahrung als relevante Hinweise auf eine systemische Problemsituation herauskristallisiert haben. Ganz bewusst haben wir diese Hinweise als Fragen formuliert, die in der ersten Begegnung mit dem System als nützliche Leitmotive den Hintergrund des Interviews bilden sollen.

Als zentrale Hinweise aus der Außenperspektive gelten folgende Fragen der Systembeobachtung:

- Hat es schon andere, vorausgehende Versuche gegeben, das Problem zu lösen? Welche? Wie viele?
- Plant die Unternehmensleitung einen weiteren gleichartigen Versuch, das Problem zu bewältigen? Verfährt die Unternehmensleitung nach dem Schema: Mehr vom selben!
- Werden mit der Auftragsvergabe in illegitimer Weise Zuständigkeiten an den Berater delegiert?
  – Soll der Berater Aufgaben wahrnehmen, die in den Bereich der Unternehmensführung gehören? Schema: Erledige du meine Angelegenheiten!
  – Soll das Training dazu dienen, die Unternehmensführung aus dem Prozess der Veränderung auszugliedern? Schema: Erledige du meine Angelegenheiten, und lass mich aus dem Spiel!
- Starten das System, die Leitung, der Auftraggeber offen oder verdeckt Versuche, den Berater in die Systemperspektive/Systemwirklichkeit zu integrieren? Schema: Teile meine Illusion!
  – Spielt der Gesprächspartner Spiele im Sinne der Transaktionsanalyse? Etwa: Reagiert der Gesprächspartner auf gezielte Nachfrage mit dem Ja-aber-Spiel?
- Ist der Gesprächspartner schuld- oder lösungsorientiert?
- Ergehen an den Berater offen oder verdeckt Koalitions- und Verbrüderungsangebote?
  – Zwischen wem sollen diese Koalitionen gebildet werden?
  – Gegen wen sollen diese Koalitionen gebildet werden?
- Verhandelt der Berater mit den adäquaten Funktionsträgern und relevanten Entscheidungsträgern des Systems?

- Falls der Berater nicht mit den relevanten Entscheidungsträgern verhandelt:
  – Steht die Führung an ihrem Platz im System? Wo steht sie?
  – Will die Führung das Problem selbst nicht sehen?
  – Maßt ein subalternes Systemelement sich einen ihm nicht zukommenden Rang und eine unangemessene Funktion an?
  – Wird ein subalterner Unternehmensteil von der Führung (ganz aktiv und daher missbräuchlich) in diese Rolle/Funktion gedrängt?
  – Kann dieses Gespräch bei den anderen, vor allem aber bei den gleichrangigen Unternehmensteilen zu Verwirrung, Widerstand, Protest führen?
  – Wer weiß von diesem Gespräch, wer nicht?
  – Vollzieht sich das Gespräch mit oder ohne das Wissen der Geschäftsleitung?
  – Sollen einzelne Unternehmensteile oder die Geschäftsleitung vom Sinn der Beratung erst noch überzeugt werden?

Als zentrale Hinweise aus der Innenperspektive gelten folgende Fragen der Selbstbeobachtung:

- Taucht bei mir das Gefühl der Verwirrung auf, etwa in Form der Frage: Was geschieht hier eigentlich gerade, was geschieht hier eigentlich gerade mit mir? Irgendetwas stimmt hier nicht.
- Empfinde ich mich als wenig ressourcenvoll?
- Empfinde ich ein diffuses Gefühl von Desinteresse und Widerwillen?
- Fühle ich mich sich plötzlich handlungs-, entscheidungs-, zugriffsunfähig? Entsteht das untergründige Unbehagen, meiner Kriterien und Überblicksstrategien beraubt zu sein?
- Entsteht bei mir das Gefühl von Überforderung?
- Entsteht bei mir das Metagefühl, nicht einmal zu wissen, woran diese seltsamen Verstimmtheiten überhaupt liegen? Lässt sich folgender Satz sinnvoll sagen: Ich weiß nicht nur nicht weiter, weiß nicht nur nicht, was los ist, sondern schlimmer noch: Ich weiß noch nicht einmal, warum ich das nicht weiß!

4. Das Arbeitsfeld

Die multiple Konzentrik

Das Arbeitsfeld der systemdynamischen Organisationsberatung ist das System als Ganzes. Damit ist allerdings noch wenig gesagt, solange nicht klar ist, erstens auf welchen unterschiedlichen Ebenen dabei die Zugänge zu einem Unternehmen als System gewählt werden und zweitens inwieweit der je verschieden gewählte Zugang Konsequenzen für den damit infrage kommenden Maßnahmenkatalog nach sich zieht. Eine wesentliche Einsicht der Systemtheorie besteht ja gerade darin, dass die Identität, die Größe und der Umfang des beobachteten Systems stets von der Entscheidung des Beobachters abhängig ist, wo er für seine spezielle Beobachtung die Grenze des Systems ansetzt. Anders gewendet: Wenn wir Organisationen als Systeme beobachten, dann besteht die allererste Entscheidung darin, festzulegen, was als das konkret beobachtete System im vorliegenden Fall überhaupt infrage kommt. Wie im vorangegangenen Kapitel beschrieben, lassen sich unterschiedliche Problemkontexte für organisationsinterne Probleme unterscheiden. Bereits diese Unterscheidung impliziert eine bestimmte Richtung der Beobachtung, einen Fokus der Aufmerksamkeit, der über die Zugehörigkeit des Kontextes und damit auch über den Umfang und die Grenzen des dabei beobachteten Systems entscheidet.

Das Modell, nach dem die systemdynamische Organisationsberatung hier verfährt, ist das der multiplen konzentrischen Kreise. Damit ist zunächst gemeint, dass sich eine Reihe von Kreisen mit größer werdendem Radius um den Einzelnen, das individuelle Firmenmitglied, legen lassen: Den innersten Kreis also bildet das Individuum, das eingebettet ist in den Kreis seiner nächsten Mitarbeiter, also in die Arbeitsgruppe, das Team etc. Diese Einheiten selbst sind auf höherer Ebene in den Zusammenhang von Abteilungen, Divisionen, Filialen eingebunden, der seinerseits die Vorstufe der nächstgrößeren Einheit, des Gesamtunternehmens, bildet. Unter Umständen kann dieser letzte Kreis wiederum in einen größeren Zirkel eingebettet sein, in dem eine Holding, ein Konzern etc. die entsprechende Kenngröße besetzt. Letztere dann ist selbst schließlich eingebunden in den weitesten Kreis des nationalen und internationalen (Welt-)Marktes.

Bis hierhin unterscheidet sich die Modellierung der systemdynamischen Organisationsberatung also noch nicht von den gängigen Schematisierungen der Unternehmensberatung. Die so vorgestellte Struktur deutet bereits an, dass die systemische Größe, die von dem Berater in den Blick genommen wird, zwar absolut für sich genommen betrachtet werden kann, dass sie aber notwendigerweise immer in einem Gesamtzusammenhang steht, der ihr einen bestimmten Ort gegenüber der weiter oder enger gefassten Systemik verleiht. Was damit zugänglich ist, sind also verschiedene Bezugsgrößen der Beratung, des Trainings und Coachings, die darüber entscheiden, welche spezielle Form der Beratung gewählt werden soll. Das heißt, die Wahl der zu treffenden Maßnahmen orientiert sich an den besonderen Anforderungen, die sich aus der je betretenen Ebene für das Training und Coaching ergeben. In Kapitel 3 hatten wir bereits davon gesprochen, dass jeder Problemkontext seine eigene Antwort und jede Problemkategorie den auf sie speziell zugeschnittenen Maßnahmenkatalog erfordert. Im Rahmen der klassischen Formen der Unternehmensberatung (zu der wir all jene Vorgehensweisen zählen, die nicht systemisch arbeiten), ist in diesem Zusammenhang das Spektrum der adäquaten Maßnahmen gut ausgearbeitet, insoweit es sich nun an der Bezugsgröße orientiert, die für das Training relevant werden soll. Das heißt, die Maßnahmen unterscheiden sich hier analog der Ebene der konzentrischen Kreise, auf der gerade gearbeitet wird.

Damit ergibt sich folgendes Schema der einfachen Konzentrik:

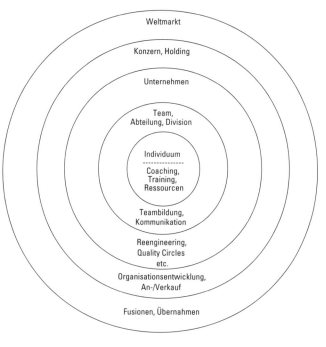

Abb. 1

Bis hierhin zeigt das Modell allein eine einfache konzentrische Struktur, die verschiedene Kreise um einen gemeinsamen Mittelpunkt vereint. Wir haben soeben jedoch von einer multiplen Konzentrik gesprochen und meinen damit nun, dass sich an unterschiedlichen Stellen des bisher gelieferten Schemas weitere Konzentriken ansiedeln können. Dahinter verbirgt sich nichts anderes als die Tatsache, dass das einzelne Individuum in die Zusammenhänge seiner eigenen privaten Beziehungssysteme gestellt ist, denen im Zuge der systemdynamischen Organisationsberatung ja gerade eine vorrangige Bedeutung zukommt. Im Vorangegangenen klang dieser Punkt allerdings nur andeutungsweise an, als wir eingangs des Kapitels 3 davon sprachen, dass verschiedene Problemsituationen unterschiedliche Lösungsstrategien erfordern. Dort zeigte sich als geeignete Maßnahme im Bereich der systemischen Problemumgebung einerseits die systemdynamische Organisationsberatung sowie andererseits die systemische Beratung einzelner Mitglieder.

In Bezug auf die parallele Zuordnung geeigneter Trainigsmaßnahmen in Abhängigkeit von der je in den Blick genommenen Organisationsebene unterscheidet sich nun die systemdynamische Organisationsberatung von den klassischen Formen der Beratung. Denn sobald der systemische Aspekt in den Blick kommt, verdoppelt sich die Perspektive möglicher systemischer Beratungsoptionen. Einerseits kann sich die Organisationsberatung auf das jeweils herausgeschälte System als (sub-)systemische Ganzheit je eines der konzentrischen Kreise beziehen. Andererseits oder, besser: Zusätzlich dazu greift die systemdynamische Organisationsberatung im Bedarfsfall dann auf jeder dieser Kreisebenen wieder auf das Individuum als Element seiner eigenen Beziehungssysteme zurück. Damit ergibt sich für die systemdynamische Organisationsberatung das Modell der multiplen Konzentrik in folgender Form:

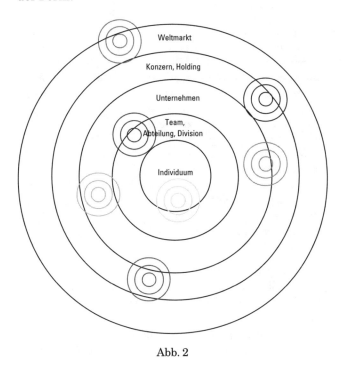

Abb. 2

Hinter dieser mehrfach gedoppelten Kreisstruktur – die damit der fraktalen Struktur von Organisationssystemen auf der operationalen Seite Rechnung trägt – verbirgt sich zunächst das Anerkenntnis, dass Problemursachen nicht notwendig auf der Ebene zu suchen sein müssen, auf der sich die Probleme symptomatisch zu erkennen geben. Oder anders: Die systemdynamische Organisationsberatung geht davon aus, dass es neben den gängigen Auswahl- und Zuordnungskriterien von System- und Hierarchieebene einerseits und den für diese Ebenen speziell zugeschnittenen (und nicht übertragbaren) Maßnahmen andererseits noch andere Zuordnungskriterien gibt, die übergreifend an allen Stellen des Systems angewandt werden können.

Damit ist gemeint, dass systemische Störungen, die sich innerhalb des Gesamtunternehmens auf ganz unterschiedlichen (sub-)systemischen Ebenen manifestieren können, ursächlich auf individuelle Störungen zurückgehen können, die ein einzelnes Mitglied in das Firmensystem hineinträgt. In der Konsequenz erwächst in einem solchen durchaus sehr verbreiteten Fall dann eine doppelt gelagerte Forderung an die Beratung: Zum einen muss die systemische Störung für das Organisationssystem aufgelöst werden; zum anderen muss die (mögliche) eigentliche Kernursache beseitigt werden, die hier in der individuellen Störung eines Einzelnen angenommen wurde.

Liegt eine solche Konstellation vor, dann spricht die systemdynamische Organisationsberatung von der so genannten Reinszenierung individueller Verstrickungen im Organisationskontext. Reinszenierung bedeutet dann die strukturelle Wiederholung eines individuellen, persönlichen Handlungs-, Reaktions, Problemmusters mit neuen Mitspielern – den Mitarbeitern, Vorgesetzen, Untergebenen des Firmensystems. Solche Reinszenierungen stellen einen Großteil der systemischen Problemkonstellationen dar, was sich unschwer nachvollziehen lässt, wenn zunächst daran erinnert wird, dass wir im Allgemeinen unsere prägenden Kommunikations- und Handlungsschemata in der eigenen Familie erlernen. Werden solche Muster dann zu sicheren Routinen der außerfamiliären Interaktion, dann ist die Bewegungssicherheit in neuen und fremden Kontexten umso größer, je stärker diese Kontexte strukturell die innerfamiliären Beziehungsgeflechte widerspiegeln, für die die Muster ja perfekt entwickelt wurden und beherrscht werden. Daher ist es nicht selten so, dass die relevanten Beziehungen innerhalb des Organisationskontextes sehr genau den privaten Beziehungsstrukturen des Einzelnen entsprechen; und infolgedessen werden innerfamiliäre Probleme in darüber hinausgehenden Bereiche transportiert, wo sie dann allerdings vollkommen grundlos, gleichsam aufgepfropft und allein aufgrund der Strukturanalogie neu aufleben.

Das gängigste Muster solcher Reinszenierungen ist dabei selbstverständlich die Eltern-Kind-Beziehung, die sich – und zwar von beiden Seiten – in der Beziehung Vorgesetzter/Untergebener wiederholen kann. Andere Beziehungsmuster für häufige Reinszenierungsszenarien sind beispielsweise die Beziehungen zwischen Geschwistern oder die zwischen Mann und Frau.

Wie dies im Einzelnen auch immer gelagert sein mag, wesentlich dabei ist, dass die systemdynamische Organisationsberatung auf die je verschieden gelagerte Problemsituationen mit je speziell bereitstehenden Interventionsmöglichkeiten reagiert. Und dies optional von jedem Ort innerhalb des Systems aus. Das heißt, es kann sich im Laufe der Beratung zeigen, dass ein ursprünglich im Kompetenzbereich einer Abteilung fixiertes Defizit sich als systemisch bedingter Widerstand der Abteilungsmitglieder gegen die Abteilungsleitung herauskristallisiert. Hier dann erfolgt zunächst die systemische Intervention, um das Problem abteilungsintern zu lösen. Darüber hinaus kann sich dabei zeigen, dass die Schwierigkeiten innerhalb der Abteilung überhaupt nur deswegen zustande kamen, weil die Leitung ganz private Problemsituationen im Kontext der Firma reinszenierte. Also hat an dieser Stelle eine systemische Intervention zu erfolgen, die die betreffende Problematik für die Leitungsperson löst, um ein Neuaufkommen des Abteilungsproblems an der Wurzel zu verhindern.

Aus dieser Perspektive zeigt sich die systemdynamische Organisationsberatung also als eine integrative Methode, die auf der ersten Ebene die verschiedenen klassischen Formen der Beratung umfasst. Das heißt, grundsätzlich hält sie zunächst den passenden Maßnahmenkatalog bereit für die in Abbildung 1 skizzierten Systemebenen und die sich dafür spezifisch ergebenden Problemsituationen. Darüber hinaus aber umfasst die systemdynamische Organisationsberatung jene Interventionsmöglichkeiten, die sich allein aus der systemischen Perspektive auf das Unternehmen ergeben. Letztere wiederum können dabei einerseits das Unternehmen als Gesamtsystem bzw. eines oder mehrere seiner Subsysteme betreffen, um auf diesen Ebenen firmensystemische Probleme zu lösen. Und andererseits erstrecken sich die systemischen Interventionen bei Bedarf auch auf einzelne Personen des Unternehmens, für die dann als Privatpersonen die für sie relevanten individualsystemischen Problemkonstellationen aufgelöst werden.

Um möglichen Missverständnissen zuvorzukommen, soll ausdrücklich darauf hingewiesen werden, dass die soeben aufgezeigten Zugriffs- und Interventionsebenen sich keinesfalls gegenseitig ausschließen. Das integrative Moment der systemdynamischen Organisationsberatung besteht gerade darin, von Fall zu Fall zu entscheiden, welcher Zugang für eine konkrete Situation der gerade passende ist: Gibt es einen einzigen oder mehrere verschiedene Lösungswege? Müssen vielleicht im Anschluss an die Problemlösung weiter gehende flankierende und unterstützende Maßnahmen ergriffen werden, für deren fruchtbare Nutzung die Problemlösung erst den notwendigen Boden bereitet hat? Wie kann eine auf das Individuum zielende systemische Lösung für das Gesamtsystem erfahrbar gemacht werden? Welcher Bedarf besteht im Anschluss an eine systemische Lösung für das Gesamtsystem hinsichtlich Fortbildung und Qualifikation einzelner Abteilungen/Personen?

In diese Richtung zielen mögliche Leitfragen der systemdynamischen Organisationsberatung, aus denen klar hervorgeht, dass die Bandbreite der zur Verfügung stehenden Maßnahmen als deutliche Erweiterung möglicher Handlungsoptionen im Sinne einer komplettierenden gegenseitigen Ergänzung zu verstehen ist – nicht also als exklusive Determination eines einzigen Zugriffs.

Anforderungen an den Berater

Aus der im vorangegangenen Abschnitt skizzierten Mehrschichtigkeit der für die systemdynamische Organisationsberatung zur Verfügung stehenden Zugriffsoptionen ergeben sich einige spezifische Anforderungen, die das Leistungsprofil sowohl des systemdynamischen Organisationsberaters betreffen wie auch die Organisationsberatung selbst.

Im Zusammenhang mit den Zugangshinweisen für systemische Problemsituationen (vgl. Kapitel 3) war bereits die Rede davon, dass eine Grundvoraussetzung für das Arbeiten in systemischen Zusammenhängen in der absoluten Distanz des Trainers zu dem System der ihm begegnenden Organisation besteht. Distanz meint dabei keineswegs eine unterkühlte oder unpersönliche Gestimmtheit aufseiten des Beraters, sondern bezieht sich auf dessen handlungstechnische und perspektivische Differenz, Eigenständigkeit und Abgelöstheit gegenüber dem Unternehmen.

Diese abgegrenzte Position einzunehmen und dauerhaft aufrechtzuerhalten ist aber für den Berater nicht in jedem Fall problemlos möglich. Um es vorwegzunehmen: Die notwendige Abgrenzung gegenüber dem System und das eigene Ziel, den Auftrag zu erhalten, stehen sich mitunter diametral gegenüber.

Ein Beispiel
Im ersten Gespräch mit der Unternehmensleitung entsteht bei dem Berater der Eindruck, als wäre der ihm gegenübersitzende Chef als Person selbst verantwortlich für die von ihm geschilderten Probleme des Unternehmens. Der Lösungsweg hätte daher den Chef nicht nur im Zusammenhang einer Organisationsaufstellung mit zu berücksichtigen, indiziert scheint darüber hinaus auch eine individuelle systemische Intervention in Bezug auf seine Herkunftsfamilie.

Im Verlauf des Gesprächs gibt der Chef jedoch ausdrücklich zu verstehen, dass die anstehenden Veränderungen alle anderen Firmenmitglieder umfassen dürfen – ihn selbst aber auszunehmen haben.

Für den Berater ergibt sich in solchen gewiss nicht untypischen Situationen nun das Dilemma, dass er einerseits die eigentliche Lösung klar vor Augen hat, dass ihm aber andererseits ausdrücklich verboten wird, diesen Lösungsweg zu beschreiben – und zwar von seinem Auftraggeber höchstpersönlich. Die damit eröffnete Entscheidungsalternative kommt dann für einen engagierten Trainer einer Wahl zwischen Skylla und Charybdis gleich: Entweder beharrt der Berater auf der Richtigkeit seiner Intuition und versucht, seinen systemischen Ansatz inklusive Chef durchzusetzen; dann läuft er große Gefahr, den Auftrag gar nicht erst zu bekommen. Oder aber er beugt sich dem Verdikt der Unternehmensleitung und spult ein Routinetraining ab, das eventuell sogar den Wünschen der Leitung gemäß konzipiert wurde; dann sind ihm schon von Anfang an die vergebene Mühe und die Sinnlosigkeit dieses Trainings bewusst, er bekommt aber den Auftrag und die damit verbundene finanzielle Gratifikation.

Diese Schwierigkeiten sind nicht zu unterschätzen. Bei gehäuftem Auftreten sind sie durchaus dazu angetan, existenzielle Krisen aufseiten von Trainern und Beratern zu produzieren. Denn entscheidet sich der Trainer im Sinn der ersten Möglichkeit und beharrt auf der lösenden Lösung, so kann er zwar für sich in Anspruch nehmen, die „Reinheit der Lehre" nicht verraten zu haben, muss dies aber aller Wahrscheinlichkeit nach auf einem monetär dünner und dünner werdenden Boden tun. Im anderen Fall wird sich demgegenüber die finanzielle Situation erfreulich gestalten, doch ist dies dann eher das kompensatorische Gegenstück zu Frustrationen und sich verringernden Chancen, sich mit der eigenen Arbeit zu identifizieren, wenn nicht sogar zu einem tief empfundenen Gefühl, sich prostituiert zu haben.

Und nicht genug damit. Auch wenn der Berater den Bedürfnissen der Unternehmensführung nachkommt und sein Auskommen auf diese Weise sichert, kann er selbst dann noch immer schweren ökonomischen Schaden nehmen: In dem Moment nämlich, in dem das Training nicht an den eigentlichen Ursachen arbeitet, wird es fruchtlos bleiben. Vielleicht kommt es sogar während des Trainings zu heftigen Widerständen seitens der Belegschaft, die durchaus in der Lage ist, dieses Umtanzen des eigentlichen Kerns zu erkennen. Im schlimmsten Fall kann es dann dazu kommen, dass der Trainer mit Schimpf und Schande aus dem Haus gejagt wird. Weniger dramatisch, aber nicht weniger schädlich endet das Ganze ohne jeden Effekt und kann von der Unternehmensleitung als definitiver Beweis für einen vollkommen unfähigen und restlos überflüssigen Trainer – möglichst laut und öffentlich – propagiert werden.

Was also ist zu tun? Wie kann der Spagat zwischen der Auftragsakquirierung und den möglichen Vermeidungs- und Verhinderungsstrategien seitens des Auftraggebers gelingen? Denn der Weg, sich einmal für die eine und das andere Mal für die andere Richtung zu entscheiden, ist zwar durchaus gangbar, kann als goldene Mitte jedoch wenig überzeugen. In unserer Praxis haben wir daher einige Strategien entwickelt, hier zu allgemeinen Handlungsrichtlinien zu gelangen. Da eine explizite Darstellung aller hier infrage kommenden Verhinderungsmechanismen sowie der dafür adäquaten Antwortstrategien bei weitem den Rahmen sprengen würde, beschränken wir uns auf die Aspekte, die uns als die zentralen Einwände immer wieder begegnen.

Wir gehen zunächst davon aus, dass Widerstände auf Ängsten gründen. Das ist zunächst recht banal, leitet aber zu der Frage über, worauf die Ängste im Einzelfall basieren. Denn es scheint der hilfreichste Weg, mit diesen Ängsten weiterzuarbeiten. Wie dies im Einzelnen geschieht, ob dies besser offen angesprochen werden soll oder eher verdeckt erfolgt, hängt von der Mentalität und dem Geschick des Beraters sowie von den Dispositionen seines Gegenübers ab. Hier verbietet sich ein allgemeiner Handlungsmaßstab.

Eine der am häufigsten begegnenden Befürchtungen richtet sich darauf, dass Veränderung notwendigerweise schmerzhaft und leidvoll ist. Hier handelt es sich um eine weit verbreitete Ansicht, die – wie oben bereits erwähnt – aus der Tendenz lebender Systeme resultiert, einen Zustand möglichst großer Stabilität einzunehmen. Veränderungen, Störungen von außen zwingen jedes System, sich neu „auszuloten", und sind daher immer mit energetischem Aufwand verbunden. Insofern ist diese Befürchtung ebenso verständlich wie unbegründet. (Für manche wirkt bereits die Tatsache beruhigend, dass lebende Systeme nur ein einziges Mal einen statischen Ruhezustand einnehmen können, nämlich im Tod.)

Hier nun hängt es von der Flexibilität, dem Einfühlungsvermögen und Geschick des Trainers ab, mit solchen Glaubenssätzen angemessen umzugehen und sie in hilfreicher und konstruktiver Form zu transformieren. Idealrezepte gibt es nicht, doch fällt die Arbeit mit Glaubenssätzen in das Standardrepertoire jedes Trainers.

Die zweite sehr häufig anzutreffende Befürchtung richtet sich darauf, dass der Einbezug der Unternehmensleitung in die Intervention für sie einem Gesichtsverlust gleichkommt. Selbst wenn die Führung sich zum Mitmachen bereit erklären sollte: „Aber nicht vor versammelter Mannschaft!"

Dazu lässt sich sagen, dass es in keiner Weise notwendig ist, die anstehenden Maßnahmen innerhalb des Unternehmens selbst durchzuführen. Sollte dies also der entscheidende Hinderungsgrund sein, dann empfiehlt es sich, Kontexte und Situationen zu eröffnen, die dahin gehend Entlastung schaffen. Um die hier befürchtete Verletzung der Intimsphäre zu verhindern, bieten sich externe, neutrale Veranstaltungsorte ebenso an wie unternehmensfremde Personen, aus denen sich die Aufstellungsteilnehmer rekrutieren lassen. Die Arbeit kann also durchaus so gestaltet werden, dass sie mit maximaler Diskretion vollkommen anonym abläuft.

In jedem Fall also und ganz generell sollte der Berater auf die auftauchenden Widerstände sehr genau achten. Sie sind nicht zuletzt selbst wichtige Zugangshinweise auf die zugrunde liegende Problemkonstellation und dürfen daher unter keinen Umständen ignoriert oder mit „Gegendruck" beantwortet werden. Gelassenheit und Souveränität anstelle von Ungeduld und Aggressivität ist hier das wesentliche Mittel, mit dem sich der Berater seine Distanz zum System sichert. Denn in den allermeisten Fällen ist jede Form der Ungehaltenheit aufseiten des Beraters bereits das deutliche Zeichen dafür, dass er der Einverleibungsstrategie des Systems schon zum Opfer gefallen ist: Er reagiert so, wie es ihm das agierende System vorgibt.

Aus dem bis hierher Zusammengetragenen ergibt sich damit als abschließende Anforderung an den Berater der systemdynamischen Organisationsberatung, dass er über hinreichende Fähigkeiten verfügen muss, eine systemische Intervention im Sinne Hellingers durchzuführen. Sollte er hier keine oder keine ausreichenden Kenntnisse und Erfahrungen besitzen, dann ist dies allerdings kein Grund, die systemdynamische Organisationsberatung insgesamt zu verlassen. In den Momenten, in denen eine individualsystemische Intervention indiziert ist, kann der Trainer dies thematisieren und der betreffenden Person als Information darüber mitteilen, dass es sinnvoll und hilfreich wäre, in dieser Richtung zu arbeiten. Wo solche Schritte dann konkret unternommen werden, ist in dieser Situation von sekundärem Interesse. Allerdings ist es nicht nur hilfreich, sondern entspricht auch der gebotenen Fürsorgepflicht des Trainers, hier weiterleitende Adressen und Kontakte zur Verfügung zu haben.

In keinem Fall aber, und das kann nicht deutlich genug hervorgehoben werden, sollte ein Berater selbst eine systemische Intervention nach Hellinger einleiten, wenn er nicht über das notwendige Instrumentarium verfügt, das in der Regel erst das Produkt einer langjährigen therapeutischen Erfahrung ist. Wir warnen also ausdrücklich vor vorschnellen Zugriffen, die in dieser Weise eindeutig zum Übergriff werden, und drängen in solchen Fällen darauf, eigene Zuständigkeiten einzuhalten und, dem ärztlichen Vorbild folgend, die Klienten an den dafür zuständigen Spezialisten zu überweisen.

5. Systemdynamische Grundlagen der Beratung

Der systemische Ansatz Bert Hellingers

Menschen leben nicht als Einzelwesen, von allem Anfang sind Menschen Teil familiärer, verwandtschaftlicher Einheiten. Per Geburt also wird der Einzelne in einen weiteren Kontext gestellt, der ihm zunächst nicht mehr und nicht weniger als das nackte Überleben sichert. Anders gewendet, gründet die Beziehung zwischen Eltern und Kind in dem rein biologischen Tatbestand, das genetische Informationsmaterial der Elterngeneration an die Nachfolgegeneration weiterzugeben und so den Fortbestand der Art zu gewährleisten.

Ohne der höchst umstrittenen Frage nachzugehen, inwieweit das menschliche Tier wie Naturwesen in die biologische Ordnung eingebunden ist oder sich als reflektierendes Kulturwesen bereits aus diesen Zusammenhängen emanzipiert hat, kann festgehalten werden, dass Menschen als Gemeinschaftswesen in Verbänden unterschiedlicher Größe auftreten. Dabei lassen sich diese Verbände in ihrer Funktion und Qualität dahin gehend unterscheiden, welche Art von Beziehung sie unter ihren Mitgliedern realisieren. Familie, Ehe, Schule, Beruf, Vereine, Parteien, Freunde, Gruppen des sozialen, kulturellen und politischen Engagements – all dies sind Beziehungskomplexe, deren verschieden gelagerten Zwecke und Funktionen für die Formen der darin etablierten Interaktionen ausschlaggebend sind: Die liebende Hinwendung der Eltern an ihr Kind wird gewiss eine andere Qualität der Beziehung begründen als die fürsorgliche Unterstützung eines Lehrers für seine Schüler.

Obgleich also die unterschiedliche Funktion innerhalb solcher sozialen Verbände die Qualität ihrer Beziehungen mitbestimmt, können diese Verbände unter einem strukturellen Gesichtspunkt gleichermaßen als Systeme angesprochen werden. Denn allen gemeinsam ist, dass sie sich durch eine ihnen jeweils spezifische Handlungsart von einer Umgebung abgrenzen. Damit ist gemeint, dass soziale Systeme sich weniger durch einen gemeinschaftlich ratifizierten Wertekatalog auszeichnen als vielmehr dadurch, dass sie sich als ein Zusammenhang aufeinander verwiesener Handlungen konstituieren. Nur was sich als Handlung sinnhaft aufeinander bezieht, um von hier aus neue sinnhaft bezogene Handlungen zu initiieren, gehört zum inneren Bereich des Systems. Alles andere, was hier nicht anschlussfähig ist, wird der Umgebung des Systems zugerechnet.

Werden also soziale Beziehungskomplexe als Systeme aufgefasst, dann liegt die Vermutung nahe, dass sie trotz aller thematischen, inhaltlichen und funktionalen Unterschiede auf einer strukturellen Ebene über vergleichbare, wenn nicht gar identische systemspezifische Eigenschaften verfügen.

Für das System „Familie" hat nun Hellinger einige solcher Eigenschaften zusammengetragen, die die Grundlage seiner Form der systemischen Familientherapie bilden. Es sind dies die im ersten Kapitel bereits erwähnten drei Grunddynamiken von

- Bindung,
- Ordnung,
- Ausgleich von Geben und Nehmen.

Diese drei Kategorien gelten für Hellinger als die zentralen Parameter, die in Familiensystemen in einer noch näher zu bestimmenden Weise realisiert sein müssen, um dem System und damit den dazugehörigen Systemmitgliedern ein komplikationsfreies, „gesundes" Agieren zu ermöglichen. Das bedeutet auf der anderen Seite, dass das Gesamt innerfamiliärer Kommunikation und Interaktion für Hellinger vollständig im Rahmen dieser Triade beschrieben werden kann: Sämtliche Interaktionen lassen sich entweder einem der drei, gleichzeitig zwei der drei, in verschiedenen Varianten, oder sogar allen drei Bereichen zugleich zuordnen; alles, was in Familien geschieht, kann als Ausdruck und Realisierung der systemischen Dynamiken von Ordnung, Bindung und/oder Ausgleich gesehen werden.

Als die maximale Größe, die als systemische Einheit seiner Beobachtung zugrunde liegt, erfasst Hellinger in der Regel die mehrgenerationale Familie, insoweit sie sich zusammensetzt aus:

- den Kindern/Geschwistern, zu denen auch Verstorbene und Totgeborene rechnen,
- den Eltern und deren Geschwistern, zu denen ebenso die Verstorbenen und Totgeborenen dieser Generation zählen,
- den Großeltern,
- in Ausnahmen den Urgroßeltern,
- den nicht mit der Familie verwandten Personen, die aber für die Familie oder Einzelne ihrer Mitglieder von großer Bedeutung sind/waren; z. B. frühere/geschiedene Partner.

In diesem Kontext steht jedes Mitglied der Familie an seinem Ort, der sich im Laufe der Lebensgeschichte zwar verändern kann (etwa vom Enkel zum Urgroßvater), der aber den Einzelnen unaufhebbar und unwiderruflich zum Mitglied dieser seiner Familie macht: Per Geburt wird jeder Mensch unwiderruflicher Teil eines Familiensystems, und er wird es sein ganzes Leben lang, ja sogar über den Tod hinaus bleiben. Denn obzwar der Tod für den Einzelnen definitiv die Realität beendet, etwa Sohn oder Tochter seiner/ihrer Eltern zu sein, ist für das System diese Tatsache auch weiterhin virulent und höchst real, insofern Verstorbene – wenn auch in anderer Form – ihre Relevanz für das System besitzen.

Von dieser Ausgangsbasis her ergeben sich nun wichtige Konsequenzen, aus denen Hellinger seine ihm eigene Form des therapeutischen Vorgehens entwickelt. Ihre Einzelheiten werden wir in unserem Zusammenhang zunächst nur insoweit darstellen, als sie für den Aufbau der systemdynamischen Organisationsberatung maßgeblich sind.

Bindung
Das Kind, das in die Familie hineingeboren wird, erfährt diese Familie als Totalität seiner Existenzgrundlage und -sicherung, das Kind ist in diesem Sinn ganz elementar an die Familie, vorrangig an die Eltern, gebunden. Die damit grundgelegte Bindung ist nicht auflösbar. Auch wenn das Kind sich später von der Familie, den Eltern abwenden sollte, bleibt es auf einer anderen Ebene, nämlich als Kind dieser Eltern, noch immer an sie gebunden. Denn die von Hellinger intendierte Bindung umfasst mehr als das Wissen des Kindes, in der Familie den frühen Garanten seines Überlebens gefunden zu haben. Weit über den materiellen und erzieherischen Rahmen hinaus, der das Kind mit all dem versieht, was ihm seinen eigenen Lebensweg ermöglichen soll, erfährt sich das Kind als Protagonist einer folgenden Generation, die von ihren Vorgängern das Leben empfangen hat, um es selbst wiederum an die Generation ihrer eigenen Kinder weitergeben zu können.

In dem mehr oder minder präsenten Bewusstsein des Kindes, von den Eltern das Leben geschenkt bekommen zu haben, sieht Hellinger nun die ursprünglichste und tiefste Form der Bindung. Insofern dieser Akt der Lebensspendung durch nichts rückgängig gemacht oder aufgehoben werden kann, kann Hellinger von der Unauflösbarkeit dieser basalen Form der Bindung sprechen. Das Kind, das sich in das System seiner Familie hineingeboren findet, entwickelt sich in vollkommener Fraglosigkeit als Teil dieses Systems und empfindet diese Zugehörigkeit in einer Form, die Hellinger die „Urliebe" oder „primäre Liebe" nennt. Hier dann liegt für Hellinger nicht nur die stärkste Kraft der Bindung, hier ergibt sich auch unmittelbar die Verzahnung zu der grundlegenden Ordnung, die er in Systemen herauskristallisiert hat.

Ordnung
Die Tatsache, dass ein Kind in das System hineingeboren wird, dass es also das Leben von seinen Eltern geschenkt bekommen hat, bindet das Kind nicht nur unausweichlich an das System, sondern weist ihm und den anderen Systemmitgliedern zugleich auch seinen und ihren Ort innerhalb des Systems zu: Das Kind ist unverrückbar Kind seiner Eltern, und die Eltern sind ebenso unumstößlich die Eltern dieses Kindes. Das heißt, es etabliert sich ein Beziehungsgefüge, das darüber befindet, wer innerhalb des Systems welchen Rang einzunehmen hat.

Analog gilt diese Situierung für die Reihe der Geschwister: Der Erstgeborene wird zeit seines Lebens der Erstgeborene sein und bleiben, wie dies analog für die zweiten und alle übrigen Nachfolger der Fall ist.

An dieses Ordnungsgefüge der innerfamiliären Beziehungen, also an die zeitliche Situierung, die sich über die Eintrittsabfolge in das System, d. h. über die Zugehörigkeitsdauer definiert, knüpfen sich dann wichtige Interaktionsbedingungen, die beachtet werden müssen, wenn das System möglichst reibungsfrei funktionieren soll. Was also zunächst wie eine nüchterne Familienarithmetik klingt, hat weit reichende Konsequenzen, denn die zeitlich organisierte Rangordnung muss in den Kommunikationen und Interaktionen zum Ausdruck kommen. „Zum Ausdruck kommen" heißt dabei, dass die Ordnung für das System mehr ist als die nackte Kenntnis der Rollen-, Funktions- und Zugehörigkeitsbedingungen: Vorrangig geht es darum, dieses Wissen in der Realität des intrasystemischen Miteinanders erkenn- und erlebbar zu gestalten.

Die Verwirklichung der Ordnung ist also nicht nur ein Phänomen des individuellen oder gesamtsystemischen Bewusstseins, das für sich die Ordnung als ein inneres Bild des Systems realisiert. Darüber hinaus ist die Realität der Ordnung immer auch auf ihre aktuelle und unausgesetzte Realisierung verwiesen, d. h., sie ist immer auch ein Prozess der momentanen Kommunikation und Interaktion. Als Prozess aber, als permanent zur Wirklichkeit drängendes Handeln, verweist die Ordnung dann direkt auf die dritte Kerngröße innerhalb des Modells von Hellinger: den Ausgleich von Geben und Nehmen.

Ausgleich von Geben und Nehmen
In der Beziehung zwischen Eltern und Kindern markiert Hellinger als die fundamentalste Gabe die Weitergabe des Lebens von den Eltern auf die Kinder. Damit ist eine unwiderrufliche Asymmetrie zwischen den Generationen etabliert, denn dieses grundlegende Geschenk kann durch nichts vergolten, d. h. ausgeglichen werden. Es kann nicht vergolten werden, aber es muss, ja darf auch gar nicht vergolten werden. Der Versuch, auf dieser grundlegenden Ebene zurückgeben zu wollen, also einen Ausgleich zwischen Geben und Nehmen herstellen zu wollen, ist nicht nur notwendig zum Scheitern verurteilt, sondern ist als Versuch bereits schon eine schwer wiegende Störung des Systems, insofern er die Ordnung (der Eltern-Kind-Asymmetrie) aus dem Gleichgewicht bringt. An die Stelle eines Ausgleichs im Sinne der Vergeltung für die Eltern hat hier vielmehr die Weitergabe des angenommenen Geschenks zu treten, das die Kinder ihrerseits an ihre Kinder weitergeben. (Analog manifestiert sich die Ord-

nung, die das Geben und Nehmen von oben nach unten verteilt, auch für die Folge der Geschwister: Die Älteren geben den Jüngeren, die Jüngeren nehmen und würdigen, achten die Älteren als diese.)

Neben dieser ersten und durch nichts auszugleichenden Gabe, also dem Urgeschenk des Lebens, das nur als ein solches angenommen und weitergegeben werden kann, nennt Hellinger aber auch alle anderen Formen des Gebens und Nehmens als Grundaustauschformen systemischer Interaktion. Diesem Austausch kommt gegenüber den anderen beiden Dynamiken insoweit eine Grundfunktion zu, als der Austausch die Kommunikation und Interaktionen des Systems am Leben erhält: Jedes Geben ruft ein Nehmen hervor, und jedes Nehmen produziert ein neues Geben; Geben und Nehmen kreisen um den Zielzustand des Ausgleichs, der aber nur selten erreicht wird, da das Genommene und wieder Gegebene selten deckungsgleich sind.

Das unmögliche Gleichgewicht
An dieser Stelle könnte der Eindruck entstehen, als liefere Hellinger ein klares Handlungsschema, bei dessen Befolgung sich mit mehr oder minder großer Anstrengung im Prinzip ein reibungsfreies Zusammenspiel aller zum System gehörigen Personen erreichen lassen müsste. Dass dem nicht so ist, hat neben anderem zunächst einen sehr einfachen Grund: Systeme der hier beschriebenen Art sind als dynamische Systeme überlebensnotwendig darauf angewiesen, ständig in Bewegung zu sein. Das heißt, ein Zustand, in dem die Bindungskräfte, das Ordnungsverhältnis und der Ausgleich von Geben und Nehmen einen absolut ausgeglichenen Wert annehmen würden, käme dem statischen Tod des Systems gleich. Von einem systemtheoretischen Standpunkt aus betrachtet, können lebende, dynamische Systeme nicht umhin, als permanent daran zu arbeiten, die von ihnen selbst verursachten Ungleichgewichtszustände wieder auszugleichen. Das endgültige Erreichen dieses Gleichgewichts nämlich bedeutet einen Ruhezustand, den – um es salopp zu formulieren – jedes System nur einmal einnimmt.

Weniger theoretisch findet sich aber ein anderer und ganz nahe liegender Grund, warum es nicht möglich ist, hier eine vollkommen ausgeglichene, statische und also konfliktfreie Systemkonstellation zu gewinnen: Die rechten Umgangsformen innerhalb der systemischen Dynamiken mit den davon abhängenden Regeln müssen erlernt werden: Nicht jede Mutter und nicht jeder Vater sind sich sogleich gewahr, was ihre Elternrolle bedeutet; sie wachsen vielleicht erst im Laufe der Zeit und innerhalb eines von Konflikten begleiteten Lernprozesses in diese Rolle hinein. Regelverstöße also sind hier vorprogrammiert. Und ebenso wird das Kind, das in der Frühphase seiner Entwicklung unausgesetzt die eigenen Grenzen austesten muss, um so zur Bestimmung seines Platzes innerhalb der Familie zu gelangen, diesen Platz nur mit begrenzenden, also schmerzhaften Erfahrungen beziehen können. Erziehung in einem so verstandenen außermoralischen Sinn als „Einweisung" in das System wird zwangsläufig darauf angewiesen sein, die elterliche Liebe im Bedarfsfall der notwendigen „Justierung" des Kindes innerhalb der Familie unterordnen zu müssen.

In Bezug auf das Zusammenspiel der Dynamiken heißt dies in solchen Situationen dann, dass die Ordnung vor der Bindung rangiert, und generell lässt sich daraus ableiten, dass es grundsätzlich nicht möglich ist, allen drei Dynamiken zugleich in gleicher Form gerecht zu werden: Weil das Beachten der Ordnung auf Kosten der Bindung gehen kann (und umgekehrt), weil ein Ausgleich massiv die Ordnung stören kann, weil es also grundsätzlich kaum eine Handlung gibt, die sich isoliert einem der drei Bereiche gesondert zuordnen ließe, verunmöglicht diese Verzahnung und Überlappung dem Einzelnen, alle drei Dynamiken simultan in dem angestrebten Gleichgewichtszustand zu halten.

Damit laviert das Handeln des Einzelnen das System insgesamt in permanente Ungleichgewichtszustände, die das System als einen Handlungszusammenhang am Leben erhalten, der trotz seiner Tendenz auf den allgemeinen Gleichgewichtszustand hin nie in der Lage ist, diesen Ruhezustand zu erreichen. Dies nicht zuletzt deswegen, weil ein einmaliges Ungleichgewicht in die eine oder andere Richtung grundsätzlich nie wieder in den ursprünglichen Zustand zurückversetzt werden kann: Die neue Situation ist bereits Teil des Systemgedächtnisses, hat also die Ursprungsbedingungen verändert und eine neue Ausgangsbasis geschaffen, hinter die es kein Zurück mehr gibt. Wie Baumringe im Laufe der Jahre den Stamm verbreitern, so verbreitert sich auf diese Weise auch die Geschichte des Systems, und jeder Querschnitt wird die Sedimente vergangener Interaktionen ans Licht bringen, die als integraler Bestandteil bewusst oder unbewusst die aktuelle Basis gegenwärtiger Interaktionen bilden.

Verstrickungen
Die Geschichte des Systems ist als dessen unverwechselbare Identität stets und zu jedem Zeitpunkt aktuell und gegenwärtig. Das heißt allerdings nicht, und dieser Punkt ist von entscheidender Wichtigkeit, dass die Systemgeschichte den Mitgliedern in vollem Umfang und zu jeder Zeit bewusst ist. In überwiegendem Maße ist genau das Gegenteil der Fall.

Der Unterschied zwischen *gegenwärtig* und *bewusst* lässt sich plastisch etwa folgendermaßen pointieren: Dass ein Mann sich zum Zeitpunkt X von seiner Frau scheiden lassen will, aktualisiert möglicherweise eine über drei Generationen hinweg tradierte Familienepisode, von der der Mann allerdings nicht das Geringste weiß.

Was ist damit gemeint? Wenn an die im ersten Kapitel skizzierten Einsichten der systemtheoretischen Denkmuster erinnert wird, dann wurde dort gesagt, dass jede Aktion immer auch als Reaktion auf vorangegangene Aktionen verstanden werden kann. In diesem Zusammenhang heißt das nun, dass spezifische Interaktions- und Kommunikationsmuster der Familienmitglieder ihrerseits Reaktionen und Antworten auf vergangene Interaktionen des Systems sein können –

die den einzelnen Mitgliedern jedoch als eben eine Form der Reaktionen und Antwort nicht bewusst sind. Vielmehr gehen sie davon aus, dass ihre Handlungen frei gewählt und rationalen Ursprungs sind; ein Eindruck, der noch dadurch verstärkt wird, dass sich für das wie auch immer erfolgende Handeln stets gute Gründe anführen lassen.

Diese Gründe mögen im Einzelfall sogar durchaus richtig das subjektive Motiv wiedergeben, doch gerät damit die zugrunde liegende Disposition, aus der heraus sich gerade dieses oder jenes Motiv entwickelt, nicht mit in den Blick.

Solche Dispositionen nun, also die unbewussten Gründe, die für den Grundtenor, für den Basso continuo unserer Interaktionscharakteristik und -strategie verantwortlich sind, können ihren initialen Grund in der Historie des Systems haben, in Bereichen also, die außerhalb dessen liegen, was das betreffende Individuum zum Bereich seines Ich rechnet. In dem Fall nun, in dem ein Einzelner diese Grunddisposition als eine unfreiwillige und unbewusste Übernahme fremder Ausgangsbedingungen übernimmt, spricht man von einer Verstrickung mit dem System, von einer systemischen Verstrickung.

Handlungen, die aus einer Verstrickung heraus entstehen, lagern also motivational immer auf zwei Ebenen: der subjektiven und bewussten Ebene einerseits, die an der Oberfläche rational Auskunft über das Warum und Wozu der Handlung gibt; und andererseits der systemisch bedingten und unbewussten Ebene, die für das mit dem System verstrickte Individuum gerade nicht zugänglich ist. Um das oben genannte Beispiel des Scheidungsfalles aufzunehmen, könnte die subjektive Motivation sich also in der Liste der im Laufe der Zeit erwachsenen Eheprobleme erschöpfen. Die darüber oder darunter liegende systemische Motivation hingegen könnte etwa in der unverbrüchlichen Treue des Mannes zu einem Großonkel liegen, den er persönlich nicht einmal kennen gelernt haben muss, dessen Schicksal aber in der Kommunikationswirklichkeit des Systems noch immer so lebendig ist, dass der Mann sich mit diesem Onkel identifiziert hat, um nun im Akt der eigenen Scheidung einem unausgesprochenen Gebot zu folgen: „Ich mache es genau wie du!"

Generell können Verstrickungen als Versuche gesehen werden, mit denen Einzelne auf Ungleichgewichtszustände innerhalb des Systems reagieren; die verstrickte Person dient damit der Homöostase (dem Fließgleichgewicht) des Systems, die u. U. vor mehreren Generationen erschüttert wurde.

Systembedingungen

Solche Verstöße gegen das Gleichgewicht des Systems können sich dabei allerdings nicht nur in Bezug auf die oben angeführten drei Dynamiken ereignen. Diese Dynamiken stellen in dieser Hinsicht strukturelle Parameter dar, die sich noch nicht auf einen konkreten Inhalt beziehen. Das Ungleichgewicht im Geben und Nehmen etwa kann sich ja auf vollkommen unterschiedlichen Ebenen ereignen: Die Schieflage kann sich ja auf einer sehr breiten inhaltlichen Skala einstellen, beispielsweise zwischen den Extremen einer aufopfernden, restlosen Selbstaufgabe für einen anderen und einer nicht erwiderten Einladung unter Freunden.

Neben diesen formalen Kriterien nennt Hellinger aber auch noch ganz konkrete inhaltliche Bedingungen, die für das Gelingen systemischer Beziehungen erfüllt sein müssen. Ihre Nichtbeachtung wird in aller Regel dann von einem Systemmitglied dahin gehend versucht zu kompensieren, dass es den (un-)bewusst empfundenen Verstoß gegen eine dieser Bedingungen durch eigene Ausgleichshandlungen aufzuheben versucht; auch hier bleibt dann das eigentliche Motiv solcher Handlung aus der isoliert betrachteten Biographie des Betreffenden heraus vollständig unerklärlich.

Die Hauptbedingungen lauten in der Terminologie Hellingers:

- das Recht auf Zugehörigkeit,
- das Gesetz der vollen Zahl,
- das Gesetz des Vorrangs des Früheren.

Unter dem *Recht auf Zugehörigkeit* versteht Hellinger die Ebenbürtigkeit aller in Bezug auf ihren Anspruch, Mitglied des Systems zu sein. Niemand kann hier für sich einen größeren Anspruch gegenüber anderen reklamieren, und niemand darf einem anderen diesen Anspruch in Abrede stellen. Nur wenn alle, die sozusagen *de jure* zum System gehören, auch *de facto* in dieser Zugehörigkeit realisiert werden, ist das System diesbezüglich in der Ordnung.

Erst dann kann auch dem *Gesetz der vollen Zahl* Rechnung getragen werden, das nach Hellinger das individuelle Wohlbefinden des Einzelnen an dessen liebevolle innere Realisierung aller zum System gehörender Mitglieder als gleichwertige und gleichberechtigte Systemmitglieder bindet. Es ist das innere Bild, das Bewusstsein des Einzelnen von seinem System, das über sein psychisches Heil entscheidet.

Als dritte Bedingung dann beschreibt Hellinger die zeitliche Strukturierung des Rangfolgeverhältnisses in Systemen unter dem *Gesetz der Vorrangs des Früheren*. Hierunter fällt sowohl der Vorrang der früheren Generationen vor ihren Nachfolgern als auch die Abfolge innerhalb der Geschwisterreihe. Vorrang meint dabei nicht ein Werteverhältnis oder eine wie auch immer gefärbte qualitative Maßskala; Vorrang, der, wie bereits erwähnt, für das Geben und Nehmen von Bedeutung ist, bezieht sich in erster Linie auf die klare Unterscheidung von Zuständigkeiten innerhalb des Systems, deren Bereichsverteilung sich anhand der Ordnung konstituiert.

Formen der Verstrickung

Sind die drei Systemdynamiken von Bindung, Ordnung und Ausgleich nun in Bezug auf die zuletzt genannten Bedingungen (Recht auf Zugehörigkeit, Gesetz der vollen Zahl, Vorrang des Früheren) in der gegenwärtigen oder in einer Vorgängergeneration ins

Ungleichgewicht gebracht worden, dann kann dies dazu führen, dass ein (späteres) Mitglied des Systems unbewusst versucht, das Gleichgewicht für das System insgesamt wiederherzustellen. Je nachdem, in welcher inhaltlichen Richtung hier der Verstoß gegen die Bedingungen vorliegt, lassen sich diese Ausgleichshandlungen, also die verschiedenen Formen der Verstrickung, klassifizieren. Die in unserem Zusammenhang wesentlichen Formen der Verstrickung sind:

- *Identifizierung:* Hierunter fallen sämtliche Verhaltensweisen, mit denen sich ein Subjekt Eigenschaften, Aspekte und Attribute eines anderen anverwandelt und sie in sein psychisches und verhaltensmäßiges Repertoire inventarisiert. Die Identifizierung bedeutet also eine Form der Selbstentfremdung, innerhalb deren das identifizierte Subjekt unbewusst und in mehr oder minder starker Ausprägung mit einem anderen verschmilzt.

  Gründe für eine Identifizierung liegen am häufigsten in der zugeschriebenen oder selbst gewählten Stellvertreterschaft für einen aus dem System Ausgeschlossenen („Du bist genau wie Onkel X!").

- *Triangulierung:* Missbräuchliche Inanspruchnahme eines Kindes als Koalitionär für den einen Elternteil gegen den anderen Elternteil. Dadurch wird das Kind nicht nur in Zuständigkeiten hineingezogen, die ihm nicht zukommen, sondern auch auf eine Position im System gestellt, die es als Vertreter der nichtelterlichen Generation nicht einnehmen kann. Als vermeintlich paritätischer Helfer des einen Elternteils steht das triangulierte Kind funktional auf der Stufe der Eltern und wird so der Möglichkeit seines Kindseins beraubt.

- *Parentifizierung:* Ähnlich der Triangulierung setzt auch die Parentifizierung das Kind einem missbräuchlichen Positionswechsel im System aus: Es nimmt eine Rolle ein, in der es die Elternschaft für die eigenen Eltern ausübt, wenn ein oder beide Elternteile nicht in der Lage sind, ihre Elternposition einzunehmen, und regrediert die Unterstützung der eigenen Eltern bei den eigenen Kindern einfordert. Auch hier kann das Kind nicht Kind sein.

- *Nachfolge:* Ist ein früheres Mitglied des Systems durch Krankheit, Unfall, Verbrechen, Krieg etc. (zu) früh gestorben, dann kann ein späteres Mitglied des Systems die Tendenz entwickeln, ihm in den Tod nachzufolgen. Diese Nachfolgetendenz kann sich direkt in Suizidversuchen äußern sowie als signifikante Unfallbereitschaft, als Neigung zu einer riskanten Lebensführung (Risikosportarten). Indirekt zeigen sich Nachfolgetendenzen u. U. als Krankheiten, als Neigung, sich dem Leben zu verschließen.

- *Übernahme:* Ist ein Elternteil mit einem anderen Systemmitglied in der Nachfolge verbunden, dann kann bei dem Kind dieses Elternteils die Tendenz entstehen, die Last dieses Elternteils zu tragen. Es übernimmt die Schwere des Schicksals seines Elternteils in der Hoffnung, dieser Akt der Solidarität erleichtere es dem Elternteil, sein Leben zu leben. Die Art und Weise, in der die Übernahme der Last geschieht, ist dabei inhaltlich nicht an das Thema des Elternteils gebunden, sondern kann als Krankheit, Versagen, Kriminalität etc. alles umfassen, was das eigene Wohlergehen erheblich beeinträchtigt.

Gefühle

Zum Teil sehr eng mit den Formen der Verstrickung verbunden sind die verschiedenen Gefühlskategorien, die Hellinger im Verlauf seiner Arbeit unterschieden hat. Sie sind dabei nicht nur Symptome, deren Auftauchen registriert und beobachtet wird, sondern sind im eigentlichen Sinn diagnostische Mittel seiner Arbeit, die wichtige Rückschlüsse auf den inneren Zustand und auf mögliche Formen der systemischen Verstrickung liefern.

Hellinger unterscheidet drei Arten von Gefühlen:

- das Primärgefühl,
- das Sekundärgefühl,
- das Fremdgefühl.

Ein *Primärgefühl* ist nach Hellinger daran zu erkennen, dass es sich als eine ursprüngliche, reine und unverfälschte Reaktion auf einen Reiz aus der Umgebung einstellt. Das Wesentliche daran ist sowohl die ungetrübte Reinheit als auch die Totalität, mit der dieses Gefühl die Person ergreift: reine Freude, nackte Wut, echte Liebe, schierer Hass etc. Impulsiv und unkontrollierbar *übermannt* es seinen Träger, der dieses Gefühl im eigentlichen Sinn nicht *hat*, sondern ist.

Deutlich spürbar und damit als solche erkennbar werden Primärgefühle bei anderen, die sie beobachten: Das echte Primärgefühl wirkt im wahrsten Sinne ansteckend, man kann sich seiner Wirkung nicht entziehen und wird zutiefst davon berührt. Die Dauer eines Primärgefühls ist reziprok zu seiner Intensität sehr kurz; es ist ein Zustand, der sich nicht konservieren und festhalten lässt, der in dieser reinen Form ganz an das augenblickhafte Erleben gebunden ist.

Gegenüber dem Primärgefühl als einer unverfälschten und klaren Gefühlsanwandlung und -äußerung, handelt es sich bei dem *Sekundärgefühl* um eine Stellvertreterreaktion, die aus Gründen (vermeintlicher) kultureller Akzeptanz dem eigentlichen, primären Gefühl vorgeschoben wird. Also etwa: Hinter einer geäußerten und dann durchaus auch selbst empfundenen Trauer steht als das primäre, aber verborgene Gefühl eine blanke und entsetzliche Wut, deren Äußerung der Betreffende jedoch mit seinem Verständnis von einem zivilisierten Verhaltenskodex nicht vereinbaren kann.

Sind Sekundärgefühle also nicht identisch mit dem tatsächlich empfundenen Gefühl, so fällt auch ihre

Wirkung auf den Beobachter dementsprechend anders aus als im Fall der ansteckenden Primärgefühle: Sekundärgefühle wirken eher langweilend, machen überdrüssig und müde. Sie äußern sich bei anderen u. U. in dem diffus empfundenen Gefühl, irgendwie eingreifen, irgendetwas tun zu müssen. Nicht zuletzt ziehen sie eine seltsame Form der Irritation und Verwirrung nach sich, da ihnen die kristalline Reinheit der Primärgefühle vollkommen abgeht, an deren Stelle sie etwas Verstelltes, Künstliches, Manipulatives zur Schau stellen.

Die dritte Kategorie, die der *Fremdgefühle*, umfasst Gefühle, die – etwa im Zuge einer Identifizierung – von anderen übernommen worden sind. Übernahme meint dabei die kausale Unerklärlichkeit des jeweiligen Gefühlszustandes aus der eigenen Lebenssituation heraus.

Im Allgemeinen handelt es sich bei Fremdgefühlen um Gefühle, die in Nachfolgegenerationen von Vertretern der Vorgängergeneration übernommen werden; sie können mitunter über mehrere Generationen hinweg tradiert werden. Übernahmen dieser Art werden insbesondere dadurch begünstigt, dass der „ursprüngliche Besitzer" ein bestimmtes Gefühl nicht zulassen, äußern, ausdrücken konnte. Fremdgefühle müssen nicht auf das einzelne Individuum beschränkt sein, sondern können als eine Form der Grundgestimmtheit auch das dominante Klima einer ganzen Familie bestimmen: Resignation, Ohnmacht oder Wut usw.

Dementsprechend zeigen Fremdgefühle eine persistente Charakteristik, d. h., sie können den Rang eines Dauerzustandes einnehmen, sind offen oder unterschwellig ständig anwesend und prägen die Grundstimmung eines Menschen oder eines Systems. Darüber hinaus – und das unterscheidet sie dann letztgültig von den mitunter auch sehr lang andauernden Sekundärgefühlen – lassen sie sich, wie bereits angedeutet, nicht aus der aktuellen Situation herleiten und erklären. Im Unterschied zu den eher enervierend wirkenden Sekundärgefühlen, haftet der Wirkung von Fremdgefühlen dagegen etwas Lähmendes an: Als Beobachter weiß man nicht weiter, findet sich ratlos und sieht sich des rechten Überblicks über die Situation benommen.

Spezifikationen für den Beratungskontext

Unternehmen sind keine Familien. Wenn sie sich auch gleichermaßen als Systeme ansprechen lassen, bringt die eigene Qualität der sinnhaft aufeinander bezogenen Handlungen, die sie jeweils als Systeme konstituiert, in Unternehmen eine von Familiensystemen abweichende Beziehungsrealität hervor. Die Unterschiede betreffen dabei nicht das grundsätzliche Wirken der drei systemischen Grunddynamiken von Ordnung, Bindung und Ausgleich. Ganz im Gegenteil. Als formale Kriterien lassen sie sich in Unternehmen nicht nur analog nachzeichnen, sondern die Tatsache, sie hier ebenso beschreiben zu können, bietet zu allererst die Möglichkeit, den systemischen Ansatz Hellingers für Organisationen fruchtbar zu machen. Allerdings unterscheiden sich die Dynamiken in der inhaltlichen Ausdifferenzierung, d. h. in der spezifischen Art und Weise, wie sie in Unternehmen wirken, von der Art und Weise, wie dies in Familien der Fall ist. Der Unterschied bezieht sich also nicht auf den Umstand, dass Ordnung, Bindung und Ausgleich auch in Firmensystemen relevante Systemparameter sind, sondern allein darauf, wie dies der Fall ist.

Demgemäß bedarf die Übertragung des Hellinger'schen Ansatzes auf den Beratungszusammenhang einiger eingrenzender Modifikationen, die wir abschließend zusammentragen wollen, bevor wir uns im nächsten Teil der praktischen Anwendung der systemdynamischen Organisationsberatung zuwenden.

Die Hauptunterschiede zwischen Familien- und Firmensystemen lagern dabei auf zwei Ebenen:

- Unternehmen verfolgen einen bestimmten Zweck.
- Die Zugehörigkeit zu einem Unternehmen ist frei wählbar und zu jeder Zeit aufkündbar.

Diese beiden Hauptdifferenzen – dahin gehen zumindest die Erfahrungen, die wir mit Unternehmenssystemen gemacht haben – zeigen denn wichtige Konsequenzen auf bezüglich der drei substanziellen Bedingungen, die Hellinger für das Gelingen innerfamiliärer Beziehungen herausgearbeitet hat. Für Familiensysteme waren die drei Hauptbedingungen:

- das Recht auf Zugehörigkeit,
- das Gesetz der vollen Zahl,
- das Gesetz des Vorrangs des Früheren.

Für Unternehmenssysteme gilt zunächst das *Recht auf Zugehörigkeit* in modifizierter Form. Denn einerseits gilt auch hier: Jeder, der dazugehört, gehört dazu! Ebenso wie in Familien kann niemand einen höheren Anspruch darauf geltend machen, Mitglied des Systems zu sein. Auch in Organisationen darf niemand für sich ein größeres Recht gegenüber anderen reklamieren, und niemand darf einem anderen dieses Zugehörigkeitsrecht in Abrede stellen. Jeder Verstoß gegen diese Regel führt zu einer Schwächung des Systems, da auf diese Weise die Bindung mehr oder weniger stark unterminiert wird.

Andererseits aber ist dieses Recht auf Zugehörigkeit – und damit unterscheiden sich Unternehmen, Organisationen von Familiensystemen – ein relatives Recht: Es gilt nur für den Zeitraum der faktischen Zugehörigkeit; es beginnt mit dem Eintritt in die Organisation und endet beim Verlassen des Systems. Wer dazugehört, gehört dazu, aber niemand hat einen grundsätzlichen Anspruch auf Zugehörigkeit. Während Zugehörigkeit in Familiensystemen per Geburt und lebenslang „verbrieft" ist, gilt diese Unverbrüchlichkeit in Organisationen nur für den Zeitraum, in dem ein Mitarbeiter tatsächlich Teil der Organisation ist. Also: Wenn und solange ein Individuum Mitglied eines Unternehmens, einer Organisation ist, hat es wie jedes andere Mitglied des Systems ein absolutes und nicht zu schmälerndes Recht auf Zugehörigkeit, das allerdings nicht verwechselt werden darf mit einer lebenslangen Anstellungsgarantie. Pointiert ließe sich sagen: Diejenigen, die dazugehören, haben das uneingeschränkte Recht dazuzugehören, solange sie dazugehören!

Ebenso wie in Bezug auf die erste Bedingung, unterscheiden sich Firmen von Familien dann auch in Bezug auf die zweite konstitutive Bedingung geglückter Beziehungsstrukturen, also in Bezug auf das *Gesetz der vollen Zahl*: In Unternehmen ist es nicht notwendig, ab einer bestimmten Größe vor allem aber gar nicht möglich, dass jeder Mitarbeiter in seinem inneren Bild des Unternehmens alle anderen Mitarbeiter als Zugehörige realisiert. In Großunternehmen verhindert allein die Unüberschaubarkeit, also ein schlichtes Informationsdefizit, dass jeder von jedem weiß und ihm in seiner Wahrnehmung der Firma den gebührenden Platz gibt.

Der wesentlichste Unterschied allerdings ergibt sich beim *Gesetz der Vorrangs des Früheren*. Hier machen sich die beiden oben markierten Hauptdifferenzen zwischen Firmen und Familien sehr deutlich bemerkbar (Zweckorientierung, freie Wahl der Zugehörigkeit(sdauer)), und hier dann auch liegt ein zentraler Problemgrund, der für das Missglücken von Beziehungen in Unternehmen sehr häufig verantwortlich zeichnet. Denn: Das *Gesetz der Vorrangs des Früheren* gilt und gilt zugleich nicht. Das heißt, es ist kontextabhängig, ob diesem Gesetz Rechnung getragen werden muss oder ob es durch die für Unternehmen essenzielle Zielorientierung und Freiwilligkeit der Zugehörigkeit außer Kraft gesetzt wird.

Einerseits nämlich kommt auch in Unternehmen den länger zugehörigen Mitgliedern der Vorrang vor den neu Dazutretenden zu; kommt es hier zu einer Missachtung, so führt dies ebenso wie in Familien unweigerlich zu Störungen. Problematisch und in dieser Eindeutigkeit aufgehoben wird die Regel jedoch dann, wenn ein neuer, in der Firmenhierarchie übergeordneter Mitarbeiter in das System eintritt, wenn er also einem altgedienten Mitarbeiter „vor die Nase" gesetzt wird. In diesem Fall hat der Neue aufgrund seiner übergeordneten Leitungsposition zwar den entscheidungstechnischen Vorrang, doch kollidiert dieser funktionale Vorrang dann mit dem über die Zugehörigkeitsdauer generierten zeitlichen Vorrang. Noch drastischer gestaltet sich diese Problematik, wenn der neu eingestellte Mitarbeiter auch noch wesentlich jünger ist als die ihm in der Hierarchie nachgeordneten, lang gedienten und an Lebensjahren älteren Mitarbeiter.

Hier kommt es für den Neuen darauf an, seine leitungstechnische Vorrangstellung ganz und gar aus der Achtung und Würdigung gegenüber den Älteren auszuüben, um die für das System irreduzible Doppelbedeutung des Vorrangs nicht zu verletzen: Vorrang aufgrund von Zugehörigkeit und Alter einerseits sowie andererseits Vorrang aufgrund von Position, Funktion und Leistung.

Pragmatisch heißt das, dass der neu dazugekommene, vorgesetzte Mitarbeiter seine Führung aus einer gleichsam paradoxen inneren Haltung heraus gestalten muss: Einerseits im klaren Bewusstsein des uneingeschränkten funktionalen, entscheidungs- und handlungstechnischen Vorrangs; andererseits in dem Bewusstsein, diese Führung als letztes Glied der Kette, gleichsam von hinten heraus, auszuüben. Das passende Bild wäre hier eine Führungsbewegung, die gegen die im Unternehmen bereits vorhandene Bewegungsdynamik nicht frontal angeht, sondern sich ihr anschließt, mit der Bewegung mitgeht und nur die Richtung bestimmt. Eine Führung von hinten heraus „reitet" also gleichsam auf der bereits vorhandenen Bewegung, um sie aus ihrem Inneren heraus zu lenken, indem sie sie als vorhandene Kraft nutzt und so potenzielle Widerstände in wichtige eigene Ressourcen und Kraftquellen transformiert.

So weit sollen die bis hierhin dargestellten Ausführungen sowohl der grundlegenden Vorgehensweisen der systemischen Methode Hellingers als auch der systemdynamischen Organisationsberatung genügen. Mit dem hier erreichten Stand der wesentlichen Gemeinsamkeiten und Unterschiede ist eine hinreichende Basis bereitet, um die nun folgenden Dokumentationen der praktischen Anwendung des systemdynamischen Beratungskonzeptes Gewinn bringend verfolgen zu können. Eine ganz auf die Anwendung ausgerichtete Darstellung der allgemeinen Grundlagen, Arbeitshypothesen und Arbeitstechniken der systemdynamischen Organisationsberatung, wie sie sich aus den Gemeinsamkeiten mit sowie den Unterschieden gegenüber dem Ansatz Hellingers ergeben, liefert dann der *Dritte Teil: Arbeiten mit Aufstellungen*.

Zweiter Teil:

Aufstellungspraxis

AUFSTELLUNGEN IM PROFIT-BEREICH

Die Systemseele*

Eine der wesentlichen Erkenntnisse Bert Hellingers über Familiensysteme besteht in seiner Beobachtung, dass Familiensysteme bzw. die wirkende Familienseele eine Grenze sowohl in der Zeit als auch in der lateralen Dimension aufweist. (Vgl. auch Teil 1, Kap. 5, *Systemdynamische Grundlagen der Beratung*.) Bei Firmensystemen stellt sich die Frage nach der Grenze erneut. Namentlich bei sehr großen Unternehmen, wie z. B. multinationalen Konzernen oder einer Holding, die im Laufe der Zeit aus einem Firmenverbund entstanden ist, kann man nicht ohne weiteres davon ausgehen, dass all das, was unter juristischen Gesichtspunkten als *ein* Unternehmen betrachtet wird, auch systemisch im hier gemeinten Sinne einen Wirkungs- und Ausgleichszusammenhang darstellt.

Dies hat für Aufstellungsarbeit mehrere Konsequenzen:

Wenn wir nicht mit der obersten Leitungsebene eines Unternehmens arbeiten, sondern mit nachgeordneten Abteilungen (Filialen etc.), dann erscheinen Teile des Gesamtunternehmens wie ein Teil der Umgebung des zu beratenden Subsystems. Wird z. B. ein Abteilungsleiter beraten, dann muss bezüglich der Frage „Wer gehört dazu?" und in Bezug auf die Interventionsreichweite mitbedacht werden, dass dieser Abteilungsleiter keinen Einfluss auf wesentliche Entscheidungsprozesse der Geschäftsleitung hat. Diese übergeordneten Systemebenen sind – obgleich eigentlicher Bestandteil des Firmensystems – für den jeweiligen Klienten in der Aufstellung ebenso außerhalb seiner Einflusssphäre wie jene Teile, die tatsächlich zur Umgebung des Systems zählen (wirtschaftliche Rahmenbedingungen, politische Faktoren etc.). Aus diesem Grund macht es keinen Sinn, die Firmenleitung mit aufzustellen, um dortige Konflikte sichtbar zu machen und nach einer möglichen Lösung zu suchen. Dies würde eher eine anmaßende Haltung fördern.

Von einem traditionellen systemischen Ansatz aus gesehen, würden die Kunden, Lieferanten, potenzielle neue Mitarbeiter, entlassene Mitarbeiter, frühere Inhaber der Firma als nicht zum System zugehörig betrachtet werden. In dieser Vorstellung würde es sich um eigene Systeme handeln, und die Beziehung würde als Schnittstellenproblematik, als Kommunikation *zwischen* Systemen betrachtet werden. Geht man aber von dem aus, was sich in den Aufstellungen zeigt, so wird deutlich, wie sich systemische Verstrickungen und ihre Lösungen auch auf diese Bereiche auswirken. Dies spricht eher dafür, sie ebenfalls als dem System zugehörig zu betrachten.

Nonpersonale Faktoren

Darüber hinaus hat es sich als nützlich erwiesen, die Ziele eines Unternehmens, seine Schulden, eventuelle Immobilien, Kapital und ähnliche nonpersonale Faktoren mit aufzustellen, indem man sie durch eine Stellvertreterperson repräsentieren lässt. Die Stellvertreter für diese nonpersonalen Faktoren haben sich in unterschiedlichen Aufstellungen als äußerst beredt herausgestellt. Ihre Kommentare gaben häufig entscheidende Hinweise sowohl auf das Problem als auch auf mögliche Lösungen. Die Frage „Wer oder was spricht hier eigentlich?" führt uns in einen ontologisch-phänomenologischen Bereich, der sich nicht mehr

*Zum Thema eines nicht egologischen Seelenbegriffs empfehlen wir als Lektüre Giegerich (1988, 1989).

in den Rahmen eines egologischen, vom Subjekt her gedachten Weltbildes einfügen lässt: Wenn wir davon ausgehen, dass in der Aufstellung und durch die Kraft des Konstellativen eine Systemwirklichkeit zur Sprache kommt, die gerade mehr als die Summe der einzelnen (aufgestellten) Subjekte ist, dann drücken die Repräsentanten eben nicht ihre individuelle, sondern die Systemwirklichkeit aus. Insofern ist die Verlautbarung eines nonpersonalen Faktors in gleicher Weise keine künstliche, imaginierte, phantasierte Erfahrung im Sinne des Als-ob, da diese Form der subjektiven Imagination im System immer schon abgelöst ist durch die Systemerfahrung des Gesamtsystems. Gegen den Vorwurf einer Wiederbelebung animistischer Vorstellungen kann somit gesagt werden, dass der Animismus* in dieser Hinsicht selbst noch auf dem Boden eines egologischen Weltbildes steht, das innerhalb des systemischen Paradigmas jedoch keinen Ort mehr hat.

*Animismus: von lat. *anima* = „die Seele"; Lehre von der Seelenbegabtheit der Natur.

Tote

Anschließend an diese Überlegung bekommen dann auch die Äußerungen von Toten in Familienaufstellungen eine Funktion, die es nicht mehr nötig macht, auf spiritistische* Vorstellungen zurückzugreifen. Dass eine solche Betrachtungsweise tief greifende logisch-ontologische Konsequenzen für unser Weltbild hat, versteht sich von selbst. Hier ist nicht der Ort, diese auszuführen. Wer sich hierfür interessiert, dem seien an dieser Stelle Günther (1976–1980) und Rombach (1980, 1988, 1993) empfohlen.

*Spiritismus: von lat. *spiritus* = „der Geist"; Lehre, dass die Seelen der Toten in einem Geisterreich fortexistieren und in spukhafter Weise in den Bereich der Lebenden einwirken können.

Aggregation

In abgemilderter Form begegnet uns dieselbe Problematik bei der Aggregation von Personengruppen, wenn wir beispielsweise „die Kunden", „die Mitarbeiter" etc. durch eine Person darstellen lassen. Auch hier spricht ein Stellvertreter für ein ganzes Kollektiv. Aufstellungstechnisch ist hier noch zu beachten, dass mögliche Fraktionierungen innerhalb des Kollektivs beachtet werden müssen, und zwar dadurch, dass sie jeweils durch eine andere Person repräsentiert werden. Geschieht dies nicht, aus welchen Gründen auch immer, bekommt man vom Stellvertreter häufig die Rückmeldung, dass „zwei Seelen in seiner Brust schlagen". Dies ist dann ein Hinweis darauf, besser zwei statt eines Repräsentanten aufzustellen.

Zugehörigkeit des Topmanagements

Die Reichweite einer Aufstellung und die Zugehörigkeit zum System stellt sich, wie wir aus verschiedenen Aufstellungen gelernt haben, bei sehr großen Unternehmen und Institutionen für das Topmanagement häufig auf ganz eigene Weise dar. Es gehört einerseits zum System dazu, zeigt aber andererseits eine große, mitunter größere Zugehörigkeit und Bindung zu den Eliten anderer Unternehmen, Institutionen. Die persönliche Karriere und Sicherheit seiner Mitglieder hängen weniger von individuellem Erfolg und Misserfolg an der jeweiligen Wirkungsstätte ab, sondern eher von der Zugehörigkeit zu dieser Elite. So ist immer häufiger zu beobachten, dass Topmanager Millionenbeträge dafür bekommen, dass sie, wegen erwiesener Unfähigkeit, ihren Posten vorzeitig verlassen, ohne dadurch arbeitslos zu werden. Im Gegenteil, sie bekommen sofort neue Posten in Politik und Wirtschaft, die in der Regel keinen Verlust im Hinblick auf Einfluss, Einkommen, Prestige und Reputation darstellen. Damit gehört ihre Loyalität im Zweifelsfall ihrer gesellschaftlichen Peergroup und nicht dem Unternehmen, dem sie eigentlich verpflichtet sein sollten.

Diese mangelnde Bindung an das Unternehmen äußert sich u. a. darin, dass sie sich aus firmeninternen Weiterbildungsprogrammen, aus Maßnahmen im *cultural change process* eher fern halten. Dies setzt systemdynamischer Organisationsberatung und -entwicklung häufig eine Grenze.

Entlassene Mitarbeiter

Auch entlassene Mitarbeiter sind häufig, wenn ihre Entlassung systemisch fragwürdig war, immer noch ein Teil des Systems. Man merkt dies daran, dass die verbleibenden Mitarbeiter entweder a) Schuldgefühle haben, weil sie bleiben dürfen, oder b) Motivationsprobleme und Angst entwickeln und sich insofern nur gehemmt auf ihre Arbeit einlassen können. Es gibt viele verschiedene Gründe, warum Entlassene noch in das bestehende System hineinwirken können; ein eindrückliches Beispiel soll hier erwähnt werden: Bei einem großen europäischen Telekommunikationsunternehmen wurde eine Abteilung umstrukturiert, sodass in der Folge von den ursprünglich 400 Mitarbeitern 300 entlassen wurden (davon bekamen allerdings 90 Prozent an einer anderen Stelle im Unternehmen eine Beschäftigung). Die verbleibenden 100 spalteten sich, so der Klient, der der Verantwortliche für diese Umstrukturierungsmaßnahme war, in die Gruppe der Mitarbeitenden und die, die die Mitarbeit verweigerten.

Der Aufstellungsleiter bat den Klienten, folgende Personen aufzustellen: sich selbst, die beiden Fraktionen der Mitarbeiter und die Entlassenen. Der erste Kommentar des Klienten war: „Warum die Entlassenen? Die sind doch gar nicht mehr da?" Daraufhin bat der Aufstellungsleiter ihn, sie erst mal nicht mit aufzustellen. Nach der ersten Befragungsrunde wurde dann der Repräsentant für die Entlassenen dazugestellt und an der Reaktion der Repräsentanten der verbliebenen Mitarbeiter war sofort deutlich, dass diese mit Schuld- und Solidaritätsgefühlen stark auf die Entlassenen reagierten.

Im weiteren Verlauf der Aufstellung wurde deutlich, dass auch die Entlassenen die Notwendigkeit der Umstrukturierung einsahen und mit ihren neuen Tätigkeiten und Einkommensverhältnissen zufrieden waren, dass sie sich aber „wie Schachfiguren" fühlten, die herzlos hin und her geschoben wurden. Daraufhin stellte der Leiter den Klienten in die Aufstellung und bat ihn, dem Stellvertreter für die Entlassenen in die Augen zu sehen und zu sagen: „Ich sehe euch jetzt als viele Einzelschicksale und weiß, dass es schwer für euch ist."

Der Klient wiederholte den Satz widerwillig und ohne innere Anteilnahme. Darauf angesprochen, rechtfertigte er sich damit, dass er seinen Job nicht machen könne, wenn er sich „bei jeder Maßnahme" gefühlsmäßig zu sehr einbringen würde. Ohne auf diese Rechtfertigung einzugehen, bat der Aufstellungsleiter ihn, für einen kurzen Moment sein Herz zu öffnen, seine Gegenüber wirklich anzusehen und den Satz zu wiederholen. Als dies für einen kurzen Augenblick gelang, sagten die Entlassenen sofort, sie seien versöhnt; die Verbleibenden waren erleichtert und konnten sich auf die bevorstehenden Aufgaben fokussieren.

Allerdings war deutlich, dass diese Lösung dem Klienten nicht besonders gefiel. Daraufhin erklärte ihm der Leiter: „Du suchst einen Managementtrick, wo nur ein offenes Herz helfen kann." Damit brach er die Aufstellung ab.
Einige Wochen später erfuhr er dann, dass dieser Abteilungsleiter vor der Belegschaft ein Rede gehalten hatte, in der er die Leistung der Entlassenen gewürdigt und die Schwere für die Einzelnen anerkannt hatte. Er bekam stehende Ovationen, und nach dem Vortrag kamen zahlreiche Kollegen zu ihm, um ihm persönlich die Hand zu schütteln.

An diesem kleinen Beispiel lässt sich sehen, dass ein funktionales Verständnis von Führung, bei dem der Führende versucht, sich vor der Schwere seiner Entscheidungen zu drücken, nicht trägt. Nimmt er jedoch die ganze Verantwortung und Schwere der Entscheidung auf sich, wird er geachtet, und auch das Schwere wird mitgetragen.

Frühere Inhaber

Ebenso wie Entlassene können frühere Inhaber eines Unternehmens weiter in das System wirken. Dies ist insbesondere dann der Fall, wenn ihre Leistung für den Aufbau des Unternehmens nicht gewürdigt wurde bzw. wenn sie aufgrund wirtschaftlicher Schwierigkeiten verkaufen mussten und diese Situation vom Käufer ungebührlich ausgenutzt wurde. Der frühere Besitzer und/oder Gründer verweigert dem Unternehmen dann seinen Segen.

Aufgrund der Aufstellungen, die wir bislang bezüglich dieser Problematik gemacht haben, kann man sagen, dass es sich nicht lohnt, eine Firma zu kaufen, wenn man nicht den Segen des Vorbesitzers hat, dass es gut weitergehen darf.

Mikro- und Makro-Ebene

Der Ausgleich von Geben und Nehmen als eine der drei Grunddynamiken in Systemen muss einmal auf mikroökonomischer und einmal auf makroökonomischer Ebene thematisiert werden. Die elementarste Form des Austausches in Unternehmen besteht darin, dass die Arbeitnehmer ihre Arbeitskraft gegen Lohn oder Gehalt austauschen. Dieses Austauschverhältnis variiert in Abhängigkeit von makroökonomischen Faktoren des Arbeitsmarktes. Insofern ist die Frage, was hier unter Ausgleich von Geben und Nehmen zu verstehen ist, nicht so einfach zu beantworten. Namentlich wenn man politökonomische Überlegungen mit einbezieht, stellt sich die Frage, was unter kapitalistischen Produktionsbedingungen, bei denen der Mehrwert in der Verfügungsgewalt der Kapitaleigner bleibt, als „gerechter" Austausch gelten kann.

Diese Fragen werden im individuellen Beratungskontext im Regelfall nicht auftauchen, da die politökonomischen Rahmenbedingungen als unveränderliche Variable des Beratungsprozesses angesehen werden.

Geht man allerdings zum Bereich der Politikberatung über, also an den Ort, an dem diese Rahmenbedingungen festgesetzt werden, so stellen sich diese systemischen Fragen dort ganz neu. Es könnte sein, dass hier der systemische Ansatz, so wie wir ihn bisher verstehen, seinen Wirkungsbereich verlässt oder aber dass Systemdynamiken auf dieser Aggregationsebene entdeckt werden, die wir bisher noch nicht kennen. Da wir in solchen Beratungskontexten noch nicht tätig waren, können wir hier nicht auf Erfahrungswissen zurückgreifen.

WELCHE ROLLE HABE ICH ALS TEAMLEITER IN MEINEM TEAM?
AUFSTELLUNG 1

Klient: Meine Situation ist die: Ich leite ein Team von sechs Leuten, zwei Frauen, vier Männer.

Trainer: Sind alle zur gleichen Zeit in dieses Team gekommen?*

*Hier wird die Rangfolge erfragt.

K: Nein, einige vor mir, andere danach. Ich habe die Teamleitung übernommen, nachdem mein Vorgänger verstorben war.* Damals war ich der Jüngste im Team; alle anderen waren bereits länger dabei. Ich habe mich dann von zwei Mitarbeitern aus dem alten Team getrennt* und dafür zwei Neue ins Team dazugeholt.

*Ein möglicher Hinweis auf systemische Verstrickungen:
– Ist der Verstorbene gewürdigt?
– Ist sein Platz frei?
*Ist hier etwas aus dem System als Sündenbock entlassen?
– Wie sind sie entlassen worden?
– Ist ihre Leistung gewürdigt?

T: Als dein Vorgänger noch lebte, warst du auf der gleichen Ebene wie die anderen des alten Teams?

K: Ja.

T: Das heißt, durch seinen Tod bist du von der Teamebene auf die Teamführungsebene gekommen.*

*Ein möglicher Konflikt der Rangfolge: Der nach der Zugehörigkeitsdauer Letzte wird aufgrund von Kompetenz der Erste!

K: Ja. Jetzt habe ich vier männliche Kollegen und zwei Damen, die ich in meiner neuen Funktion selbst eingestellt habe.

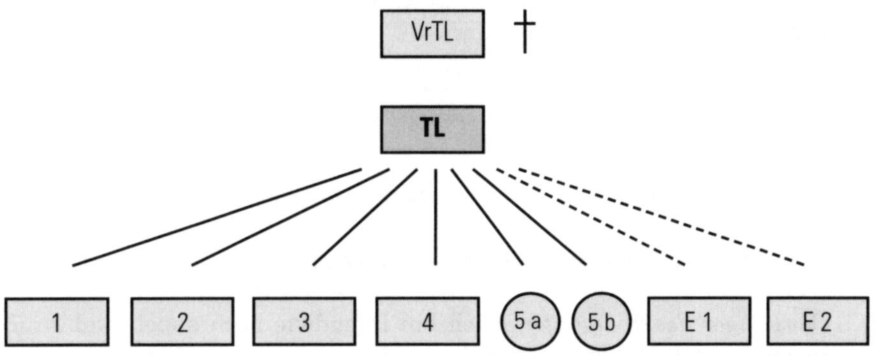

```
                    VrTL  †

                     TL

    1    2    3    4   5a  5b   E1   E2

Organigramm: TL = Teamleiter; VrTL = verst.Vorgänger des TL; 1–5b = Mitarbeiter;
E1–2 = entlassene Mitarbeiter
Grafik 1.0
```

T: Was ist jetzt dein Anliegen?*

*Das Anliegen wird geklärt.

K *(mit besorgter Stimme)*: Ich möchte einfach meine Rolle als Teamleiter in diesem Firmensystem klären.* Der Grund ist, dass ich bemerke, wie ich Leute aus dieser Gruppe, die bereits 40 Jahre in der Firma sind, grundlos ungerecht behandle,* nach dem Motto: Du bist 40 Jahre dabei, wir brauchen jetzt frischen Schwung.

*Das Anliegen ist legitim.

*Ein Hinweis auf eine mögliche Sündenbock-Struktur.

T: Gut, dann such bitte jemanden für dich, deinen Vorgänger, für die zwei neu Eingestellten, die vier alten Teammitglieder, für die zwei, die gegangen sind, und für den Chef, der dich in diese Position eingesetzt hat. Wenn du die Stellvertretergruppe vollständig hast, fängst du an, die Leute gemäß deinem inneren Bild dazu aufzustellen.*

*Da alle Systemmitglieder für die zu klärende Frage relevant sind, lässt der Trainer den Klienten das gesamte System aufstellen.

T *(zur Gruppe)*: Bevor ich beginne: Was fällt euch bei dieser Konstellation als Allererstes auf? *(Zeigt auf den Stellvertreter des Klienten)* Er steht vor einem der Entlassenen. Er sollte aber vor seinem Vorgänger stehen, der ihm im günstigsten Fall Kraft von hinten gibt.

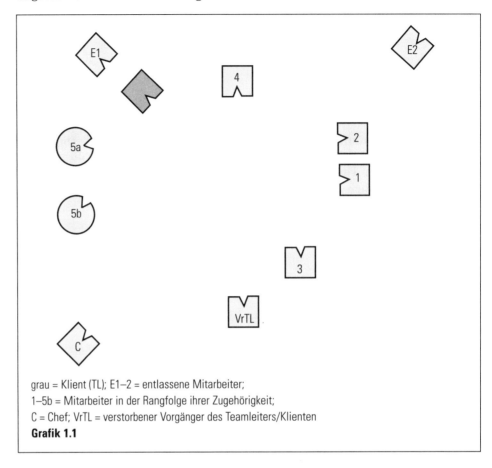

grau = Klient (TL); E1–2 = entlassene Mitarbeiter;
1–5b = Mitarbeiter in der Rangfolge ihrer Zugehörigkeit;
C = Chef; VrTL = verstorbener Vorgänger des Teamleiters/Klienten
Grafik 1.1

(Befindlichkeitsrunde)

T: Wie fühlt sich der Chef des Unternehmens*, wie die anderen?

*Die Abfrage beginnt gemäß der Rangfolge.

Ch *(Chef)*: Verwirrt und sehr nachdenklich über das, was hier passiert.

VrTL *(Vorgänger des Teamleiters)*: Ich bin irgendwie noch dabei, und zu ihm *(zeigt zu Teammitglied 3)* scheint noch eine Beziehung zu bestehen.*

*Identifikation? Auftrag? Übernahme?

TL *(Teamleiter, Stellvertreter des Klienten)*: Meine Hände sind feucht, der Atem ist flacher geworden, ich fühle mich beängstigt!*

*TL ist nicht in seiner Kraft, ist nicht auf seinem Platz.

1 *(Teamältester)*: Mich interessiert hier fast gar nichts, außer dem jüngsten Kollegen dort *(zeigt auf 4)*.* Im Allgemeinen fühle ich mich hier recht stark.

*Frage: Woher dieses einseitige Interesse?!

Ent 2 *(zeigt auf VrTL)*: Zu ihm fühle ich mich hingezogen.

3 *(Drittältester im Team)*: Mir ist es schaurig zumute.* Ich fühle mich steif. *(Zeigt auf den Stellvertreter des Klienten)* Er ist zwar da, aber irgendwie auch nicht existent.

*Wenn die Toten nicht im Blick sind, ist ihre Wirkung unheimlich – im zweifachen Sinn des Wortes.

2 *(Zweitältester im Team)*: Fühle mich wie 1. *(Zeigt auf VrTL)* Er ist für mich der Leithammel.* Irgendetwas hinter mir ist noch ungeklärt.

*Für 3 und 2 ist VrTL noch existent. Also können sie TL nicht als Chef wahrnehmen; hier liegt ein Loyalitätsproblem vor.

5a *(Neueinstellung a)*: Ich will hier weg!

5b *(Neueinstellung b)*: Ich spüre eine starke Anziehungskraft zum Vorgänger, *(zeigt dann auf Ch)* und er stört mich dort.

T *(stellt 5a näher zu 5b)**: Ich mache jetzt zuerst einmal etwas in diesem Bereich, um ein wenig Spannung aus dem System zu nehmen. *(Zur Gruppe)* Was ihr hier seht, ist die enorme Wirkung des Toten, er ist – systemisch gesehen – nicht weg. *(Zu Ent 2)* Wie geht es dir dahinten?

*Wenn die beiden Neuen nebeneinander stehen, ist es für sie leichter und entspricht ihrem gemeinsamen Eintritt ins System.

Ent 2: Ich bin unheimlich angespannt.

T: Dreh dich mal um.

(Ent 2 dreht sich um und sieht wieder in die Gruppe)*

Ent 2: Jetzt fühle ich mich sicher.

*Die hier relevante Vorannahme: Das Hinsehen und tatsächliche Wahrnehmen nimmt die Angst, die das Resultat eigener innerer Bilder ist.

T *(zu Ent 1)*: Wie ist es bei dir?

Ent 1 *(zeigt auf TL)*: Bevor er da stand, war es für mich ganz o. k. Aber wenn er da steht, fühle ich in mir sehr viel Aggression und Missachtung für ihn.

(T stellt 3 vor VrTL)

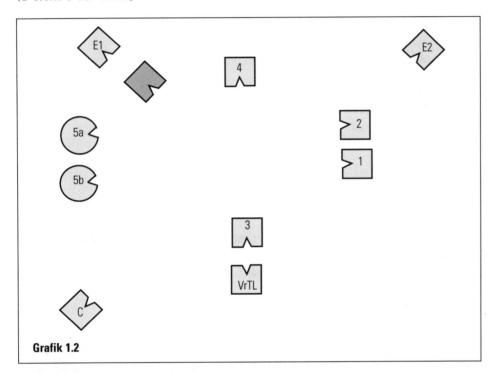

Grafik 1.2

T: Wie geht es dir, wenn er dich anschaut?

VrTL: Ist für mich ein bisschen sehr direkt.

3: Fühle mich zwiespältig, hingezogen und abgestoßen. Gleichzeitig wünsche ich mir, dass er mich in den Arm nimmt.*

T *(zu 3)*: Sag mal zum Vorgänger: „Du warst mein Chef, und ich habe dich sehr geachtet. *(Pause)* Und ich bin traurig, dass du tot bist."*

*3 drückt ein kindliches Bedürfnis aus, das dem Alter, vor allem der Form der Beziehung unangemessen ist.
*Der intervenierende Satz bringt 3 wieder in einen erwachsenen Zustand und verleiht seiner Wertschätzung und Trauer angemessenen Ausdruck.

(3 spricht nach)

T: Stimmt das?

3: Ja.

T: Sag mal: „Bitte gib mir deinen Segen*, wenn ich es mir auch ohne dich hier in der Firma gut gehen lasse."

*Vgl.: „Segen geben" (S. 215).

(3 spricht nach)

T *(zu VrTL)*: Wie ist es, wenn du das hörst?

VrTL: O. K.

T *(zu VrTL)*: Sag mal: „Meinen Segen hast du. Auch wenn ich tot bin, du lebst. Und ich möchte, dass du es dir gut gehen lässt." ... *(VrTL spricht nach)* ... Stimmt das für dich?

VrTL: Nein!

T: Stimmt. Sag mal: „Schade, dass ich tot bin, ich würde gerne leben!"

(VrTL spricht nach)

> *Hier liegt die Dynamik vor: Ich tue es für dich! Ich mache für dich weiter!

3 *(zu VrTL)*: Ich führe deine Arbeit fort.*

T *(zu 3)*: Wie geht es dir, wenn du das sagst?

3: Fühle mich erleichtert.

VrTL *(sagt von sich aus zu 3)*: Und das geht nicht! Du kannst nur deine Arbeit fortführen.

T *(zu 3)*: Was passiert bei dir?

3: Ich bin jetzt sehr zittrig. Meine Beine tun mir weh.

> *In der Nachfolge liegt auch eine Form der Anmaßung; sie aufzugeben heißt, sich an seinem Platz auf das eigene Maß zu reduzieren – kleiner zu werden.

T: Genau. Dann wirst du auch ein bisschen kleiner.*

3 *(zu VrTL)*: Stimmt, ich habe mir da was angemaßt.

VrTL: Dass ich tot bin und du lebst, ist mein Schicksal! Du darfst dich da nicht einmischen.

T *(zu 3)*: Kommt das an?

3: *(Schüttelt verneinend den Kopf)*

> *3 kommt erst aus seiner angemaßten Haltung heraus, wenn er ganz manifest etwas zurückgibt, als symbolischen, aber auch real erfahrbaren Akt der Wiederherstellung der Zuständigkeits- und Kompetenzordnung.

T: Ein Möchtegernchef. *(T gibt 3 eine Tasche als Symbol für etwas, was er trägt)** Sag mal zu deinem Ex-Chef: „Ich habe das von dir übernommen, das ist nicht meines, ich gebe es dir hiermit zurück!"

T: Wie ist jetzt?

3: Jetzt ist mir leichter.

T *(zu VrTL)*: Spür mal. *(T beobachtet VrTL)* Stimmt, das ist deins!

VrTL *(nickt)*: Stimmt, das ist meines.

*(T stellt 3 nach oben in die Reihe zwischen 4 und 2)**

> *Wiederherstellung der Ordnung gemäß der Rangfolge im System.

T: Spür mal, wie es dir an diesem Platz geht.

T *(zu TL)*: Kommst Du mal hierher an diesen Platz?

*(TL geht an die vormalige Position vor 3, mit dem Gesicht gegenüber von VrTL)**

> *Beginn der Klärung im Verhältnis zwischen K, seinem Vorgänger und seinem Chef.

T: *(Nimmt den Chef und stellt ihn zu TL und VrTL)*

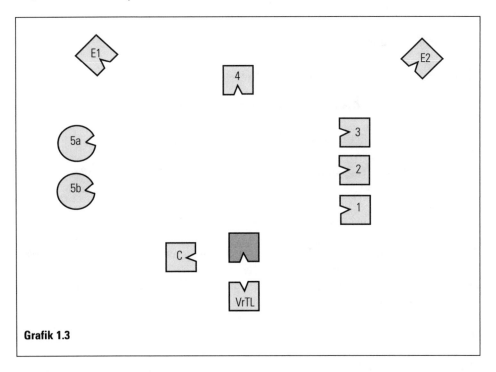

Grafik 1.3

T *(zu Ch)*: Du hast ihn ja als Nachfolger eingesetzt. *(Stellt dann TL und VrTL weiter auseinander)*

T: Wie geht es dir?

Ch: Habe ein sehr schlechtes Gewissen.

T: O. K. Kannst du auch sagen, warum?

Ch *(zeigt auf VrTL)*: ... er ist noch da! Und ihn *(zeigt auf TL)* habe ich ziemlich allein bzw. im Stich gelassen.

*(Der Trainer stellt TL neben 1 und den Chef gegenüber von VrTL)**

*Hier wird die starke, wenn auch latente Beziehung von Ch und VrTL als eine tatsächliche Begegnung beider ans Licht und damit ins Bewusstsein gebracht.

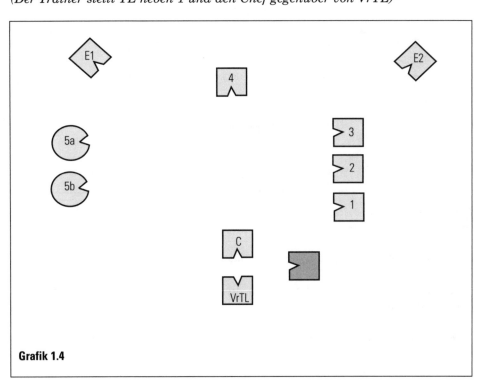

Grafik 1.4

T: Schau den verstorbenen Vorgänger an. Sag ihm: „Du fehlst mir sehr. Schade, dass du schon tot bist."

T *(zu VrTL)*: Kommt das bei dir an?

V: Würde ich jetzt nicht mit Bestimmtheit sagen.

(T nimmt VrTL das Gewicht ab; stellt Ch rechts neben VrTL)

VrTL: Ich bin mir nicht sicher, ob es diese Beziehung gab.

T: O. K. *(zu VrTL)* Sag mal zu deinem Ex-Chef: „Ich habe von unserer Beziehung wenig gemerkt!"

Ch *(von sich aus)*: Das verstehe ich, aber sie war von meiner Seite trotzdem da.

T *(stellt TL vor Ch; zu Ch)*: Und du sagst zum gegenwärtigen Teamleiter: „Was zwischen ihm und mir war, ist ganz allein unsere Sache.* Du hast damit nichts zu tun. Du bist frei. Und wenn ich dich in was hineingezogen habe, was dich nichts angeht, so tut es mir Leid."

(Ch tut es)

T *(gibt TL ein Gewicht)*: Sag mal zum Chef: „Das habe ich von dir übernommen. Ich gebe es dir hiermit zurück!"

(TL übergibt das Gewicht)*

T: Das ist gut, das kann man sehen.

TL *(sichtlich erleichtert)*: Ja. Das ist gut.

T *(stellt TL vor VrTL)*: Sag: „Du warst der Erste, ich bin der Zweite."*

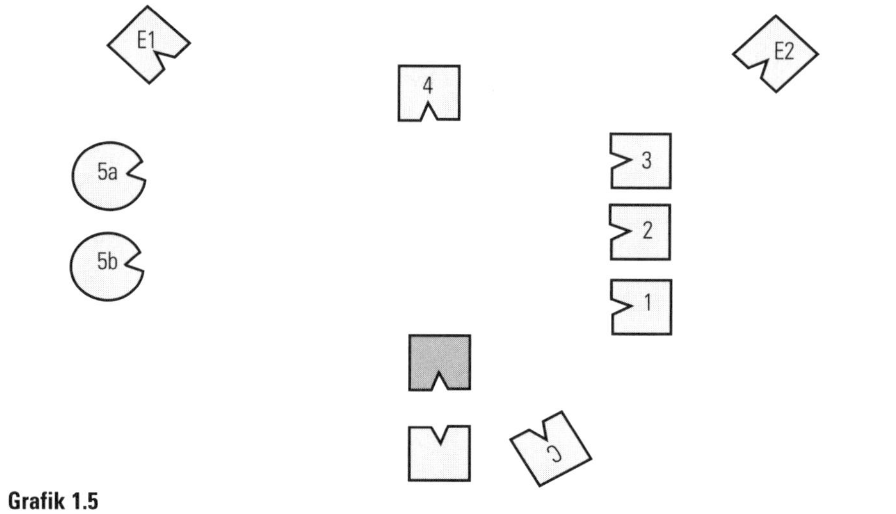

*Auflösen der Triangulierung aufseiten des „Triangulierers" durch lösende Sätze …

*… und aufseiten des „Triangulierten" durch die Rückgabe der angemaßten Zuständigkeit.

*Als Unterstützung der Triangulierungsauflösung wird die tatsächliche Rangfolge noch einmal bewusst gemacht.

Grafik 1.5

T *(zu VrTL)*: Wie geht es dir, wenn du das hörst?

VrTL: Ich bin mir nicht sicher, ob ich diese Scheidung, Verzeihung, Entscheidung getroffen hätte.*

*Anmaßung!

T *(zum Chef)*: Sag zum früheren Teamleiter: „Das wäre auch nicht deine Entscheidung gewesen!"

T *(zum Klienten)*: Ist das so, rein juristisch? Das wäre doch die Entscheidung des Chefs gewesen?

(Klient nickt)

T *(zu Ch)*: Sag zu ihm *(VrTL)* „Das ist meine Entscheidung, nicht deine!"

T *(zu VrTL)*: Kommt das an?

VrTL: Werde ein bisschen nachdenklich.

T *(zu VrTL)*: Verneige dich mal vor dem Chef! Sag mal: „Du bist der Chef, nicht ich!"*

*Die Verneigung als Ritual, dem Ordnungsgefüge entsprechend die Würdigung des Höhergestellten auszudrücken. Vgl.: „Ehre geben" (S. 214).

VrTL *(mit aufrechter und stolzer Körperhaltung)*: Ich fühle mich aber wie ein Chef!

T: Genau, das kann man spüren. *(Stellt den früheren Teamleiter und den Chef einander gegenüber)*

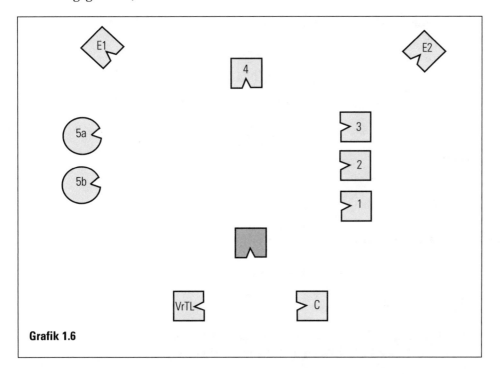

Grafik 1.6

T *(gibt VrTL ein Gewicht)*: Schau mal den Chef an und sag: „Ich habe hier etwas für dich getragen, was nicht meines ist. Ich gebe dir das zurück."*

*Die Rückgabe eines symbolischen Gewichtes als Weg, die Übernahme von Fremdem (Anmaßung) wieder zu lösen.

(VrTL gibt es zurück)

T: Wie ist es für dich jetzt?

VrTL: Na ja.

T *(stellt sich neben den Chef)*: Stell dich mal kräftig hin und sag: „Ich bin der Chef. Und wenn ich dich in meine Angelegenheiten hineingezogen habe, tut es mir Leid. Es war ein Unrecht."

T *(beobachtet die Reaktion von VrTL und sagt dann zu ihm)*: Es hat dir auch gefallen!

VrTL *(nickt)*: Ich habe es gern gemacht, es hat mir auch gefallen.*

*Triangulierungen sind in Organisationen auch mit Gewinn für den Triangulierten verbunden (Reputation, Zuständigkeit etc.).

T *(zu VrTL)*: ... aber es war – nicht – in Ordnung.

VrTL *(zum Chef)*: Ich habe es gerne gemacht, aber es war nicht in Ordnung.

T: Wie ist es jetzt?

VrTL *(abwägend)*: Es ist schon ein nachträglicher Konflikt da.

T *(dreht VrTL zur Mitte hin, wo TL steht)*: Sag mal: „Du bist mein Nachfolger."

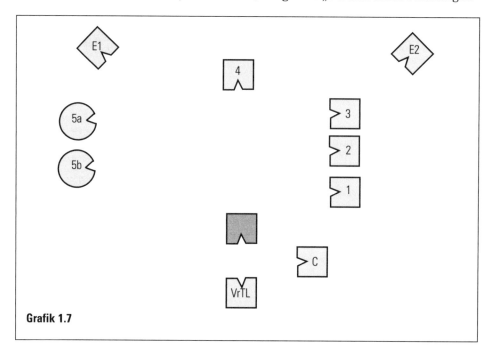

Grafik 1.7

T *(zu TL)*: Wie ist das, wenn du es so hörst?

TL: Kommt nicht so an.

VrTL: Ich hätte es gerne selber weitergemacht!

T: Das kann man spüren.

T *(zu TL)*: Sag mal: Dass du tot bist und ich lebe, ist dein eigenes Schicksal, nicht meines. *(Zu VrTL)* Was passiert, wenn du das hörst?

VrTL: Ich will es nicht wahrhaben.*

(T dreht VrTL um 180 Grad, weg von der Gruppe)

*Die Dynamik kann hier nicht dahin gehend aufgelöst werden, dass VrTL aus seiner angemaßten Haltung herausgeht; für den Klienten jedoch kann die Situation dahin gehend befriedigend gelöst werden, dass sich der Chef zwischen beide stellt.

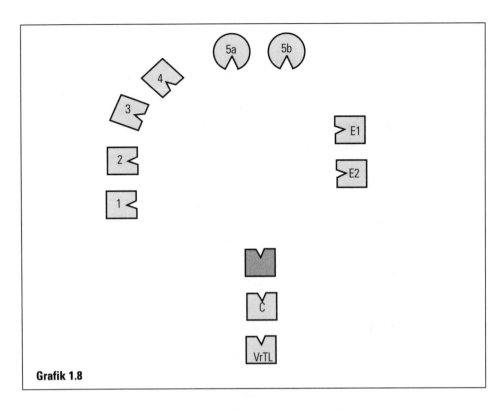

Grafik 1.8

(Alle Stellvertreter lockern sich auf, sind entspannter)*

T: Was passiert im System? Große Erleichterung, kann man sehen!

TL: Es ist einfacher.

T: Fein. *(Stellt den Chef hinter den Teamleiter, und dann stellt er links die Reihe gemäß der zeitlichen Betriebszugehörigkeit auf)**

T: Wie geht es euch?

1: Gut.

2: Fein.

3: Ich fühle mich sehr wohl. Vor allem zwischen den beiden hier.

T: Genau. Du stehst an deinem Platz.

4: Auch gut.

T: Wie geht es den beiden Frauen?

5a: Prima.

5b: Mir tut die linke Schulter sehr weh.

T: O. K. *(Zu Ent 1 und Ent 2)* Was ist bei euch?

Ent 1: Ich bin viel entspannter. Ich habe den Eindruck, jetzt im Frieden zu sein.

Ent 2: Hier ist es gut. An dem Platz zuvor, dort hinten, war es für mich nicht so gut. Da war viel Trauer.

T *(wendet sich zu 5b)*: Schau einfach mal zu den beiden Entlassenen hin.

*Die Wirkung in der Gruppe zeigt die Angemessenheit dieser Umstellung.

*Die Rangfolge wird im Uhrzeigersinn aufgestellt.

5b *(tut es)*: Ich möchte mich neben die beiden stellen.

T *(stellt 5b neben Ent 1; 5b entspannt daraufhin sofort ihren Körper; dann zur Gruppe)*: Könnt ihr was sehen: Die Jüngste im System ist mit demjenigen identifiziert, dem es am schlechtesten ergangen ist, von denen die rausgeschmissen wurden. Mit dem, der nicht gewürdigt wird, identifiziert sich der Schwächste und geht ihm hinterher.

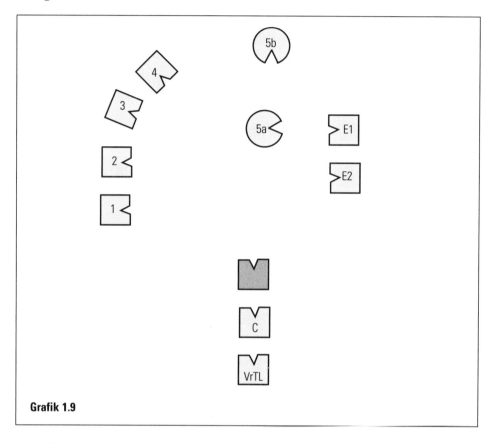

Grafik 1.9

(T stellt 5b vor Ent 2)

T: Sag mal: „Am liebsten würde ich dir hinterhergehen."

(5b tut es)

T *(zu Ent 2)*: Wie ist es für dich, wenn du das hörst?

Ent 1: Das macht mich fast stolz. Aber ich möchte es nicht!

T *(zu Ent 2)*: Genau. Sag mal zu ihr: „Es freut mich, aber ich möchte es nicht! Dein Platz ist im System. Und meiner ist draußen."

(Ent 1 tut es)

5b *(schaut liebevoll zu Ent 1)*: Ich weiß. Ich habe nur ein bisschen Angst um dich.

*Rückgabe.

*Hier bittet der Verbliebene den Entlassenen um seinen Segen, damit der Verbliebene seine Weiterbeschäftigung auch annehmen kann.

T: Genau. Du trägst da was! *(Und gibt 5b ein Gewicht in die Hände.)** Sag zu ihm: „Ich gebe dir das zurück!" *(Und übergibt Ent1 das Gewicht)* Gut. Und jetzt sag mal zu ihm: „Schau freundlich, wenn es mir in dieser Firma gut geht."*

(5b spricht nach, Ent 1 lächelt sie währenddessen freundlich an)

T *(zur Neueinstellung 5b)*: Das tut er auch. Siehst du es?

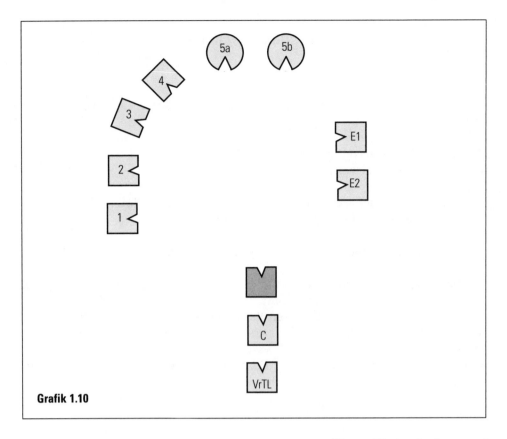

Grafik 1.10

5b *(nickt zufrieden)*: Mir wird jetzt ganz warm ums Herz. *(Und geht dann auf den vorigen Platz zurück)*

T *(wendet sich Ent 2 zu, der sich anscheinend äußern möchte)*: Ja?

Ent 2: Als ich noch dort hinten stand, hatte ich folgenden Eindruck: Ich wurde nur rausgeschmissen, weil der Vorgänger meinte, das Team müsse jünger werden! *(Zu TL)* Das mit dem Rausschmiss war nicht aus deinem Eigenen heraus. Ich hätte mir aber gewünscht, dass das mit meiner Entlassung aus deiner Entscheidung heraus gekommen wäre!

T *(zu Ent 2)*: Aha. Da scheint so eine Art Auftrag übergeben worden zu sein. Das kann sein. *(Zu TL)* Wie geht es dir, wenn du das hörst?

TL: Vielleicht war es so. Ich weiß es nicht.

T: Scheint aber nicht so wichtig zu sein. *(Blickt sich um und sieht, dass alle Konstellationsteilnehmer aufrecht und gesammelt dastehen)* O. K.

(Ersetzung des Stellvertreters durch den Klienten)

T *(ersetzt TL durch den Klienten; zu K)*: So, dann guck sie dir mal alle an!

K *(blickt in die Runde; lächelt dann)*: Ja, das ist ein gutes Team! Und ich spüre zu dem, den ich vorher auf dem Kieker hatte, eine ganz neue Beziehung. *(Mit freudig-dynamischer Stimme)* Es macht richtig Spaß! Ich habe nun den Rücken wirklich absolut frei!

Chef: Mir geht es gut. Und bin aber dabei vorsichtig.

T: Vorsichtig, aber gut. O. K., das war es. *(Zur Gruppe)* Ihr könnt euch setzen. Danke fürs Mitmachen.

(Alle setzen sich wieder)

Nachbesprechung

TN/1: Bei diesem Verabschiedungsritual fühlte ich mich freier, und mein Rücken wurde wärmer.

TN/Ent 2: Als da vorne mehr Verantwortung übernommen wurde, fühlte ich immer freier und stärker.

T: Da könnt ihr sehen, wenn der Chef wirklich auf seinem Platz steht und wirklich seine Funktion erfüllt, geht es allen viel besser.

TN/Ent 2: Ich hatte das Gefühl, jetzt kann ich ihn achten.

T: Wie ihr hier sehen konntet, wirkte da etwas von früher hinein, etwas, was hier nicht zu klären war. Das konnte man sehen. Der frühere Teamleiter ist weg, aus dem System raus. Und wer übernimmt dafür, dass er draußen ist, die Verantwortung? Der Chef, er stellt sich dazwischen, und dann hat er den Rücken frei.
Und das ist jetzt sein inneres Bild:* Dass der Chef diesen Schritt macht, kann er (K) nicht anordnen, braucht er aber auch nicht. – Gut, dann lassen wir das dabei bewenden.

*Klient nimmt das neue innere Bild mit und lässt es wirken.

WARUM WERDEN MEINE ANORDNUNGEN NICHT BEFOLGT?

AUFSTELLUNG 2A

Klient: Mein Thema ist folgendes: Es gibt oft Situationen, dass Anweisungen, die im Rahmen der Firma getroffen werden, nicht umgesetzt werden! Nicht richtig, nicht zeitgerecht, nicht dem Sinn entsprechend oder auch gar nicht. Je nachdem. Deshalb möchte ich eine Aufstellung machen, um herauszukriegen, woran das liegt.

Trainer: O. K., dann suchst du jemanden für dich aus und für die Abteilungsleiter. Erst mal nur für dich und für die Abteilungsleiterebene.*

*Beginn mit dem am Anliegen orientierten Minimum: derjenige, der die Anweisungen gibt, und die, die sie ausführen sollen.

(Klient sucht Stellvertreter aus und stellt das Bild auf)

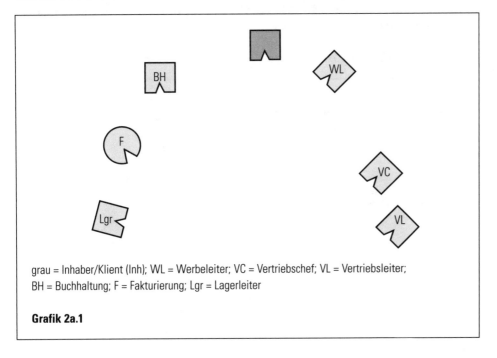

grau = Inhaber/Klient (Inh); WL = Werbeleiter; VC = Vertriebschef; VL = Vertriebsleiter; BH = Buchhaltung; F = Fakturierung; Lgr = Lagerleiter

Grafik 2a.1

(Befindlichkeitsrunde)

T: Wie geht es dem Chef?

Inh *(schaut mit verwundertem Blick in die Runde)*: Hauptsächlich fühle ich mich irritiert.

T: O. K. Wie geht es dem Werbeleiter? Dem Vertriebschef und dem Vertriebsleiter?

WL: Unklar!

VC: Ich fühle mich etwas verloren an dieser Position, gemeinsam mit dem Vertriebsleiter.

VL *(starrt geradeaus)*: Ich kann gar nicht zur Geschäftsleitung rübergucken. Ich nehme das alles gar nicht wahr. Und fühle mich ausgeschlossen.

T: O. K. Wie geht es der Buchhaltung und der Fakturierung?

BH: Unbeteiligt und auch etwas verloren. Ich starre ins Leere und habe zu niemanden Kontakt.

F: Fühle mich einerseits unbeteiligt und andererseits unwohl. Hier ist irgendwas. Und ich habe den Eindruck, tyrannisiert zu sein, um etwas anderes zu verdecken.

T: Wie geht es dem Lager?

Lgr: Fühle mich isoliert, vielleicht einsam. Ich gucke so nach draußen und sammle Eindrücke. Die beiden Vertriebsleute wirken sehr verspannt auf mich, der Werbeleiter so ein bisschen outspaced oder so. *(Betont)* Und der Chef kriegt hier gar nichts mit.

T: Wie geht es denn dem Chef, wenn er das hört?

Inh *(betroffen)*: So ordentlich es hier geometrisch auch aussieht, so unordentlich fühlt es sich innerlich an. Der Vertrieb müsste zum Beispiel viel näher ran, die sind viel zu weit weg. Also, hier im Zentrum fühle ich mich verloren.

T: Im Zentrum fühlst du dich verloren. O. K. *(Zum Klienten)* Dann stell jetzt die zweite Geschäftsführerin mit dazu.*

(Der Klient wählt eine Frau aus und stellt sie in das Bild hinein)

*Die erste Runde ergab für das Verhältnis von Geschäftsführung und Abteilungsleitern das Bild einer vollkommenen Isolierung der einzelnen Abteilungen. Um mehr Informationen über das Beziehungsgefüge zu erhalten, kommt nun die zweite Person der Geschäftsführungsebene dazu. Wie bei einem physikalischen Versuch werden also alle Variablen konstant gehalten, um die Auswirkungen der Veränderung an einer Stelle (2. GF) ermessen zu können.

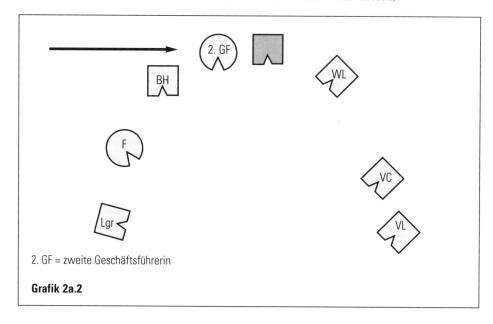

2. GF = zweite Geschäftsführerin

Grafik 2a.2

T: Für wen hat sich was verändert? *(Fünf der Stellvertreter heben die Hand als Signal)* O. K. Was genau hat sich verändert?

VL: Die Aufmerksamkeit geht nun zu ihr hin.

BH: Ich hätte die Tendenz, von ihr ein Stück abzurücken.

F: Mir geht es ähnlich.

Lgr: Achtungsvoll, aber mit sehr viel Aufmerksamkeit.

Inh: Ich fühle mich noch irritierter als vorher.

F: Ich mich auch.

T: O. K. Was ist bei der Geschäftsführerin?

*Der Inhaber sagte zuvor, er fühle sich im Zentrum verloren, die 2. GF hingegen sieht sich souverän als das Zentrum. Offensichtlich liegt hier ein Rollentausch vor.

2. GF *(recht souverän)*: Na, ich fühle mich hier durchaus als Zentrum, als Machtpunkt. Aber was ich damit machen soll, weiß ich auch nicht.*

T: O. K. *(Zu F und BH)* Ihr beide geht einfach mal eurer Bewegung nach. Macht, was ihr machen wollt.

(Beide bewegen sich ein Stück von der 2. GF weg, F stellt sich näher an Lgr und BH dreht sich mehr nach vorne)

T *(zum Klienten)*: Du stellst bitte noch jemanden dazu, der eure Kunden repräsentiert. Einen Mann oder ein Frau.

(Der Klient stellt einen Mann dazu)*

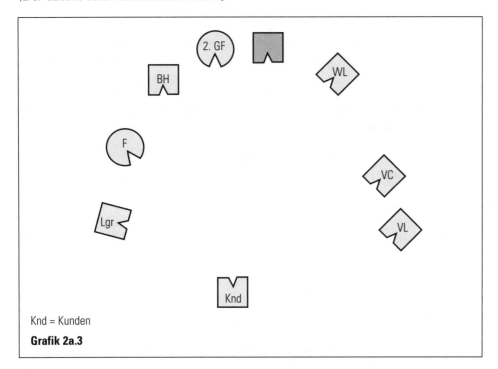

Knd = Kunden
Grafik 2a.3

*Die bisherige Konstellation spiegelt den Ist-Zustand des Unternehmens als ein geschlossenes System wider. Durch die Hineinnahme der Kunden lassen sich Informationen über mögliche Interessen-, Aufmerksamkeits- und Solidaritätsstrukturen erhalten, wenn das System mit seiner Umgebung konfrontiert wird, wenn es mit den Kunden seinen Außenkontakten begegnet: Für wen ist was in welcher Form wichtig oder nicht? Für wen verändern sich wie welche Binnenstrukturen durch den Blick nach außen?
Zusätzlich kann der Klient die Wirkung der momentanen Betriebsverfassung auf seine Abnehmer miterleben.

T: Was passiert jetzt, wenn die Kunden da sind? *(Fünf Stellvertreter heben die Hand)* Beim Chef?

Inh *(mit verwunderter Stimme)*: Mich schüttelt es. Und ich fühle mich irgendwie bedroht.

2. GF: Bei mir wird es sofort klarer. Ich bin sehr fokussiert.

WL *(vital)*: Das ist das Wild, das es zu jagen gilt. Das ich jage.

T: Heißt das, es geht dir besser oder schlechter?

WL: Besser. Es ist jetzt eine Ausrichtung da.

T: O.K. Wie geht es den Vertriebsleuten?

VC *(belastet)*: Der Kunde wirkt nur indirekt als Ausrichtung. Zuerst dachte ich, dass ich dadurch einen Fokus bekomme. Aber den kriege ich nicht dauerhaft, weil ich hier in einer geschwächten Position bin. Ich kriege ständig die Geschäftsführerin vor Augen. Sie ist diejenige, die vorgibt, wie es hier mit den Kunden vonstatten geht.

T: O. K. Wie ist es bei den anderen?

VL: Viel leichter bezüglich des Druckes, dass ich mich hier ausgeschlossen fühle. *(Zeigt zu den Kunden)* Ich habe nun zum ersten Mal jemanden als Bezug. Der mir gegenübersteht, und der mich mag.

BH: Ich würde es genauso ausdrücken. Endlich ist jemand da, den ich angucken kann. Es kommt ein Sinn rein. Aber die Verbindung zu den anderen hier ist nach wie vor nicht da.

F: Ich fühle mich jetzt weniger von der Geschäftsführerin bedroht. Der Fokus meiner Aufmerksamkeit geht ebenfalls zum Kunden hin. Das kann ich deutlich spüren. Und mein allererster Gedanke zum Kunden war: Der tut mir wirklich Leid!

VC: Ich kann mich auf ihn fixieren, und das erlaubt mir, von der Geschäftsführung wegzugucken.

Lgr *(zeigt zu Knd)*: Das ist das, worum es geht! Aber ich habe das Gefühl, jeder hier macht das auf seine eigene Weise. Nicht zusammen, sondern isoliert.

T: Stimmt. *(Überlegt)* Jeder scheint kundenorientiert, aber nicht zusammen als Team, sondern jeder auf seine eigene Art. Jeder ist kundenorientiert, aber ohne Rückhalt von der Geschäftsführung. Wie geht es dem Kunden?

Knd: Die Aufmerksamkeit, die mir als Kunde entgegenkommt, ist gut für mich. Aber es ist zu nah! Mein Impuls wäre, eher etwas wegzugehen.

T: Einverstanden. Mach es mal.

(Der Repräsentant der Kunden geht sieben Schritte zurück, atmet dann erleichtert auf und bleibt dort stehen)

Knd: Hier wird es leichter.

T: Ah ja. Was passiert beim Geschäftsführer?

Inh *(erleichtert)*: Mir ist das schon sympathischer. Und ich habe den Eindruck, dass sie *(zeigt auf die einzelnen Abteilungsleiter)* stärker auf mich bezogen sein sollten.

T: Ja. Fangen wir mal an.*

(Der Trainer stellt um; stellt 2. GF auf die linke Seite von Inh., dreht dann die beiden etwas zueinander)*

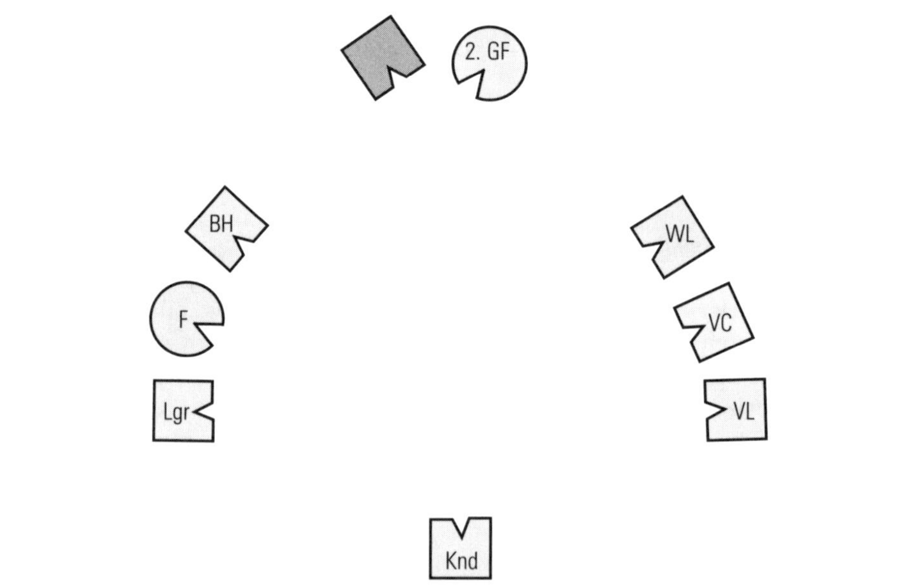

*Ende der Informationsgewinnung, wie sie sich aus dem vom Klienten aufgestellten Bild ergibt.
*Der nun einsetzende Beginn der Klärung orientiert sich hier an der von Hellinger für Familien gefundenen Formation, nach der dasjenige Familienmitglied, das die Familie nach außen hin repräsentiert, rechts zu stehen hat.

Grafik 2a.4

T: Was passiert, wenn ihr euch anguckt? Bei der Geschäftsführerin?

2. GF: Anfangs hab ich mich hier, links von ihm, unwohl gefühlt. Da drüben war es mir wohler. Jetzt kommt langsam eine Beziehung auf. Vorher, dort drüben, habe ich ihn *(den Inhaber)* kaum wahrgenommen.*

Inh: Vorher, als sie rechts von mir stand, war sie wie eine Art Konkurrenz. Und jetzt ist es eher: Etwas zusammen machen!

T: O. K. *(Zu 2. GF)* Was passiert bei dir, wenn du das von ihm hörst?

2. GF: Ich würde schon wieder da rübergehen!

T: Ja. Aber das ist nicht dein Platz. Sag mal zu ihm *(Inh)*: „Du bist der Erste und ich bin die Zweite." *(2. GF tut es)* Wie ist es, wenn du das hörst?*

Inh: Das tut mir gut.

T: Schau sie mal an, und sag zu ihr: „Ja, so ist das!"

(Inh tut es)

2. GF *(überlegt, schaut zu Inh, wendet dann den Blick wieder ab und schaut auf den Boden; dann mit leiser Stimme)*: Ja. Es fällt mir schon schwer, das zu akzeptieren!*

T: Sag es mal laut!

(2. GF wiederholt ihre Aussage laut und deutlich)

T *(zu Inh)*: Es sieht so aus, als wenn du bisher auch Schwierigkeiten hattest, diese Position als Erster wirklich einzunehmen. *(2. GF nickt zustimmend)** Da braucht man sich nicht zu wundern, wenn deine Leute so orientierungslos in der Gegend rumhängen. Schau sie nochmals an. Und sag ihr: „Ich nehme jetzt meinen Platz als Erster ein."

(Inh tut es)

2. GF: Ich merke, dass da schon ein gewisser Trotz in mir ist. *(Schaut intensiv zum Inh; dann mit leiser Stimme)* Ja. Du bist der Erste!

T: So. *(Zum Klienten)* Wer ist hier für die Finanzen zuständig?

K: Zuerst die erste Geschäftsführerin. Und nach ihr der Buchhalter.

*(Der Trainer stellt den Buchhalter links neben die 2. GF)**

T: Wie ist das?

BH: Unangenehm. Da ist irgendetwas. Wie eine Bedrohung. Ich habe mich wohler gefühlt, als er *(der Inh)* auf diesem Platz hier gestanden ist. Von ihr *(2. GF)* spüre ich so eine Bedrohung.

T: Worin besteht die?

BH: Wenn ich sie so anschaue, will ich einen Schritt zurückweichen. Hingegen wenn ich ihn anschaue, werde ich sicherer.

T: O. K. *(Der Trainer stellt BH seitlich rechts neben Inh)*

*Aufstellungstechnisch gesehen, steht 2. GF jetzt auf dem 2. Platz, was ihr, die sich als das eigentliche Zentrum fühlt, sichtlich unangenehm ist, ja sein muss. Allerdings kann sie nun erstmals die eigentliche Nr. 1 sehen.

*Anerkenntnis, Abgrenzung und Positionierung des Inhabers gegenüber der 2. GF.

*… die bei der 2. GF jedoch im Verbalen bleibt. 2. GF kann diese Tatsache nicht als eine (innere) Wirklichkeit realisieren …

*… denn das Problem ist komplementär: *Er* nimmt seine Position nicht ein, und *sie* füllt die Lücke aus. Solange der Inh seine Position nicht voll und ganz ausfüllt, wird die 2. GF ihn in seiner Führungsrolle nicht anerkennen.

*Beginn, das Verhältnis der einzelnen Abteilungsleiter schrittweise mit der Führungsebene zu klären. Beginnend mit den Finanzen als der für das Überleben des Unternehmens primären Abteilung.

BH *(schaut zu Inh)*: Deutlich besser.

T: O. K. *(Der Trainer stellt dann F rechts neben BH)* Wie ist das für Dich?

F: Jetzt ist es zu nah. Nicht zu nah zum Buchhalter, aber zu nah zu den beiden Geschäftsführern. Ich habe Angst, dass ich in deren Konflikt mit hineingezogen werde.*

*Ähnlich wie BH drückt F aus, dass jede Annäherung an die beiden Geschäftsführer, also der enge Kontakt mit der Führungsebene, immer bedrohlich als die Gefahr der Triangulierung erlebt wird. Die Unklarheit zwischen den beiden Geschäftsführern spiegelt sich auf untergeordneter Ebene als eine Art Vermeidungsstrategie wider, mit der die Abteilungsleiter ihrer Führung den Kontakt versagen, um nicht Teil ihres Konfliktes zu werden.
Da die Abteilungsleiter den Konflikt ihrer Führung in der Tat nicht lösen können (und dürfen), ist es für sie wichtig, sich klar gegenüber der Führungsebene abgrenzen zu können.

T: Tja. Dann machen wir mal was. *(Stellt F vor Inh und 2. GF)*

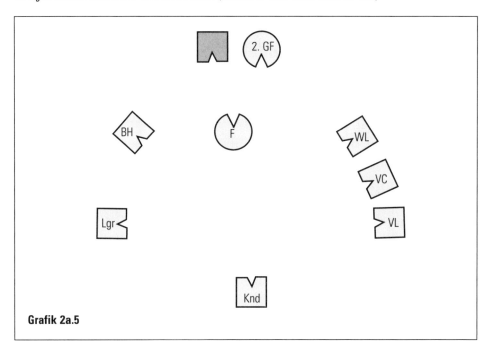

Grafik 2a.5

T: Wie ist es, wenn du da stehst?

F: Mich zieht es nach hinten, weg von den Geschäftsführern.

T: O. K. *(Zu Inh)* Sag mal zu ihr *(F)*: „Du bist für die Fakturierung zuständig. Und was zwischen uns beiden an Problemen existiert, damit hast du nichts zu tun."

*Betonung der Zuständigkeiten und Hierarchiegrenzen – zunächst ausgehend vom Chef/dem „Triangulierer" …

*(Inh spricht nach)**

F: Kommt nicht so richtig an.

BH: Bei mir kam eine Erleichterung. Nach dem Motto: Wenn sie *(F)* da steht, dann bin ich raus, dann hab ich mit dem Konflikt nichts mehr zu tun.

*… dann vom Abteilungsleiter/ dem „Triangulierten" als Rückgabe einer Verantwortung in ihren eigentlichen Zuständigkeitsbereich.

T: Gut. *(Gibt F ein Gewicht in die Hand; zu F)* Sag mal zu ihm: „Ich habe etwas für dich mitgetragen, an Verantwortung …*

F *(spricht nach, dann)*: Ich bin mir da nicht sicher, ob es sich um Verantwortung handelt oder um eine Last von ihr.

T: O. K. Sag es zu ihm: „…eine Last mitgetragen, die nicht meine ist. Ich gebe sie dir zurück."

F *(überreicht das Gewicht)*: Das war zu leicht. Eigentlich müsste es mehr sein.
T: In Wirklichkeit müsste es eine schwere Last sein. O. K. *(Zu Inh)* Wie geht es dir jetzt?

Inh: Besser.

AUFSTELLUNG 2A

*Wer seine „Sachen" selbst trägt, gewinnt an Statur.

T: Gestärkt! *(Inh nickt)* Ja. Du bist größer geworden.* Das kann man sehen! *(Stellt dann die Leiterin des Rechnungswesens wieder rechts neben BH)* Wie ist es jetzt?

F *(zögerlich)*: Immer noch ein bisschen zu nah an den beiden Geschäftsführern.

T: O. K. Dann rutscht noch ein bisschen weg.

(Beide rücken weiter nach rechts)

F: Besser.

T: Gut. Wie geht es dem Lager?

*Wie die beiden anderen Abteilungsleiter vermeidet auch Lgr den Kontakt zur Führung.

Lgr *(abwehrend)*: Ich bin momentan noch nicht scharf drauf, mehr Kontakt zu den beiden Geschäftsführern zu kriegen.*

T: Heißt das, du trägst auch was?

Lgr: Mir ist es einfach zu heiß. Etwas Sicherheitsabstand zu haben ist gut.

(F lacht einverständig)

T *(schaut zu BH)*: Dir ist auch zu heiß?

BH: Ja. Ich hab schon versucht, mein Sakko auszuziehen.

T: Dann stell ich dich mal vor die beiden. *(T stellt BH vor 2. GF und gibt ihm dann ein Gewicht in die Hände)*

BH: Ich spüre da was. Mir wird jetzt richtig heiß im Kopf.

*Das bloße Zurücktreten (s. o.) reichte nicht aus; auch BH muss zur Klärung seines Verhältnisses gegenüber der Führung das Rückgaberitual vollziehen.

T: Sag mal zu ihr: „Ich trage hier etwas für dich, was nicht zu mir gehört. Das ist deins. Ich gebe dir das zurück."*

(BH spricht nach und übergibt dann an 2. GF das Gewicht)

T *(zu BH)*: Stimmt das?

BH: Ich glaube schon.

2. GF *(etwas überfordert)*: Das ist schwer. Aber so richtig annehmen kann ich das nicht.*

*Wenn das Problem auf der Geschäftsführerebene ein bilaterales, komplementäres Problem ist, gehört es beiden Gsf zu gleichen Teilen. Das heißt, einer alleine wird es nicht als seines identifizieren und annehmen.

BH: Ich habe den Eindruck, dass der Konflikt, den wir drei als Abteilungsleiter am Anfang gespürt hatten, in Wirklichkeit der Konflikt der beiden Geschäftsführer ist.

T: Verstehe. *(Zu den Geschäftsführern)* Tragt das Gewicht mal beide gemeinsam.

(Die Geschäftsführer nehmen die Gewichte zwischen sich)

2. GF: Das ist besser. Das macht auch aus uns beiden eine Art Gemeinschaft.
T: Ja. *(Stellt noch F neben BH)* Wie ist das für dich?

F: Mir ist noch nicht ganz wohl, zu der Geschäftsführerin hinzugucken. Es scheint einfach noch ein bisschen ungewohnt. Aber mit dem Buchhalter ist es jetzt angenehm.

(BH und F nicken sich freundlich zu)

BH: Ich habe das Gefühl, jetzt könnte es zwischen ihr und mir klappen.*

F: Ja. Kollegiale Sympathie.

(Der Trainer stellt die beiden wieder an ihre Plätze zurück)

T: Wie ist dem Leiter des Lagers? *(Lgr sieht recht demotiviert aus)* Oh je, nicht besser. Das kann man sehen. *(Der Trainer stellt daraufhin Lgr vor die beiden Geschäftsführer)* Was passiert jetzt beim Lager?

Lgr: Zu ihr blocke ich noch immer ab. Zu ihm fühle ich mich hingezogen, aber es ist immer noch ein bisschen dünn.

T: Aha. Was passiert bei der zweiten Geschäftsführerin, wenn sie das hört?

2. GF *(blickt sich im Kreis um)*: Ich kriege zu niemanden einen richtigen Kontakt, außer zu den Kunden. Zu keinem, der sich hier vor uns beide stellt, bekomme ich Kontakt. Alle bleiben irgendwie so wie von einer Blase umgeben; isoliert.*

Lgr *(vorwurfsvoll)*: Ich fühle mich hier polarisiert. Man entscheidet sich entweder für die eine oder andere Seite. Und ich habe mich für ihn entschieden. Bei ihr mache ich vollkommen dicht, versuche, alles abzublocken, was von ihr kommt.

2. GF *(schaut zu Lgr)*: Das ist doch ein lascher Haufen, der den einfachsten Weg sucht!

T *(holt ein weiteres Gewicht und gibt es Lgr in die Hände)*: Sag mal zu den beiden: „Mit eurem Konflikt habe ich nichts zu tun. Ich möchte mich nicht zwischen euch entscheiden müssen! Ich bin für das Lager zuständig. Alles andere geht mich nichts an. Ich gebe euch das zurück."*

Lgr *(spricht nach und übergibt das Gewicht an beide)*: Das ist besser. Viel besser.

T: *(Stellt Lgr wieder zurück an den alten Platz)*

Lgr: Es pendelt sich langsam ein. Es ist tatsächlich so, wie sie das vorhin gesagt hat. Es ist leicht, den bequemen Weg zu gehen, das stimmt. Jetzt habe ich eher die Idee, dass ich mich auf meine Aufgabe konzentrieren kann und genauer sehen kann, wo da was dran ist und wo das vielleicht etwas überzogen ist.

T: O. K. Dann kommen wir zu der anderen Seite. *(Der Trainer stellt sich neben WL)* Wie geht es der Werbung?

---

*Obwohl die beiden Abteilungsleiter gar nicht ihr gegenseitiges, sondern ihr jeweiliges Verhältnis zur Führung geklärt haben, löst die individuelle Klärung nach oben nun auf horizontaler Ebene die bisher empfundene Isolation und Vereinzelung der Abteilungen auf: Beide haben sich aus der Verstrickung mit der Führung gelöst und sind auf ihren Kompetenz- und Zuständigkeitsrahmen reduziert; als „Nur"-Abteilungsleiter begegnen sie sich aber erstmals auf Kollegenebene.

*Die von 2. GF empfundene Isolation spiegelt wider, wie ihr die Abteilungsleiter begegnen: Da sie noch immer nicht an dem ihr gemäßen Platz steht, sondern in die Rolle der Nr. 1 schlüpft, begegnen ihr die Mitarbeiter mit Verwirrung und Widerstand.

*Ebenso wie zuvor F und BH tritt nun auch Lgr mithilfe des Rückgabemoduls aus seiner angemaßten Haltung.

> Analog zu den Klärungsschritten, mit denen die Repräsentanten der Fakturierung, Buchhaltung und Lagerleitung aus ihrer triangulierten bzw. angemaßten Haltung gegenüber der Geschäftsführung herausgeführt wurden, schloss sich an dieser Stelle die weiter gehende Klärung für die drei Repräsentanten der Werbe- und Vertriebsabteilungen an. Wie die drei Abteilungen zuvor vermieden auch sie den Kontakt zur Führung, sahen sich zur Parteinahme für die eine oder andere Seite (Inh oder 2. GF) gezwungen und vollzogen daher in gleicher Form das Ritual der Rückgabe von den für sie unangemessenen Verantwortungen und Zuständigkeiten.
>
> Wir steigen an der Stelle wieder in die Intervention ein, an der die Klärung zwischen dem Inhaber und dem Vertriebsleiter endet.

T *(stellt VL näher an die Geschäftsführer)*: Verneige dich mal vor ihm und sag: „Ich verneige mich vor dir als meinem Chef. Und respektiere deine Art, diese Firma zu führen, als deinen Lösungsversuch. Es ist deine Firma, nicht meine!"

VL: *(Tut es)*

T: Das Letztere scheint für den Mann, den du darstellst, sehr wichtig zu sein; dass er das versteht. Sag es noch mal: „Es ist deine Firma und nicht meine!"

(VL wiederholt es mit klarerer Stimme)

T *(zu Inh)*: Wie ist das, wenn du das hörst?

Inh: Komisch. Da wachse ich dabei. *(Selbstständig zu VL)* Du hilfst mir am besten, wenn du deine Arbeit machst.

VL: Ich fühle mich sehr dezimiert.

T: Ja. Auf dein normales Maß. O. K. *(Stellt VL wieder an den Platz von zuvor)* Wie ist es jetzt, im Kreis deiner Kollegen?

VL *(zeigt zu F und BH)*: Die tauchen auf einmal auf und sind sichtbar.
(VC lächelt)

T: Der Vertriebschef scheint sich zu freuen?

VC: Jetzt kann man mit ihm was anfangen. Jetzt ist er sichtbar.

WL: Ich kann ihn jetzt zu ersten Mal überhaupt wahrnehmen.

T: Gut. Wie geht es bei der Buchhaltung?

BH: Es ist gut, jetzt endlich mal alle hier zu spüren. Ich hab zum ersten Mal den Eindruck, dass ich Teil einer Gruppe bin! Und auch, dass jetzt etwas entstehen kann.

T: O. K. Wie geht es der Fakturierung?

F: Wie dem Buchhalter. Wenn ich die Kollegen sehe, habe ich auch das Gefühl, dass ich in einem Team bin. Aber sonst geht es mir nicht gut. Ich bin schon die ganze Zeit ganz schwindelig, schwach und unruhig.

T: Hast du eine Ahnung, woher das kommt?

F: Also, vorhin dachte ich mal, dass es von der Geschäftsführung kommt. Ich bin mehr auf ihn fixiert *(verzweifelt)* – ich brauche sie aber beide! Und von ihr kommt so eine Art vitale Aggressivität zu mir. Keine Bösartigkeit. So, als ob sie eine Reibungsfläche sucht und braucht. Es scheint ihr Spaß zu machen, Druck auszuüben. *(Sehr verzweifelt)* Ich kann das nicht, das ist nicht meine Art.

T: O. K. *(Stellt F vor 2. GF)*

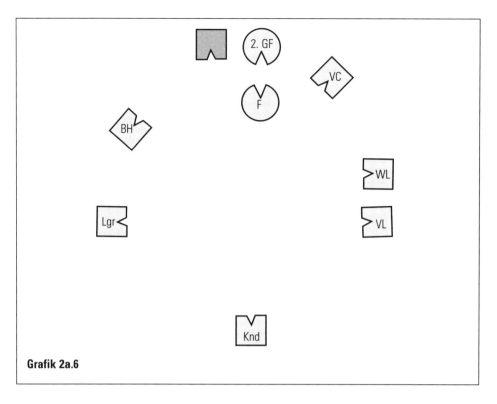

Grafik 2a.6

F: Da kommt so etwas Starkes von ihr zu mir. Mich kostet das unheimlich viel Energie, dagegenzuhalten. Energie, die ich eigentlich bräuchte, um meinen Job gut zu machen.

2. GF *(mit ironisch-bissiger Stimme, wie zu einem Dummchen)*: Na ja, du stehst jetzt ja auch an dieser Position auf meinem Weg zum Ziel, zum Kunden.

T: Ja, ja. Ich hab sie ja auch nur dahingestellt, um das zu klären.

F: Genau diesen Dialog meine ich.

T *(zu 2. GF)*: Es kann nicht in Ordnung sein, wenn sie sich da nicht in Ordnung fühlt.

2. GF *(aggressiv)*: Wenn ich die da sehe, bekomme ich heiße Ohren.

T: Eindeutig. Mit den beiden Frauen ist etwas massiv ungeklärt. Ich kriege da eine Idee. Das testen wir mal. Sag mal zu ihr: „Ich habe etwas auf dich projiziert, was mit dir nichts zu tun hat!"

(2. GF tut es)

F *(zustimmend)*: Ja.

T: Scheint zu stimmen. *(Stellt eine Frau aus der Gruppe hinter F und nimmt F dann zur Seite, sodass 2. GF und diese Frau sich gegenüberstehen)**

*Diese Intervention ist eine aufstellungstechnische Form, Projektionen oder auch so genannte Doppelbelichtungen aufzulösen, bei denen jemand in seinem Gegenüber etwas sieht, was er entweder bei sich selbst ablehnt (Projektion) oder was er bei einer dritten Person erlebt hat und nun in seinem Gegenüber vermeintlich erkennt (Doppelbelichtung). Indem

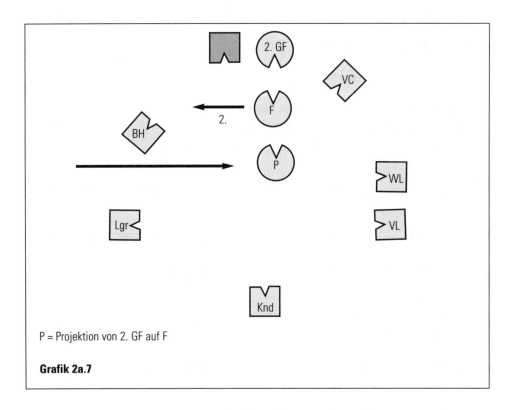

P = Projektion von 2. GF auf F

Grafik 2a.7

hier hinter die „Projektionsfläche" (F) eine Repräsentantin gestellt wird, die für den eigentlichen Inhalt bzw. die ursprünglich mit dem Gefühl verbundene Person steht, und indem des Weiteren die „Projektionsfläche" weggezogen wird, kann der tatsächliche Ursprung dieser Projektion/Doppelbelichtung in den Blick genommen werden. Vgl.: Doppelbelichtung auflösen.

T *(zu 2. GF)*: Was passiert, wenn du diese Frau anschaust?

2. GF: Ich kann das nicht einordnen, aber das Gefühl ist sehr spitz, sehr schlecht.

T: Ja. – Also, ich weiß nicht, wer diese Frau ist! Aber offensichtlich gibt es etwas an der Frau, die für die Fakturierung zuständig ist, was dich an diese Frau hier erinnert.

Frau *(P)*: Ganz starkes Herzklopfen.

T: O. K. Dann mach ich erst mal Folgendes: Du sagst zur Fakturierung: „Was zwischen dieser Frau und mir ungeklärt ist, hat mit dir nichts zu tun. Aber ich habe es auf dich projiziert. Das tut mir Leid."*

2. GF *(spricht nach, dann mit zögernder Stimme, als müsste sie sich dabei auf die Zähne beißen)*: ... es tut mir Leid.

(F lacht belustigt)

T: Ja. *(Pause)* Sag: „Es war nicht richtig."

(2. GF tut es)

F *(versöhnt)*: Das ist gut. Deshalb konnte ich dich auch zuvor nicht als Chefin annehmen.

T: So. Das können wir jetzt hier nicht klären.

(F setzt sich wieder)

T *(zur zweiten Geschäftsführerin, die am Rand steht)*: Für dich ist das wichtig, dass wir das klären. Du hast vielleicht auch schon eine Idee, wer das ist. *(Sie verneint)* O. K. Es ist nur erst mal wichtig, dass das auseinander gezogen wird. *(Sie bejaht das, vielleicht etwas schnippisch)* Gut. *(Wendet sich wieder der linken Reihe zu)* Wie geht es dem Lager?

*Für F wichtige Verbalisierung, dass 2. GF ab jetzt zwischen F und der nicht näher identifizierten Frau eine deutliche Trennung macht: „Du bist nicht sie!"

Lgr: Ich habe das Gefühl, hier wächst was, hier kann etwas entstehen. Ich habe aber noch keinen Platz. Und kein Ziel.

T: O. K. Such dir mal einen Platz.

Lgr *(nimmt verschiedene Positionen ein, stellt sich versuchsweise zwischen WL und VL)*: An diesem Platz fühle ich mich größer ...

T: ... ja, zu groß.

Lgr *(stellt sich links neben VL; mit spaßiger Stimme)*: Ich fürchte, es ist dieser Platz.

T: Guck mal deinen Nachbarn an und sag: „Ich glaube, mein Platz ist hier."

Lgr *(schaut zum VL)*: Ich glaube, mein Platz ist hier.

(Viele Gruppenmitglieder nicken und lächeln ihm zu)

T: Ja. Der ist es. Wie geht es dem Vertriebsleiter?

VL: Ich fühle mich zum Vertriebschef hingezogen. Hinter dem Werbeleiter fühle ich mich ein bisschen schwer.

T: Ja, probier das mal aus.

VL *(stellt sich neben den VC)*: Ja, hier ist gut.

T: Fein. Wie geht es dem Werbeleiter?

WL: Ich möchte ein Stück Abstand zu den Vertriebsleuten. *(Stellt sich zwei Schritte weiter nach links und nickt)* Ja, so ist es gut. Ich fühle mich ruhig.

Lgr: Jetzt ist es wieder komisch.

(Der Trainer stellt Lgr links von VL; dann WL noch etwas weiter nach links. Alle Stellvertreter dieser Reihe sehen nun recht zufrieden und kollegial gestimmt aus)

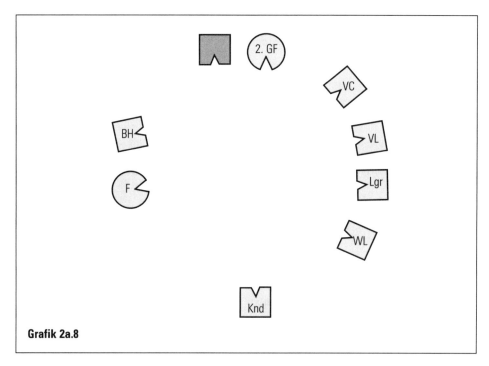

Grafik 2a.8

T: Na, so langsam nimmt es die richtige Form an.

Lgr: Es ist jetzt ernster und besser.

T: Gut. *(Wendet sich der anderen Seite zu)* Wie geht es der Buchhaltung? *(BH sieht etwas verloren aus)* Na ja, anscheinend noch nicht so ganz optimal.

BH: Ich bin mir nicht ganz sicher. Wenn wir hier so nur zu zweit stehen und uns gegenüber vier Leute …

T: Na ja, aber Buchhaltung und Finanzen ist auch ein bisschen was anderes als das, was die vier dort drüben tun. Aber wollt ihr mal da rübergehen?

BH: Ich bin mir nicht sicher, ob es dann besser wäre.

F: Also, dieses Gegenüberstehen hat etwas sehr Gutes. Als wenn hier etwas entsteht, was es der Geschäftsführung ermöglicht, voranzugehen! Aber er *(zeigt auf VC)* fehlt mir. Irgendwie habe ich das Gefühl, ich müsste in meiner Aufgabe dem Vertriebschef direkt gegenüberstehen,

T: Schon klar. *(Stellt F direkt vor VC)* Vielleicht kann man so erst mal etwas Kontakt herstellen.

F: Das tut mir gut.

T: Genau. Sag mal zu ihm: „Ich wünsche mir eine intensivere Beziehung zu dir."

F *(wiederholt)*: Und wünsche mir mehr Kontakt.

T: Wie geht es dir, wenn du das hörst?

VC: Gute Idee. Darum kümmern wir uns.

T: Fein. *(Stellt F wieder an ihren Platz zurück)* Wie geht es der Buchhaltung?

BH: Dasselbe gilt für mich.

T: O. K. *(Stellt BH vor die Viererreihe)*

T: Sag mal: „Ich bin für die Buchhaltung zuständig. Und ich wünsche mir mehr Kontakt zu jedem Einzelnen von euch."

(BH tut es)

T: Wie ist das für euch?

WL *(mit spaßiger Stimme)*: Es ist nicht bösartig, aber es besteht so eine Art funktionale Verachtung.

(Gruppe lacht)

T: Aha. *(Trainer lacht auch)* O. K. Dann verneig dich mal ein bisschen vor der Buchhaltung und sag: „Ich respektiere die Notwendigkeit deiner Arbeit. Und ich achte, was du tust!"

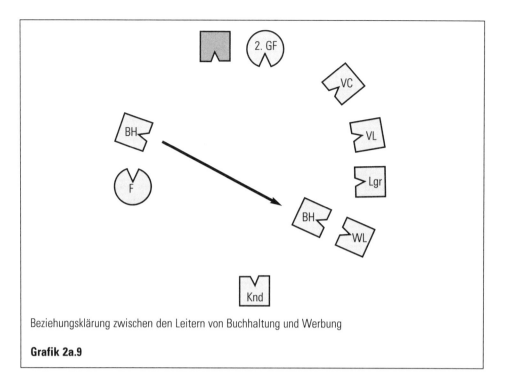

Beziehungsklärung zwischen den Leitern von Buchhaltung und Werbung

Grafik 2a.9

(WL tut es)

T: So, dann sieh ihn an. Wie ist das?

WL: Ja. Ich kann das so meinen.

T *(zu BH)*: Und du sagst mal zu ihm: „Und ich achte deine Arbeit."

(BH tut es)

WL: Das wundert mich jetzt.

(Lachen in der Gruppe)

BH *(mit verletztem Unterton)*: Ich kann das jetzt gar nicht verstehen. Denn ich habe das Gefühl, ich mag ihn. Er bringt so etwas Flippiges und Peppiges mit rein.

T: Sag: „Ich mag dich. Und ich achte, was du tust. Und ich freue mich, von dir geachtet zu sein. Das ist mir wichtig."

(BH tut es)

WL: Jetzt ist auch Beziehung da.

BH: Ja. Stimmt.

T: Gut. *(Stellt BH wieder an seinen Platz und sich selbst neben Knd)* Wie geht es dem Kunden?

Knd: Als Kunde interessiert mich die innere Ordnung der Firma eigentlich nicht. Aber dadurch, dass ich das hier miterlebt habe, bin ich plötzlich ganz klar auf den Vertriebsleiter fixiert und sage: Das ist mein Ansprechpartner, und wenn es bei euch gut läuft, können wir auch gute Geschäfte miteinander machen.

T: O. K. Das war es. Danke. Ihr könnt euch setzen.

WARUM WERDE ICH IN MEINER KOMPETENZ NICHT GEWÜRDIGT?

AUFSTELLUNG 2B

> Zuvor wurde die Firmenkonstellation nach dem inneren Bild des ersten Geschäftsführers und Inhabers gestellt (vgl. Aufstellung 2a), nun wird dasselbe System aus der Perspektive der zweiten Geschäftsführerin (2. GF in Aufstellung 2a) gestellt.

Trainer *(wendet sich der 2. Geschäftsführerin des Unternehmens zu, die als Klientin neben ihm sitzt)*: Deine Frage ist welche?

Klientin: Es geht mir hauptsächlich um meine Kompetenzen und die Schwierigkeiten, diese – wo ich denke, dass ich sie habe – den Mitarbeitern zu vermitteln. Und es geht darum, sie von denen auch so akzeptiert zu bekommen.

T: Wenn du jetzt von Mitarbeitern sprichst, redest du von den Abteilungsleitern oder auch von anderen Mitarbeitern?

K: Auch von anderen Mitarbeitern.

T: Hast du mit allen Abteilungsleitern zu tun? *(Klientin bestätigt)* O. K., das heißt, wir bräuchten jemanden für dich als Geschäftsführerin, dann die verschiedenen Abteilungsleiter. Und damit es nicht zu groß wird, jemanden für die Mitarbeiter insgesamt.

K: Das sind Männer und Frauen.

T: Dann einen Mann und eine Frau für die Mitarbeiter. Das ist eine gute Idee. Gut, dann such die Stellvertreter aus.

(Die Klientin sucht überwiegend die gleichen Stellvertreter aus wie der erste Geschäftsführer und Inhaber. Sie wählt aber für die Fakturierung eine neue Stellvertreterin und stellt dann auf)

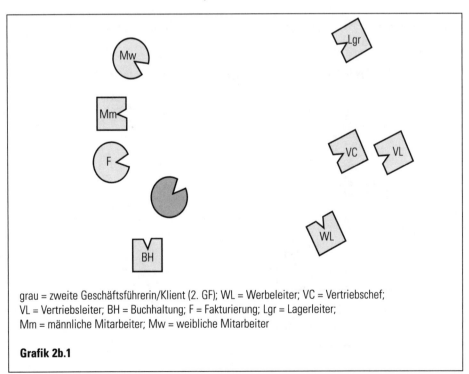

grau = zweite Geschäftsführerin/Klient (2. GF); WL = Werbeleiter; VC = Vertriebschef; VL = Vertriebsleiter; BH = Buchhaltung; F = Fakturierung; Lgr = Lagerleiter; Mm = männliche Mitarbeiter; Mw = weibliche Mitarbeiter

Grafik 2b.1

*Die Befindlichkeitsrunde zeigt, dass die Abteilungsleiter weder untereinander noch zur Führungskraft Kontakt haben und dass die Struktur als diffus und unbestimmt erlebt wird. Hier zeigt sich eine gewisse Parallele zur Aufstellung des Inhabers (12a), bei der sich die Abteilungsleiter als sehr isoliert empfanden.
Die ungeklärte Rangfolge zwischen Inhaber und Geschäftsführerin spiegelt sich auf der Ebene der Mitarbeiter darin wider, dass sie a) ihren eigenen Platz im System nicht finden können und b) die Kollegialität gestört ist und c) der Kontakt zur Geschäftsführung aus Unsicherheit eher gemieden wird. Im üblichen Beratungskontext wird bei solcher Problemlage häufig mithilfe von Führungs-, Kommunikations- und Teambildungstrainings versucht, eine Lösung herbeizuführen. Die oben genannten Maßnahmen präsupponieren, dass es sich im Kern um ein kommunikatives Problem handelt, das durch Trainingsmaßnahmen kompensiert werden kann. Da dies bei systemischen Verstrickungen nicht funktioniert, werden häufig die Trainer und Methoden gewechselt („mehr vom selben", Lösung erster Ordnung), weil häufig kein Bewusstsein dessen besteht, dass systemische Verstrickungen qualitativ andere Maßnahmen erfordern.

(Befindlichkeitsrunde)

T: Wie geht es der Geschäftsführerin?

2. GF: Nicht so besonders. Überhaupt keine Kontrolle. Das Einzige, was ich im Fokus habe, ist der Lagerleiter *(LgrL)*.

T: Wie geht es den anderen?

BH: Gut. Aber ich hätte gerne mehr Blickkontakt zur Geschäftsführerin.

WL *(beunruhigt)*: Komisch. *(Schaut zur Geschäftsführerin)* Das ist so konfrontativ.*

VC *(souverän)*: Ich habe die männlichen Mitarbeiter sehr stark im Blick. Diese ganze Seite dort halte ich im Auge. Und was hinter mir ist, hab ich so irgendwie im Griff.

VL *(schalkhaft)*: Ich hab hier einen geschützten Raum, völlige Narrenfreiheit! Der Vertriebschef hält alles von mir weg. Der ist wie ein Eisberg, geht vorneweg. Ich kann machen, was ich will. Ganz prima! Nur – ich habe mit dem Laden hier nichts zu tun.

(Lachen in der Gruppe)

Lgr: Die Geschäftsführerin fixiert mich, aber das berührt mich nicht besonders. Sonst nehme ich kaum etwas wahr.

F *(verschüchtert)*: Zur Geschäftsführerin ist es kalt. Das macht mir Angst. Und ich fühle mich auf die Mitarbeiter bezogen.

Mm *(gestresst)*: Ich fühle mich hier am vollkommen falschen Platz, so dicht bei der Geschäftsführung und konfrontativ zum Vertriebsleiter.

Mw: Ich nehme die Geschäftsführerin kaum wahr, aber nicht, weil sie nicht im Blickfeld ist. Mein Fokus geht voll auf den Vertriebschef, so als ob ich jedem Wink von ihm folgen würde. Das ist mir ein bisschen unheimlich, und ich sehe die anderen kaum.*

T *(zur Klientin)*: Stell jetzt mal den anderen Geschäftsführer, also deinen Partner, mit dazu.

(Klientin stellt ihren Partner rechts neben ihre Stellvertreterin)

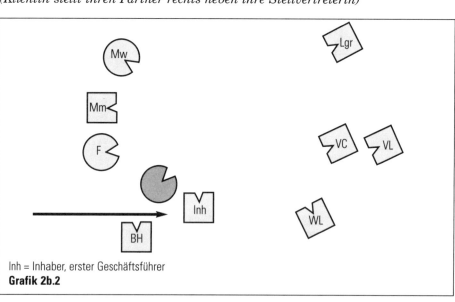

Inh = Inhaber, erster Geschäftsführer
Grafik 2b.2

T: Bei wem hat sich was verändert? *(Alle Stellvertreter geben ein Zeichen)* Also für alle. Fangen wir bei der Geschäftsführerin an. Wie geht es dir jetzt?

2. GF *(freudig)*: Es ist sehr, sehr angenehm, als er ins Blickfeld kam. Aber je mehr er bei mir stand, hatte ich den Eindruck, dass zwischen uns etwas nicht stimmt.

BH: Ich finde es auch angenehm, dass er da ist. Aber ich stehe zu dicht bei der Geschäftsführung.

VC *(eher schwächlich)*: Ja, mein Blick ist geradezu magisch auf die beiden Geschäftsführer, gerichtet. Was zwischen den beiden läuft, ist das Wichtigste! All meine Aufmerksamkeit geht voll dorthin!

F: Seit er da ist, ist die Bedrohung geringer. Aber ich werde auch emsiger, bin führungslos.

Mm: Als er kam, war es warm und angenehm. Aber als er dann auf dem Platz stand, hatte ich den Eindruck, das ist Stoff für den Betriebsklatsch. Keine Identifizierung mit ihm.

Mw *(fröhlicher)*: Mir geht es besser. Die Aufmerksamkeit zog sich sofort zu ihm. Mein Blick ist auch offener. Aber der Vertriebschef ist immer noch die graue Eminenz, ich folge noch immer jedem Wink von ihm. Ich bin zu viel belastet, als dass meine Aufmerksamkeit frei wäre.

T: Das kann man sehen. *(Zur Klientin)* Stellst du noch jemanden für die Kunden dazu?

(Klientin tut es)*

*Das Hineinnehmen des Inhabers wirkt erleichternd, und es entsteht eine Hoffnung auf Lösung.

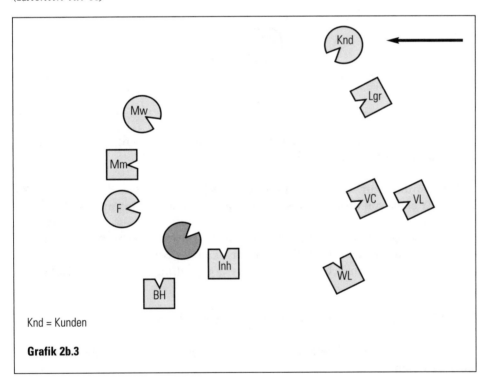

Knd = Kunden

Grafik 2b.3

T: Wie geht es den Kunden an dem Platz?

Knd *(mit leiser Stimme)*: Im Allgemeinen eher unangenehm. Ich hatte kurz den Eindruck, dass der erste Geschäftsführer hier nur ein Statist wäre.

T: Na ja, so weit, so gut. *(Stellt das Bild um in der Reihenfolge der Konstellation 2a.7, erster Geschäftsführer)*

T: Wie ist es jetzt?

2. Gsf: Wieder ernster.

WL: Ja, so ist es als Team richtig.

T: O. K. *(Schaut sich um)* Wie ist es für die männlichen Mitarbeiter?

Mm: Ich fühle mich hier ein bisschen abseits.

T: Aha. *(Stellt Mm den beiden Geschäftsführern gegenüber)* Wie geht es dir hier?

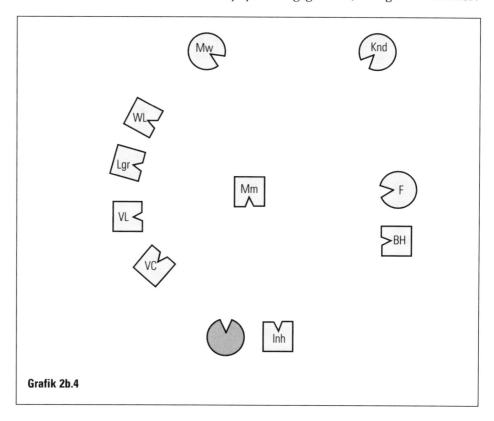

Grafik 2b.4

Mm *(ablehnend)*: Von ihr spüre ich eine sehr massive Strenge, die von seinem Wohlwollen ausgeglichen wird.*

*Mm erlebt die GF als die eigentliche Chefin, die die Unternehmensziele und arbeitstechnischen Notwendigkeiten im Blick hat; den Inhaber hingegen als „wohlwollende Mutter." Diese Umkehr der ersten und zweiten Position kann als Hinweis auf den ungeklärten Platz der Protagonisten (Inhaber/Geschäftsführerin) in ihrem Herkunftssystem gewertet werden.

T: Das würde natürlich zum Teil ihre Frage klären *(Anliegen der Klientin)*. *(Zu 2. GF)* Er sagt, von dir geht eine Strenge aus. Erlebst du das auch so?

2. GF *(abwägend)*: Ja. Aber im Sinne von zielgerichtet, sehr geradlinig! *(Mit eher entschuldigendem Tonfall)* Keine prinzipielle Strenge, also ich habe ein gutes Gefühl zu allen. Ich möchte mich sehr geradlinig und klar am Ziel orientieren.

T: Wie ist das, wenn du das hörst, als Mitarbeiter?

Mm *(steht mit verspannten Schultern da)*: Ist mir unangenehm, überhaupt darüber zu reden.

T: Was passiert beim Chef, wenn er das hört?

*Die Heiterkeit in der Gruppe und das Gefühl des Inhabers zeigen deutlich, dass er den ersten Platz nicht einnimmt, was mit einer Mischung aus Verunsicherung und Anmaßung der Mitarbeiter beantwortet wird.

Inh *(mit dünner Stimme)*: Ich fühle mich ausgeschlossen. *(Schaut zu 2. GF rüber)* Ich höre „Zielgerichtetheit" und so weiter. Ich bin auch noch da! Du grinst immer dabei.

*(Heiterkeit in der Gruppe)**

T: Genau. *(Stellt 2. GF etwas zurück)* Was verändert sich, wenn sie einen halben Schritt zurück steht?

BH: Also mein Eindruck ist, die beiden müssten uns schon die ganze Zeit etwas sagen. *(Zu den beiden)* Sagt uns mal was, gebt uns mal was vor, irgendeine Ordnung, oder zeigt zumindest irgendeine Regung.

VC: Schlechter.

WL: Angenehmer.

Lgr *(zeigt abwechselnd auf die beiden Geschäftsführer)*: Das ist das, worum es eigentlich geht.

T: Ja. *(Stellt die beiden Geschäftsführer einander gegenüber)* Wie ist es, wenn du sie anguckst?*

*Beginn der Klärung im Verhältnis Inh/GF.

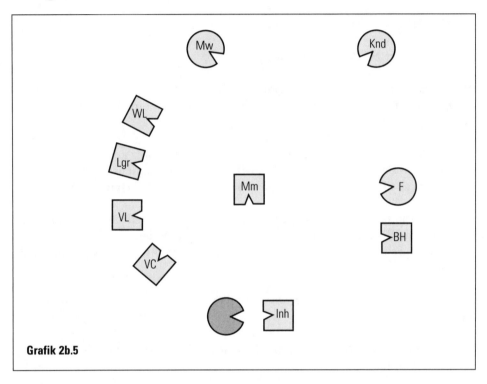

Grafik 2b.5

Inh: Als ob etwas zwischen uns beiden nicht geklärt wäre.

2. GF: Und zwar eine Vermischung zwischen Privatem und dem Geschäftlichen.*

Inh: Ja. Vorhin war es so, also ob nur wir beide etwas miteinander zu tun haben. Die anderen hier sind nur so am Rande mit dabei.

T: Genau. Sag mal zu ihr: „Solange unser Verhältnis, privat und geschäftlich, nicht geklärt ist, wird sich diese Unsicherheit in die Firma übertragen. Und das ist nicht gut. Für alle Beteiligten."*

Inh: *(Spricht nach)*

2. GF: Ja, das entlastet mich.

T: Gut. Sag mal zu ihm: „Ich habe versucht, dir viel abzunehmen. Und dadurch habe ich eine Position eingenommen, die mir nicht gemäß ist. Und die mich auch überfordert, was ich mir aber nur ungern eingestehe!"

*Zusätzlich zur Geschäftsbeziehung zwischen Inh und GF gibt es auch noch eine persönliche Freundschaft, aber keine Paarbeziehung. Was GF hier mit „privat" meint, kann sich einerseits auf diesen Freundschaftsaspekt beziehen, kann aber auch als ein erster, unbewusster Hinweis darauf verstanden werden, dass sie in der Geschäftsbeziehung die komplementären Verstrickungen bezüglich der ungeklärten Position in ihrer Herkunftsfamilie reinszenieren.
*Der zentrale Punkt der Aufstellung wird jetzt deutlich: Nur wenn der Inhaber seine Position als Erster wirklich einnehmen kann,

können sich die Probleme, die Anlass zur Aufstellung waren, lösen. Ob der Inhaber diese Position einnehmen kann und warum er sie bisher nicht eingenommen hat, ist aus dem Firmenkontext nicht verständlich. Insofern liegt die Vermutung nahe, dass das Nichteinnehmen der ersten Position in der eigenen Firma eine Reinszenierung aus der Herkunftsfamilie darstellt.

(2. GF spricht mit brüchiger Stimme nach)

(Es wird während dieses Dialoges sehr, sehr still im Raum)

Inh: Ja, das ist so!

T *(zu Inh)*: Sag zu ihr: „Du hast ein Vakuum gefüllt, das ich habe entstehen lassen."

(Inh spricht nach)

2. GF *(zu Inh, mit betroffener Stimme)*: Du hast deine Position nicht eingenommen. Und dadurch war ich geneigt, diese mit einem Bein zu halten. Wenn du deine Position einnimmst, dann kann ich neben dir stehen.

T: Genau. *(Zu Inh)* Ist das verständlich?

Inh *(Nachdenklich)*: Ja. Kommt an.

T: Was passiert bei den Mitarbeitern?

Mm *(locker)*: Das zwischen den beiden muss geklärt werden. Dann ist hier alles in Ordnung. Der Rest steht ja wunderbar. Es ist dann eine neue Richtung da, eine neue Energie.

Lgr *(von sich aus)*: Das ist das Thema, auch wenn ich es mir anfangs nicht eingestehen wollte. So hart und so streng, wie es von ihr rüberkommt, ist es nicht gemeint. Es ist auch so nicht glaubwürdig. Und das macht es menschlich untragbar.

T: Genau. Die Härte und Strenge ist der Versuch, eine Position auszufüllen, die sie nicht wirklich ausfüllen kann, weil es nicht ihre ist. Und dann versucht man, das durch Härte zu kompensieren! *(Zu Mm)* Wie ist es jetzt, wenn du da hinguckst?

Mm: Mir ist es etwas leichter geworden. Aber ansonsten möchte ich von diesem Platz hier weg.

T: Klar. *(Stellt Mm zurück an seinen Platz und blickt dann zu Knd)* Wie geht es jetzt den Kunden?

Knd: Mir ist schlecht. Ich möchte weg. Ich habe das Gefühl, ich habe überhaupt nichts damit zu tun!

T *(stellt sich neben Knd und schaut von dort aus in den Kreis)*: Ja. Also, das ist die Wirkung auf die Kunden, wenn das nicht geklärt ist.*

* An der Kundenreaktion zeigt sich, dass die ungeklärten Führungsverhältnisse auch den Außenkontakt der Firma beeinträchtigen. Die Mitarbeiter versuchen dann – je nachdem, wie stark ihre Bindung an die Firma, die Kunden und ihre jeweilige Aufgabe ist –, dieses Defizit zu kompensieren. Häufig wird an dieser Stelle auch versucht, das gestörte Verhältnis zu den Kunden durch Verkaufstrainings, PR-Maßnahmen usw. zu verbessern. Dies scheitert regelmäßig dann, wenn der „eigentliche" Grund, die systemischen Ver-

Knd: Ich frage mich, warum ich überhaupt hier noch stehe.

T *(zu Knd)*: Deine Tendenz ist, wegzugehen! Eindeutig. Man kriegt als Kunde mit, was hier los ist – aber unangenehm. Was passiert bei der Geschäftsführerin?

2. GF: Das löst in mir einen sofortigen Handlungsimpuls aus. Das will ich nicht! Zwischen ihm *(zeigt zu Inh)* und mir ist jetzt eindeutig Klärungsbedarf.

T: Ja, diese Notwendigkeit wird jetzt noch deutlicher! *(Zu Knd)* Geh ruhig mal an einen Platz in dieser Konstellation, wo du das Gefühl hast, dass es dort o. k. für dich ist.

(Knd stellt sich ganz außen an den Rand)

T: Möchte jemand noch etwas sagen?

Mm: Das ist wie so ein Druck auf uns beide *(zeigt auf Mw)*.

T: Ja. Das ist immer so. Die kleinen Mitarbeiter und Angestellten tragen es immer am stärksten. Denn bei denen ist die Bindung zur Geschäftsführung am stärksten, und deshalb leiden die auch am meisten.

(Der Trainer stellt die Mitarbeiter vor die Geschäftsführerin und klärt ihre Beziehung zu den Mitarbeitern und kommentiert das dann)

T: Die weiblichen Mitarbeiter haben offensichtlich den Eindruck, dass sie bei den Kunden etwas rausreißen müssen, damit der Laden läuft, was sie völlig überfordert.

Mw: ... und eher handlungsunfähig macht.

T: Genau.

2. GF *(mit etwas brüchiger Stimme)*: Das Interessante war, als sie *(Mw)* das sagte, war bei mir ein ganz starkes Gefühl von „gemeinsam Verantwortung übernehmen" da.

Mw *(atmet sichtlich erleichtert auf)*: Das klingt gut. *(Schaut versöhnt zu 2. GF)* Das entlastet mich. Zu ihr hin ist auch sehr viel Wohlwollen und Sympathie. Vorher hatte ich gar keine Energie, zu erkennen, wen ich mag und wen nicht.

BH *(von sich aus)*: Ich habe so den Eindruck, dass irgendetwas nicht ausgesprochen wird bei der Geschäftsführerin, was die Beziehung zu den Kunden belastet. Und sie sieht gar nicht, dass das relevant ist und die Kundenbeziehung belastet. Immer wenn sie etwas sagt, schüttle ich mit dem Kopf und sag zu mir: Das ist es noch nicht!

T: Da ist was Wahres dran. *(Stellt Knd vor 2. GF und den Inhaber drei Schritte zur Seite)*

T: Wie geht es dir als Kunde, wenn du der Geschäftsführerin gegenüberstehst?
Knd *(sehr bedrückt)*: Unangenehmes Gefühl! Ich fühle mich hier umringt. Als ich hierhin kam, wollte ich mich am liebsten hinten zu den Mitarbeitern stellen. *(Schaut zu 2 GF)* Als ob sie sagte: Moment mal, hier ist mein Platz! *(Zu T)* Da fehlt was, es ist nicht genug, nur mit ihr zu tun zu haben.

T *(zu 2. GF)*: Wie geht es dir, wenn du das hörst?

2. GF: Ich bin ratlos. Völlig ratlos.

---

strickungen, nicht gesehen wird. Häufig wird den jeweiligen Beratern bei solchen Problemen vonseiten der Geschäftsleitung signalisiert: „Löst mir das Problem, aber lasst mich außen vor." Dies stellt eine typische Konstellation für einen vergifteten Auftrag dar. Bei mangelnder Kundenbindung ist also immer *auch* die Möglichkeit zu bedenken, dass sich systemische Verstrickungen der Geschäftsführung in der Kundenbeziehung widerspiegeln. Schlechte Kundenbeziehungen müssen also primär nicht unbedingt mit Produktqualität, Preisen und Service zu tun haben.

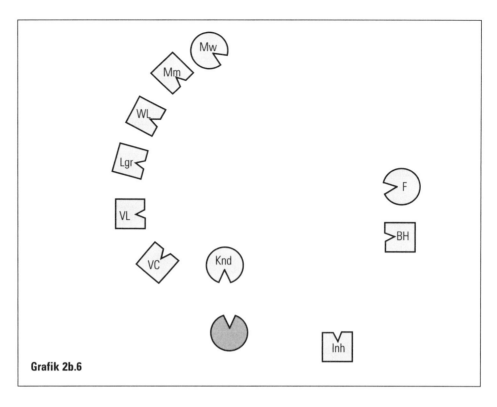

Grafik 2b.6

T: Aha. *(Stellt dann den Inhaber wieder neben die zweite Geschäftsführerin)*

Knd: Besser.

T: Aha. *(Zur Gruppe)* Also: Das, was zwischen den beiden Geschäftsführern zu klären ist, was sich auch auf die Kunden auswirkt, das klären wir. Aber nicht in dieser Aufstellung. Das ist jeweils Thema für eine gesonderte Familienaufstellung für den Inhaber und die Geschäftsführerin.*

*Durch beide Aufstellungen zog sich als roter Faden das Muster, dass der Inhaber seinen ersten Platz nicht einnimmt, den stattdessen die Geschäftsführerin ausfüllt. Dies hat für alle Beteiligten ungute Konsequenzen.
Gleichzeitig erbrachten die beiden Aufstellungen keine Hinweise darauf, warum es zu dieser Verkehrung von erstem und zweiten Platz im Rahmen des Firmensystems kommen konnte. Daher schließt sich an die reine Organisationsberatung nun eine Familienaufstellung an.
Verallgemeinernd lässt sich aufgrund unserer Erfahrung sagen, dass das Nichteinnehmen des ersten Platzes in der eigenen Firma, die man selbst gegründet hat, so gut wie immer auf eine Verstrickung aus der Herkunftsfamilie hinweist.

(Der Trainer stellt Knd wieder an den ursprünglichen Platz zurück)

T: Möchte noch jemand etwas sagen? *(Keine Reaktion)* Danke. Dann könnt ihr euch setzen.

(Alle setzen sich wieder hin)

Der Trainer und sein Team arbeiten nun jeweils mit den beiden Geschäftsführern.

Es fanden sich Lösungen für die persönlichen systemischen Themen, die zuvor nachhaltig negativ auf das Unternehmen wirkten und die angestrebte Firmenordnung bis dahin verhindert hatten.

Wenn man das Verhalten der Frau auf einen kurzen Nenner bringen möchte, könnte man sagen: Sie nimmt den ersten Platz in der Firma ein, da der Inhaber die Führung verweigert. Bei der Aufstellung ihrer Herkunftsfamilie stellte sich heraus, dass ihr älterer Bruder (sie ist das zweite Kind) früh verstorben ist und in der Familie das Kind vollständig ausgeblendet wurde, sodass die Klientin sich als die Älteste und Erste erlebte. Als der ältere Bruder wieder in den Blick kam und sie auf dem zweiten, dem ihr gemäßen Platz stand, empfand sie eine tiefe Erleichterung, und ihr wurde die Dynamik im Beruf sofort klar: Sie reinszenierte im Beruf die verkehrte Rangfolge ihrer Herkunftsfamilie und geriet dadurch in ein starkes Überforderungsgefühl, das sie zeit ihres Lebens kannte. In dem Moment, in dem sie in ihrer Herkunftsfamilie auf ihrem Platz stand, war das Bedürfnis, für ihren Chef in die Bresche zu springen, verschwunden.

Aufgrund der Dynamik in der Herkunftsfamilie des Firmengründers war es für ihn unmöglich, den ersten Platz, die Führungsposition, einzunehmen.

Es zeigte sich auch, dass – zumindest zum Zeitpunkt der Aufstellung – der Firmengründer nicht in der Lage bzw. nicht bereit war, den inneren Schritt zu tun, der notwendig gewesen wäre, um die bestehende Identifikation mit seinem Großvater zu lösen. Daher wurde in der Aufstellung versucht, diejenigen Ressourcen des Inhabers zu unterstützen, die für das Einnehmen des ersten Platzes notwendig sind. Es wurden der Vater, Großvater, Urgroßvater, also die männliche Linie, hinter ihn gestellt, um in ihm (der in der Firma bislang die „wohlwollende Mutter" repräsentierte) die männliche Kraft zu stärken.

Für das Unternehmen ergibt sich daraus folgende Situation: Die Geschäftsführerin nimmt den ersten Platz nicht mehr ein und der Firmengründer noch nicht. Damit gibt es faktisch gar keine Führung. Dies produziert einerseits einen Sog auf die Stellvertreterin, doch wieder in die alte Rolle zu gehen, damit die Firma nicht wie ein führungsloses Schiff hin und her treibt, aber es besteht auch ein Sog bzw. Druck für den Gründer, den notwendigen Schritt selbst noch zu tun.

ENDAUFSTELLUNG

Im Anschluss an die jeweiligen Einzelaufstellungen für den Inhaber und die Geschäftsführerin wird nun mit den neuen inneren Bildern erneut das Firmensystem gestellt.

(Es steht nochmals das Bild der Firma. Alle Darsteller sehen nun sehr locker und entspannt aus)

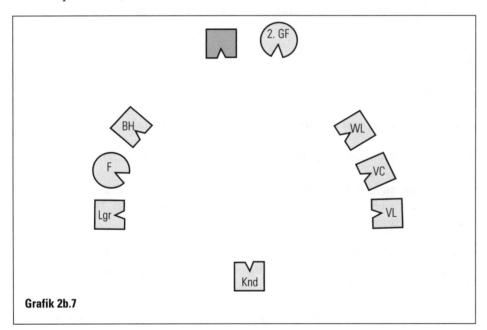

Grafik 2b.7

T: O. K. Wie geht es euch?

Inh *(schaut sehr fröhlich und handlungsorientiert in die Runde und sagt dann mit verwunderter Stimme)*: Mir geht es gut. Wirklich gut. Obwohl alle genauso stehen wie vorhin (2.a3). *(Spaßig)* Seltsam.

2. GF *(blickt freundlich und respektvoll zum Inh)*: Gut. Und ich habe die Kunden klar im Auge.

VC *(proaktiv)*: Besser. Der Kopf ist klar. *(Zeigt zu den beiden Geschäftsführern)* Da kommt jetzt was. Da ist Kraft da.

VL: Sehr vital.

Lgr *(gesammelt)*: Ich fühle mich sehr stark. Und die zweite Geschäftsführerin kommt jetzt sehr menschlich zu uns rüber.

WL *(klar)*: Mir wird jetzt ganz stark bewusst, dass von der Buchhaltung und dem Rechnungswesen viel Leistung kommt. Und dass sie uns allen helfen.

BH *(locker)*: Ich gucke gern zur Geschäftsführung hin. Ich habe den Eindruck, die regeln jetzt das, was zu regeln ist. Dann kann ich meine Arbeit tun.

Knd: Das Produkt dieser Firma hat jetzt eine gewisse Leichtigkeit. Das Schwere ist ganz raus. Sehr angenehm für mich als Kunden.*

T: Schön. *(Tauscht die Stellvertreter gegen die beiden Klienten aus und dreht sie zueinander; zum Inhaber)* Sag mal zu ihr: „Ich danke dir für all das Gute, das ich von dir bekommen habe."

2. GF *(lächelt ihn an)*: Das hab ich gerne gemacht.

T *(zur zweiten Geschäftsführerin)*: Dann sag zu ihm: „Und ich weiß, du gehörst auf den ersten Platz. Und ich auf den zweiten. Wenn ich auf dem zweiten bin, geht es mir gut."

(2. GF spricht nach)

T: Wie ist das, wenn du das hörst?

Inh *(steht aufrecht und entspannt da und wirkt dabei gesammelt und kräftig)*: Das ist toll.

T: Fein.

(Stellt die beiden Geschäftsführer wieder nebeneinander)

T: Na, dann guckt mal in eure Firma. Und zu euren Kunden.

Inh *(schaut erfreut zu Knd)*: Der strahlt richtig. Das ist sehr schön.

T *(lacht)*: Ja, da kommt die Kohle her. *(Fröhlichkeit in der Gruppe)* Dann guckt mal zum Vertriebschef, zum Kassettenmann, zum Lagerleiter, Werbung, Buchhaltung, Fakturierung.

(Die beiden Geschäftsführer schauen einen nach dem anderen gesammelt an und verharren in diesem Kontakt jeweils für einen Augenblick. Die gesamte Atmosphäre ist sehr vital)

T: Und dann schaut alle an und sagt gemeinsam: „Wir sind für euch da! Und für unsere Kunden."

(Beide stehen sehr aufrecht und aufmerksam da und wiederholen mit bester Stimmung den vorgegebenen Satz)

T: Danke schön. Das war es. Ihr könnt euch setzen.

---

*Es mag überraschend erscheinen, dass die Rückmeldungen der Stellvertreter in der Endaufstellung so durchweg positiv ausfallen, obwohl der Klient in seiner Herkunftsfamilie einen entscheidenden Schritt noch nicht gemacht hat. Es könnte sein, dass sich hier eher eine Möglichkeit gezeigt hat, die in greifbarer Nähe scheint, wenn der Inhaber den Schritt in der nächsten Zeit innerlich vollständig vollzieht.
Nicht nur die Aufstellung wirkt therapeutisch, sondern auch das Leben. Der Klient kennt den nächsten Schritt, seine Kollegin hat ihren Anteil getan, sodass jetzt neue Möglichkeiten und Wirklichkeiten zu wirken beginnen.

MEINEN PLATZ IN DER VERÄNDERTEN UNTERNEHMENSSITUATION FINDEN

AUFSTELLUNG 3

Für diese Aufstellung ergab das Eingangsinterview folgende Konstellation: Die Klientin ist als Personalchefin in einem Familienbetrieb der Investitionsgüterbranche tätig, der im Zuge eines Joint Venture* z. Zt. mit einem Konzern zusammengeführt wird. Dieser Konzern ist mit einer Tochtergesellschaft** – einem früheren Konkurrenten der Firma – Anteilseigner*** geworden, nicht aber Mehrheitseigner. Allerdings regiert er über Beiratsverhältnisse in den Betrieb hinein und hat dort faktisch das Sagen, obgleich die Erben der Gründerfamilie (2. Generation des alten Unternehmens) noch immer die Mehrheit haben.

Die Klientin ist als Personalleiterin für die Belegschaft des ursprünglichen Betriebes verantwortlich und nun auch zusätzlich für den Teil der neu dazu gekommenen Mitarbeiter des ehemaligen Zweigbetriebes der Konzerngesellschaft. Als Personalleiterin untersteht die Klientin drei gleichberechtigten Geschäftsführern, von denen einer aus dem Konzern neu dazu gekommen ist. Direkt untersteht sie dem Geschäftsführer, der am längsten in dem alten Unternehmen ist.

Der Name der alten Firme wurde im Zuge der Übernahme geändert. Für das alte Unternehmen hat es eine Betriebsversammlung gegeben, auf der die zurückliegenden Leistungen der Belegschaft gewürdigt wurden. Für die Mitarbeiter des neu dazugekommenen Produktionszweigs ist in dieser Form nichts geschehen. Ihnen wurde nur mitgeteilt, dass sie ab dem Übernahmedatum einem neuen Betrieb angehören.

Die Klientin hat das Gefühl, dass sich durch die neue Betriebssituation ihre Arbeit und Rolle verändert. Sie sieht sich noch ungeklärten Einflüssen ausgesetzt, die von den Beiräten, dem Vorstandsvorsitzenden, dem neuen dritten Geschäftsführer und dem Controlling des Konzerns in ihren Arbeitsbereich hineinwirken.

Trainer: Was ist dein Anliegen, wenn wir jetzt dazu speziell etwas aufstellen?

Klientin: Ich möchte in diesem ganzen komplizierten Gefüge meinen Platz finden. Wer nun wirklich das Sagen hat und die Organisation regiert, ist mir vom Organigramm her einigermaßen deutlich, aber da läuft einiges anders ab.

*Joint Venture = Zusammenarbeit von nicht gebietsansässigen Unternehmen mit Partnern aus dem Ausland

**Tochtergesellschaft = Unternehmen, das von der Muttergesellschaft (meist 100% Anteilseigner) abhängig ist

***Anteilseigner = Besitzer von Unternehmensanteilen, die über den Aufsichtsrat großes Mitbestimmungsrecht auf die Unternehmensentscheidungen wahrnehmen

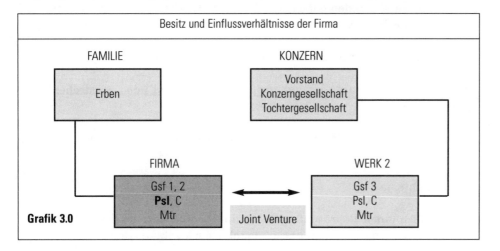

Grafik 3.0

T: Gut. Meine Idee dazu ist, dass wir zuerst nur die wichtigsten Personen der Firma, in der du arbeitest, aufstellen, und dass wir uns die Energie der Firma

*Da das Anliegen der Klientin sich auf ihre neue Rolle in einer veränderten Firmenkonstellation richtet, ist es sinnvoll, die Differenz der alten gegenüber der neuen Lage zu ermitteln. Daher wird hier damit begonnen, zuerst die alte Situation aufzustellen, um damit die Transformationen der veränderten Besitz- und Organisationsverhältnisse überhaupt in den Blick bekommen zu können. Eventuell lassen sich auf diesem Weg auch Dynamiken erkennen, die Aufschluss über systemische Motive respektive Probleme dieser Firmenzusammenführung geben.

vor der Übernahme anschauen. Dann holen wir den Konzern, der das übernommen hat, dazu, und auch dort schauen wir, was sich energetisch in dieser gemischten Aufstellung entwickelt.* Wichtig dafür sind die beiden Geschäftsführer, ein Repräsentant für die Belegschaft, also die gesamten Mitarbeiter, und jemand für dich. Dazu noch jemand für die Kunden und jemand für die Ziele der Firma.

(Klientin stellt die Stellvertreter auf)

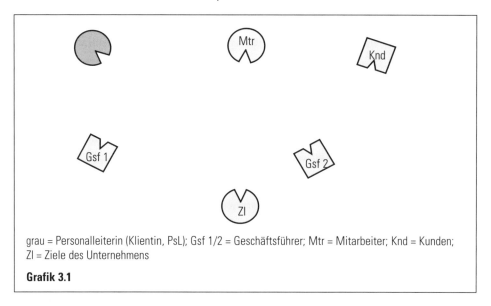

grau = Personalleiterin (Klientin, PsL); Gsf 1/2 = Geschäftsführer; Mtr = Mitarbeiter; Knd = Kunden; Zl = Ziele des Unternehmens

Grafik 3.1

(Befindlichkeitsrunde)

*Die Abfrage beginnt gemäß der Rangfolge.

T *(zu Gsf 1)*: Wie geht es dem ersten Geschäftsführer, wie den anderen?*

Gsf 1: Die Mitarbeiter stehen mir im Weg, und es zieht mir im Rücken.

Gsf 2: Es ist zwar so, als finge irgendetwas an zu leben, aber es berührt mich eigentlich nicht; weder die Ziele noch die Kunden, noch die Mitarbeiter.

Psl *(zeigt zu Gsf 1)*: Zur rechten Seite eher kühl und zur linken Seite *(zeigt zu Mtr; Knd)* hin eher warm und aufgeladen.

Mtr *(zeigt zu Gsf 1)*: Ich spüre hier zum Geschäftsleiter einen relativ starken Kontakt und relativ wenig *(zeigt nach rechts)* zur Personalleiterin. Und ich bin sehr stark auf die Ziele ausgerichtet. Das ist auch mein Bezug zum Unternehmen. Mit den Kunden habe ich nicht viel zu tun. Die stehen ein bisschen auf der Seite, als würden wir uns hier um uns selbst drehen *(zeigt auf Zl und Gsf 1)*.

Gsf 1: Ja, das ist ein Strudel hier *(schaut dabei in die Mitte)*.

*Die Äußerungen, vor allem aber die Positionen der Repräsentanten zeigen die deutliche Tendenz dieser Firma, sich vorrangig mit sich selbst zu beschäftigen; eine hermetische Form der Selbstthematisierung: Die Kunden sind „außen vor" und fühlen sich dementsprechend.
*Da auf der unteren und mittleren Ebene schwer wiegende Störungen zu verzeichnen sind, liegt der Verdacht nahe, dass auf diesen

Knd.: Am liebsten würde ich gar nicht hingucken und mich wegdrehen! Und dann weg hier!*

T *(zur Klientin)*: Passt das so zu der Unternehmenssituation vor der Übernahme?

K: Ich fürchte, ja.

T: Dann such einen Repräsentanten für die Familie aus, die die Mehrheitsanteile an eurem Unternehmen hat, und stell sie oder ihn dazu.*

(Die Klientin wählt eine Frau mittleren Alters aus und stellt sie hinter Kunden und Mitarbeiter)

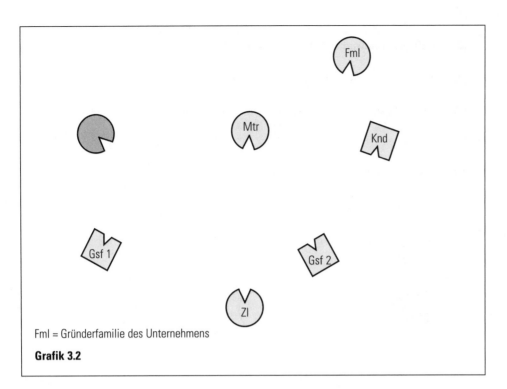

Fml = Gründerfamilie des Unternehmens
Grafik 3.2

Ebenen Probleme des Systems ausagiert bzw. manifest werden, die auf der höheren und dafür zuständigen Ebene nicht gelöst sind. Daher die Hineinnahme der Besitzerfamilie.

(Befindlichkeitsrunde)

T *(zur Klientin)*: Diese Familie ist aber offiziell nur der Geldgeber im Hintergrund? Und nicht administrativ tätig?

K: Ja, genau.

T *(zu den Stellvertretern)*: Für wen hat sich etwas verändert?

Gsf 1 *(zu K)*: Bin ich von der Familie eingestellt worden? *(Klientin nickt bejahend)* Ich fühle mich nämlich dieser Familie irgendwie verpflichtet, auf sie bezogen.

Gsf 2: Ich fühle mich leicht bedrängt.

PsL: Ich bin als Person nicht ganz anwesend.*

Mtr: Ich fühle mich gespalten *(zeigt zu Gsf 1)*. Zu dieser Seite ist es leichter, von der anderen Seite *(zeigt nach rechts)* fühle ich mich fast bedroht.

T: Wie geht es den Zielen, wenn die Eigner mit dazugekommen sind?

Zl: Es ist alles unwichtig, nur die Mitarbeiter sind wichtig.

Mtr: Darf ich noch etwas dazu sagen?

T: Ja?

Mtr: Das Bedrohungsgefühl steigt. Ich habe nach wie vor eine starke Ausrichtung da rüber *(zeigt zu Gsf 1)*. Und das ist mir ganz, ganz suspekt! Und die *(zeigt zu PsL)* hängt nach wie vor an der Leitung!*

T: O. K. Wie geht es den Kunden?

Knd: Ich habe nach wie vor einen starken Druck im Rücken. Das Einzige, wo ich gerne mal hinschaue, ist da *(zeigt auf Gsf 2)*. Ansonsten möchte ich immer noch am liebsten raus.

*Wichtige Information: In dem Moment, in dem die Besitzer in den Blick kommen, empfindet sich die Repräsentantin der Klientin als Person nicht mehr anwesend; „ohne Person" reduziert sie sich auf eine Funktion!

*Der Mitarbeiter bestätigt die Funktionalisierung der PsL durch die Unternehmensführung.

Fml: Ganz starker Bezug hierhin *(zeigt Richtung Gsf 1)*, aber nicht nur positiv, sondern mit irgendeinem Unterton vermischt.

T *(zu Gsf 1)*: Kannst du irgendetwas damit anfangen?

Gsf 1: Ich habe eine Idee, wo ich sie *(Fml)* lieber hätte.

T: Wo?

Gsf 1: Hinter mir, dann könnte sie mir den Rücken stärken.*

K: Genau das haben sie nicht getan.

T: Ich möchte nur kurz ausprobieren, welche Wirkung es gehabt hätte.* *(Stellt Fml hinter Gsf 1)*

*Gsf 1 drückt ein Bedürfnis aus, das realiter gerade nicht erfüllt worden ist.

*T testet, ob das Bedürfnis von Gsf 1 eine mögliche Lösung für das System gewesen wäre. Wenn ja, verdichtet sich die Hypothese, dass die Probleme der Firma durch die Weigerung der Eignerfamilie entstanden sind, die entscheidenden Schritte zu unternehmen, die hier notwendig gewesen wären.

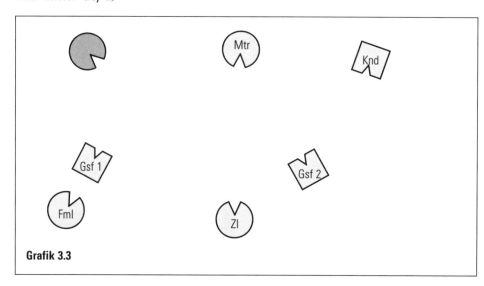

Grafik 3.3

T: Welche Veränderungen ergeben sich bei euch?

Gsf 1: Stärke und Energie.

Mtr: Große Erleichterung.

Knd: Besser.

PsL: Auch besser.

Gsf 2: Die Unruhe hat sich verlagert. Erst war da ein bisschen Erleichterung, aber nun ist diese Unruhe wieder da.

Zl: Ich nehme die Kunden besser wahr.

T *(zur Gruppe)*: O. K., das wäre schon mal ein Lösungsschritt gewesen, wenn es nicht zu dieser Firmenübernahme gekommen wäre. *(Zu Fml)* Gehst du mal wieder in die alte Position. *(Zur Klientin)* Das ist ja in der alten Konstellation nicht passiert. Stattdessen haben sie einen Teil verkauft. Und jetzt kommt die Übernahmesituation, jetzt gibt es einen neuen Anteilseigner. Stellen wir also mal den Vorstand dazu. Das ist ja die oberste Machtebene.

(Die Klientin wählt einen Teilnehmer und stellt ihn auf)

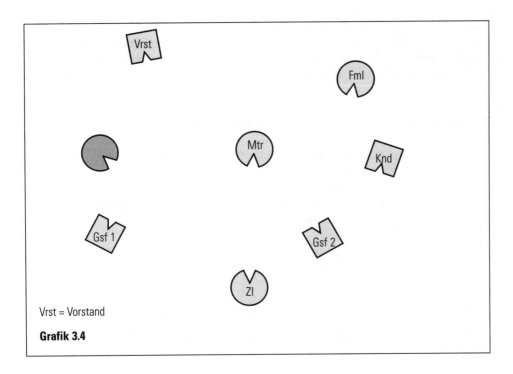

Vrst = Vorstand

Grafik 3.4

(Befindlichkeitsrunde)

T: Wie geht es dem Vorstand des Konzernes?

Vrst *(steht leger mit den Händen in den Taschen da, blickt in den Kreis)*: Na, es ist verrückt!

T: Da ist wenig Wertschätzung für diese Firma.

(Sämtliche anderen Darsteller wirken sehr angespannt)

Vrst: Ich bin sehr amüsiert.

T *(zu Gsf 1)*: Wie geht es dem Geschäftsführer, wenn er das hört?

Gsf 1: Ich bin wütend. Es könnte eigentlich eine gute Firma sein, wenn diese beiden da *(zeigt zu Vrst, dann Fml)* nicht so einen Schund machen würden. Es ist jetzt noch schlimmer geworden!

T: Wie geht es der Gründerfamilie?

Fml: Mich drängt es dahin *(zeigt mit den Händen Richtung Vrst)*.

T: Wie geht es dem zweiten Geschäftsführer?

Gsf 2: Als der Vorstand reinkam, hatte ich im ersten Moment eher ein leicht beklemmendes Gefühl. Zu den Mitarbeitern eher ein warmes Gefühl. Die anderen sind mir alle suspekt. Zum ersten Geschäftsführer habe ich kein negatives Gefühl. Insgesamt habe ich eher das Gefühl, dass ich nicht so stark beteiligt bin.

K *(zu T)*: Das ist auch genau der Eindruck, den ich von unserer Geschäftsführung hatte: Das, was in der Firma passiert, geht einfach so an ihnen vorbei.

T *(zur Klientin)*: So also war die Beziehung zwischen den Geschäftsführern und der Firma. Wie geht es den Zielen, nachdem dieser Vorstand dazugekommen ist?
Zl: Mir ist furchtbar warm und heiß.

PsL: Und ich habe den Wunsch, mich wegzudrehen!

Mtr: Ich fühle mich eingekreist. *(Mit erboster Stimme)* Und als Mitarbeiter im Zentrum zu stehen ist wirklich mies. Alles geht über mich hinweg, mein Geschäftsführer *(Gsf 1)* ist noch schwächer geworden, und dadurch ist für mich der Bezug gänzlich weg. Und die Ziele sind für mich auch nicht mehr relevant. Ich könnte mich hier auch langsam verabschieden.

K *(zum Trainer)*: Auch das kann ich stimmungsmäßig bestätigen!

T *(zu K)*: Stimmt überein. Gut. *(Zu Knd)* Wie geht es den Kunden?

Knd: Ich bin noch unruhiger geworden, habe starkes Herzklopfen. Jetzt möchte ich nicht einmal mehr dahin *(Gsf 1)* schauen, auch das ist jetzt für mich negativ. Ich möchte jetzt am einfach nur noch raus!

T *(zur Klientin)*: Da das ja eine Skulptur für dich ist, wäre nun die Frage ...

K: ... was mach ich jetzt?

T: Genau. Was wird aus deinem Anliegen, wenn du das alles siehst? Ist deine Frage noch immer die nach deinem Platz im System, oder hat sich daran etwas geändert?*

K: Die Frage hat sich insoweit verändert, als ich frage, ob ich da noch einen Platz habe.

T: Die Frage ist also: Habe ich überhaupt noch einen Platz?

K: Ja. Ich möchte gerne zugeben, dass ich mich genau das unterschwellig und heimlich schon gefragt habe. Aber ich habe das wieder zur Seite gelegt.

T *(zur Klientin)*: Stell dich mal rein! Und dann dreh dich mal herum, und spüre den Unterschied, weiter zu bleiben oder zu gehen. *(Zur Gruppe)* Meine Idee ist: Man könnte jetzt wohl skulpturtechnisch irgendeinen Schulterschluss zwischen Vorstand, Gründerfamilie und Geschäftsführung erreichen. Aber das liegt nicht auf ihrer Entscheidungsebene.* *(Zeigt zu PsL)* Und ich sehe in diesem Moment keine Lösung. *(Der Trainer ersetzt PsL durch die Klientin)*

*Die Aufstellung bis hierhin liefert gleichsam die Bilanz der gegenwärtigen Firmensituation, die zeigt, dass es unterhalb der Vorstands- und Besitzerebene große Konflikte gibt. Da die Klientin nun über die diesbezüglichen Informationen verfügt, sie jedoch nicht in der Position ist, hier klärend einzugreifen, stellt sich die Frage nach möglichen Konsequenzen für das ursprüngliche Anliegen.

*Wichtig: Für wen wird die Skulptur gestellt? Auf welcher Hierarchieebene steht er/sie? Welche Entscheidungskompetenz hat er/sie?

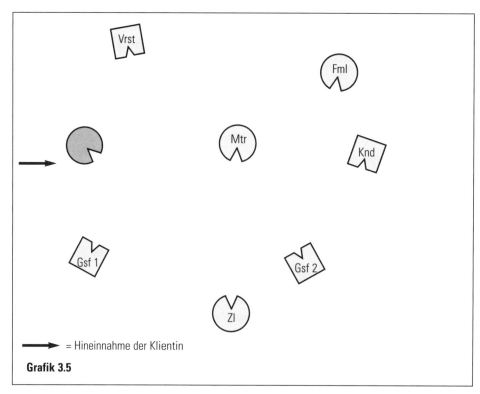

Grafik 3.5

T *(stellt sich neben die Klientin)*: Spür einfach mal in die Situation rein. Sieh die betreffenden Personen mal an, lass es auf dich wirken.

K *(breitet die Arme aus in Richtung Mtr)*: Also, die möchte ich in den Arm nehmen. Zum Beschützen!

T: O. K., darauf kommen wir nachher. Jetzt sollst du einfach nur mal spüren, wie dein Gefühl im Moment an diesem Platz im System ist.

K: O. K. *(Blickt sich um und zeigt dann zu Vrst)* Bei ihm habe ich das Gefühl, dass er auch am liebsten gehen würde.

T *(zu Vrst)*: Deckt sich das mit deiner Wahrnehmung?

Vrst: Ich merke, wie die Energie rausgeht, *(blickt sich um)* völlige Disharmonie. Am liebsten würde ich da wieder raus! *(Kopfschüttelnd)* Absolutes Unbehagen!

T: Am liebsten das Geschäft wieder rückgängig machen?

Vrst: Ja.

T *(zur Klientin)*: Dreh dich mal um, wenn du das Bild aufgenommen hast.

K *(blickt sich um, zeigt dann auf Gsf 2)*: Auf irgendeiner Ebene verstehen wir uns, haben etwas gemeinsam, dieses Gespür dafür, was da läuft. *(Blickt auf Zl)* Das Unternehmensziel ist für mich eigentlich sehr freundlich, und ich habe das Gefühl, dass es so richtig nie jemand gesehen hat. *(Mit desillusionierter, leicht trauriger Stimme; blickt dann zu Gsf 1)* Hier spüre ich eine Hilflosigkeit: Der weiß auch nicht mehr so richtig, wie es weitergehen soll. Das einzig ganz klare Gefühl, das ich habe, geht hin zu den Mitarbeitern.

Mtr: Mein Gefühl ist, die Personalleiterin ist schon eine Weile nicht mehr präsent!

K: Aber ich habe ein ganz starkes Gefühl zu Dir. *(Mtr zuckt daraufhin mit den Schultern)*

T: O. K. Machen wir als Nächstes mal Folgendes: Dreh dich mal um, und geh sogar noch ein paar Schritte raus. Das würde jetzt bedeuten: das System zu verlassen. *(Die Klientin steht am Rand, mit dem Rücken zum System)* Wie geht es dir, wenn du dort stehst?

K *(mit unschlüssiger Stimme)*: Da ist nichts. Die Verantwortung zieht nicht mehr, aber ...

T: Besser oder schlechter als vorher? Ganz spontan, besser oder schlechter?

K *(aufatmend)*: So geht es mir schon besser!

T *(zur Stellvertretergruppe)*: Was ist bei euch passiert? Einige von euch haben gelacht, in dem Moment, als sie sich umgedreht hat.

Gsf 1 *(steht vitaler da, Arme in die Hüften gestemmt)*: Klarer.

Mtr: Klarer. *(Mit vitalisierter Stimme; zeigt auf Gsf 1)* Der ist sowieso meine Bezugsperson.

Gsf 1: Es ist wieder offen *(zeigt auf die Mitte, wo er zuvor diesen Strudel wahrnahm)*, man kann hier wieder etwas machen.

Zl: Erleichtert.

Gsf 2: Wenig Reaktion. Etwas freier. Zuerst hatte ich das Gefühl, da ist eine Lücke *(zeigt zum vormaligen Platz von PsL)*. Beim zweiten Mal, *(mit tatkräftigerer Stimme)* es ist o. k.

T *(zur Klientin, die am Rand steht)*: Was macht das mit dir, wenn du das hörst?

K: Ich habe ein Gefühl, dass jetzt etwas stimmt: Es geht besser ohne mich! Das kommt mir bekannt vor.

T *(zur Klientin)*: Es geht besser ohne dich, und das kommt dir bekannt vor?!*

K: Ja.

T: Dreh dich mal wieder um, und sag in die Runde: „Mein Eindruck ist, es geht besser ohne mich."

(Klientin tut es; die Schultern von Gsf 1 verspannen sich daraufhin, er geht leicht nach vorne, als müsste er ein Gewicht tragen)

T *(zur Stellvertretergruppe)*: Passiert bei jemanden von euch etwas?

Gsf 2: Ich habe das Gefühl, da kommt eine Welle mit einem ganz persönlichem Thema rüber. Und ich habe das Gefühl, ich will in dieser Firma keine persönliche Beziehung haben, und hier kommt etwas ganz Persönliches rüber, was sehr Privates.

T: Wie geht es dem ersten Geschäftsführer?

Gsf 1: Ich knicke ein bisschen weg. Aber nachdem er *(Gsf 2)* das so gesagt hat, muss ich nicht mehr dazu sagen. Es stimmt, ich muss das jetzt auch bestätigen.

Mtr: Ich will damit nichts zu tun haben.*

T: Ich möchte mal etwas ausprobieren an dieser Stelle. *(T stellt Gsf 1, Gsf 2 und Mtr in eine Reihe gegenüber der Klientin; zur Klientin)* Schau jetzt mal die in der Firma an, zu denen du eine gute Beziehung gehabt hast und sag: „Ich danke euch für all das Gute, was ich von euch bekommen habe. Ich gehe jetzt meinen eigenen Weg."

(K tut es)

T: Was passiert bei dem Geschäftsführer?

Gsf 1: Das passt.

Mtr: Das ist o. k. Die sollte gehen *(lacht; Gsf 1 grinst hämisch dabei)*.

T *(zu Mtr)*: Sag du mal zu ihr: „Ich danke dir für das Gute, das ich von dir bekommen habe!"

Mtr: Das kann ich nicht ganz sagen. Ich könnte es nur höflich sagen.

T: Ja, das wäre nicht echt.

Mtr: Es ist ein Gefühl. Irgendetwas ist mit dieser Übernahme – da habe ich mich als Mitarbeiter verarscht gefühlt. Von ihm *(zeigt zu Gsf 1)* und von ihr *(zeigt zur Klientin)*, aber ihr nehme ich das übel, weil sie ja diejenige ist, die eigentlich ...

---

*„Es geht besser ohne mich" hat die Struktur eines limitierenden Glaubenssatzes, deutet also auf eine Wiederholung (Reinszenierung) individueller Muster der Klientin im Berufskontext hin.

*Gsf 2, Gsf 1 und Mtr empfinden den Satz nicht als bloß nüchterne Beschreibung eines Sachverhaltes, sondern spüren eindeutig seinen reinszenatorischen Charakter.

T *(zur Gruppe)*: Wir sind jetzt an einem ganz entscheidenden Punkt: Als sie sich umgedreht hat, waren alle erleichtert. Woran erinnert euch das? Ich habe das schon eingangs mal erklärt: Schuld! Sie trägt etwas für das System, namentlich für die Mitarbeiter, die Schuld an der Veränderung. Und wenn sie raus ist, denken alle, die Schuld geht mit, und alle sind froh. Und das ist das Persönliche aus ihrem System *(T gibt der Klientin ein Gewicht in die Hand)*. Sie trägt gerne mal die Schuld von jemand anders, nicht wahr?* *(Zur Klientin)* Das müsstest du mal persönlich klären, in einer Familienaufstellung. *(Blickt wieder zur Familie)* Sieh mal die Anteilseignerin an *(T geht mit der Klientin bis zur Eignerfamilie)* und sag: „Das trage ich für dich, das ist nicht meines!"

(Klientin wiederholt und gibt das Gewicht an Fml)

*Hier zeigt sich die Funktionsweise von limitierenden Glaubenssätzen im Sinne der sich selbst erfüllenden Prophezeiung: Damit der Satz „Es geht besser ohne mich" stimmen kann, muss die Klientin eine (fremde) Schuld auf sich nehmen, die ihren Weggang überhaupt plausibilisiert und legitimiert.
Gleichzeitig zeigt sich an dieser Stelle, wie Glaubenssätze und systemische Verstrickungen sich in einander verflechten können.
Die Übernahmebereitschaft der Klientin deutet auf eine mögliche Triangulierung, Parentifizierung, Nachfolgedynamik, Sühnestruktur hin.

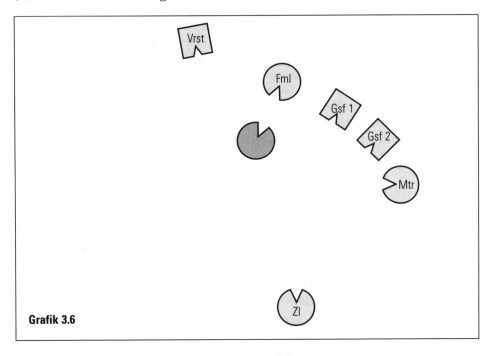

Grafik 3.6

Fml *(prüft, ob es zur Eignerfamilie gehört)*: Ja. Das gehört hierher.

T: Genau. Das war schon alles. Guck mal, wie gerührt der erste Geschäftsführer ist.

Gsf 1 *(mit erleichterter Stimme)*: Endlich ist die Verantwortung dort, wo sie hingehört.

Mtr *(zeigt zu K)*: Jetzt sehe ich sie.*

T: Genau. *(Zu K)* Dreh dich mal um, und mach einen Schritt nach vorne, als wenn du gehen würdest. *(Klientin tut es; zu Mtr)* Was passiert jetzt bei den Mitarbeitern?

Mtr: Ich kann nicht würdigen, was sie für mich getan hat.

T *(zur Gruppe)*: Das heißt, sie übernimmt die Schuld für den Verkauf der Firma. Der Familie hat das Geld gebracht, denen gehört das, sie hatten das Recht, das zu tun! Aber dann müssen sie die Konsequenzen tragen, die das hat; auch die Konsequenzen für die Mitarbeiter, auch die Konsequenzen für die Ziele. Das hat aber nichts mit ihr zu tun *(zeigt dabei auf K)*. Da sie sich für die Mitarbeiter so verantwortlich fühlt, übernimmt sie diese Schuld, und prompt sehen die Mitarbeiter sie an und sagen: Wer ist denn das?

Mtr: Jetzt verstehe ich auch, warum ich sie vorher nicht angucken wollte. Jetzt ist es klar.

*Mtr empfand die Personalleiterin zuvor als „persönlich nicht anwesend" und „an der Leitung hängend". Das heißt, er sah sie rein funktionalisiert, also genau so, wie sie bisher im System als Schuld- und Verantwortungsträgerin für die Eignerfamilie funktioniert hat. Ist diese Verantwortung nunmehr an ihren gemäßen Platz zurückgegeben, ist also die Personalleiterin von den Unzuständigkeiten befreit, dann wird für alle die Person und ihre Leistung nicht nur überhaupt erst sichtbar, sondern kann nun auch gebührend gewürdigt werden.

*Hinsichtlich der Frage der Klientin, bleiben zu können oder nicht, kann an dieser Stelle abgebrochen werden, da sie nun von ihrer Übernahmetendenz und deren Konsequenzen weiß; sie hat nun die Voraussetzung, im Beruf eine klare Trennung der Zuständigkeiten zu vollziehen, und kann mit einem ressourcenvollen inneren Bild in die Firma gehen, um auf dieser veränderten Basis einen Prozess auf den Weg zu bringen, an dessen Ende sich die Antwort auf ihre Eingangsfrage findet.

T: Natürlich. *(Zur Klientin)* Ich würde das jetzt mal so stehen lassen; lass diese Tatsache nun einfach mal wirken, und handele nicht übereilt. Und vollzieh innerlich diese Rückgabe. O. K.? *(Sie nickt zustimmend)* Gut, das war es.*

Nachbesprechung

Wissensgeleitet vs. gefühlsgeleitet

T: Ihr seht, wie verführerisch das ist. Die Klientin dreht sich um, und alle sind erleichtert, bis hin zu einer gewissen Unverschämtheit. Und sie übernimmt sofort die Opferrolle: Es geht halt besser ohne mich! Dabei ist es dann ganz wichtig zu wissen, dass alles verloren ist, sowie ihr euch auf diese Ebene einlasst. Auf dieser Ebene gibt es keine Lösung! Auf der dahinter liegenden Ebene nämlich zeigt sich, dass sie etwas trägt, was zu der Eignerfamilie gehört, nämlich die Verantwortung für die Konsequenzen des Verkaufes. Kaum ist das rückgängig gemacht, ist die Situation völlig anders. Das heißt, ihr dürft euch von der Emotion, die da hochkommt, nicht ins Boxhorn jagen lassen. Das Einzige was euch davor schützt, ist das Wissen. Meine Intervention war wissensgeleitet, nicht gefühlsgeleitet!

Handlungsfähigkeit

TN: Ich frage mich, ob die anderen das nun annehmen, jetzt wo sie handlungsfähig ist. Denn schließlich kann sie nun etwas tun.

T: Genau. In dem Moment, in dem jemand glaubt, er kann erst handeln, wenn das System in Ordnung ist, kann er lange warten. Ein multinationaler Konzern wird sich nicht umstrukturieren, damit die Personalleiterin in einem Teilbetrieb handlungsfähig wird. Stattdessen kann sie sich fragen: Was muss ich tun, um handlungsfähig zu werden? Die Vorannahme dabei ist: Es gibt immer etwas, was ich tun kann. Und eines ist klar: Mit der Schuld rauszugehen wäre die schlechteste aller denkbaren Lösungen! Es wäre ein neuer Zyklus in dem alten Muster: Ohne mich geht es besser! Und das Muster dieses Systems ist eben, dass einer die Schuld des Systems trägt. Wenn der dann weg ist, sind alle froh, weil sie glauben, die Schuld sei weg. Aber selbst wenn sie gekündigt hätte und gegangen wäre, wäre die Schuld, die Verantwortung immer noch die der Anteilseigner gewesen. Sie kann die Schuld überhaupt nicht mitnehmen. Sie kann sie psychologisch auf sich nehmen, aber faktisch bleibt die Verantwortung bei der Familie der Anteilseigner. Selbstverständlich kann diese Familie den Betrieb verkaufen, aber dann muss sie auch die Konsequenzen verantworten.

Rückgabe durchführen

TN: Wie soll sich denn so eine Rücknahme in einer Firma vollziehen?

T: Angenommen, man hat als Chef, als Besitzer des Unternehmens oder was auch immer einem Mitarbeiter etwas „rübergeschoben", was nicht seines ist, dann macht man etwas ganz Einfaches: Man nimmt es innerlich zurück, und erst wenn man es innerlich zurückgenommen hat, überlegt man sich, was das für organisatorische Konsequenzen hat. Oft hat es gar keine organisatorischen Konsequenzen, sondern ist etwas Energetisches. Angenommen, diese Anteilseignerfamilie übernimmt jetzt die Verantwortung, dann bleibt sie (K) immer noch Personalchefin, und es passiert formal gar nichts. Aber sie fühlt sich anders, wird von den Mitarbeitern anders wahrgenommen, hat eine andere Beziehung zu den beiden Geschäftsführern usw. Sichtbar ist dabei erst mal gar nichts passiert.
In einem zweiten Schritt kann diese Rücknahme dann auch äußerlich geschehen, indem man vielleicht zu diesem Mitarbeiter geht und ihm in einem Ge-

spräch klarmacht: „Ich habe dich da in etwas reingezogen, was dich nichts angeht – damit ist ein für alle Mal Schluss!" Meiner Erfahrung nach ist das meistens jedoch nicht nötig. Es geht in erster Linie um den inneren Vollzug. Wenn der vollzogen ist, spüren das alle, und häufig spüren sie es, bevor man wieder in der Firma ist.

Konsequenzen der Rückgabe für das Gesamtsystem

TN: Aber das hat doch Konsequenzen für die Gesamtorganisation, das kriegen die Mitarbeiter doch mit.

T: Ja, ist doch gut. Das hat eine heilende Wirkung. Es wirkt auf das ganze System ein. Wenn jeder seine Verantwortung trägt, wirkt das auf das ganze System befriedend und energetisierend. Die Leute arbeiten lieber, qualitativ besser, die Kunden sind zufriedener, die Ziele sind zufrieden, weil sie wieder in den Mittelpunkt kommen. Je mehr Unordnung im System ist, desto mehr werden die Ziele und die Kunden aus dem Auge verloren! Je reibungsloser das System funktioniert, desto mehr sind die Ziele und die Kunden im Fokus der Aufmerksamkeit. Und damit ist so ein Unternehmen, im weitesten Sinne, wirtschaftlicher.

Wer aus der Hierarchie stellt was auf?

TN: Ist es sinnvoll, wenn sich die Abteilungsleiter und die Führungsebene zusammensetzen, sich zwanzig Darsteller holen und zu ihnen sagen: Stellt euch mal als Konstellation hin, mit Zielen, Kunden, Mitarbeitern usw.?

T: Das sollte immer einer machen. Der Chef stellt vor seinen leitenden Mitarbeitern das Firmensystem mit fremden Personen auf. Dann arbeitet der Berater mit diesem aufgestellten System, sodass alle Beteiligten – also der Chef plus Vorstand und die, die gerade dabei sind – sehen, wie die Dynamik in ihrem System gelagert ist.
Das Schöne daran ist Folgendes: Wenn ihr auf einer Ebene arbeitet, die mögliche Umstrukturierungen wirklich entscheiden kann, dann könnt ihr natürlich solche Umstellungen in der Konstellation vornehmen. Ihr könnt dann etwa den Eigner hinter den Geschäftsführer stellen, oder ihr könnt prüfen, wo der Hauptaktionär stehen muss – und zwar in deren Beisein. Wenn sie dabei sind, werden sie mit diesen Informationen handlungsfähig, denn sie haben ja die Entscheidungsgewalt. Das heißt, ihr müsst immer darauf achten, für wen ihr das macht. Wenn diejenigen, die die Entscheidungsgewalt haben, dabei sind, dann sind all die organisatorischen Umgruppierungen, die wir hier jetzt nicht gemacht haben, sinnvoll, da sie jetzt nicht nur ein Glasperlenspiel sind, sondern Handlungsalternativen für die tatsächlichen Entscheidungsträger darstellen.

TN: Wer hätte jetzt bei der letzten Aufstellung stellen können? Nur die Eigner?

T: Meiner Meinung nach hätten der Geschäftsführer, die Familie oder der neue Vorstandsvorsitzende stellen können. Grundsätzlich muss man aber immer daran denken, dass diese Arbeit einen bestimmten Zweck verfolgt. Es geht immer darum, dass derjenige, der stellt, neue Handlungsmöglichkeiten sieht. Neue Handlungsmöglichkeiten meint hier zum einen den inneren Vollzug im Sinne der Übernahme von Verantwortung. Und zum anderen die äußere Tat, also die praktischen Konsequenzen: Was würde es jetzt praktisch bedeuten, mich hinter den Geschäftsführer zu stellen, mich häufiger mit ihm zu treffen, ein Firmenmeeting mit ihm zusammen zu halten und ihm sozusagen demonstrativ mein Vertrauen auszusprechen usw.? Weil es also immer darum geht, die Akteure handlungsfähig zu machen, ist es wenig sinnvoll, etwa Umgruppierungen vorzunehmen, die Leute handlungsfähig machen, die gar nicht dabei sind.

Familiäre Hintergründe und Firmenkonstellation

TN: Besteht bei dieser Art von Arbeit nicht die Gefahr, dass familiäre Hintergründe deutlich werden? Und wenn, was bedeutet das für die Firma?

T: Natürlich. Das macht man dann nicht vor der Gruppe, das stellt man auf einem gesonderten Aufstellwochenende auf. Und nach einer angemessenen Zeit, wenn sich das gesetzt hat, stellt man das Firmensystem noch einmal. Häufig sieht es dann bereits völlig anders aus. Der Klient kommt oft schon mit einer ganz anderen Fragestellung, weil sich durch seine Familienaufstellung in der Firma viel verändert hat. Das heißt, er hat u. U. eine familiäre Verstrickung aufgelöst, die er zuvor über seine Machtposition in seine Firma gebracht hatte, und möglicherweise ist das schon der notwendige Schritt gewesen. Denn als Inhaber einer Firma habe ich natürlich die Möglichkeit, meine komplette systemische Verstrickung in die Firma hineinzuprojizieren. Ich bestimme, wer wo wie mitarbeitet usw. Wenn ich das nun auflöse, hat das eine enorme Wirkung in meine Firma hinein. Manchmal so weit, dass derjenige sagt: Das war es, wir brauchen keine Firmenaufstellung mehr. Oder aber: Das hat sehr viel gebracht, aber es gibt doch noch einige Unklarheiten. In dem Fall stellt man natürlich noch mal auf.

Macht und Ordnung

TN: Es gibt ja viele Ebenen der Macht, wie trenne ich die vom Bereich der systemischen Ordnung ab, und wie trenne ich die von den familiären Konstellationen?

T: Ganz einfach: Es gibt eine Ordnung des Systems! Und die Ordnung des Systems hat mit der Ordnung der Herkunftsfamilie gar nichts zu tun. Wer ist der Chef? Wem gehört die Firma? Wer hat die Hauptaktienanteile usw.? Und daraus ergibt sich Macht, was hier nichts anderes bedeutet als die Stellung in der Firmenhierarchie. Je höher ich in der Hierarchie bin, desto höher ist meine Macht, und zwar funktional. Der Begriff der Macht ist hier sozusagen ein Aspekt der Position in der Hierarchie.

TN: Ja, aber das ist nur eine Ebene der Macht.

T: Genau. Aber nur die betrachten wir hier. Alles andere wäre kommunikativ usw. Würden wir andere Ebenen von Macht betrachten, wären andere Techniken angebracht; das wären etwa NLP, Kommunikationstraining, Teamfindungsprozesse, Coaching, die eben dort sinnvoll angesiedelt sind. Aber hier spielt nur die Stellung in der Ordnung eine Rolle.

TN: Das heißt, es entstehen Differenzen im System, wenn die systemische Ordnung mit anderen Ordnungen, beispielsweise familiären, interferiert.

T: Genau so ist es. Das lässt sich beispielsweise oft in Familienbetrieben beobachten.

Ziele und Zwecke eines Systems

TN: Du hast nach dem Zweck gefragt. Was bewirkt diese Frage nach dem Zweck?

T: Ich stelle die Frage nach dem Zweck manchmal. Wenn eine Firma keinen festen Unternehmenszweck hat, dann hat das in der Regel eine sehr schwache Identifikation der Mitarbeiter mit dieser Firma zur Folge. Wichtig ist, dass es in einer Firma überhaupt ein Ziel oder einen Zweck gibt. Es ist ein Unterschied, ob eine Firma in erster Linie der Selbsterhaltung dient und gute Produkte fertigt, um einen maximalen Profit zu erzielen, oder ob eine Firma einen darüber hinausgehenden Unternehmenszweck, ein vorgelagertes Ziel hat. Wisst ihr noch, wo die stärkste Verbindung der Mitarbeiter war? Zu den Zielen! Und die Ziele hatten eine ganz starke Verbindung zu den Mitarbeitern.

TN: Ich habe das noch nicht ganz verstanden. Sie hat ja geantwortet, wir sind ein Unternehmen der Investitionsgüterindustrie – ist das schon ein Zweck? Was ist ein Unternehmenszweck, ich habe es noch nicht ganz verstanden.

T: In diesem Fall ging es mir um die Frage nach dem Kontext! Vielleicht können wir uns die Frage nach dem Unternehmenszweck an einem Beispiel verdeutlichen: Wir hatten den Fall einer Bausparkasse, die einstmals mit dem erklärten Ziel bzw. zu dem Zweck gegründet worden war, es Menschen mit geringerem Einkommen zu ermöglichen, Häuser zu bauen. Im Laufe der Zeit nun nahm diese Bausparkasse immer mehr Geschäftsfälle an und dehnte ihre Produktpalette auf immer mehr Sparten aus. Ein neues Management, das in der Zwischenzeit entstand, fokussierte sich immer stärker darauf, diese Bausparkasse zu einem gewinnorientierten Unternehmen umzustrukturieren. Das heißt, das Ziel, der Zweck, zu dem sie sich ursprünglich einmal zusammengefunden hatten, geriet immer mehr in den Hintergrund. Bei dieser Aufstellung hat sich das dann so ausgewirkt, dass es dort eine ganz starke Mitarbeiterfluktuation gab, die Leute wollten weg. Und genau das war auch das Anliegen des Klienten, also die Frage: Warum gibt es bei uns in der Bausparkasse so eine starke Mitarbeiterfluktuation, warum gehen bei uns so viele Mitarbeiter weg? – Weil der ursprüngliche Zweck, zu dem sie sich zusammengefunden hatten, immer mehr in den Hintergrund gerückt war. Man konnte das an der mangelnden Identifikation der Mitarbeiter mit der Firma sehen.

TN: Wie würdest du den Unterschied von Zielen und Zwecken erfassen?

T: Also, von Marx her könnte man sagen, der Zweck ist gebrauchswertorientiert, und das Ziel ist tauschwertorientiert. Beim Gebrauchswert geht es um den inhaltlichen, qualitativen Nutzen der Arbeit, und beim Ziel geht es eher um den Tauschwert, um den Profit und solche Dinge. Was allerdings damit nicht diskreditiert werden soll. Jedoch kann man sagen: Wenn ein Unternehmen ausschließlich den Tauschwert als Mittel zum Zweck sieht, dann ist eine inhaltliche Identifikation der Mitarbeiter gar nicht möglich; Mitarbeiter identifizieren sich primär inhaltlich, weil sie das, was sie machen, für sinnvoll halten! Und dabei ist natürlich gleichzeitig klar, dass das Unternehmen Gewinn machen muss, da es sonst nicht überleben kann.
Der Sinn der Arbeit kommt vom Gebrauchswert und nicht vom Tauschwert. Unter diesem Gesichtspunkt könnte man natürlich solche Konzepte wie Shareholder-Value noch einmal diskutieren. Aber um es deutlich zu unterstreichen: Diese Art von Arbeit hier verbietet uns, darüber zu diskutieren, was hier der Shareholder-Value macht. Man braucht nämlich nicht zu spekulieren, sondern stellt ein System auf, wie es war, bevor das Management auf Shareholder-Value orientiert war; dann stellt man das dazu und sieht den Effekt.
So gesehen, ist das, was wir machen, ein empirisches Vorgehen, ohne irgendwelche Vorannahmen darüber, wie es richtig sein sollte. Stattdessen sehen wir auf die Auswirkungen und lassen unsere ideologischen Vorannahmen, die wir natürlich trotzdem haben, in der Arbeit fallen, wenn sich herausstellt, dass es eben einfach anders ist, als wir dachten. In dem Sinne ist diese Arbeit durchaus ganz empirisch. Man lässt sich von dem überraschen, was sich zeigt. So lässt man sich belehren von dem, was dort an das Licht kommt.

TN: Wäre dann Wachstum eine Unternehmensvision?

T: Wachstum ist immer nur ein Ziel, nie eine Vision. Wenn Wachstum für jemanden eine Vision ist, dann hat er gute Chancen, Krebs zu bekommen. Das ist Wachstum pur. Ohne jede inhaltliche Konkretisierung ist Krebs Wachstum pur – das nur mal so en passant.

MEINE KUNDEN VERSAUEN MIR DEN ERFOLG

AUFSTELLUNG 4

Klient: Ich arbeite als freier Handelsvertreter immer wieder mit Firmen zusammen, bei denen ich den Eindruck habe, dass sie mir den Erfolg versauen. Beispielsweise habe ich für eine Firma einen Kunden gefunden und fahre mit der Firma, für die ich das gemacht habe, zu dem Kunden hin. Dort vor Ort dann versaut die Firma mir den Geschäftskontakt.

Trainer: Gut, dann such dir jemanden aus für dich, für eine solche Firma und für deine Ziele, und stell sie nach deinem inneren Bild auf.*

*Das Problem besteht in einem Muster, einer stereotypen Interaktionsstruktur, die den dauerhaften Erfolg des Klienten verhindert. Solche Muster deuten per se auf eine Ursache hin, die eher in der persönlichen Geschichte des Klienten zu suchen ist als in seiner gegenwärtigen beruflichen Situation. Dennoch beginnt die Aufstellung mit der beruflichen Situation, da zum einen nicht ausgeschlossen werden kann, dass sie nicht doch allein ursächlich für das Problem ist. Zum anderen bietet die gegenwärtige berufliche Situation das aufstellungstechnische Minimum, d. h. die kleinste beobachtungsrelevante Einheit, mit Aufstellungen generell zu beginnen.

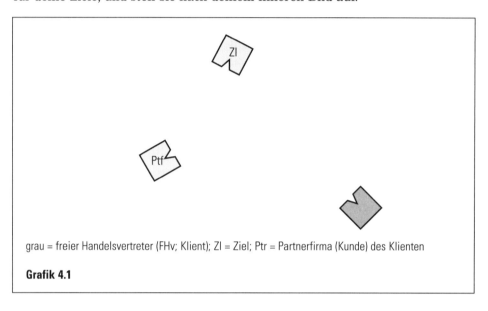

grau = freier Handelsvertreter (FHv; Klient); Zl = Ziel; Ptr = Partnerfirma (Kunde) des Klienten

Grafik 4.1

K: Also irgendwie irritiert, keinen rechten Durchblick.

Zl *(mit eher unbeteiligter Stimme)*: Ich weiß gar nicht, was ich hier soll.

T: Wie geht es dir in Bezug auf den freien Handelsvertreter: Du bist dessen Ziel!

Zl: Ja, schon verstanden. Aber ich kann es mir nicht vorstellen.

K: Mein Erleben ist noch: Ich mache die Partnerfirma dafür verantwortlich, dass ich dahin *(zum Ziel)* komme.

T *(zu K)*: Als wenn die Partnerfirma die Verantwortung dafür übernimmt, dein Ziel zu erreichen?

K *(nickt)*: Und von daher kommt auch der Ärger, dass er *(Ptf)* das nicht einlöst.

T: Und er *(zeigt auf Ptf)* ist dann auch der Sündenbock, wenn es nicht funktioniert?

K: Ja.

T: Wie geht es der Partnerfirma?

Ptf: Ich weiß gar nicht, was ich mit dem hier *(mit dem Ziel)* soll. Da steht ein fremdes Ziel! Und ob das hier *(zeigt zu K)* ein Partner ist, mit dem man arbeiten kann, weiß ich nicht.

Zl: Ich habe den Eindruck, als wenn ich als Ziel die Verantwortung hätte, dass alles zusammenkommt. Das halte ich für ein bisschen merkwürdig.

Ptf *(zu T)*: Verstehe ich das richtig: Ich bin eine Firma, die will Sachen verkaufen, und er *(K)* bringt es an die Leute?

T: Genau. Er *(K)* arbeitet mit dieser Firma zusammen, um dieses Ziel *(zeigt auf Zl)* zu erreichen.

Ptf *(schüttelt den Kopf)*: Kann ich mir nicht vorstellen.

T: O. K. Das ist die momentane Situation. *(Zum Klienten)* Such mal jemand aus für das eigentliche Thema, um das es in Wirklichkeit geht. Wir unterstellen einfach mal, dass hier so etwas vorliegt.*

K *(mit orientierungsloser Stimme)*: Also, ich weiß nicht, was das eigentliche Thema ist.

T *(zu K)*: Eben! Einfach mal rein gefühlsmäßig aufstellen.

(Der Klient wählt als Repräsentant des eigentlichen Themas einen Mann aus, Mitte 30, der anfangs eher verunsichert in der Konstellation steht)

*Die gegenwärtige Situation zeichnet sich durch vollkommene Verwirrung und Unklarheit der beteiligten Elemente über ihre jeweilige Funktion, über die Rolle der anderen und über das Verhältnis untereinander aus. An dieser Stelle wäre nun auch eine ressourcen-orientierte Arbeit möglich, die den einzelnen Teilen ihre Rolle, Funktion und Position vor Augen führt. Obschon ein solches Vorgehen nicht falsch ist, verbleibt es aber auf der Symptomebene – dem beruflichen Kontext. Um stattdessen die ursächliche Ebene des Dauerkonfliktes zutage zu fördern, wird diese Ebene als das ganz andere der gegenwärtigen Situation, als das „worum es hier eigentlich geht", dazu genommen. Die interventionstechnische Idee, das (zunächst präsupponierte) „eigentliche Thema" dazuzustellen, zielt also einerseits darauf, eine dem Klienten selbst unbewusste Thematik zu manifestieren, und versucht andererseits, mithilfe eines undefinierten Platzhalters den Weg auf die oben angesprochene persönliche Ebene möglicher Verstrickung zu eröffnen.

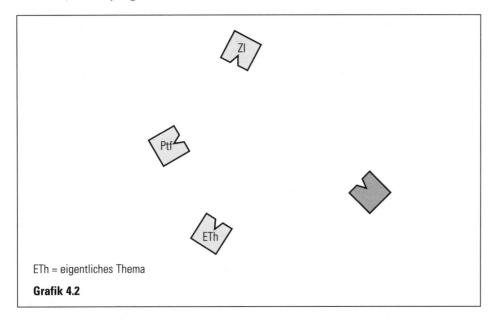

ETh = eigentliches Thema
Grafik 4.2

T *(zu ETh)*: Wie geht es dem eigentlichen Thema, wenn du diese drei Personen hier ansiehst?

ETh *(blickt sich um und stemmt dann die Arme herrisch in die Hüften)*: Ja, ich kontrolliere die drei!

T: Wie ist deine Beziehung zu dem Stellvertreter *(K)*?

ETh *(abschätzig)*: Der ist nichts Besonderes!

K: Seit er *(ETh)* ins Gespräch gekommen ist, werde ich unruhig. Ich würde das Spiel *(zeigt auf die Partnerfirma und das Ziel)* lieber fortsetzen.

T: O. K. *(Zu Zl)* Was passiert mit dem Ziel?

Zl: Ich finde, das eigentliche Thema stört! Es ist eine Anmaßung, hier überhaupt aufzutauchen. Mir wäre es lieber, wenn wir weiter in dieser Runde stehen könnten.*

*Obgleich das Ziel anfangs nicht wusste, „was ich hier soll", und sich wunderte, die Verantwortung für das Ganze zu tragen, ist ihm diese alte Problemlage dennoch angenehmer als die neue. Das ist ein guter Hinweis, dass das Problem des Klienten seine Lösung ist, mit der er bisher dem (unbewussten) eigentlichen Problem begegnet ist. Damit aber verdichtet sich Verdacht auf ein Problem hinter dem Problem.

*Hier nun geht es darum, den zunächst leeren Platzhalter „Eigentliches Thema" zu füllen.

T: Um den Schein weiter aufrechterhalten zu können! Ich verstehe schon. Wie geht es der Partnerfirma?

Ptf: Mit den anderen *(K und ETh)* habe ich nichts zu tun. Wenn ich überhaupt etwas mit dem Ziel zu tun hätte, dann würde ich mir einen anderen Partner dafür suchen. *(Macht dann eine abwinkende Handbewegung in Richtung K und ETh)*

T: Verstehe. Dann machen wir mal Folgendes. *(Der Trainer dreht ETh und K zueinander)*

T *(zu K und ETh)*: Seht euch mal an.

(Die beiden stehen sich gegenüber und vermitteln den Eindruck einer alten Jugendbekanntschaft bzw. -feindschaft, bei der ETh den Täter und K sein Opfer spielt)

T *(zu K und ETh)*: Hat einer eine Idee, wer das sein könnte?*

K und ETh: *(Kein Kommentar)*

T *(zum Klienten)*: Kann das dein Vater sein?

K: Das kann sein. Ich schwanke immer zwischen meinem ehemaligen Chef und meinem Vater.

ETh *(zu T)*: Als du sagtest, er solle jemanden für das eigentliche Thema auswählen, hatte ich den Eindruck, dass es eine Frau sein müsste.

T *(zu K)*: Kann da etwas dran sein?

K : Weiß ich nicht.

T: Ich denke, wir testen es einfach mal. Einmal so und einmal so und gucken dann, was besser passt.

(Eine Frau mittleren Alters nickt wissend)

T *(zu dieser Frau)*: Du nickst, möchtest du das mal machen? O. K., komm.

(Die Frau tauscht mit ETh den Platz, der Mann, der ETh zuvor dargestellt hat, setzt sich)

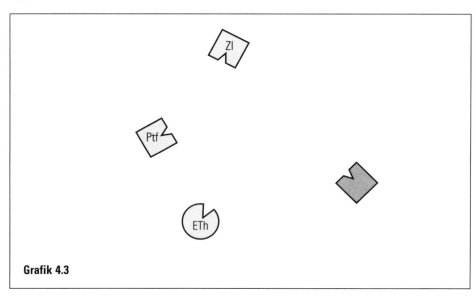

Grafik 4.3

(Die Frau steht mit der gleichen Kopf- und Schulterhaltung da wie zuvor der Mann an dieser Position)

ETh: Ich habe eine ganz starke Ablehnung ihm *(K)* gegenüber. Der steht mir vollkommen im Weg. Der stört mich total. Der hat irgendetwas total aus dem Konzept gebracht.

K: Und ich spüre eine Forderung, irgendetwas zu bieten und –

ETh: Ja. Wenn du schon da bist, dann musst du irgendetwas tun, und etwas ganz Wichtiges.*

T *(zum Klienten)*: Kannst du irgendetwas damit anfangen?

(K überlegt, findet keine Antwort)

T *(zu K)*: Warst du ein gewolltes Kind?*

K *(überlegt)*: Ich weiß es nicht. *(Überlegt erneut)* So wie die Beziehung zwischen meinem Vater und meiner Mutter war, könnte die Antwort vielleicht nein sein.

T: Dann stellen wir mal deinen Vater und deine Mutter dazu.

(T stellt den Vater, der zuvor ETh repräsentierte, neben die Mutter, die zuvor ebenfalls ETh darstellte)

*ETh formuliert den Anspruch an den FHv/Klienten, seine Existenz, sein Dasein durch herausragende Leistungen legitimieren zu müssen.

*Daher die Frage von T: Wer gewollt ist, braucht sich für sein Dasein nicht zu rechtfertigen. Wer sich als eigentlich unerwünscht empfindet, steht demgegenüber unter einem permanenten Rechtfertigungszwang bezüglich seiner Existenz.
Wenn das „Eigentliche Thema" eine Eltern-Kind-Problematik ist, dann empfiehlt es sich, mit den bisherigen ETh-Repräsentanten als Repräsentanten für die nun in den Blick kommenden Eltern weiterzuarbeiten: Das eigentliche Thema wird sichtbar.

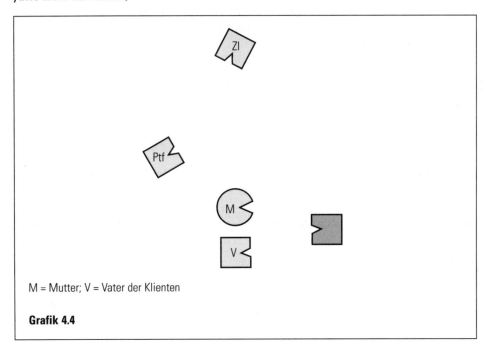

M = Mutter; V = Vater der Klienten

Grafik 4.4

(V. stemmt wieder die Arme in die Hüfte, posiert irgendwie überlegen)

M *(zu T)*: Er *(V)* ist angemaßt.

T: Ich denke, jetzt ist es klar: Der Vater hat es eingebrockt, und die Mutter hat es ausgebadet. Der Vater repräsentiert die Partnerfirma. Und das Ziel repräsentiert die Mutter. *(Zu K)* Macht das Sinn für dich?

K: Weiß nicht, kann es noch nicht begreifen.

T *(zum Klienten)*: Dann komm mal selbst in die Aufstellung.

(T tauscht K gegen den Klienten aus)

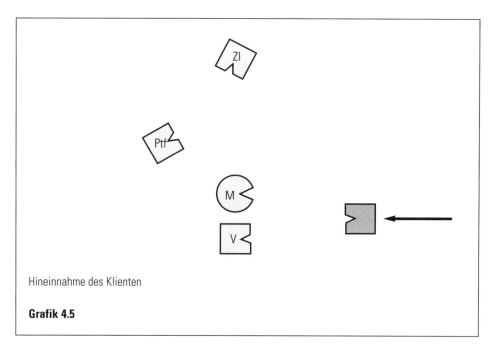

Hineinnahme des Klienten

Grafik 4.5

K: *(Steht in nahezu identischer Körperhaltung da wie sein Stellvertreter zuvor; er macht dabei einen sehr gestressten Eindruck)*

T *(zu K)*: Pass mal auf. Ich wüsste eine Lösung, aber das ist jetzt ein schwerer Gang. Ich gehe ihn mit dir, aber nur wenn du innerlich bereit bist zu gehen. *(K nickt)* Du spürst ja selbst, das wird jetzt nicht ganz leicht. *(K nickt bejahend)* Hab ich grünes Licht?

(K nickt bestätigend)

T: Gut. Komm mal dichter zu den Eltern heran.

K stöhnt auf, als er die Anweisung hört, und versteift seinen Körper kurz)

T: Tja. Du musst schon gehen. *(T legt dem Klienten die Hand stützend auf den Rücken)*

(K holt tief Luft und bewegt sich mit zögerlichen, kleinen Schritten gemeinsam mit T auf die Eltern zu)

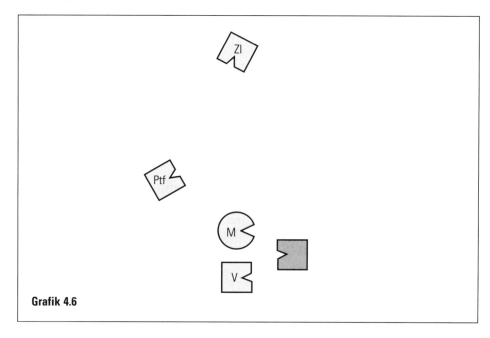

Grafik 4.6

(Der Klient steht schwitzend vor den Eltern, der Trainer neben ihm)

(V hat die Arme immer noch drohend und herrisch in die Hüften gestemmt)

K *(zu T)*: Der *(V)* guckt mich so gefährlich an.

T *(zu V)*: Nimmst du mal die Hände runter? *(V tut es)*

M *(mit schüchterner und sehr leiser Stimme)*: Der *(K)* soll zu mir!

T *(zu V)*: Was ist bei dir?

(V schaut mit hartem Blick zu K, antwortet darauf mit einem „Zähnezusammenbeißen")

T *(stellt M etwas weg von V; gibt dem Klienten ein Gewicht zu tragen*; zum Klienten)*: Stell dich mal vor ihn hin!

K: *(Stellt sich mitsamt dem Gewicht, das er in den Händen trägt, vor den Vater)*

*Niemand kann sich für seine Existenz, für sein Dasein rechtfertigen, weil niemand die Verantwortung für sein Geborensein trägt. Wenn der Klient diesem existenziellen Rechtfertigungszwang unterliegt, dann trägt er eine illegitim aufgebürdete Last, die er nun symbolisch als Gewicht in den Händen hält.

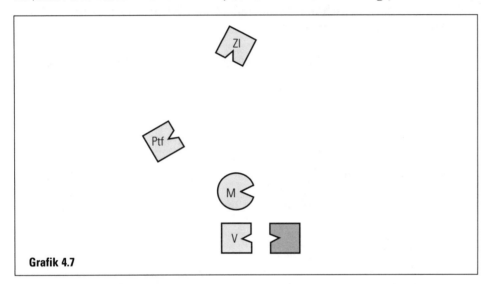

Grafik 4.7

T *(zu K)*: Und sag zu ihm: „Vater, das trage ich für dich! Das ist nicht meines. Das geb ich dir zurück." Und dann gibst du es ihm zurück.*

(K spricht nach, zögert und übergibt dann das Gewicht)

(M lächelt bei der Übergabe leicht und dezent amüsiert im Hintergrund)

(T stellt die Mutter neben den Vater, der nun das Gewicht trägt)

M: Neben mir ist es so offen!

T *(zu den Eltern)*: Tragt ihr das mal zusammen?!

(V und M nehmen das Gewicht zwischen sich und tragen es gemeinsam)

M: Ja, fühlt sich besser an.

(V nickt ebenfalls bestätigend)*

K: So ist es für mich auch besser als vorher.

T *(zu V)*: Sag mal zu ihm *(K)*: „Du bist unser Sohn. Ich bin dein Vater. Und das *(zeigt auf M)* ist deine Mutter. Und wenn wir als Mann und Frau Probleme mit-

*Hier wird der dem Sohn auferlegte Anspruch an denjenigen übergeben, der ihn ihm aufgebürdet hat.

*Offensichtlich wurde der Anspruch von beiden Eltern gemeinsam erhoben.

*Wer etwas übernimmt, hat immer auch einen sekundären Gewinn aus der Übernahme. Deswegen ist es wichtig, die Grenze der Eltern-Kind-Ebene von beiden Seiten her zu manifestieren: Rückgabe vom Kind an die Eltern einerseits, Klärung der eigenen Zuständigkeit durch die Eltern andererseits.	einander haben, dann sind wir selbst dafür zuständig. Du kannst dafür nicht zuständig sein. Halt dich da raus!"*

(V spricht nach)

T *(zu K)*: Ist das angekommen?

(K nickt schweigend; schaut weiterhin zu den Eltern)

T *(zu M)*: Sag mal zu ihm *(K)* : „Ich stimme deinem Vater zu. Ich sehe das auch so."

(M tut es)

(K nickt mehrfach, wie in Trance)

T *(stellt sich neben den Klienten)*: Wie ist es jetzt? |
| *K kann jetzt zum ersten Mal seinen Platz als Kind einnehmen und sieht daher erstmals seine Eltern. | K: Also, der Druck hat nachgelassen *(macht eine Geste zum Boden hin)*, ich bin nicht mehr so zitterig. Ich nehme sie anders wahr, ihre Gesichtszüge, viel weicher. Ich habe viel mitgetragen!*

T: Ja. *(Zu V)* Sag mal: „Lieber Sohn, wenn du deine eigenen Ziele im Leben erreichen möchtest ..."

(K senkt seinen Blick) |
| *Das tatsächliche Hinsehen und Wahrnehmen des Gegenübers ist unbedingt notwendig, um die alten eigenen inneren Bilder des Klienten durch die neue Systemrealität zu „entmachten" | T *(zu K)*: Guck ihn an, ja? Du musst schon hingucken.*

(K blickt wieder zu V hin)

T *(zu V)*: „Wenn du deine eigenen Ziele im Leben erreichen möchtest, meinen Segen hast du!"

(V spricht mit liebevoller Stimme nach)

(K nickt stumm)

T *(zu K)*: Gehst du mal zu ihm *(V)* hin?

(Der Klient geht zum Vater)

T *(zu V)*: Nimmst du ihn mal in den Arm? |
| *Wer seine Sachen selbst trägt, ist nicht ohne Lasten, aber in der Kraft und Würde der eigenen Zuständigkeit und daher frei und offen, seine Liebe fließen zu lassen. | *(V umarmt seinen Sohn sehr herzlich, mit einer Art befreitem Lächeln.*
Der Klient legt sich an die Brust des Vaters, atmet heftig dabei, V lächelt liebevoll und streicht ihm väterlich tröstend durch das Haar; beide umarmen sich lange; dann nimmt der Vater den Sohn an den Schultern und schiebt in sanft von sich, sodass beide sich in die Augen sehen können) |

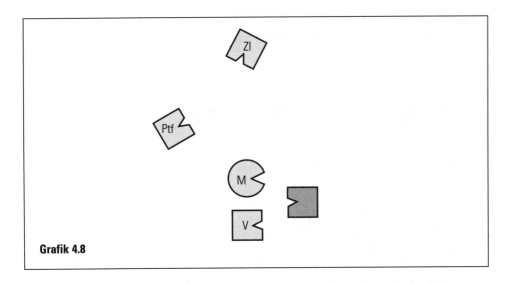

Grafik 4.8

(Der Klient ist sichtlich erschöpft, hat einen viel klareren Blick als zuvor)

T *(zu V und M)*: Tragt ihr das Gewicht wieder zusammen? *(Sie tun es)*

T *(zu K)*: Sag mal zu den beiden: Ich gehe jetzt meinen eigenen Weg!

K: *(Sagt sehr gesammelt zu den Eltern diesen Satz)*

(Zl verändert im Hintergrund währenddessen seine Körperhaltung in eine stolze, selbstbewusste Position)

M *(zu K)*: Das ist auch richtig so.

T: Sehr gut. Das klang auch richtig gut. *(Zum Klienten)* Guck mal zum Kunden! Der nickt freundlich zu dir rüber, dem gefällt das auch gut. Wie geht es dem Ziel?

Zl: Besser.

(K dreht sich zum Ziel, atmet dabei noch etwas intensiv)

T: Das *(zeigt auf K und dessen Ziel)* mache ich jetzt nicht. Das andere *(zeigt auf die Eltern)* war so heftig, das macht man dann später mal. *(Zu den Konstellationsteilnehmern)* Danke schön!

Zeit lassen, damit es sich setzen kann

Nachbesprechung

T: Wenn man so etwas Heftiges auflöst, geht man nicht den nächsten Schritt! Sonst kann sich das gar nicht bei ihm setzen. Er macht jetzt diesen Schritt, dann lässt man sich das setzen. Entweder löst sich das Problem mit Kunden und Zielen von alleine auf, oder man macht nochmals etwas, aber eben später. Meine Vermutung hier ist eher, das wird nicht nötig sein. *(Ptf nickt dabei zustimmend)* ... Sagt der Kunde auch!

K: Bei mir ist auch dieser Druck weg.

T *(zur Gruppe)*: O. K. Das war es. Bei solchen Sachen ist es besser, wenn man nicht zu lange darüber diskutiert, sonst redet man die gute Energie nur wieder weg.

Nachbemerkung

Bei dieser Aufstellung fallen zwei Aspekte ins Auge, die wir hier nachträglich kommentieren möchten:

1. Die Aufstellung bewegt sich in einem Dreisprung über das Thema zum eigentlichen Thema bis zur Eltern-Kind-Beziehung. Eine solche Reinszenierung von ungelösten Problemen aus der Herkunftsfamilie im beruflichen Kontext sind nicht unüblich. Ein erster Hinweis, dass eine solche Dynamik vorliegt, ist das stereotype Sichwiederholen von ähnlichen Schwierigkeiten in unterschiedlichen Kontexten.

2. Bei ungewollten Kindern entsteht ein fast unwiderstehlicher Zwang zur Rechtfertigung der eigenen Existenz. Typische Muster sind:

   a) Der Klient möchte ein „guter Mensch" werden, um damit zu beweisen, dass er eine Existenzberechtigung hat.
   b) Der Klient möchte berühmt und/oder populär bzw. bedeutend oder
   c) mächtig werden.

Mit allen drei Positionen versucht er auf jeweils unterschiedliche Weise, diese vermeintliche Existenzschuld auszugleichen. Da dies nicht geht, haben die betreffenden Personen nur so lange ein fragiles Selbstwertgefühl, wie die jeweilige Strategie gerade aufgeht. In dem Moment, in dem die Strategie „gefährdet" ist, bricht die ursprüngliche Angst in unverminderter Heftigkeit hervor. So sagte ein Schauspieler in einem persönlichen Coaching wörtlich: „Nur wenn der Applaus aufbrandet, lebe ich wirklich." Oder ein Trainer: „Wenn ich die leuchtenden Augen der Teilnehmer sehe, weiß ich, dass ich eine Existenzberechtigung habe." Etc.

Unabhängg davon, welche dieser drei Strategien gewählt wird, bleibt weit im Hintergrund des Bewusstseins der Glaubenssatz wirksam: „Es wäre für alle besser gewesen, wenn es mich nicht geben würde."

Das Belastende dieser Situation wird oft noch dadurch verschärft, dass ein Elternteil oder beide den Klienten tatsächlich expressis verbis für das Unglück seines Daseins und die Lasten der Eltern verantwortlich machen.

Beispiel: Eine Frau möchte einen Mann unbedingt heiraten, der sich nicht verheiraten will. Sie setzt heimlich, gegen die Vereinbarung mit diesem Partner, die Pille ab und wird schwanger. Unter diesen Umständen heiratet der sie, obwohl er es sonst nicht getan hätte.
Während der ersten drei Ehejahre hat er viele Verhältnisse; die Ehe wird geschieden. Das Kind, eine Tochter, bleibt bei der Mutter. Diese sagt ihr häufiger, dass sie (die Tochter) an ihrem missglückten Leben die Schuld trägt.
Als die Tochter älter wurde und zu verstehen begann, wie „Kinder gemacht werden", sagte sie zu ihrer Mutter: „Ich kann doch nichts dafür, dass du schwanger geworden bist." Darauf bekam sie von ihrer Mutter eine Ohrfeige mit dem Kommentar: „Sei nicht so frech."

Hier wird das Kind aktiv unter Androhung von Gewalt und Liebesentzug in die Lebenslüge der Mutter hineingezwungen.

Dieser Fall gehört zu einer ganzen Klasse von Interaktionsmustern, bei denen Eltern aufgrund eigener Verstrickungen und Traumatisierungen nicht die Verantwortung für ihre Handlungen übernehmen und stattdessen „wahnhafte" Wirklichkeitskonstruktionen aufbauen, in die sie ihre Kinder mit hineinziehen. Zum Beispiel: „Wenn du mich verlässt, bringe ich mich um"; „Ich bin schließlich dein Vater und habe ein Recht darauf, mit dir Sex zu haben"; u. Ä.

Diese Klasse von familiären Interaktionsmustern unterscheidet sich grundsätzlich von Verstrickungen, in denen Familienangehörige aus Liebe zu früh Verstorbenen, Ausgeschlossenen und Benachteiligten eine Nachfolge oder Identifikation eingehen und diese für ihre Kinder belas- tende Folgen haben.
Bei dieser Klasse kann man nicht von einer persönlichen Schuld sprechen, und die Lösung besteht für alle Beteiligten darin, dass die Toten, Ausgeschlossenen und Benachteiligten in den Blick kommen, ihren Platz im Herzen bekommen und gewürdigt werden.

In den Fällen aber, in denen die Eltern subjektiv schuldhaft ihre Kinder in ihr Unglück mit hineinziehen, setzt die Lösung voraus, dass „das schmerzhaft Offensichtliche", das bisher im Familiensystem und in der alltäglichen Kommunikation tabuisiert war, von den Betroffenen (Kindern) ausgesprochen wird.
Dieser Schritt ist ein Spezialfall von „Anerkennen, was ist", allerdings gegen das Verbot der Eltern, dass gerade das nie ausgesprochen werden darf. Dieser Vollzug hat nichts Anmaßendes, wenn er folgende Aspekte berücksichtigt:

a) Die Eltern werden von den Kindern bei ihrer Herkunftsfamilie gesehen.
b) Das „schmerzhaft Offensichtliche" wird aus dem Primärgefühl der Trauer, der Verletzung geäußert und nicht aus dem Sekundärgefühl von Verachtung und Überheblichkeit.
c) Das Kind, als Erwachsener, übernimmt jetzt die Verantwortung dafür, aus diesem Kommunikationsmuster auszusteigen, unabhängig davon, ob die Eltern dem zustimmen oder nicht.

Diese Intervention mutet den Eltern etwas zu, was sie sich bisher auf Kosten der Kinder nicht zumuten wollten oder konnten. Es scheint uns wichtig zu sein, diesen Punkt besonders zu betonen, da in der herrschenden Familienaufstellungspraxis ein gewisses Tabu hinsichtlich der Konfrontation der Eltern durch die Kinder zu bestehen scheint. Dieses Tabu hat seine Wurzeln in der Vorstellung, dass die Kinder das Gute von Eltern nur nehmen können, wenn sie ihren Eltern gegenüber in einer Haltung der Demut verbleiben. Anmaßung führt dazu, dass das Kind weder nehmen noch auf seinem angemessenen Platz im System stehen kann. Diese Beobachtung scheint uns unbenommen. Bei dem hier von uns skizierten Punkt geht es jedoch nicht um Anmaßung, sondern darum, dass *alles*, was ist, anerkannt werden muss, damit ein gemäßes inneres Bild entstehen kann. Vielmehr muss umgekehrt gesagt werden, dass eine subtile Form der Anmaßung auch darin liegt, so zu tun, als ob die Eltern vor unangenehmen Wahrheiten beschützt werden müssten.

Wie kann ich gehen, ohne Schaden zu hinterlassen?

Aufstellung 5

Klientin: Ich möchte unsere Businesssituation aufstellen.

Trainer: Ja. Wie ist die?

K: Es gibt einen Geschäftsführer. Der hat vor fünfzehn Jahren das ganze Unternehmen übernommen und aufgebaut. Dann gibt es mich, die Prokuristin ...

T: Du bist unter ihm?

K: Ja. Dann gibt es einen Neu Eingestellten, einen Managementsupervisor, das ist eine Führungsrolle, die *(K weiß anscheinend nicht, wie sie das formulieren soll)* ...

T: ... der arbeitet unter dir.

K: Nein, der arbeitet so *(zeigt auf den Flipchart)* schräg daneben. Und der *(ihre Stimme verhärtet sich)* könnte ein möglicher Nachfolger für den Geschäftsführer sein, der sich *(Stimme wird wieder freundlicher)* in ein paar Jahren dann zurückzieht. Dann gibt es noch zwei altgediente Kontakter.

T: Stehen die unter ihm *(Managementsupervisor)* oder unter dir. Wem sind die untergeordnet, von wem kriegen die normalerweise Anweisungen?

K: Ich stehe nicht unter dem, ich bin mehr neben ihm, so als Stab! Es ist nicht so, dass der Geschäftsführer mir dann Anweisungen gibt und ich gebe sie dann denen, sondern der Geschäftsführer arbeitet im fachlichen Bereich mit den Beratern zusammen.

T: O. K. Die kriegen von ihm direkt die Anweisungen.

K *(nickt)*: Zwei altgediente Kontakter, ein Mann und eine Frau.

(T notiert)

K: Und bei manchen Projekten arbeitet auch der Managementsupervisor *(zeigt auf M am Flipchart)* mit ihm zusammen. Das ist die Kontakterseite. Dann gibt es noch die Seite der Kreativen, dort gibt es auch einen relativ neuen Senior-Artdirektor, das ist der Grafiker *(schaut in die Runde)*, sage ich mal für diejenigen, die sich damit nicht auskennen. Und dann gibt es einen Text-CD *(creative director)*, den wir gerade jetzt eingestellt haben.

T: O. K.

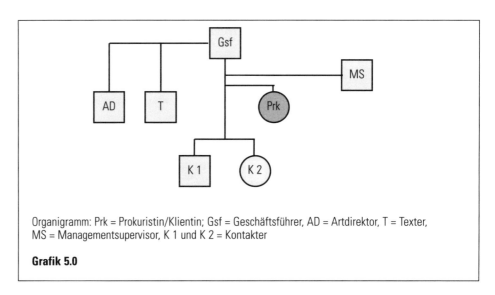

Organigramm: Prk = Prokuristin/Klientin; Gsf = Geschäftsführer, AD = Artdirektor, T = Texter, MS = Managementsupervisor, K 1 und K 2 = Kontakter

Grafik 5.0

K: Dazu muss ich sagen, dass sowohl der Artdirektor als auch der Texter bereits vor etlichen Jahren, vielleicht vor sieben oder acht Jahren, schon mal bei diesem Unternehmen waren. Die gingen und kamen dann wieder zurück. Hier darunter gibt es noch – *(Klientin will aufstehen und zum Flipchart gehen)*

T: Stopp, stopp, stopp. Das wird mir jetzt zu viel! Was ist dein Anliegen?*

> *Für den Trainer ist es immer wichtig, sich vor einem Übermaß an (irrelevanten) Informationen zu schützen. Sich selbst, aber auch die Klienten, die durch langatmige Schilderungen von ihrem Anliegen abgebracht werden und mit dem Fokus ihre Energie verlieren.

K: Das ist die Situation, die wir heute vorfinden. *(Mit etwas aggressiverer Stimme)* Und ich würde gerne wissen, ob das auf der Grafik die wirkliche Organisation ist und wie die Strukturen dort sind ...

T: ... und ich frage dich: Wofür?

K: Für die Zukunft. Um Erfolg zu haben, als Unternehmen.

T: Hast du Gründe anzunehmen, dass das nicht so ist?

K *(ruhiger)*: Ja.

T: Nämlich? Wie kommst du da drauf?

K: Weil es in der Vergangenheit schon öfters einen zweiten Geschäftsführer gab und das nicht funktioniert hat. Der ist immer wieder ausgeschieden, was sehr viel Unruhe in das Unternehmen gebracht hat. Also der Supervisor, das ist so eine rotierende Funktion.

T: Wer hat denn jeweils diese neuen Geschäftsführer eingestellt?

K: Der alte Geschäftsführer.

T: Der hat neben sich einen zweiten Geschäftsführer eingestellt?

K: Ja. Die Dynamik da ist, dass er gerne jemanden hätte, der die Arbeit für ihn macht, und er so die Lorbeeren kassiert, so ein bisschen.

T: Ja, das kann nicht funktionieren. Da brauchen wir nichts aufzustellen. Und was hast du damit zu tun?

K: Mein Thema ist, dass ich demnächst, also in ein oder eineinhalb Jahren, ausscheiden möchte, und mich interessiert, ob die Konstellation, so wie sie jetzt ist, dann funktioniert; ob sie ohne mich funktionieren würde. Und wie sie funktionieren würde oder was dann fehlt und wen man dann noch dazustellen müsste.

T: Also, deine Frage ist: Du fühlst dich für dieses Unternehmen mitverantwortlich, und da du demnächst gehen willst, möchtest du wissen: Wie kann ich so gehen, dass mein Weggang keinen großen Schaden anrichtet, sondern möglichst so abläuft, dass das Unternehmen dadurch gut weiterlaufen kann?*

K: Ja.

T: O. K., das verstehe ich. Dann stell mal auf: den Geschäftsführer, dich, den Managementsupervisor und die beiden Kontakter.

(K stellt zuerst den Geschäftsführer, ihren Stellvertreter und den Managementsupervisor auf)

> *Solche Wiederholungen und Reformulierungen sind kein Schulmeistern des Trainers, sondern dienen als eine Form des aktiven Zuhörens der gegenseitigen Verständigung und der Klärung dessen, worum es sich dreht. Grundsätzlich wichtig ist, dass das Interview die Form eines Gesprächs annimmt, das die Gesprächspartner in einen wirklichen Dialog und – trotz der unterschiedlichen Rollenverteilung – auf Augenhöhe versammelt.

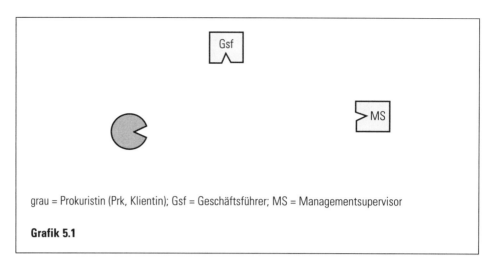

grau = Prokuristin (Prk, Klientin); Gsf = Geschäftsführer; MS = Managementsupervisor

Grafik 5.1

T: O. K. Lassen wir es erst einmal so. Nur diese drei, die anderen holen wir vielleicht später dazu.

(Befindlichkeitsrunde)

*Abfrage folgt der Rangfolge.

T: Wie geht es dem Geschäftsführer?*

Gsf: Wenn ich mich hierhin wende *(zu MS)*, fühle ich mich wohl und sicher. *(Schaut dann zu Prk)* Sie macht mir ein unbehagliches Gefühl.

T: O. K. *(Zu Prk)* Wie geht es dir?

PrK: Ich habe dorthin *(zu MS)* eine sehr gute Verbindung. Zum Geschäftsführer – keine Ahnung, was das ist.

T: Aha. Keine Ahnung.

MS: Ich habe eine starke Verbindung hierhin *(MS zeigt dabei auf eine Position drei Schritte vor sich)*. Eindeutig. Und dorthin *(zu Gsf)* kann ich gar nicht hin gucken.

T: Aha. *(Zur Klientin)* Stellst du mal jemanden für das Unternehmen als Ganzes auf?

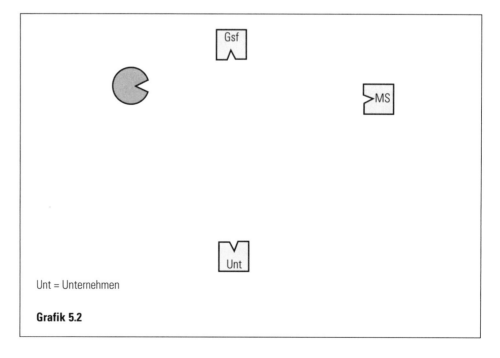

Unt = Unternehmen

Grafik 5.2

(K wählt dafür einen großen Mann, Mitte vierzig, aus und stellt ihn auf)

Prk *(zeigt zu Unt und lächelt dabei)*: Große Sympathie.

T: Ja, ja. *(Zur Gruppe)* Die Liebe von ihr zu dem Unternehmen ist ganz offensichtlich. *(Zu Unt)* Wie geht es dem Unternehmen?

Unt: Ein bisschen Spannungen im Bauch. Da *(zeigt zu Prk)* ist es wärmer. Da *(MS)* ist es „luftig". Und dort *(zeigt zu Gsf)* ist wenig Kontakt.

T *(zu Prk)*: Stellst du dich mal neben das Unternehmen?*

*Wenn Prk eine so starke Bindung an das Unternehmen hat, dann soll diese enge Beziehung durch das Nebeneinanderstellen der beiden sichtbar und für die anderen erlebbar gemacht werden.

(PrK stellt sich zur linken Seite des Unternehmens)

Unt *(atmet auf)*: Besser.

T: Ja. *(Zu MS)* Was passiert bei dir?

MS: Spannung im Rücken! Vor mir ist es jetzt freier. Nach wie vor kaum Kontakt zum Geschäftsführer.

T: Stellst du dich mal neben das Unternehmen?*

*T testet, ob die für MS relevante Beziehung eher auf den Geschäftsführer oder auf das Unternehmen zielt.

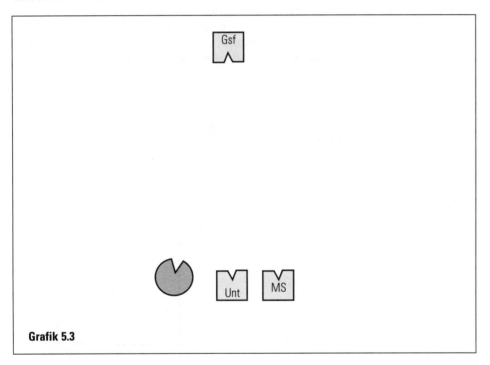

Grafik 5.3

(MS stellt sich zur linken Seite von Unt)

MS *(lockert die Schultern, blickt zum Unternehmen)*: Sehr viel angenehmer.

T *(zu Gsf)*: Wie geht es dir jetzt?

Gsf: Ich habe auch so ein komisches Gefühl im Bauch. Wenn ich das Unternehmen als Ganzes sehe *(blickt zur Gruppe Prk, Unt, MS)*, habe ich ein Gefühl von Stolz, aber auch Ehrfurcht. Und ein Unbehagen, weil es ziemlich groß ist. Eine Aufgabe, die eigentlich zu groß ist. Und als er *(MS)* noch hier vorne stand *(vgl. Grafik 5.1)*, hatte ich das Gefühl, er ist jemand, der sich darum kümmern könnte; das gab mir Sicherheit. Wenn er *(MS)* jetzt da steht *(vgl. Graphik 5.2)*, stehe ich hier ziemlich alleine. Ich bin sehr gestärkt durch ihn.

T *(zu Gsf)*: Ja, stimmt.

MS *(mit ruhiger Stimme)*: Ich fühle mich an dieser Stelle wohl, warm und stark.

*Diese Konstellation (8.2) beschreibt den gegenwärtigen Zustand des Unternehmens: Ein relativ untätiger Geschäftsführer steht der Firma und den eng mit ihr verbundenen Führungskräften isoliert gegenüber.

Unt: Im Bauch spüre ich Energie. Was es ist, weiß ich noch nicht.*

T *(zu Gsf)*: Stellst du dich mal hinter die Firma?

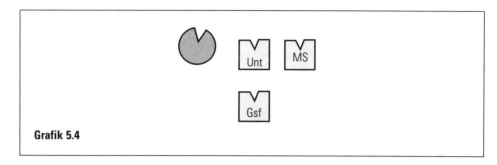

Grafik 5.4

(Gsf tut es)

T *(zu Unt)*: Wie ist das für dich, wenn er dahinten steht?

*Der Versuch, an dieser Stelle Ressourcen für das Unternehmen aufzubauen, scheitert. Hier müsste zuvor erst die Rolle des Gsf geklärt werden, damit er seinen Platz als Gsf überhaupt ausfüllen kann. Grundsätzlich ist das natürlich machbar, doch ist dies hier die Aufstellung für die scheidende Prokuristin und nicht die für den Geschäftsführer. (Leitfrage: „Für wen wird gestellt?")

Unt: Es zieht Energie weg.*

T: Ja. Der kostet mehr, als er bringt! *(Zur Gruppe)* Daher kommt auch ihre *(Prk)* Sorge. Könnt ihr das verstehen? Sie hat eine große Sorge um die Firma, da hängt ein bisschen ihr Herz dran. Und sie befürchtet: Wer weiß, was passiert, wenn ich gehe, ja? Das testen wir mal. *(Zu Prk)* Gehst du mal?

(PrK verlässt ihren Platz und geht aus der Konstellation)

T: Du gehst nach Hamburg, sozusagen. *(Winkt ihr freundlich hinterher)* Tschüs. – Was passiert bei der Firma?

Unt *(zeigt neben sich)*: Ein Loch. Ein tiefes Loch.

T *(zu Gsf)*: Stellst du dich mal dahin?

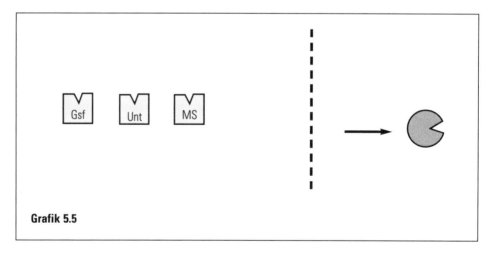

Grafik 5.5

(Gsf stellt sich neben das Unternehmen)

T: Wie geht es dir, wenn du neben der Firma stehst?

Gsf *(steht stabil und kräftig da)*: Hier ist es prima. Ich habe das Gefühl, mit der Firma wieder eins zu sein. Ich trage hier die Verantwortung, und ich kümmere mich um die Firma!

T *(zu MS)*: Wie ist es bei dir?

MS: Als hier dieses Loch war, hatte ich ein Ziehen zur linken Seite *(lehnt sich zu Unt hin)*, sodass ich ihn *(Unt)* fast halten musste. Jetzt ist es zwar nicht mehr da, aber es ist auch nicht ruhig *(steht dabei etwas wacklig da)*.

T: Es ist nicht ruhig. Als du eine Kollegin hattest, ging es besser?

MS: Ja.

Unt *(zeigt zu Gsf)*: Ich habe das Gefühl, es ist ein bisschen blass an meiner Seite hier.

T *(zu Gsf und MS)*: Wechselt ihr mal die Position?*

(Gsf und MS tauschen ihren Platz)

(MS steht nun aufrecht und stabil da)

(Gsf noch tatkräftiger, den Blick nach vorne gewandt)

T: Besser.

Unt: Viel besser! *(Bewegt seine Schultern)* Auch freier, so.

(Hineinnahme der Klientin)

T *(zur Klientin)*: Kommst du mal her? Und stellst dich hier davor?

T: Wie ist es, wenn du hier stehst und dorthin guckst?

K *(mit neutraler Stimme)*: Das ist o. k. Ich bin nicht traurig, nicht euphorisch. Das ist so in Ordnung.

*Ohne die Rolle des Geschäftsführers geklärt zu haben, wird eine maximal ressourcenvolle Ordnung gesucht, die es der Klientin ermöglicht, das Unternehmen ohne Sorge verlassen zu können.

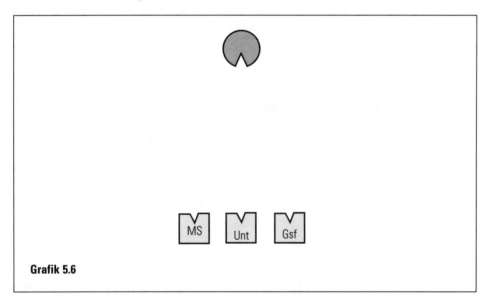

Grafik 5.6

T *(zu K)*: Sag mal: „Es war für mich eine schöne Zeit. Ich wünsche euch für die Zukunft alles Gute. Von ganzem Herzen. Und ich gehe jetzt zu meinem Mann nach Hamburg."

(K spricht nach und wird beim letzten Satz emotionaler und weicher)

T *(zu Gsf)*: Wie ist es, wenn ihr das hört? Für den Geschäftsführer?

Gsf: Ich habe ein schlechtes Gewissen.*

*Klientin spricht aus, was der Fall ist – nicht mehr und nicht weniger.

*Die Begegnung mit einer emotional nicht übermäntelten Wahrheit, das Spüren eines ungetrübten Gefühls macht das Gegenüber unmittelbar betroffen, konfrontiert es mit seiner eigenen Wahrheit.

T: Hast Du eine Idee, weswegen?

Gsf: Ich habe sie schlecht behandelt.

T *(zu K)*: Hat er dich schlecht behandelt?

K: Na ja. Manchmal ja.

T: Ja, ja. *(Nimmt die Klientin und stellt sie vor Gsf; zu K)* Mein Eindruck ist, dass du von ihm nicht die Anerkennung bekommen hast, die du für das, was du geleistet hast, wirklich gebraucht hättest. *(Zu Gsf)* Könnte das sein?

Gsf: Ja. Das ist so, als wenn jemand geht und man froh ist, weil er etwas mitschleppt.*

*Wenn jemand eine fremde Last trägt, neigt seine Umgebung zur Erleichterung, wenn er geht, da die Uneigentlichkeit der Belastung die anderen beklommen macht: Einerseits ist er ja tatsächlich belastet, was Mitleid und Solidarität weckt; aber zugleich hat er sich etwas Fremdes aufgeladen, was immer anmaßend wirkt.

T *(holt ein Gewicht und gibt es K in die Hand; zu K)*: Sag mal: „Bevor ich gehe, lasse ich das noch hier."

(K wiederholt und übergibt das Gewicht an Gsf)

Gsf *(hat das Gewicht)*: Alles klar. *(Lacht)* Und jetzt ist sie so gut, dass sie mich stört.

Unt *(zeigt auf sein Herz)*: Hier ist ganz viel.

*Auch hier kommt das zur Sprache, wird damit erlebbare Wirklichkeit, was der Fall ist – nicht mehr und nicht weniger.

T *(stellt die Klientin vor Unt; zu Unt)*: Sag mal zu ihr: „Du hast mir gut getan."*

(Unt wiederholt den Satz, mit viel Respekt und Verbundenheit in der Stimme)

(K beginnt zu weinen)

T *(legt sanft eine Hand auf den Rücken der Klientin)*: Sag mal zu ihr: „Ich bin sehr dankbar für all das Gute, das du für uns gemacht hast. Und wir werden dich vermissen."

(Unt spricht nach)

T: „Und wir wünschen dir alles Gute."

Unt *(mit sehr schneller Stimme)*: Und wir wünschen dir alles Gute.

T: Na, na.

Unt *(fast weinend, immer noch schnell; zu T)*: Es ist so, wir wünschen dir alles Gute.

T: Sag es mal mit Gefühl.

Unt: Es ist ganz schwer, das zu sagen. Es ist so, als ob sie eigentlich hier bleiben sollte.

T: Das können wir machen. *(Zu K)* Sag: „Ich werde immer gut an euch denken!"*

*Eine Form, die es den Bleibenden ermöglicht, sich nicht verlassen zu fühlen, ist das Wissen, bei dem, der geht, einen festen und guten Platz zu haben.

Unt: Es ist gut, wenn dein guter Geist nicht verschwindet, sondern ...

T *(zu K)*: Sag: „Das könnt ihr haben."

(K tut es)

T *(zu Unt)*: Ihr wollt ihr Wohlwollen, das bleibt bei euch, ja. *(Zu K)* Sag ihnen: „Mein Wohlwollen wird immer bei euch sein."

(K wiederholt den Satz sehr gesammelt)

Unt: Wir lassen dich in Frieden gehen. Und wir wünschen dir alles Gute.

T: Schön.

MS: Ich habe jetzt das Gefühl, Verantwortung zu bekommen. Und da ist auch ein Abschiedsschmerz. *(Zu K, mit Respekt und Dankbarkeit in der Stimme)* Es ist etwas Schönes, was auf dich zukommt. Deshalb kann ich mich auch freuen.
Unt: Ich fühle jetzt auch eine Menge Unterstützung und Kraft von beiden Seiten.

T *(zu MS)*: Sag mal zu ihr: „Es schmerzt, dass du gehst! Und ich weiß, dass es das Richtige für dich ist. Und ich wünsche dir alles Gute."

(MS wiederholt es mit der gleichen gerührten Körperhaltung wie zuvor Unt)

Gsf: So ist es besser.

T *(zu K)*: So. Dann geh mal ein paar Schritte rückwärts.

K *(geht fünf Schritte zurück)*: Es geht mir besser, wenn ich jetzt weiter weggeh.

Unt: Es kommt jetzt so ein Gefühl wie Rundheit auf *(zeigt nach links und rechts)*. So etwas wie: Es war gut, was sie die vielen Male gemacht hat.

T: Genau.

T *(zu K)*: Du hast fast zu viel geleistet, zu viel eingebracht in dieses Unternehmen. Kann man sagen, dadurch kam der Geschäftsführer gar nicht richtig zum Zuge?

(K nickt)

T *(zu K)*: Guck mal, es geht ihm besser. Du hast es gut gemeint, aber du hast zu viel gemacht. Aber mit gutem Herzen. Das kann man daran sehen, wie wohlwollend sie dich verabschieden. Er *(Gsf)* hat das vielleicht ein bisschen provoziert, weil er vielleicht ein bisschen bequem ist. Aber er kommt erst an seine Kraft, wenn er auf seinem Platz ist. Und wenn du gehst, wird es gut für ihn sein und für die Firma. Und das war ja deine Frage.

K *(nickt)*: Mhmm.

Gsf: Es ist wie bei einer guten Mutter, die einem etwas abnimmt, was man ihr eigentlich nicht geben will.

T: Genau. *(Zu K)* Du hast da halt ein bisschen viel gemacht. Muss man nicht wiederholen.

K: Das kann man schon reduzieren, ein bisschen.

T *(lacht)*: Genau.

Es blüht, es welkt
Aufstellung 6

(Die Klienten, ein Mann und eine Frau, sitzen neben dem Trainer.)

Trainer *(wendet sich dem Mann zu)*: Christian, worum geht es?

Klient: Als du vorhin über diese eine Firma geredet hast, bei der der Erfolg wie auf einer Sinuskurve rauf und runtergeht, hat mich das sehr stark an mein eigenes Problem erinnert. Ich bin jetzt seit 20 Jahren selbstständig. Alle Punkte in einem Firmenleben kenne ich. Ich kenne die, wo es ganz stark hochgeht, und ich kenne auch die, wo es wieder nach unten geht. Und ich denke, dass es ein System geben muss, warum bei uns nicht zumindest die Richtung gleich bleibt. Ich weiß, dass ich vom Unternehmen her sehr viel dafür getan habe, aber ich ahne jetzt, je länger ich hier auf diesem Workshop bin und das Ganze beobachte, dass es irgendeinen systemischen Knackpunkt geben muss – und den würde ich gerne mal anschauen.

T: O. K. *(Zur Frau)* Wie ist dein Name?

Freundin der Klientin: Claudia.

T: Claudia, was ist deine Funktion in der Firma?

FK: Ich bin Geschäftsführerin einer seiner Firmen.

T *(zum Mann)*: Wie viele Firmen hast du denn?

K: An die zehn. Die Einzelfirmen spielen aber bei meiner Frage nur eine untergeordnete Rolle.

T: O. K. Das verstehe ich. Deine Frage ist: Wie kommt es, dass dein Erfolg rauf- und runtergeht und sich irgendwie schwer stabilisieren lässt.

K *(nickt)*: Genau.

T: Seid ihr persönlich ein Paar?

K: Nein. Wir sind Kollegen. Und Freunde.

T: Dir gehören alle zehn Firmen?

K: Ich bin Hauptgesellschafter in allen Firmen mit unterschiedlichen Prozenten, nie aber unter fünfzig Prozent.

T: O. K. Du bist dort also der „Big Boss". Und die Einzelfirmen werden jeweils von einem Geschäftsführer vor Ort operativ geführt. Kann man das so sagen?

K: Ja.

T: Würdest du sagen, dass diese Geschäftsführer befähigt sind für einen kontinuierlichen Erfolg?

K: Nein. *(Lächelt freundlich)* Mit einer Ausnahme. Und die sitzt hier neben mir.

T: Eben. Ich erzähle dir mal eine Geschichte. Vor ein paar Jahren kam ein Mann hier aus Wiesbaden zu mir, der mit einem Antiquitätengeschäft angefangen hatte, das sehr gut lief; was schon etwas heißt, denn es gibt hier eine Menge davon. Aber es lief wirklich gut, und irgendwann hat er dort einen Geschäftsführer eingesetzt und einen Porzellanladen aufgemacht. Der lief auch gut. Während der aber lief, wurde es im Antiquitätenladen immer schlimmer. Er ging nicht Pleite, aber es wurde immer schlimmer. Während das passierte und der Porzellanladen florierte, machte er eine Spedition auf, und auch die florierte. Während sie aber florierte, machte der Antiquitätenladen Pleite und der Porzellanladen kam in die Krise.
Was sich nun herausstellte, war Folgendes. Er hatte von seinem Vater einen Auftrag bekommen. Und dieser Auftrag hieß: Junge, aus dir soll mal was werden – aber nicht mehr als aus mir. Dieses „aber nicht mehr als aus mir" hatte der Vater zwar ausdrücklich nie gesagt, aber er hat ihn das spüren lassen. Immer, wenn er irgendwo besser war als der Vater, reagierte der Vater mit Liebesentzug. Egal wobei. Beim Fußballspielen, beim Basteln mit der Eisenbahn – sowie er etwas besser konnte als der Vater, zog sich der Vater innerlich zurück. Die eine Botschaft wurde verbal mitgeteilt, die andere nonverbal.
Bewusst also folgte er der verbalen Aufforderung: Junge, aus dir soll mal was werden. Er baute ein Geschäft nach dem anderen auf, und es funktionierte gut. Aber er konnte sie ja nicht selber absichtlich in die Pleite führen, und so suchte er sich Geschäftsführer, bei denen es ein Wunder gewesen wäre, wenn die Geschäfte nicht den Bach hinuntergegangen wären. Sie haben ihm den Gefallen getan und die Geschäfte in den Sand gesetzt.
Und meine Frage an ihn war: Stell dir mal vor, deine Geschäfte würden wie am Schnürchen laufen. Was würde das für dich bedeuten? Er sagte: Dann hätte ich es geschafft. Ich fragte ihn: Darf das sein? Und er sagte: Nee, das darf nicht sein. *(Schaut zum Klienten)* Macht Sinn, nicht? – Kommt dir das bekannt vor?

K *(mit leiser Stimme)*: Ja, durchaus. Im Prinzip sind die Geschäftsführer Abteilungen, Profitcenter. Das war mal modern, inzwischen geht es rückwärts. Es wird wieder eine Firma modern.

T: Es klingt so, als wenn du dir da Leute eingesetzt hast, von denen zumindest ein Teil von dir weiß: Die haben gar nicht die Power, das Geschäft dauerhaft erfolgreich zu machen! – Wofür war es gut, dass du dir solche Leute geholt hast?

K: Weiß nicht, also die haben Abteilungen und ...

T: Stell dir vor, du hättest auf jedem dieser Posten jemanden, der wild entschlossen ist, das Geschäft unglaublich nach vorne zu bringen, und der die Qualifikation dazu hat. Und jede Woche kannst du dir angucken, was da so läuft, wie es ständig blüht, wächst und gedeiht. Die Zahlen sind wunderbar, und bald musst du dir eine große Schaufel holen, um das viele Geld umzuschaufeln. Die Bank kommt ständig und will dir irgendwelche Kapitalanlagen verkaufen. Wie wäre das?

K *(überlegt eine Weile, dann leise und schüchtern)*: Ja, toll.

T: Was würdest du dann wissen, wenn es so wäre?

K *(spricht leise)*: Dass es keine Grenze gibt, für mich.

T: Was ist denn eben passiert, als du das gesagt hast, dass „es keine Grenze gibt, für mich"?

K: Wahrscheinlich gibt es eine, ich habe sie gerade gespürt.

T: Genau.

K: Und die suche ich. Das, was ich mir bewusst machen kann, ist schwer für mich zu verstehen. Ich habe mehrere Jahre trainiert ...

T *(unterbricht)*: Schon klar. Wenn du mal dieser Grenze nachspürst, wie nimmst du diese Grenze wahr?

K *(überlegt und wirkt dabei etwas konfus)*: Ich weiß es nicht.

T: Gut. *(T geht an das Flipchart)* Wie viele wart ihr zu Hause? Du hattest einen Vater und eine Mutter. Hattest du Geschwister?*

*Die hier vom Klienten gefühlte Grenze verweist als ein wie auch immer gelagertes Verbot direkt in das Herkunftssystem des Klienten. Daher wird an dieser Stelle gleich das Genogramm seiner Herkunftsfamilie mit erhoben.

K: Ja, ich habe noch zwei Brüder. Also, es gab insgesamt vier Kinder. Aber das Kind vor mir ist sehr früh verstorben.

T: Du bist der Wievielte?

K: Der Jüngste.

T: Dann mach mal Folgendes: Stell mal jemanden für dich auf und für sie *(FK)*. Wäre es o. k., wenn die anderen Abteilungsleiter von einer Person repräsentiert würden, oder würde das nicht passen?*

*In einem Seminar zum Thema Familientherapie wäre hier direkt die Familie des Klienten zu stellen. Da es sich hier jedoch um einen Workshop zum Thema systemdynamische Organisationsberatung handelt, wird die Perspektive auf die Familienthematik aufstellungstechnisch aus der Organisationskonstellation entwickelt.

K: Doch, das ist o. k.

T: Das ist auch mein Eindruck. Gut. Dann such mal jemanden aus für dich, sie und die anderen Abteilungsleiter.

(K wählt die Repräsentanten und stellt sie nach seinem Bild auf)

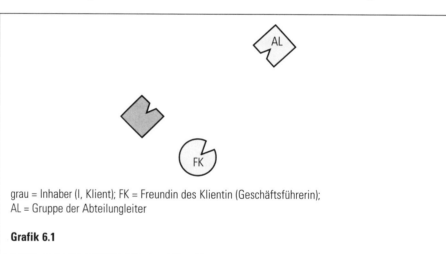

grau = Inhaber (I, Klient); FK = Freundin des Klientin (Geschäftsführerin);
AL = Gruppe der Abteilungleiter

Grafik 6.1

(Befindlichkeitsrunde)

T: Wie geht es dem Stellvertreter des Klienten?

I *(zeigt zur Freundin / Geschäftsführerin, mit fröhlicher Stimme)*: Das ist ganz gut hier.

FK: Ja, schön mit ihm. Schön mit ihm. Der Abteilungsleiter steht uns ein bisschen im Weg.

(I lacht, als hätte jemand einen Spaß gemacht)

T: Du klingst so wie ein kleiner Junge, der zu seiner Buddelkastengefährtin sagt: „Es macht Spaß, mit dir zu spielen." Merkst du das? Das entspricht nicht eben deinem Alter.

(K schaut fragend zu FK, diese nickt zustimmend)

T: Deine Nachbarin *(FK)* nickt.

K *(schmunzelnd)*: Ja. Könnte schon sein.

FK: Ich fühle mich mit ihm auch gut. Wir könnten uns in dieser Beziehung auch frotzeln. *(FK stellt sich näher an den Inhaber)* Andererseits möchte ich auch etwas erreichen. *(Zeigt zu AL)* Und da stört mich was, ich habe den Blick nicht frei für die Zukunft.

T: O. K. *(Zu AL)* Wie ist es bei dir, hier an dieser Position?

AL: Als ich vor ihm *(I)* stand und zu ihm aufgeschaut habe, musste ich spontan anfangen zu lachen. Ich dachte: nettes Spiel. Im zweiten Moment dann kam eine Traurigkeit und dann wieder, wenn ich die beiden anschaue, muss ich wieder sofort lachen.*

FK *(leicht empört)*: Und ich denke, er will ein Watschenangebot.

T: Ich denke, der hat schon den ganz richtigen Eindruck. So. *(Zu K)* Dann such mal jemanden aus für deine Familie: Vater, Mutter und die drei Geschwister. Weißt du, ob das Totgeborene ein Mädchen oder ein Junge war?*

K: Ein Junge.

T: Gut. Also stell Vater, Mutter und deine drei Geschwister auf.

K *(sucht Stellvertreter für seine Familie aus)*: Totgeborene auch?

T: Ja!

*AL spiegeln die unangemessene Haltung, den mangelnden Ernst des Inhabers wider: ein Lachen, das ihnen im Halse stecken bleibt.

*Um zu klären, woher die unangemessene Haltung rührt, die der Inhaber in seiner Firmengruppe einnimmt, erfolgt nun der Übergang in das Herkunftssystem.

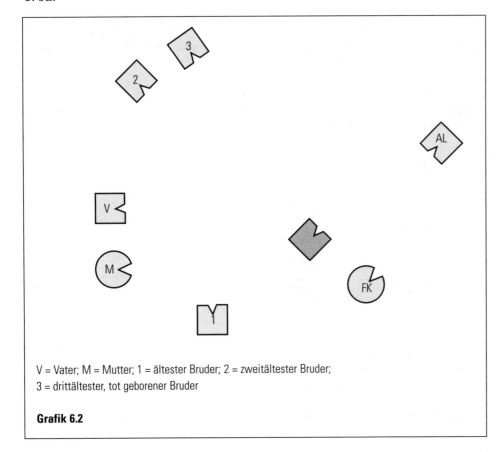

V = Vater; M = Mutter; 1 = ältester Bruder; 2 = zweitältester Bruder;
3 = drittältester, tot geborener Bruder

Grafik 6.2

T: Wie geht es dem Vater?

V: Ich fühle mich so verwirrt. Ich kann das alles nicht ganz überblicken. Und dem *(zeigt dabei auf I)* möchte ich in den Hintern treten.

T: Mutter?

M: Wenn ich den Totgeborenen sehe *(3)*, dann wird mir ganz schwindlig, da werde ich traurig. Den zweiten Sohn sehe ich gar nicht. Wenn ich zum Jüngsten *(I)* schaue, denke ich: Der geht seinen Weg, irgendwie. Wenn ich zum ältesten Sohn schaue, ist das ein warmes Gefühl. Auf den kann ich mich verlassen.

T: Wie geht es dem Ältesten *(1)*?

1: Ein bisschen sonderbar. *(Zeigt zu 2 und 3)* Unwohlsein auf dieser linken Seite. Ich kann es nicht beschreiben.

T: O. K. Wie geht des dem zweiten Bruder *(2)*?

2: Mir geht es sehr übel.

T: O. K. Wie geht es dem Totgeborenen *(3)*?

3: Ein bisschen traurig. Und mit ihm *(2)* verbunden.

T: Was hat sich bei dem Jüngsten *(I)* verändert?

I: Ich sehe nicht viel davon *(zeigt nach hinten)*. Habe mehr den Drang, da rauszugehen *(zeigt weg von der Familie, nach vorne)*.

T: Wie geht es der Geschäftsführerin und Freundin?

FK *(gesammelt und konzentriert)*: Bei mir ist jetzt mehr Ernst drin. Und das Stänkern ist weg. Und ich finde, dass dieses Bild einfach nicht stimmt. Ich sehe da ziemlich viel Druck, der da nicht angemessen ist.

T: Stimmt. *(Der Trainer stellt das Bild um; Vater und Mutter zwei Schritte nach außen. Setzt dann das Totgeborene vor die Eltern und stellt die drei lebenden Brüder nebeneinander davor)**

*Die Konstellation von Eltern und dem davor sitzenden tot geborenen Kind ist eine standardisierte Formation, die es den Repräsentanten der Eltern erlaubt, ihrer Trauer und ihrem Schmerz um ein (tot geborenes, abgetriebenes) Kind Ausdruck zu verleihen. Das Kind rückt in den Blick, sodass hier ein eventuell noch nicht vollzogener Abschied erfolgen kann.

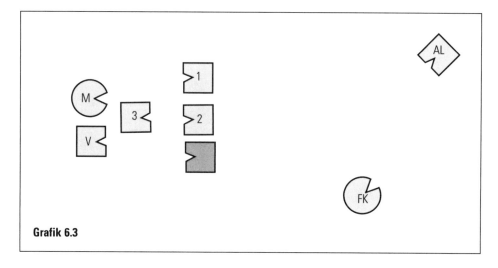

Grafik 6.3

T *(zum Vater):* Siehst du mal deine Frau an und sagst: „Wir trauern gemeinsam um unser Kind."

V: *(Tut es)*

T: Dann nehmt mal innerlich Abschied von dem Kind.

(M und V schauen sich lange an; beide haben jeweils eine Hand auf dem Kopf des Totgeborenen)

M: Ich habe das Gefühl, er *(der Totgeborene)* verlässt mich.

T: Ja. Sieh ihn mal an *(zeigt zum 2)* und sag: „Dein jüngerer Bruder ist tot. Und du lebst. Und ich auch. Und deine anderen beiden Geschwister leben und dein Vater."

(M spricht nach)

2: Schwer anzunehmen.*

T: Genau. *(Der Trainer setzt 2 dem Totgeborenen gegenüber)*

T *(zu 2)*: Wie ist es, wenn du ihn *(3)* anguckst?

(2 macht ein betroffenes Gesicht)

T *(zu 3)*: Sag mal zu ihm *(2)*: „Ich bin tot. Und du lebst. Und ich möchte, dass du lebst."

(3 spricht nach)

T *(zu 2)*: Kommt das an?

2: Sehr, sehr schwer anzunehmen.

T *(zu 2)*: Sag mal zu ihm: „Ich bin sehr traurig, dass du tot bist."

(3 zeigt keine Reaktion)

T *(zu 3)*: Hättest du gerne gelebt? Spür mal nach.

3 *(überlegt)*: Weiß nicht.

T: Sag mal: „Ich bin mit meinem Schicksal versöhnt."*

(3 spricht nach)

T: Kommt das an? *(Schaut 2 an)* Ja. Jetzt ist es besser. Sag mal zu ihm: „Gut, dann lebe ich mein Leben voll und ganz zu Ende. Und dann sterbe ich auch. Aber erst dann!"*

(2 spricht nach)

T: Wie ist das? Besser?

2: Es hilft.

T: Gut. *(T stellt 2 wieder in die Reihe zwischen 1 und I)*

T: Wie ist es jetzt beim Ältesten?

1: Jetzt ist es stimmiger als vorher. Was vorher ein unangenehmes Gefühl war auf der linken Seite, also zu den beiden Brüdern, ist jetzt einfach nur angenehm warm. Und den Eltern gegenüberzustehen ist mir lieber, als wie ich vorher seitlich versetzt stand.

---

*Der Zweitälteste kann sein Leben nur reduziert nehmen, da er angesichts des Todes seines jüngeren Geschwisters mit dem eigenen Schicksal hadert: Die Überlebenden zeigen oft die Tendenz, sich für ihr ungeschuldetes Glück selbst zu bestrafen; nach dem Motto: „Warum darf ich leben und nicht er/sie?"

*Wenn der Lebende von dem Toten hört, dass dieser nicht mit seinem Schicksal hadert, fällt es ihm leichter, sein Leben anzunehmen.

*Die Vergegenwärtigung, dass auch der jetzt Lebende mit Sicherheit einmal sterben wird und damit den gleichen Schritt wie der betrauerte Tote vollzieht, wirkt angesichts der für ihn virulenten Selbstanklage („Warum darf ich leben und nicht er?") geradezu erlösend.

M: Also, für mich ist es leichter geworden *(zeigt auf das Totgeborene)*. Spüre aber von meinem Mann her noch einen großen Schmerz.

V: Ich fühle mich für diesen Tod schuldig und versuche, das gutzumachen, indem ich sühne. Die schaffen das schon *(1 und 2)*, aber er *(3)* ... Das darf nicht noch mal passieren.

T: Genau. *(Zu K)* Weißt du etwas über die näheren Umstände des Todes deines Bruders?

K: Nein.

T *(zur Mutter)*: Spüre mal nach, als seine Frau und als Mutter dieses Kindes. Hat der Mann irgendeine Schuld am frühen Tod des Kindes?

M: Ich fühlte mich allein gelassen, ich hätte irgendwie sein Mitgefühl gebraucht.

T: Das ist etwas anderes.

M: Irgendwie in dem Geschehen zur Zeit des Todes: Er hat mich da allein gelassen. Wäre er da gewesen, hätte er es vielleicht verhindern können.

T: Gut. *(Zu V)* Schaust du sie mal an und sagst: „Ich habe dich im entscheidenden Moment im Stich gelassen. Das tut mir Leid."

(V spricht nach)

(M nickt)

T *(zu M)*: Sag mal zu ihm: „Das bedeutet aber nicht, dass du am Tod des Kindes Schuld hast. Das wäre zu viel."

M *(spricht nach, dann)*: Das spüre ich auch. Ich leide auch darunter, dass er sich so viel aufbürdet.

T: Genau. Er hat da auch eine Schuld. Aber die, die er sich jetzt zubilligt, ist zu groß. Sag mal: „Du hast deine Schuld, aber nicht am Todes des Kindes."

(V spricht nach)

T *(zu V)*: Wie ist das? *(V schweigt trauernd)* Weißt du, manchmal, wenn man sich schuldig fühlt, hat man die Tendenz, die Schuld noch größer zu machen, als sie tatsächlich ist.

V: Ich habe das Gefühl: Ja, glaubt das nur. Ich weiß es besser.

T: Aha. Du spürst das anders. *(T stellt das tot geborene Kind vor den Vater; zu 3)* Wie ist das für dich, wenn dein Vater sagt, er fühle sich für deinen Tod schuldig?

3 *(schaut dem fragend blickenden Vater in die Augen)*: Nein!

V *(aufatmend)*: Das ist jetzt gut.

M: Für mich auch.

T *(zu 3)*: Willst du ihn *(V)* mal in den Arm nehmen?

(V und 3 umarmen sich, es scheint für beide ein sehr befreiender Akt zu sein)

T: O. K. *(Zu I)* Dann stell dich mal zu den Geschwistern.

(3 stellt sich zwischen 2 und I)

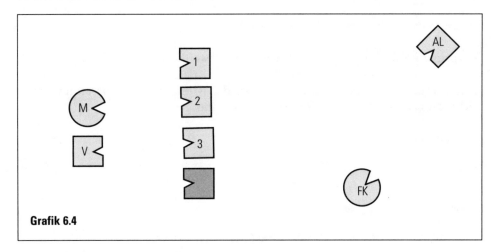

Grafik 6.4

T: Wie ist es jetzt für den Vater?

V: Jetzt sind sie alle vier gleichberechtigt. Ich nehme jetzt alle vier wahr.*

*Wenn der Vater von seiner imaginierten Schuld befreit ist, kann er wieder das wahrnehmen, was tatsächlich da ist.

T: Ja.

I: Ich habe seit ungefähr zehn Minuten das Gefühl: Das hier betrifft mich nicht so. Ich habe das Gefühl, als wäre eine Mauer rechts neben mir. Da ist was dazwischen.

T: O. K. *(Dreht 3 und I zueinander)* Seht euch mal an.

3: Lachen!

T *(zu I)*: Wie ist das, wenn du ihn anschaust, deinen verstorbenen Bruder?

I: Unsicherheit. Und irgendwo eine sehr starke Beziehung.

T: Ja. Ich tausche dich mal aus. *(Zum Klienten)* Kommst du mal her?

(K stellt sich an den Platz gegenüber von 3)

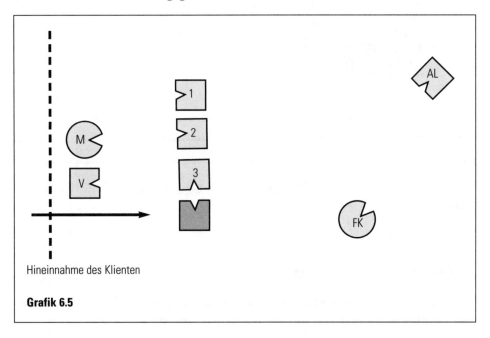

Hineinnahme des Klienten

Grafik 6.5

T *(zu K)*: Sieh ihm mal in die Augen. Wie ist es, wenn du ihn anguckst?

(K atmet tief)

T: Sag mal: „Du bist der Dritte. Und ich bin der Vierte."

K *(spricht nach; dann zu T)*: Ist für mich ungewöhnlich.*

*Der Klient verinnerlicht und realisiert in diesem Moment ein rational durchaus bewusstes Wissen: Er ist in der Abfolge der Geschwister der Vierte, nicht der Dritte.

T: Ich weiß. Du hast geglaubt, du wärest die Nummer drei. Das stimmt aber nicht, du bist die Nummer vier. Sag es noch mal.

(K wiederholt)

T *(fügt an)*: ... Du gehörst dazu.*

*Für die Zahl und Reihenfolge der Geschwister spielt es keine Rolle, ob jemand lebt oder schon gestorben ist: Die Toten gehören immer dazu. Nur wenn K innerlich realisiert (vollzieht), dass das Totgeborene tatsächlich ein Geschwister von ihm war, das unverrückbar seinen Platz als Dritter innehat, kann er seinen eigenen und ihm gehörigen Platz einnehmen: nämlich den vierten.

(K spricht nach)

T *(zu 3)*: Wie ist es, wenn du das hörst?

3 *(zufrieden)*: Stimmig.

T: Sag mal zu ihm *(K)*: „Ich bin tot, und du lebst. Und ich möchte, dass du lebst. Ich bin mit meinem Schicksal versöhnt."

(3 spricht nach)

K: Ist wahr.

T: Sag mal: „Du brauchst nicht für mich zu leben. Du kannst für dich leben."

K *(hört es von 3, seufzt)*: Das ist gut so.

T *(stellt K vor V und 3 zurück neben 2)*: Wir müssen noch etwas mit dem Vater klären.

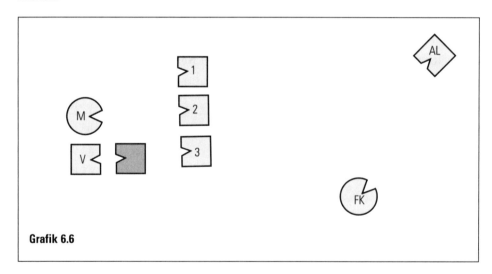

Grafik 6.6

T: Sag mal: „Ich wollte an dir etwas gutmachen, was mit dir nichts zu tun hatte."

(V spricht nach)

T: Wie ist es, wenn du das hörst?

K *(überrascht)*: Ist ein eigenartiges Gefühl der Wärme, so total. Ich hätte es nicht geglaubt, wenn ich es hier nicht so sehen und erleben würde.*

*Wenn K an seinem Platz ist und der Vater jetzt ihn und nicht das

T: Sag ihm mal: „Du hast deinen ganz eigenen Platz, als mein vierter Sohn, als Jüngster."

(V spricht nach)

K (lächelt befreit, sein Blick ist viel klarer): Muss ich neu zählen lernen. Alles neu zählen.

T: Genau. Dann fangen wir gleich mal mit der Vierergruppe an. (Stellt K vor die Brüderreihe)

T: Sag mal zum Ältesten: „Du bist der Erste, du bist der Älteste. Du bist mein großer Bruder. Ich bin der Jüngste. Der Vierte."*

K (spricht nach, dann mit erleichterter Stimme): Das ist so.

Totgeborene sieht und meint, fühlt K sich erst mal als er selbst gemeint, erkannt und geliebt.

*Hier beginnt die schrittweise Realisierung des neuen Platzes gegenüber den Geschwistern. Dadurch wird es dem Klienten möglich, neue innere Repräsentationen seines Ortes innerhalb der Geschwisterkonstellation aufzubauen und die neu installierte Kenntnis seines Platzes als Vierter in Relation zu der Geschwisterreihe weiter gehend zu verankern.

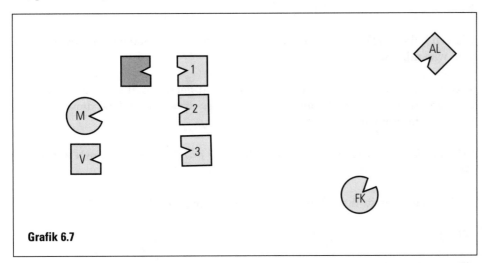

Grafik 6.7

T: Sag zum Zweitältesten. „Du bist der Zweite, der Zweitälteste. Du bist mein großer Bruder. Ich bin der Jüngste, der Vierte."

(K spricht nach)

2 (von sich aus): Ich wünsche dir deinen Erfolg.

T (stellt K vor 3): Sag zu ihm: „Du bist der Dritte, der Zweitjüngste, der Drittälteste. Und ich bin der Jüngste, der Vierte. Und ich habe meinen eigenen Platz, neben dir."

(K spricht Satz für Satz nach)

T (stellt den Klienten neben drei): Wie geht es der Mutter, dem Vater?

M: Ist stimmig.

V: Gut. (Blickt zu den Söhnen) Sozusagen „in Ordnung"!

T: Genau. Dann drehen sich die Brüder mal um. (Zu K) Und du stellst dich neben die Geschäftsführerin. (Zu K und FK) Seht euch mal an. Wie ist das?

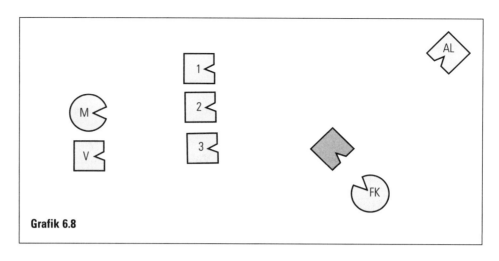

Grafik 6.8

K: Gut.

FK: Ich habe ein Gefühl von Entlastung. Ich glaube, ich habe auch etwas getragen, was mir nicht zusteht.*

*Wenn K seinen Platz wirklich einnimmt, spürt FK, dass sie ihm nun seine eigenen Sachen voll und ganz zumuten kann; sie kann die übernommenen Lasten jetzt zurückgeben, da sie weiß, dass er sie wird tragen können.

T: Genau. Sag mal zu ihm: „Ich habe etwas mit getragen, um es dir leichter zu machen. Aber das ist nicht meines. Ich gebe es dir zurück." Und dann lässt du mal die Energie zurückfließen.

FK *(spricht nach und fügt mit vitaler Stimme an)*: Und jetzt können wir arbeiten.

T: Und sag noch zu ihm: „Und ich habe es gerne gemacht."

(FK spricht nach)

(FK und K strahlen sich an)

T: So. Und jetzt seht euch noch die Mitarbeiter an. *(Stellt das Bild um)* Wie geht es den Mitarbeiten bzw. Abteilungsleitern?

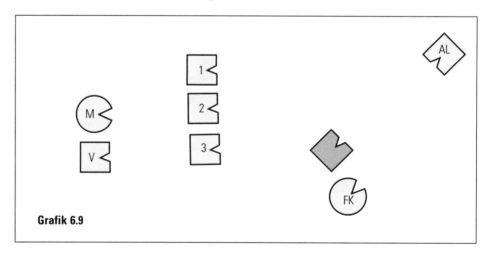

Grafik 6.9

AL: Wechselhaft. Als du zu dem Drittältesten vorher sagtest, er solle sich auch auf den Boden setzen, hatte ich ein ganz starkes Bedürfnis, mich auch runterzuknien. Ich hätte mich fast hingesetzt. Hier im Firmensystem fühlt sich jetzt alles stärker und stabiler an.* Jetzt habe ich zu ihr *(FK)* noch mehr Vertrauen.

*Der frühere Unernst, das Lachen, das im Halse stecken blieb, ist jetzt einer Stärke und Stabilität gewichen, die aus der vom Inhaber nun eingenommenen Position im Familiensystem herrührt.

FK: Darf ich mich mal umstellen?

T: Ja.

FK *(stellt sich etwas zurück)*: Ich spüre, ich gehöre hierhin. *(Ausdrücklich)* Er ist der Chef!*

*Die Position von I ist nicht nur unstrittig, sondern das System verlangt sie geradezu von ihm.

AL: Jetzt ist es auch bei mir besser. Außerdem habe ich das Gefühl: Wenn ungefähr drei Leute aus mir rausgehen würden, wäre es noch besser.

T: Genau. *(T holt einen Mann als Repräsentant dieser drei Abteilungsleiter in das System und stellt ihn neben AL und instruiert ihn)* Du repräsentierst jetzt die Leute, die sich aus dem System verabschieden.*

*Nachdem K seine eigene Position geklärt hat und nachdem er so das eingangs geschilderte Erfolgsverbot entmachtet hat, wird hier nun auch die Frage hinfällig, wofür es gut war, Leute einzustellen, von denen ohnehin klar war, dass sie nicht den Anforderungen entsprechen: Die betreffenden Abteilungsleiter gehen nun selbstständig.

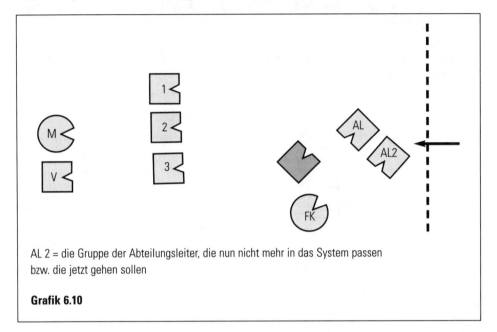

AL 2 = die Gruppe der Abteilungsleiter, die nun nicht mehr in das System passen bzw. die jetzt gehen sollen

Grafik 6.10

(AL2 nickt)

T: Sag: „Ich verabschiede mich. Für mich ist es Zeit zu gehen."

(AL2 spricht nach)

T: Dann guckst du mal deinen Kollegen an.

FK *(von sich aus)*: Ich hätte da noch was dazu zu sagen ...

T: Ja?

FK *(freundlich zu AL2)*: Es ist einiges schief gelaufen in der Vergangenheit. Aber das ist nicht deine Schuld. Ich wünsche dir viel Erfolg.

AL2: Das glaube ich ihr nicht.

T: Was glaubst du ihr nicht: Dass sie dir viel Erfolg wünscht oder dass es nicht deine Schuld ist?

AL2: Dass es nicht meine Schuld ist.

T: Ah ja. *(Stellt sich neben K; zu K)* Sag mal zu ihm: Sie hat Recht.

K *(spricht nach, dann)*: Es war unsere Verantwortung.

AL2: Gut. Ich gehe. *(V verlässt den Platz neben AL und geht aus dem System heraus)*

T *(zu AL)*: Wie ist es jetzt?

AL: Eine Erleichterung, als er gesagt hat, dass er geht. Und ich möchte die Position wechseln.

(T stellt AL links neben K)

AL: Gut.

(K geht darauf selbstständig einen Schritt zurück)

T: Nein, nein, so nicht. *(Stellt K wieder einen Schritt vor)* Du musst den Chefposten innebehalten!

T *(stellt den Vater hinter K, der Vater legt die Arme auf die Schultern des Klienten)*: Sag zu ihm: „Du bist jetzt vorne!"*

*Da bei dem Klienten die männliche Führungsenergie bislang gegenüber einer juvenilen Leichtigkeit eher unterrepräsentiert war, tritt hier der Vater hinter den Klienten, um ihn von hinten in seiner männlichen Kraft zu unterstützen.

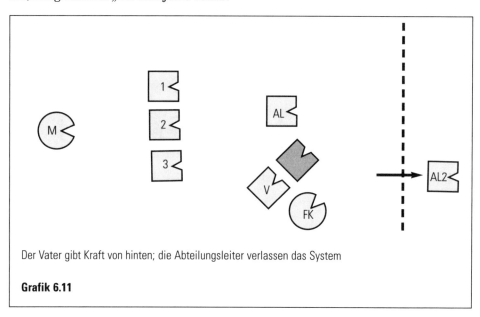

Der Vater gibt Kraft von hinten; die Abteilungsleiter verlassen das System

Grafik 6.11

(V spricht nach)

T *(zu I)*: Genau. Wo du bist, ist vorne. In deiner Firma ist das so.

K *(schaut zu AL)*: Wo ich bin, ist vorne.

T: Wie ist das, wenn du das von deinem Chef hörst?

AL: Immer noch witzig. *(Vital)* Ich habe Lust, auf etwas zuzugehen. Ich habe hier ein warmes Gefühl, habe auch hinter mir ein gutes Gefühl. Das löst keinen Widerstand aus, das ist o. k. Auf geht es!

T: Wie ist es, wenn du das hörst?

K: Schlüssig. Ich denke, ich muss mich klarer pointieren. Ich muss das noch besser formulieren.

T: So ist es.

FK *(nachdrücklich)*: Ich möchte, dass er eindeutig vorne steht und Chef ist. Aber ich möchte auch, dass er sowohl die Zukunft als auch mich im Blick hat.

T: O. K. *(Stellt FK an den Rand)* Wie ist das?

FK: Ja, so als Unterstützung von der Seite ist es in Ordnung. Auch zu ihm *(AL)* ist es in Ordnung.

T *(zu AL)*: Wie ist es für dich so?

AL: Vorher hatte ich das Gefühl, dass wir in eine gemeinsame Richtung gehen. Jetzt habe ich das Gefühl, dass die Kraft wieder beschnitten wird.

T *(zu 3)*: Du nickst?

3: Ich habe auch den Eindruck, dass sie da etwas für ihn trägt.

(Hineinnahme des zweiten Klienten)

T: Aha. Dann stellen wir mal was fest. *(Zur Stellvertreterin FK)* Du kannst dich setzen. *(Zu FK)* Kommst du mal her? *(Nimmt die Freundin des Klienten in die Aufstellung)*

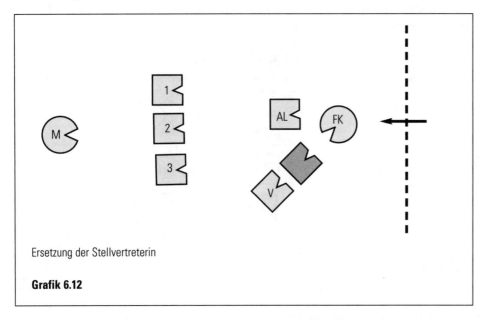

Ersetzung der Stellvertreterin

Grafik 6.12

T *(gibt FK ein Gewicht in die Hand)*: Sag mal zu ihm: „Christian, aus Freundschaft habe ich das für dich getragen."*

(FK spricht hastig nach)

T: Nicht so schnell sprechen. Sieh ihm dabei in die Augen. Du musst dich nicht dafür schämen. Hast du dir was angemaßt?

FK: Ja. Ich denke schon.

T: Dann sag es ihm: „Ich habe mir etwas angemaßt, was mir nicht zusteht. Ich gebe dir das zurück."

(FK spricht nach und übergibt das Gewicht)

K: Ich nehme es an.

T *(stellt sich neben K)*: Sag mal zu ihr: „Du konntest dir das nur anmaßen, weil ich es nicht genommen habe."*

(K spricht nach)

(FK senkt den Blick)

T: Sieh hin. Stimmt das?

*Das, was die Repräsentantin von FK schon an den Klienten zurückgegeben hat, soll nun von der Freundin des Klienten realiter zurückgegeben werden. Offenbar kann die Freundin noch nicht realisieren, dass der Inhaber nun seine Position voll und ganz ausfüllt und sie daher seine Dinge nicht mehr auf sich zu nehmen braucht.

*Es gehören immer zwei dazu: Einer, der etwas Fremdes übernimmt, was eigentlich der andere hätte nehmen sollen, aber nicht genommen hat.

FK und K: Stimmt.

T: Sag mal: „Daran sind wir beide beteiligt. Jeder hat seine Schuld und Verantwortung."

(K spricht mit ernster Stimme nach)

T: Sehr gut. Sag: „Ich habe meinen und du hast deinen Anteil daran. Und wir stehen beide dazu."

(K spricht nach)

T: Wie ist das, wenn du das hörst?

FK *(traurig)*: Ich hatte vorher das Gefühl, dass es nicht wahr ist, und mich gefragt, wo nun meine Position ist.*

T: Wir gucken mal. *(T stellt Bild um)* Wie ist das?

*Wer fremde Zuständigkeiten an ihren eigentlichen Ort zurückgibt, sieht sich im Zweifel über die verbleibende eigene Rolle und Position. Daher (sekundärer Gewinn) ist die Bereitschaft so groß, sich Dinge anzumaßen, die besser bei einem anderen bleiben sollten.

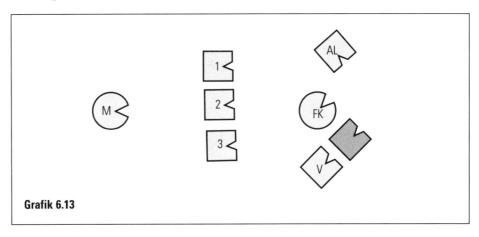

Grafik 6.13

K *(bestätigend)*: Da muss sie stehen!

FK: Angenehm.

AL: Ich habe jetzt den Eindruck: Das da ist jetzt unser richtiger Chef. Bei ihr *(FK)* habe ich den Eindruck, das ist noch nicht richtig geklärt.

T: Stell dich mal vor sie.

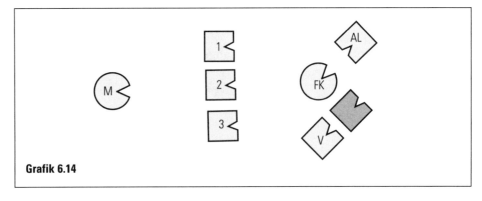

Grafik 6.14

T *(zu FK)*: Wie ist es, wenn du ihn anguckst?

FK: Ich kriege so ein bisschen Hassgefühle.

T: Mein Eindruck ist, die Anmaßung bei den Mitarbeitern ist der Ausdruck dafür, dass bei euch beiden etwas nicht geklärt ist. Wenn die Eltern was nicht klären und die Kinder mit reinziehen, dann werden die Kinder anmaßend. *(Zu FK)* Sag zu ihm: „Wie wir beide unser Verhältnis organisieren, dafür sind wir zuständig, nicht ihr."*

*Die Abwehr von möglichen Triangulierungen und Parentifizierungen der Abteilungsleiter.

(FK spricht zu AL und wiederholt den Satz)

T *(zu K)*: Sag mal: „Sie hat Recht. Wenn wir Probleme miteinander haben, sind wir selbst dafür zuständig. Das geht euch nichts an. Haltet euch da raus."*

*Wichtig ist, dass beide Seiten der höheren Ebene diese Grenze gegenüber den AL ziehen und den „Hilfsangeboten" der AL ausdrücklich eine klare Absage erteilen. Nur so ist ihre Parität untereinander (FK und I) gegenüber den AL glaubwürdig.

(K wiederholt)

T *(zu AL)*: Wie ist es, wenn du das hörst?

AL: Als ich mich hierhin stellte, hatte ich so einen Ansatz von Kraft gespürt. Das ist jetzt schon besser, aber es ist auch irgendwie fremd.

T: Genau. *(Stellt AL wieder wie in Grafik 6.13)* Das ist ja etwas Neues, daran müssen sich die Mitarbeiter erst mal gewöhnen. Aber je mehr sie sich daran gewöhnen, desto mehr geht das Angemaßte bei ihnen weg. Was ist bei dir, Christian?

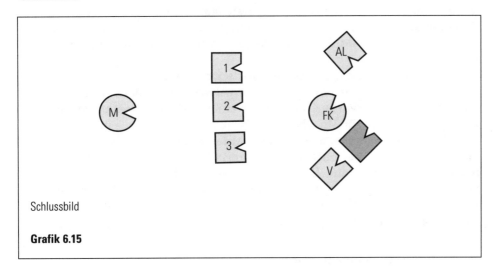

Schlussbild

Grafik 6.15

K *(seufzt)*: Ich habe gerade diese Anmaßung gesucht. Das ist ein Problem bei mir.

T: Ja. Aber das hat auch etwas damit zu tun, dass eure *(K und FK)* Beziehung nicht geklärt war. Aber je mehr sich das klärt, desto mehr verschwindet die Anmaßung bei den Mitarbeitern.

K: Macht Sinn für mich.

T: Das war es. Danke. Ihr könnt euch setzen.

Nachbesprechung

T: Gibt es noch Fragen zu dieser Aufstellung?

TN: Am Anfang hast du zum Aufstellenden gesagt: Fass ihn an, obwohl er schon an seinem Platz stand.

T: Natürlich kann man einen stehen lassen und die anderen da herumgruppieren. Aber dann fühlt sich derjenige nicht gestellt. Und darum bestehen wir darauf, dass der Klient ihn nochmals aktiv stellt.

Das Ausprobieren

TN: Du hast ja am Schluss die Mitarbeiter wie Dirigenten vor das System gestellt.

T: Nicht wie Dirigenten, sondern wie Kinder vor die Eltern. Es hat sich aber dann auch gezeigt, dass das nicht die richtige Position war. Ich hatte es ja ausprobiert. Bei solchen Sachen habe ich noch nicht soviel Erfahrung, dass ich ganz sicher weiß, was höchstwahrscheinlich die richtige Position ist. Und dann probiere ich eben ein bisschen. Beispielsweise bei seiner Kollegin: Ist links oder rechts besser? Dann hat sich herausgestellt, dass links viel besser war. Aber das sind Sachen, die muss man ausprobieren. Wenn man das sehr oft gemacht hat, dann kriegt man mehr empirische Werte, aber in diesem Fall wusste ich es nicht und habe es probiert, bis es stimmte.

Familiäre Problematik und das Berufliche

T: Was ihr hier sehen konntet, das sind vielleicht die beiden Haupterfahrungen: Einerseits, wie stark die familiäre Problematik hier ins Berufliche reinschlägt. Das ist bei Kleinunternehmen ganz typisch, zumindest ist das meine Erfahrung. Je größer der Konzern wird, desto stärker ist natürlich seine eigenen Dynamik. Bei kleinen Unternehmen hingegen ist die individuelle Verstrickung des Chefs, des Gründers, die Hauptdynamik, die in das System wirkt. Das ist das eine.
Das Zweite ist die Anmaßung der Mitarbeiter gegenüber dem Chef. Das ist ganz typisch: die gleiche Beziehung wie zwischen Eltern und Kindern. Wenn die Eltern ihre Elternrolle nicht wirklich ausfüllen, werden die Kinder anmaßend und frech. Und das Gleiche gilt für Mitarbeiter und Chefs. Wenn die Chefs ihre Rolle innerlich nicht ausfüllen können, werden die Mitarbeiter anmaßend und frech. Und manchmal werden sie mutwillig zerstörerisch, was man dann als heimliche Sabotage beobachten kann. Und in einem gewissen Sinne ist diese Sabotage eher ein Appell: Macht doch was! Und man kann sagen, der Appell hat ja gewirkt. Ähnlich wie bei Kindern, die sehr schwer zu erziehen sind. Diese Renitenz der Kinder ist ein Appell: Zeigt mir, wo die Grenze ist.

Verschleierung gegen Honorar

TN: Aber was ist, wenn die, die die Grenzen setzen sollen, selbst das Problem sind – also die Chefetage?

T: Meine Trainingserfahrung ist: Es gibt systemische Störungen auf Abteilungsniveau, die kann man auch dort lösen. Und es gibt systemische Störungen, die von der Firmenleitung ins System hineinkommen, und die kann man natürlich nicht irgendwo da unten lösen. Wenn man nun genau dazu beauftragt wird als Unternehmensberater oder als Trainer, dann verdient man zwar sein Geld damit, doch wenn man ganz ehrlich ist, ist es eine Art Schweigehonorar. Man beteiligt sich nämlich an der Verschleierung dessen, worum es in Wirklichkeit geht. Man produziert betriebsame Hektik, und ganz tief innen weiß man – wenn man kompetent und ehrlich zu sich selbst ist –, dass das, was man macht, nichts verändern wird.

Die Wahl des Ansatzes

TN: Könnte man sagen, dass bei systemischen Verstrickungen Kommunikationstrainings wenig bis gar nichts bewirken?

T: Es gibt Trainings, bei denen die Leute Skills bekommen, und sofort ist das Problem gelöst. Wenn man jetzt das gleiche Training woanders macht und merkt, dass es einfach nicht funktioniert, dann fragt man sich unwillkürlich: Woran liegt denn das? Und lange Zeit habe ich nicht die leiseste Idee gehabt, woran es denn liegen könnte. Natürlich liegt es daran, dass diese systemischen Verstrickungen, solange sie nicht gelöst sind, nicht durch Trainingsmaßnahmen aufgelöst werden können. Denn es handelt sich ja gar nicht um ein kommunikatives Defizit.

TN *(dessen Konstellation zuvor gestellt wurde)*: Das ist ja die Grenze, an die wir gestoßen sind.

T: Genau. Von daher denke ich auch, dass diese Art von Arbeit, unabhängig von konkreten Lösungsmöglichkeiten, auch analytisch wertvoll ist.

TN *(zustimmend)*: Stimmt genau, die Arbeit besteht eigentlich aus drei Schritten: Erkennen. Lösen. Und dann Maßnahmen entwickeln.

Die Wahl der Maßnahmen

T: Richtig. Wichtig ist, erst einmal ein Bild davon zu bekommen, welche Art von Maßnahmen hier nötig wären. Wenn man z. B. McKinsey oder andere Firmen ins Haus holt, dann ist die Vorannahme, dass das Mittel betriebswirtschaftlicher Optimierung die notwendige Maßnahme ist. Wenn man einen Trainer ins Haus holt, meinetwegen einen NLP-Trainer, dann hat man die Vorannahme, eine verbesserte Kommunikation wäre die notwendige Maßnahme. Aber oft ist es weder das eine noch das andere. Aber weil man nichts Besseres weiß und ehe man angesichts des Problemdruckes gar nichts macht, macht man eben das, was man weiß oder kann. Und die Berater sind dann in der fatalen Position, dass sie ihre Existenzberechtigung irgendwie unter Beweis stellen müssen und so tun, als wenn sie daran glaubten, dass das, was sie gerade machen, die notwendige Maßnahme ist.

TN: Ich bin ein bisschen skeptisch, was den Akquisitionsansatz angeht. Ich bin nicht sicher, ob es möglich ist, die gesamte Unternehmenskultur von sehr großen Beratungsgesellschaften zu ändern, indem man ihnen beibringt, solche systemischen Zusammenhänge zu erkennen und dann aufzulösen. Denn die verdienen ihr Geld ja anders, heute noch. Und wenn es tatsächlich gelingt, unternehmenskulturelle Veränderungen durch die Änderung der Zusammenarbeit in den Vorständen oder in den Gremien, die wirklich zählen, zu erreichen, dann setzt man plötzlich Selbstheilungskräfte in Gang, und dann brauchen die plötzlich nur 50 Prozent oder vielleicht nach einer gewissen Lernphase sogar nur noch 10 Prozent der bisherigen Beratung.

T: So ist es.

TN: Der Berater macht sich dann selbst überflüssig.

T: Du sagst ein wahres Wort.

Eigene Affinität

TN *(zuvor als AL in der Konstellation)*: Ich hätte noch ein Frage zur Aufstellung selbst. Hast du Erfahrung mit der Verbindung zwischen ausgewählter Person und Problematik des Platzes? Ich hatte vorher den Eindruck, dass eine starke Verbindung zwischen der Person selbst da war und dem Platz, für den sie ausgewählt wurde – es hätte nicht treffender sein können. Als wenn ein starke Affinität zwischen Person und Rolle da wäre. Diese Rolle mit der Anmaßung als Abteilungsleiter vorhin scheint mir wie ein roter Faden durch mein Leben zu gehen. Das beginnt in einem Alter von drei Jahren gegenüber meinen Eltern.

T: Ja. Ich fand auch, dass es eine gute Wahl war, dich dafür auszuwählen. Ich habe das tausende Mal gesehen, dass die Leute sagen: Das, was ich hier gespielt habe, hat auch was mit mir zu tun. Überhaupt keine Frage. Gleichzeitig ist es wichtig, dass man Folgendes im Kopf auseinander hält: Das war nicht ich! Es gibt in mir etwas Ähnliches, was dadurch ins Vibrieren gekommen ist, was mir dadurch einen Hinweis gibt, daran einmal selbst zu arbeiten. Aber manchmal wird es dann ein bisschen verrückt im Kopf, man glaubt: Ich bin das! *(Zu TN)* Das ist jetzt natürlich nicht dein Ding. Aber das habe ich schon gesehen. Aber egal, wie stark man sich davon betroffen gefühlt hat, man ist es nicht – Punkt. Du bist nicht der Großvater von jemand anders. Du bist du. Fertig.

Wenn jemand den Eindruck hat: Das kommt mir jetzt aber sehr vertraut vor. Gut. Derjenige kann das dann zum Anlass nehmen, daran zu arbeiten. Deshalb ist es wichtig, nachher aus der Rolle rauszugehen, sich zu sagen: Ich bin das nicht, ich bin auch nicht so, aber etwas in der Rolle hat mich animiert, bei mir hinzugucken. Das ist sehr sinnvoll.

Dann gibt es noch etwas anderes. Manchmal hat man das Glück, dass man in einer Rolle steht, in der man eine positive Kraft spürt, die man so noch nie in seinem ganzen Leben gespürt hat. Das darf man ruhig ein bisschen länger behalten.

TN: Ich hätte noch ein Frage zum Thema systemische Verstrickungen in Gremien. Ich arbeite seit einem Jahr in einem Qualitätsmanagementprojekt in unserem Unternehmen. Und mittlerweile ist der Vorstand auch so weit, dass er sich selber einbringen möchte. Ich habe jetzt den Auftrag, zusammen mit Beratern ein Konzept zu entwickeln, wie der Vorstand mal mit sich selber arbeiten kann.

T: Hier ist schon die systemische Verstrickung da. Die Eltern sagen zu den Kindern: Such mal einen Therapeuten aus! Die natürliche Grenze ist hier schon überschritten. Und in der Art, wie du das sagst, zeigt sich sofort das altkluge Kind.

Dass du mich richtig verstehst, das ist jetzt keine moralische Wertung. Das altkluge Kind ist einfach das Kind, das die Dinge für die Eltern entscheiden muss, nicht weil es das will, sondern weil es in die Rolle reingeschoben wird. Das Kind ist völlig überfordert, es kann nur altklug werden. Das Analoge gilt für den Vorstand. Der Vorstand kann nicht zu irgendeinem Mitarbeiter gehen und sagen: Kannst du uns nicht mal einen Coach besorgen? Darum müssen die sich selber kümmern. Er kann zu seiner Sekretärin gehen und sagen: Such mir mal ein paar bekannte Coachs aus, und mach mit denen mal einen Termin, sodass ich mich mit denen treffen kann. Das ist dann eine rein organisatorische Arbeit einer Sekretärin. Aber ich kann nicht Mitarbeiter von mir bitten, für mich einen Coach auszusuchen.

TN: Was soll er denn jetzt machen? Er ist jetzt in dieser Situation und dafür zuständig.

T: Ich kann es dir sagen. Er geht zu seinem Chef, ohne Anmaßung und ohne Überheblichkeit, und sagt ihm: „Mein Eindruck ist, dass es nicht gut wäre, wenn ich das für Sie aussuche." Das würde ich dem sagen.

Strukturelle Überforderung eines Untergeordneten

T: Die Frage ist einfach: Was mache ich, wenn ich unten in der Hierarchie bin – egal ob als Kind oder als Mitarbeiter –, und ich kriege von oben einen grenzüberschreitenden Auftrag. Wenn es irgendwie geht, gibt man den ohne Anmaßung zurück und sagt: „Ich fühle mich dadurch überfordert, ich denke nicht, dass ich das für Sie tun sollte." Und wenn man es so sagt, spürt der andere sofort, dass es stimmt, und er nimmt es zurück. Das ist ja keine Arbeitsverweigerung. Du bist nicht kompetenzmäßig überfordert, wohl aber strukturell. Es gibt auch Übergriffe von oben nach unten. Und dagegen muss man sich wehren.

Komplementarität

TN: Kannst du noch mal etwas über die Komplementarität von Verstrickungen sagen. Denn bei diesem Beispiel gerade ging es ja einerseits um ihn als ein altkluges Kind und gleichzeitig um die Verstrickung, die auf der anderen Seite vonseiten des Vorstandes wie ein Rädchen da hineingreift.

T: Komplementarität – mein Lieblingsthema: Probleme kann es nur geben, wenn die beiden, die ein Problem miteinander haben, komplementäre Programme haben. Sonst kann man mit dem anderen kein Problem haben, weil sonst der eine zum anderen sagt: Ich habe damit nichts zu tun, was willst du von mir? Das heißt, er spielt nicht mit.

Je nachdem, um was für eine Art von Problem es sich handelt, gibt es gesellschaftliche Muster, die festlegen, wer offiziell als der Täter und wer als das Opfer, wer als der Schuldige und wer als der Unschuldige betrachtet wird. Häufig ist es so, dass man sich in einer Gesellschaft darauf einigt, wer traditionell der Schuldige ist. In Wirklichkeit ist es immer komplementär. Beispiel: Eine Frau hat sich von ihrer ersten Liebe innerlich nicht gelöst, und der Mann kann dann mit Recht sagen, dass sie ihn nie wirklich gewollt hat. Das stimmt. Nur, kann eine Frau einem Mann, der wirklich von einer Frau genommen werden will, vormachen, dass sie ihn liebt, während sie mit ihrem Herzen völlig bei einem anderen ist? Das ist unmöglich. Und wenn man jetzt in die Geschichte dieses Mannes blickt, wird man zum Beispiel Folgendes feststellen können: dass er an jemanden gebunden ist. Das muss nicht unbedingt eine Frau sein, das kann zum Beispiel ein Onkel sein, der ein Leben lang ohne Frau geblieben ist, weil er vielleicht eine schlimme Kriegsverletzung hatte und nie eine Frau abgekriegt hat. Irgendwie ist er dann mit dem identifiziert, und er nimmt jetzt zwar eine Frau, er heiratet auch, aber innerlich hat er keine Frau.

Innerbetriebliches Coaching

TN: Was du vorher gesagt hast, interpretiere ich so, dass im Bereich Coaching betriebsinterne Beratung nicht funktioniert.

T: Ja. Ich habe noch nie erlebt, dass Coaching von unten nach oben funktioniert. Obwohl es viel gemacht wird. Aber nur aus Kostengründen. Eine Psychologin, die fest angestellt ist, ist natürlich viel billiger, als wenn man sich einen Coach von außen holt.

TN: Aber vermitteln kann ich?

T: Nein, das geht nicht. Aber ich kann dir noch einen Tipp geben: Wenn man in so einer Situation ist wie du, als Psychologin in einem Betrieb, kriegt man ja häufig so unsittliche Anträge, wie: Coach doch mal den Chef. Wenn du bei deinem allerersten Gefühl bleibst, wirst du merken, dass du dich überfordert fühlst, wenn du so einen Antrag bekommst. Allerdings machst du das ganz schnell weg, weil du denkst: Warum, ich weiß doch, wie das geht. Doch das Überforderungsgefühl ist immer da, du weißt, dass du das gar nicht leisten kannst. Aber nicht aufgrund deiner fachlichen Qualifikation, sondern aufgrund der Situation. Das kannst du gar nicht leisten. Du bist nicht fachlich, sondern strukturell überfordert. Wenn du dabei bleibst, ist das ein ganz sicherer Indikator.

AUFSTELLUNGEN FÜR FAMILIENUNTERNEHMEN

Bei der Beratung von Familienunternehmen gibt es zwei große Standardprobleme: erstens die Übertragung von Familienkonflikten in den Firmenkontext und zweitens den Generationswechsel. Letzteres Problem ist in der Bundesrepublik zur Zeit besonders virulent, da jährlich zehntausende solcher Wechsel anstehen.

Zum ersten Punkt:
Wenn Familienmitglieder gleichzeitig Positionen im Unternehmen einnehmen, dann stellt sich als Erstes die Frage, ob sie diese Positionen innehaben, weil sie sie ausfüllen können oder weil sie Familienmitglied sind. Im letzten Fall kann man von einer Störung der Ordnung bzw. Rangfolge sprechen, weil das Kriterium der Tüchtigkeit/Kompetenz nicht angemessen berücksichtigt ist.

Häufig sind nur einige der Familienmitglieder aktiv im Unternehmen tätig, während der Rest, der nur Anteile hält, mit dem operativen Geschäft nichts zu tun hat. Wenn nun die Familie sonntags am Kaffeetisch Firmenpolitik macht, die montags den angestellten Geschäftsführern als beschlossene Maßnahme mitgeteilt wird, wird deren Führungskompetenz unterhöhlt, und es ist nicht mehr klar, wer die Firma tatsächlich leitet.

Ein anderer wichtiger Aspekt ist die Erbfolge. Fühlt sich jemand bei der Erbfolge übergangen oder betrogen, wirkt sich das dahin gehend aus, dass Familienmitglieder auf sachlich unangemessene Weise in die Firma hineinregieren, um ihr persönliches Mütchen zu kühlen. Hierbei ist unter systemischen Gesichtspunkten zu beachten, dass eine Erbschaft im Kern ein Geschenk ist, d. h., der Erbe hat keinen Anspruch auf das Erbe (abgesehen vom gesetzlich garantierten Pflichtanteil, der selbst aber nur eine juristische Konstruktion ist, die systemisch sekundär bleibt).

Bert Hellinger hat bezüglich des Erbes jedoch darauf hingewiesen, dass der bevorteilte Erbe gut daran tut, von sich aus die „Benachteiligten" in das Erbe hineinzunehmen, um gerade solchen Spannungen zu begegnen.

Zum zweiten Punkt:
Der Generationswechsel stellt sich unter mehreren Gesichtspunkten häufig als schwierig heraus. Erstens: Die ältere Generation übergibt die Firma nicht zum versprochenen Zeitpunkt (z. B. wenn der Vater 65 geworden ist), sodass die Kinder nie sicher sein können, wann sie nun tatsächlich die Leitung des Unternehmens bekommen. Zweitens: Der Rücktritt erfolgt, und auch die Übergabe findet statt, doch platzt der alte Chef beispielsweise immer wieder in eine Geschäftsführerbesprechung hinein, so als ob er immer noch der Chef wäre, übernimmt die Gesprächsführung und maßregelt seinen Sohn vor den anderen Geschäftsführern und Abteilungsleitern, wie ein Vater seinen Sohn maßregelt. Drittens: Es gibt mehrere Geschwister, und es ist nicht klar, wer von ihnen die Geschäftsleitung übernimmt und/oder wer sie überhaupt übernehmen möchte.

All diese Problem sind im Beratungskontext nicht lösbar, wenn nicht die familiensystemischen Verstrickungen aufgelöst worden sind. Erst dann kann im zweiten Schritt geschaut werden, worin eine gute Lösung für die Firma bestehen könnte, weil erst dann alle Beteiligten für eine sachgemäße Lösung innerlich frei sind.

Da der Generationswechsel für Familienunternehmen häufig ein Prozess ist, der sich über viele Jahre hinzieht und oftmals für alle Beteiligten eine große seelische Belastung bedeutet, ja nicht zuletzt das Unternehmen in eine große wirtschaftliche Krise führen kann, scheint uns die systemdynamische Unternehmensberatung gerade für diesen Problemkreis das zentrale Beratungsinstrument für mittelständische Firmen im Übergang zu sein.

Die vorwiegend betriebswirtschaftlich, juristisch und steuerrechtlich orientierten Ansätze verfehlen regelmäßig ihr Ziel, weil sie die psychologische und systemische Komponente weder angemessen im Blick haben noch über Instrumente verfügen, die hier zu Lösungen führen können. Erst wenn der systemische Hintergrund geklärt ist, ist der Weg frei, nach einem guten juristischen und steuerlichen Modell zu suchen. Die Beratungsansätze schließen sich in diesem Sinne nicht aus, sondern ergänzen sich in ihrer zeitlichen Reihenfolge.

SEIT ICH GESCHÄFTSFÜHRER BIN, TRAGE ICH EINE STINKWUT MIT MIR RUM!

AUFSTELLUNG 7

Klient: Ich bin vor eineinhalb Jahren als Geschäftsführer in ein Unternehmen eingetreten. Den Gesellschaftern stand ich zuvor schon nahe, ich kannte dieses Unternehmen schon vorher und hatte dort bereits Projekte gemacht.

Trainer: Als was?

K: Ich habe dort die EDV eingeführt, logistische Sachen usw. Es wurde dann immer mehr, sodass ich eine Art Stellvertreter, sozusagen ein Mittler zwischen den Mitarbeitern und den Abteilungsleitern und der Geschäftsleitung wurde.* Dazu muss gesagt werden, dass das Unternehmen von einem Ehepaar gegründet wurde. Beide Gesellschafter waren bis zu meinem Eintritt dort Geschäftsführer.

*Für diese Mittlerfunktion hat er als EDV-Berater keinen Auftrag. Das System bürdet ihm diese Aufgabe auf, da es ein Kommunikationsbedürfnis gibt und er sich dafür anbietet (wie und wodurch ist zu diesem Zeitpunkt noch unklar).

T: Lass mich das mal zusammenfassen: Ein Mann und eine Frau, ein Ehepaar, haben eine Firma gegründet und sind alleinige Gesellschafter, ja?

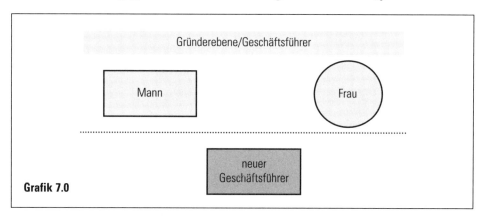

Grafik 7.0

K: Ja. Und sie waren bis zu meinem Eintritt auch alleinige gleichberechtigte Geschäftsführer.

T: O. K. Und jetzt bist du dazugekommen?

K: Jawohl. Die Frau ist jetzt nur noch Gesellschafter, und ich bin als Fremdgeschäftsführer dazugekommen.

T: Und was ist mit dem Mann?

K: Er ist nach wie vor geblieben.

T: Das heißt, ihr seid jetzt drei Geschäftsführer?

K: Nein, nein. Sie ist nicht mehr Geschäftsführer.

T: Gut. Im anderen Fall wäre es jetzt nämlich schon vorbei.

K: Sie hat noch eine Beraterfunktion, sie ist noch sehr nahe dabei.

T: Das brauche ich nicht aufzustellen. Das ist ein Gesetz. Aber ich stelle es dir gerne auf, damit du das siehst. *(Zur Gruppe)* Aber ich sage es euch gleich vorher: Wenn ein Ehepaar zusammen eine Firma gründet und sie zusammen leitet, kein Problem. Wenn sie sich einen Dritten als Gleichberechtigten dazuholen, funktioniert es nie! Und im Regelfall geht der Neue. Manchmal geht dabei sogar die Ehe kaputt. Nicht wegen Eifersucht oder Sex, sondern weil sie sich so in die Haare kriegen, dass das die Ehe kaputtmacht.

K: Ich denke, hier war es eher umgekehrt: Die Firma hat die Ehe fast zum Platzen gebracht, und ich sollte eher zur Rettung dazukommen.*

> *Leitfrage: Wer braucht wen wofür? Wird er als EDV-Fachmann eingestellt, oder soll über ihn ein Umleitungskonflikt organisiert werden?

T: Das ist ja auch wunderbar. Aber dann muss einer von beiden wirklich rausgehen. Aber ich stelle es gerne für dich, damit du es selbst siehst. Also das Ehepaar und du, das reicht.

K: Ich will noch etwas dazu sagen: Seit einem Jahr lebe ich nur noch in diesem Sekundärgefühl. Ich habe nur noch eine Stinkwut, und zwei der Abteilungsleiter sind aufmüpfig, anmaßend.*

> *„Undank ist der Welten Lohn ..." Er übernimmt die Vermittleraufgabe, und statt Dank erntet er Widerstand. Der Triangulierte zahlt letztendlich immer die Rechnung.

T: Genau. Ich stelle es gleich auf, ich will nur noch etwas Theoretisches dazu sagen. *(Zur Gruppe)* An diesem Beispiel kann man sehen, dass wir Menschen keine systemische Kinästhetik haben, das heißt, wir machen systemische Fehler. So etwas *(zeigt zum Klienten)* darf man nicht machen, das muss man einfach wissen. Jetzt weiß man es aber nicht und macht es trotzdem, und zwar mit guten Gründen: Die beiden sind zu überlastet, sie brauchen eine Dritten usw. Also suchen sie sich einen, der sich durch die Projekte, die er gemacht hat, sehr bewährt hat, der also genau der Richtige ist. Die beiden haben es gut gemeint, du hast es gut gemeint. – Und er lebt nur noch unter Sekundärgefühlen.
Und jetzt passiert Folgendes: Das, was zwischen den dreien ungeklärt ist, wo taucht es wieder auf? Weiter unten natürlich. Da unten kann man nun so viel rumwursteln, wie man will, letztendlich ist alles sinnlos, solange das da oben nicht geklärt ist. Und das da oben ist ganz leicht zu klären. Einer von den beiden Eheleuten geht raus! Die waren ja sowieso überlastet und haben ihn dazugeholt, damit sie entlastet werden, was selbstverständlich eine sinnvolle Maßnahme war. Deshalb ist nur die Frage: Wer geht raus, die Frau oder der Mann? In diesem Fall hier muss man nun dafür sorgen, dass sie ganz rausgeht, und das Problem ist erledigt. Geht sie aber nicht, wird das Problem nicht zu lösen sein. Das ist eine typische Beratersituation. Weil die drei da oben der Wirklichkeit ihrer Fehlentscheidung nicht ins Auge sehen wollen, blicken sie nach unten. Und sie engagieren Berater und Coachs, um Probleme zu lösen, die gar nicht zu lösen sind, solange die drei nicht den einzig sinnvollen Lösungsschritt machen. Aber diesen Lösungsschritt kann man nicht spüren, den muss man wissen. Hat man ihn aber gemacht, spürt man die enorme Erleichterung.

K: Zu dem Spüren möchte ich sagen: Die Mitarbeiter und ich spüren schon lange, dass die Frau den Schritt endgültig hätte machen müssen. Sie ist eine Belastung für alle. Sie hat keine Vollmachten mehr und ist nur noch Gesellschafterin, wirkt aber weiter dort rein.

T: Genau.

TN: Ist das nur bei Ehepaaren so, oder ist das auch so, wenn zwei Partner eine Firma gründen?

T: Ähnlich, aber anders. Wenn zwei Partner eine Firma gegründet haben, dann kann der Dritte oder auch ein Vierter nie als Gleichberechtigter dazukommen. Denn diese Gleichberechtigung ist nachträglich nicht mehr herstellbar. Es muss dann zwischen den Dreien immer ein deutlicher Hierarchieunterschied bleiben. Und wenn man versucht, den zu nivellieren, geht es auch schief. Man versucht dann, eine künstliche Ordnung einzuführen, nämlich Gleichberechtigung, die systemisch nicht stimmt. Die drei sind nicht gleichberechtigt, denn nur zwei von ihnen haben die Firma gegründet, und der Dritte kam dazu. Nichts kann diese Qualität des Gründungsaktes kompensieren.

TN: Wenn aber drei oder vier Personen etwas zusammen gründen, dann ist das Verhältnis ein anderes.

T: Natürlich. Angenommen, vier oder fünf Anwälte bilden eine Anwaltssozietät, als gleichberechtigte Anwälte, kein Problem. Jedenfalls nicht systemisch gesehen. Und es gibt ja gerade in Amerika viele Anwaltssozietäten, die seit Generation funktionieren. Dass das systemisch stimmt, sieht man eben gerade daran, dass es über Generationen hinweg floriert.

TN: Ich denke, dass man dabei den Status „Geschäftsführer" und „Gesellschafter" noch besonders berücksichtigen müsste. Man muss diese beide Ebenen sehr klar auseinander halten, und man muss dafür sehr klare Regeln haben.

T: Das stimmt. Ich könnte mir durchaus vorstellen, dass die Frau Gesellschafterin bleibt, sozusagen als stille Teilhaberin. Aber sie darf sich eben nicht einmischen.

TN: Es kommt eben auf die Verträge an.

K: Die Verträge sind eindeutig. Aus dem Tagesgeschäft und aus dem Ganzen raus.

T: O. K. Wir stellen das mal auf, sodass die anderen es mal sehen. Aber im Grunde genommen ist es eindeutig.

(K steht auf und bittet einzelne Stellvertreter zur Mitarbeit und führt sie dann auf Plätze gemäß seinem Bild)

T *(zum Klienten, der gerade aufstellt)*: Ich würde es gerne anders machen. Erst mal den Mann und die Frau und dann die Firma insgesamt. Ich möchte schauen, was dann passiert.

K: Einen Vertreter für die Firma?

T: Genau.

(Als die drei Personen stehen, hört man in der Gruppe vereinzeltes Aufstöhnen)

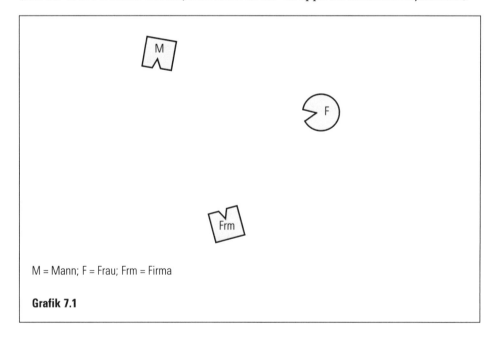

M = Mann; F = Frau; Frm = Firma

Grafik 7.1

T: Wie geht es dem Chef?

M: Unbeteiligt.

F: Ich will zur Firma. Und ich habe hier *(reibt sich den rechten Rippenbogen)* so einen Druck.

T: Wie geht es der Firma?

Frm: Ich bin im Zentrum.

T: O. K. *(Stellt die Ehefrau neben die Firma)*

Grafik 7.2

T: Wie geht es euch jetzt?

F: Ich weiß nicht. Diffus.

(Frm sieht kränklich aus, kein Kommentar)

T *(zu Frm)*: Aha. Nicht so besonders. *(Stellt sich zu M)* Wie geht es dem Mann?

M *(zeigt mit beiden Händen nach vorne)*: Flucht!

T: Ja, mach es mal. Geh mal raus.

(M verlässt die Konstellation)

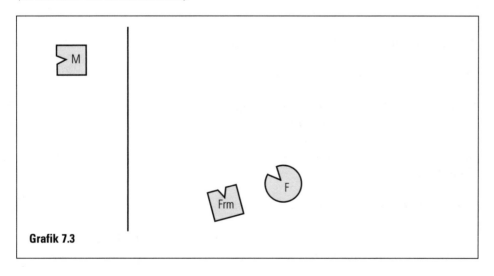

Grafik 7.3

T *(zu Frm)*: Die Firma nickt zustimmend, o. k.

Frm: Besser.

T: Wie geht es der Frau?

(F zuckt mit den Schultern und lächelt)

T: Sie strahlt.

T *(zum Klienten)*: Was passiert, wenn du das siehst?

K: Es ist so, dass er immer die großen Entwürfe macht, aber nie die kleine Arbeit. Sie hat immer die Tagesarbeit gemacht, sie war mehr der Verwaltungschef. Er hat auf die Firma immer nur als Cash Cow („Melkkuh") für seine neuen Projekte und die Zukunft geschaut. Die Firma ist sehr schnell expandiert, muss man noch dazusagen.

T: O. K. Da wo er *(M)* hinguckt, sind seine Visionen, nicht die Firma. *(Zu M, der in der Reihe sitzt)* Kommst du noch mal her, und stellst dich wieder rein? *(M stellt sich wieder an seinen Platz; Trainer zum Klienten)* Stellst du noch jemanden für seine Visionen dazu?

(K wählt eine elegante Frau dazu)

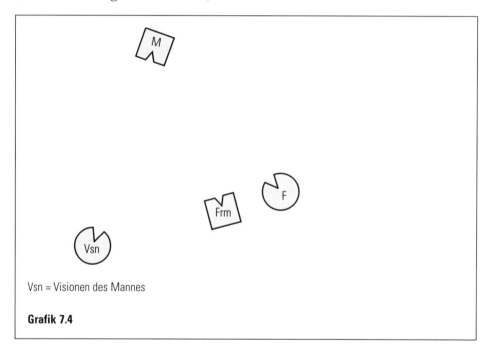

Vsn = Visionen des Mannes

Grafik 7.4

T *(stellt sich neben M)*: Wie geht es dir jetzt?

(M lächelt sehnsüchtig den Visionen zu)

T: Ja. Da willst du eigentlich hin! Das heißt, die Firma ist Mittel zum Zweck. Die bringt das Geld für diese Ideen.

M: Ja. *(Zeigt zur Firma und spricht mit etwas leiser Stimme)* Da steckt kein Gefühl drin.

T: Wie geht es der Frau, wenn sie das sieht?

F: Ich habe zwar keinen Bezug zu seinen Visionen, aber ich finde, das tut ihm gut, und somit tut es auch mir gut.

T: Aha. Wie geht es der Firma?

Frm: Er *(M)* soll ein bisschen aus dem Weg gehen.

T: Wie geht es der Vision?

Vsn: Wenig Bezug zur Firma. Viel zu ihm.

T *(zu M)*: Gehst du mal zu deinen Visionen?

(K geht bis auf zwei Schritte auf Vsn zu; vgl. 7.4)

T *(stellt sich zu Vsn und M)*: Wie ist das?

(Vsn und M lächeln sich innig, fast intim an)

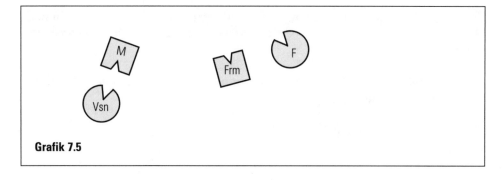

Grafik 7.5

T: Also, das ist wichtig. *(Zum Klienten)* Kommst du mal her. Du kannst das nicht ändern, aber vielleicht ist das innere Wissen heilsam für das System.

(Der Klient stellt sich auf eine Position, wo er beide gut im Blick hat)

T *(zu K)*: Woran erinnert dich das?

K: Das ist ein Liebespaar.

T: Genau. Also meine Idee ist, die Visionen stehen bei ihm für etwas anders.

(Vsn lächelt wissend)

T: Was passiert bei den Visionen, wenn ich das sage.

Vsn: Ein Schmunzeln.

T: O. K. Dann machen wir mal Folgendes. *(T stellt M, der fast vor Liebe taumelt, an seinen vorigen Platz und Vsn ihm zur Seite)*

Grafik 7.6

T *(zum Mann und seinen Visionen)*: Seht euch mal an.

M und Vsn: *(Schauen sich an und lächeln vergnügt)*

T *(zu F)*: Was passiert bei der Frau?

F: Die Vision ist eine Konkurrenz. Aber solange ich nur sie als Konkurrenz habe, bin ich noch im Spiel.

T: Genau. Solange es nur eine Idee ist und nicht eine andere Frau. *(Zur Gruppe)* Das ist die Pragmatik von schlauen Frauen.

T *(zu K)*: Jetzt holen wir dich mal dazu. Und zwar in der Funktion, als du noch Berater warst und nicht Mitglied der Geschäftsführung. Du bist externer Berater.

K *(wählt einen Stellvertreter für sich, dann mit unsicherer Stimme)*: Wo soll ich mich selber hinstellen?

T: Na, ich stell dich mal auf.

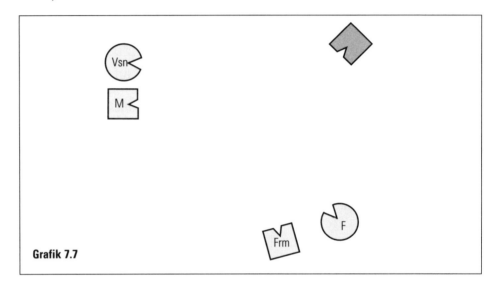

Grafik 7.7

M: Perfekt.

T *(zu M)*: Ist eine tolle Energie, gell?

M: Ja.

T: Genau. *(Zur Gruppe)* Dieses Ideal *(die Visionen)* steht wofür? Wahrscheinlich für die ideale Mutter. Aber das können wir jetzt nicht lösen, denn das ist nicht seine Aufstellung, ja? Weil er *(K)* ja in diesem System arbeitet, ist es gut, wenn er einige Dinge versteht, die ihm vielleicht bisher verborgen geblieben sind.

T *(zu K)*: Wie geht es dir, wenn du daran denkst, du sollst dieses System beraten oder das auch tatsächlich tust?

K: Ich fühle mich sehr hin- und hergerissen.

T: Natürlich. Du weißt nicht, wo du hinsollst. Stellst du dich mal neben die Firma?

(K tut es)

T: Wie geht es der Firma?

Frm *(blickt zu K hinüber, mit langsamer Stimme)*: Misstrauisch.

T *(zu K)*: Stellst du dich mal neben die Frau? *(K tut es)*

Frm: Ich weiß nicht genau, ob ich uns drei gegenüber oder ihm *(zeigt zu M)* gegenüber misstrauisch bin.

T: Genau.

Frm: Eigentlich würde der Geschäftsführer schon hierhin *(zeigt auf den Platz links von sich)* gehören, wenn ich mich darauf einlasse.

(Der Trainer stellt den Klienten wieder neben Frm und das Paar M und Vsn in eine neue Position)

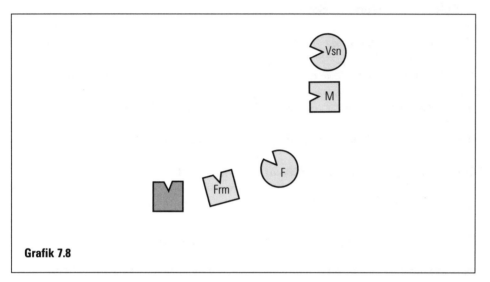

Grafik 7.8

T *(zur Firma)*: Wie ist es jetzt?

Frm: Das ist gut. Da kommt ganz viel Energie hoch.

T: Wie geht es der Frau?

F: Mir war es leichter, die beiden da drüben zu sehen. Und ich hätte den Berater gerne bei mir gehabt; ich wollte ihn auch gleich, als er bei mir war, zu mir herziehen.

T *(zu K)*: O. K., stell dich mal dazwischen. Das ist vermutlich die Position, die du jetzt real hast.

(Der Klient stellt sich in die Lücke zwischen F und M)

F: Also, das passt nicht.

T: Eben.

F: Ich wollte nicht, dass er zu meinem Mann geht, sondern bei mir steht.

T *(zum Klienten)*: Jetzt siehst du deinen Konflikt, ja?

K: Ich sehe mich an der Stelle neben der Firma.

T *(zu K)*: Stell dich mal hin.

(K stellt sich wieder an den Platz neben Frm; vgl. 7.7)

K: Das Misstrauen ist total unverständlich, das verunsichert mich. Ich kannte doch alle von früher, aus meiner Beratertätigkeit. Ich hatte ein sehr gutes Verhältnis, war immer sehr eng mit der Geschäftsleitung verbunden.

T: Ja, genau. Wenn es für dich dort eine Lösung gibt, heißt die: Du musst raus aus der Leitungsebene und musst sozusagen in die Firma. Du darfst nicht auf deren Ebene sein, ja? *(Zum Klienten in der Runde)* Stellst du dich mal an diese Position.

(Der Klient tauscht mit seinem Stellvertreter den Platz und steht dann recht locker neben der Firma)

F: Für mich ist es jetzt ein bisschen zu eng.

T: Stellst du dich ein Stückchen rüber?

(F stellt sich näher an M)

(K geht ein bisschen zur Seite, die Firma folgt ihm, um die Nähe zu halten)

T: Die Firma rückt näher an ihn *(K)* heran, ein gutes Zeichen!

T *(zum Klienten)*: Wie geht es dir an der Position?

K *(steht kräftig und locker auf beiden Beinen)*: Gut.

Frm: Auch gut.

F *(zeigt zu Firma und Klient)*: Ich habe alles im Griff.

M: Ich spüre in den letzten Minuten, dass ich den Bezug zur Frau immer mehr verliere. Die Visionen sind mir wichtiger, ich fühle mich da mehr hingezogen.

T *(zu K)*: Das ist das Drama dieser Ehe, nicht deines. Aber wenn du auf deren Ebene *(zeigt zu M und F)* bist, bist du Teil dieses Dramas. Und die einzige Möglichkeit, wie du dich aus diesem Ehedrama raushalten kannst, ist, hier bei der Firma zu stehen; hier bist du auf der sicheren Seite.

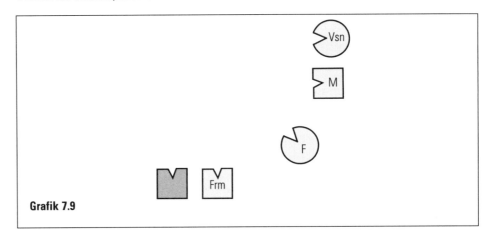

Grafik 7.9

K: Zu dem Drama gibt es noch zu sagen, wir wohnen noch zusammen in einem Doppelhaus.

(Gruppe lacht)

T: Ich kann daran nichts ändern, ja? Ich sage dir nur, das ist das, was ich sehe. Und das wäre die Lösung. Und je weiter du dich von dieser Ehe und allem, was damit zu tun hat, fern hältst, desto besser wird es für dich sein.

K: Ja, instinktiv habe ich mir das auch gedacht.

T: Gut.

F: Ich habe volles Vertrauen, denn er *(K)* macht die Arbeit, weil er *(zeigt abwinkend zu M)* ja immer spinnt.

T: Hier liegt ein große Verachtung dem Mann gegenüber. Diese Handbewegung ist eine Verachtung, ja?

Frm: Bei mir nicht. Meine Haltung ist: Soll er seines machen. Die Firma wirft so viel ab, dass er das machen kann.

T: Die Firma ist gutmütig, wie die meisten. Die kleinen Leute haben immer viel Verständnis für die Großen. Ich mache die Arbeit, du darfst ruhig ein bisschen spinnen.

TN *(zu T)*: Ich habe das Gefühl, du willst hier Schluss machen?!

T: Ich will hier auch Schluss machen.

TN: Aber die Frau geht doch raus aus dem System?

T: Bei dem, was ich hier sehe ist, ist es nicht klar, wer rausgeht. Und da es keine Aufstellung für dieses Ehepaar ist, sondern für ihn, und er dort nicht kündigen will, ist jetzt die Frage: Was kann er machen? Meine erste Idee war, dass er sich mit den beiden hinsetzen muss, um sich darüber zu verständigen, dass er dieses Unternehmen nicht mit ihnen zu dritt führen kann. Was ich jetzt sehe, ist, dass das vielleicht gar nicht nötig ist. Allerdings müsste er, was das operative Geschäft angeht, mit der Frau zusammenarbeiten. Und dem Mann müsste man ein Labor für Zukunftspläne oder so was einrichten.

K: Ist schon passiert.

(Gruppe lacht)

T: Genau. Das hat er sich schon eingerichtet. Und dann gäbe es natürlich eine Lösung: Der Mann geht raus, macht sogar vielleicht eine eigene Firma, *future projects* oder so was, und kann dann sein Liebesverhältnis haben. *(T schaut zu den Visionen und dem Mann)* Guck mal, wie die beiden strahlen. *(Gruppe lacht)* Das wäre eine Lösung. Der Mann gründet eine eigene Firma, für die er der Chef ist, und die drei *(Klient, Firma, Frau)* machen das konkrete Geschäft. Und dabei fühlen sich alle drei gut und sind ihm sogar wohl gesonnen! Und lassen ab und zu mal Geld herüberfließen, falls seine Firma nicht genug abwirft.

TN: Aber eines stimmt doch nicht. Es ist doch beschlossen, dass sie rausgeht!

T: Bis jetzt. Aber das muss ja nicht so bleiben.

TN: Vielleicht kann er alleiniger Geschäftsführer werden, wenn sie geht.

T: Nein. Sieh mal hin. Diese Frau hängt mit ihrem Herzblut an dieser Firma, und sie macht das operative Geschäft. Sie ist doch viel wichtiger für die Firma als er *(M)*. Also, die drei *(Klient, Firma, Frau)* machen die Firma. Er macht eine eigene Firma und fertig ist die Laube. Natürlich kann er *(zeigt auf K)* das nicht entscheiden, das ist doch klar. Aber er hat jetzt dieses innere Bild als eine mögliche Lösung. Und da er mit diesem Ehepaar befreundet ist, könnte es sein, dass er es auf irgendeine Weise anbringen kann. Immerhin hat er *(M)* ja sogar schon eine eigene Firma gegründet, und man kann das vielleicht ein bisschen forcieren, sodass diese drei *(K, Frm, F)* die Firma leiten. Er macht was eigenes, und es passt. O. K., das war es. Danke.

TROTZ BESTER VORAUSSETZUNGEN BLEIBT DER UNTERNEHMENSERFOLG AUS

AUFSTELLUNG 8

Diese Aufstellung ist ein Beispiel für die typische Komplexion bei Familienbetrieben, bei denen sich Familien- und Firmenstrukturen permanent überlagern. Die in diesem Fall weit zurückreichende Generationenfolge verkompliziert die Situation zusätzlich, da das Problem über vier Generationen hinweg „abgearbeitet" werden muss. Zum besseren Verständnis haben wir diesen schrittweisen Prozess an den jeweiligen Übergängen der einzelnen Sequenzen durch Fettdruck markiert.

Klient: Ich leite ein Unternehmen, das seit 200 Jahren in unserer Familie ist. Die Verbindung von Familie und Unternehmen ist bei uns sehr, sehr groß, und die zentrale Frage, die ich gerne hier gelöst hätte, ist: Warum sind wir trotz guter Mitarbeiter, trotz guter Ideen und trotz enormen Arbeits- und Zeiteinsatzes dennoch nur höchst unterdurchschnittlich erfolgreich?

Trainer: O. K.

Frau des Klienten/Klientin *(FK)*: Ich hätte auch eine Frage. Was ich gerne anschauen möchte, ist, warum ich mich so wenig mit dem Unternehmen identifizieren kann, zwar sporadisch mitarbeite, es aber dann immer wieder sein lasse und ständig das Bedürfnis habe, etwas Eigenes zu machen.

T: O. K. Also, ihr beide seid verheiratet. Und die Firma kommt aus deiner *(Mann)* Familie?

K: Ja.

*Bei Familienbetrieben führt die Anamnese der Firmengeschichte automatisch in die Rekonstruktion der Familiengeschichte. Vgl. Teil 3, *Fragen zu Familienbetrieben*.

T: Das heißt, du hast sie von deinem Vater geerbt. Warst du das einzige Geschwister?*

K: Ich bin der Mittlere neben zwei Schwestern. Die beiden sind aber nicht am Unternehmen beteiligt. Sie wurden beide abgefunden, und es gab auch keine Schwierigkeiten. Es gab allerdings Probleme mit den anderen Gesellschaftern, die wurden aber dann ebenfalls abgefunden.

T: Und diese anderen Gesellschafter, in welcher Beziehung standen die zu deinem Vater, zu deinen Eltern?

*Auch hier ist das Problem zwischen Geschäftsführung und Hauptgesellschafter zugleich ein Familienproblem. Daher müssen beide Stränge parallel beobachtet werden: Ist das Problem ursächlich ein Familienproblem, das sich auf die Firma auswirkt, oder ist es ein Firmenproblem, das in die Familie hineinwirkt, oder ist es beides zugleich?

K: Das war die Cousine meines Vaters.*

T: Aha. Und wie viele Gesellschafter waren das?

K: Nur diese Cousine.

T: Du bist der Hauptgeschäftsführer des Unternehmens?

K: Geschäftsführer und Inhaber.

T: Wie sieht es unter dir aus?

K: Es gibt vier Abteilungsleiter. Technik, Verwaltung, Logistik und solche Sachen.

T: So, dann gibt es die Mitarbeiter und natürlich noch eure Kunden. Und die Frage ist: Wie kommt es, dass trotz der Qualifikation, des hohen Einsatzes und der Motivation der Erfolg nicht entsprechend ist? Verstehe ich gut.

FK: Was noch wichtig wäre, ist, dass meine Schwiegermama noch rapid im Betrieb mitspricht. Sie ist siebzig Jahre alt.

T: Aha. Und wie macht sie das, rapid mitzusprechen? Hat sie eine offizielle Funktion?

K: Sie war früher die Leiterin der Verwaltung. Sie ist formell längst in die Rente, aber informell mischt sie da noch kräftig mit.*

FK: Das ist ihr Leben ...

T: Das geht aber nicht. Beziehungsweise, dass es geht, sieht man, aber es geht nicht gut.

Klientin: Und die Mutter regiert nicht nur in ihre ehemalige Abteilung mit hinein, sondern versucht auch, ihn *(K)* in der Art der Geschäftsführung zu beeinflussen.

T: Wird ja immer schlimmer. *(Zur Gruppe)* Was wir hier haben, ist ein klassisches Problem in Familienunternehmen, nämlich der Generationswechsel: Wie kann man bei Familienunternehmen den Generationswechsel organisieren?

K: Es gab bereits einen Konflikt, als mein Urgroßvater die damalige Firma auf einen seiner beiden Söhne übertragen hat. Einer der beiden Söhne war mein Großvater, von dem mein Vater nach dessen Tod den Betrieb übernommen hat.

T: Das heißt, beim Vater deines Vaters und dessen Bruder liegt die eigentliche Spaltung.

*Wenn Funktionen, Kompetenzen und Zuständigkeiten nicht klar definiert oder klar definierte Funktionen, Kompetenzen und Zuständigkeiten nicht eingehalten werden, ist die Interaktion des Systems gestört, da die Grundlage für gelingende Interaktion nicht vorhanden ist: die bilateral verlässliche Relation zwischen den Elementen.
Bei Familienbetrieben verdoppelt sich dieses grundsätzliche Problem noch dahin gehend, dass der kommunikative Rahmen stets zwei Interpretationen zugleich beinhalten kann: Sprechen wir als Familien- und/oder als Firmenmitglieder miteinander?

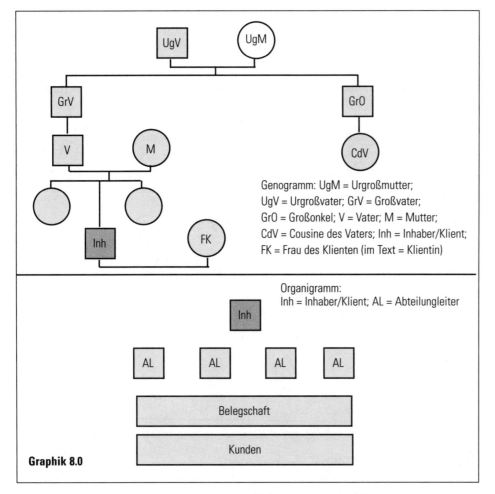

Graphik 8.0

T: Meine Vorannahme ist, dass das Unglück des Unternehmens hier *(zeigt auf GrV und GrO)* begann und sich dann über Generationen fortpflanzte. Gut. Fangen wir an! Such jemanden für deinen Urgroßvater aus und für seine beiden Söhne.*

*Ausgehend von der Hypothese, dass das Problem in der Großvätergeneration seinen Ursprung hat, beginnt die Aufstellung zunächst mit dem diesbezüglichen personellen Minimum. Erst wenn damit keine Erkenntnisse und Lösungsansätze erzielbar sind, wird dieses Minimum sukzessive erweitert.

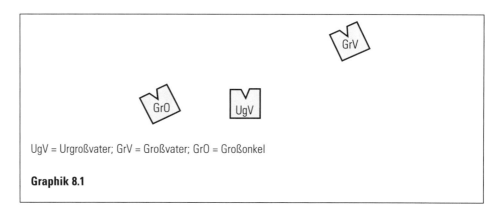

UgV = Urgroßvater; GrV = Großvater; GrO = Großonkel

Graphik 8.1

*Abfrage gemäß der Rangfolge.

T: Wie geht es dem Urgroßvater?*

UgV: Ich habe Herzklopfen.

T: Wie geht es dem Großvater?

GrV *(mit desinteressierter Miene)*: Keine besondere Reaktion. Neutral.

T: Dem Bruder des Großvaters?

GrO: Ich fühle mich bedroht.

T: Von wem?

GrO *(zeigt zu GrV)*: Von da. Ich darf da nicht hinsehen. Ich muss Kontrolle halten.

T *(zu K)*: Ist dein Großonkel der Jüngere oder der Ältere?

K: Ich vermute, der Jüngere.

*Vervollständigung der Herkunftsfamilie des Großvaters.

T: O. K. Dann stellen wir noch die Urgroßmutter dazu.*

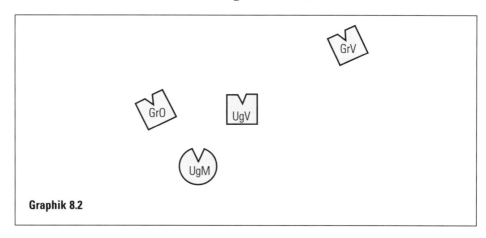

Graphik 8.2

T: Für wen hat sich dadurch was verändert?

GrO: Für mich wird es immer schlimmer.

GrV: Nichts verändert.

UgV: Das Herzklopfen hat sich etwas beruhigt. Aber da neben mir stimmt irgendetwas noch nicht.

T: Wie geht es der Urgroßmutter?

UgM: Die sagt, wo es langgeht!

T: Die sagt, wo es langgeht, das kann man sehen. *(Zu K)* Such bitte jemanden für deinen Vater und deine Mutter.*

*Ergänzung um jenen Teil der Herkunftsfamilie des Klienten, der gleichzeitig die Kette der Inhaberabfolge fortsetzt: drei Familien- und Firmengenerationen.

(K tut es und stellt zwei Stellvertreter für seine Eltern dazu)

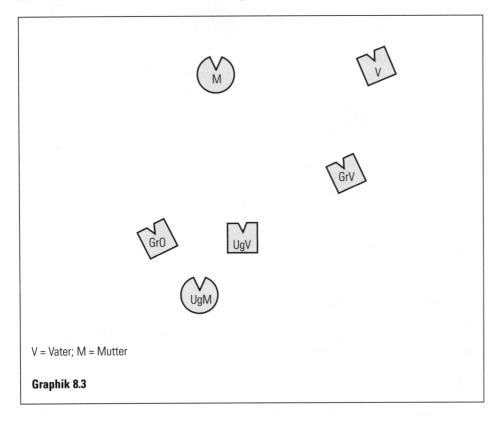

V = Vater; M = Mutter

Graphik 8.3

T: Wie geht es dem Großvater, wenn Sohn und Schwiegertochter dazukommen?

GrV *(zuckt desinteressiert mit den Schultern)*: Keine Änderung.

T: Wie geht es dem Vater?

V: Ich verspüre einen unheimlichen Druck. Ich will etwas anderes machen. Schneller arbeiten. Werde aber zurückgehalten.

T: Wie geht es der Frau?

F: Mir geht es gut.

T: O. K. *(Zum Klienten)* Stell bitte noch die Cousine deines Vaters mit dazu.

K: Noch etwas. Der Großvater ist mit 47 Jahren verstorben, und die Großmutter hat dann wieder geheiratet. Mein Onkel wollte den Laden dann verkaufen. Die Großmutter hat ihn dann ausbezahlt und gesagt: Ich habe einen Sohn, und der führt den Laden weiter.

T: Gut, dann stellst du zuerst die Großmutter mit dazu.*

*Da die Großmutter eine wesentliche Entscheidung für den Fortbestand des Unternehmens getroffen hat, gehört sie auch zum Firmensystem.

(K wählt aus und stellt auf)

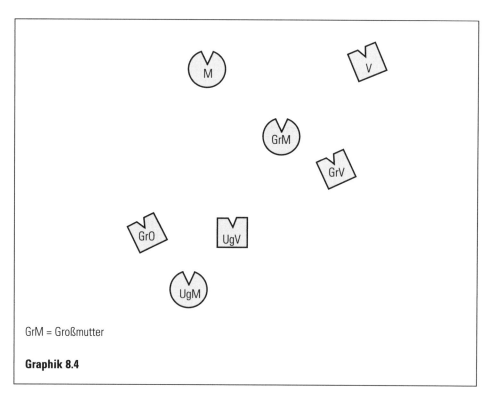

GrM = Großmutter

Graphik 8.4

T: Wie geht es der Großmutter an diesem Platz?

GrM: Ich fühle mich einerseits ganz wohl, aber gleichzeitig habe ich so ein komisches Drücken hier in der Magengegend.

T: Hat sich beim Mann etwas verändert?

(GrV schüttelt kommentarlos den Kopf)

T: Beim Sohn?

V: Der Druck verstärkt sich. Die muss riesige Ohren haben, um hier auch die verborgenen Sachen mitzukriegen, die hier nicht klar ausgesprochen werden.

GrM *(von selbst mit abwertender Stimme)*: Dem sage ich sowieso nichts.

T: O. K. Wie ist es bei der Schwiegertochter?

M: Mich stört die *(UgM)*. Der *(GrO)* stört auch. Die anderen stören mich nicht.

T *(zum Klienten)*: Dann stell noch jemand auf für die Großcousine. Die frühere Gesellschafterin. Die Tochter deines Großonkels.*

(Der Klient wählt eine kräftige Frau und stellt sie auf)

*Die dritte Generation wird um die für das Unternehmen auf dieser Ebene relevante Person ergänzt.

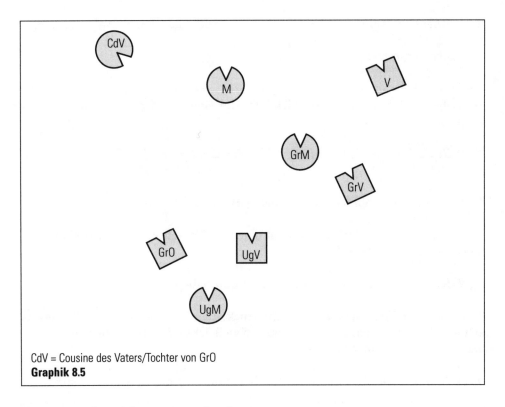

CdV = Cousine des Vaters/Tochter von GrO
Graphik 8.5

T: Bei wem hat sich was verändert?

M: Sie stört mich.

UgM: Ich mag sie. Die anderen Frauen dort drüben sind mir suspekt.

GrO *(zeigt zu CdV)*: Ich schiebe ihr jetzt die ganze Verantwortung rüber und warne sie vor der Urgroßmutter: Pass ja auf, Kind!

T *(zum Klienten)*: Dann stell jetzt mal dich und deine Frau auf!*

(Der Klient stellt einen Mann und eine Frau mit in die Konstellation)

*Mit der vierten Familiengeneration ist nun das Firmensystem in seiner historischen Genese komplett. Obgleich die Aufstellung sehr umfangreich ist, kann diese Konstellation (8.5) in Bezug auf das Anliegen des Klienten dennoch als eine Minimalaufstellung gelten: Es stehen nur diejenigen Familienmitglieder, die für das Unternehmen relevant sind.

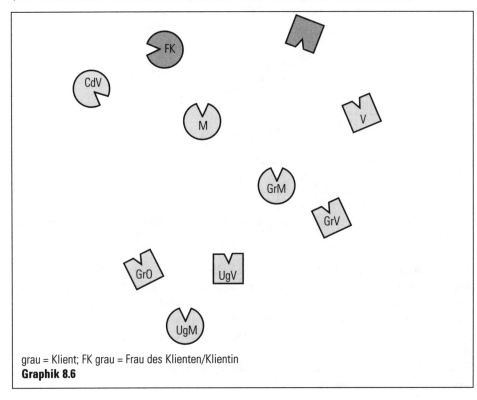

grau = Klient; FK grau = Frau des Klienten/Klientin
Graphik 8.6

T *(zu Klientin)*: Wenn du dich da siehst, entspricht das deiner Wahrnehmung?

(Fk nickt zustimmend)

UgM: Ich bekomme hier *(zeigt zum GrO, ihrem Sohn)* eine fürchterliche Gänsehaut. *(Schaut zu SK)* Und ich habe das Gefühl, ich projiziere alles direkt auf ihn.

(T stellt UgV neben UgM und die beiden Brüder, GrV und GrO vor ihre Eltern; vgl. 8.7)*

*Beginn der Klärung zwischen der ersten und zweiten Generation.

UgM *(zornig)*: Wie bin ich bloß an dich geraten?

T *(zur Gruppe)*: Was ihr hier hört, ist eine tiefe Verachtung. *(Zu UgV)* Was passiert, wenn du das hörst?

UgV: Ich will überhaupt nichts mit ihr zu tun haben.

UgM *(zeigt zu UgV)*: Ich habe den Eindruck, dass in dieser Ehe wirklich etwas schief gelaufen ist. Ich weiß nicht, ob das vielleicht eine Muss-Ehe war oder so. Da ist nichts da außer Verachtung.

T *(zu K und Klientin)*: Kommt ihr hierher, damit ihr das hier mitbekommt.

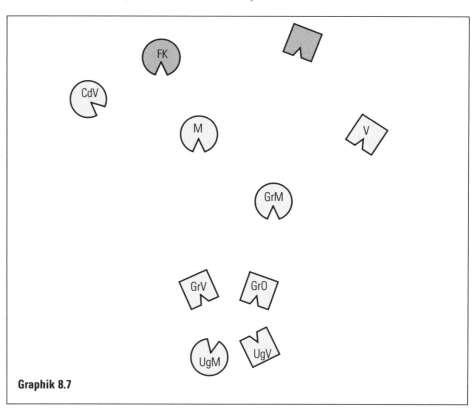

Graphik 8.7

T *(zum Klienten)*: Weißt du etwas über diese Ehe? Gab es da ein Familiengeheimnis?

*Wichtiger Abgleich zwischen dem Wissen, der Erinnerung, der Interpretation des Klienten und der Wahrnehmung seines Repräsentanten in Bezug auf diesen Sachverhalt: Ist das Thema kommunikativ überliefert, oder hat es sich als systemische Wirklichkeit tradiert?

K: Das könnte schon sein. Es hat in dieser Ehe fünf Kinder gegeben. Und es gab damals bei der Erbauseinandersetzung schon den ersten großen Streit. Zwei Kinder sind abgefunden worden. Und dann gab es kein Vermögen mehr, um es einem alleine zu geben. Dann hat man beide eingesetzt, obwohl die stark unterschiedlich strukturiert waren. Und dann war das Unglück da.

T *(zu K)*: Was passiert bei dir, wenn du hörst, dass für euch das Unglück begann, weil hier etwas nicht geklärt ist?*

K *(überlegt)*: Wenig.

UgM *(von sich aus)*: Ich habe den Eindruck, dass das aus meiner Vergangenheit kommt.

T: Das können wir jetzt natürlich nicht alles klären, sonst landen wir im Frühmittelalter. *(Stellt UgV und UgM nebeneinander; zu UgV)* Sag mal zu euren beiden Söhnen: „Ich bin euer Vater ..."

GrO *(von sich aus)*: Ich will überhaupt nichts mit ihm zu tun haben.

T *(schaut GrO prüfend an)*: Stimmt. *(Zu K)* Holst du noch einen Mann mit rein?*

(Der Klient wählt einen Mann Mitte vierzig dafür aus)

T *(zu dem neuen Mann)*: Ich stell dich mal auf.

*Wenn die Urgroßmutter für ihren Mann nur Verachtung empfindet, ist sie eventuell einem anderen (realen oder imaginierten) Mann verbunden, der hier testweise dazugeholt wird.

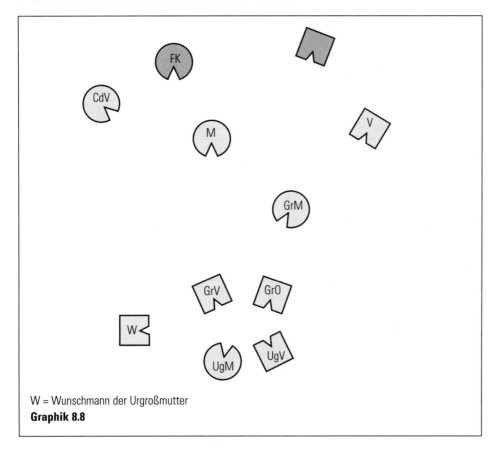

W = Wunschmann der Urgroßmutter
Graphik 8.8

T: Was passiert jetzt? *(Schaut sich im Kreis um)* Alles nickt, gut. *(Stellt dann UgM links neben den Mann)*

UgM *(strahlt)*: Das ist ein Mannsbild!*

(T stellt GrO links neben dessen Mutter; vgl. 8.9)

GrO *(zeigt auf UgV)*: Das da ist mein Vater! Aber er hat sich nie so verhalten, wie ich es erwartet habe.

T: Aha. *(Stellt dann GrO vor UgM und gibt ihm ein Gewicht in die Hand)* Sag mal zu ihr: „Deine Verachtung meinem Vater gegenüber, die habe ich übernommen. Aber es ist nicht meine!"*

(GrO wiederholt den Satz und übergibt der UgM das Gewicht. GrO sieht nach der Rückgabe wesentlich entspannter und präsenter aus)

*Die Reaktion der Urgroßmutter zeigt den Mann als ihren „eigentlichen" Mann, dem sie auf ihre Weise die Treue hält (Verachtung gegenüber ihrem tatsächlichen Mann).

*Rückgabe eines übernommenen Fremdgefühls, die für den GrO seine Beziehung zum eigenen Vater klärt.

T: O. K. *(Stellt GrO wieder neben GrV)*

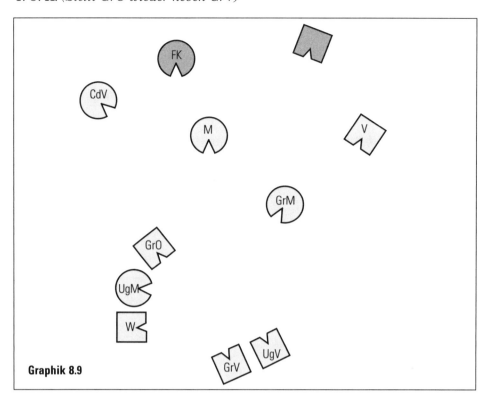

Graphik 8.9

T: Wie ist es jetzt, wenn du deinen Vater anguckst?

(GrO lächelt seinen Vater an, öffnet die Arme, will auf diesen zugehen)

T *(unterbricht)*: So schnell nicht! Verbeuge dich mal vor ihm und sag: „Vater, ich gebe dir die Ehre."*

*Die Rückgabe des Fremdgefühls (s. o.) ist der eine Schritt; das Anerkenntnis des Vaters als Vater – im Angesicht des Vaters – ist der zweite, der die Generationsgrenze wiederherstellt.

Klärung zwischen Bruder des Großvaters und dessen Vater, dem Urgroßvater

Graphik 8.10

(GrO tut es)

T: Und sag ihm: „Ich achte dein Leben als deinen Lösungsversuch. Mir steht dazu kein Urteil zu. Bitte nimm mich als deinen Sohn."*

*Der GrO tritt mit dieser Abgrenzung und Zuständigkeitsklärung aus seiner Anmaßung gegenüber dem eigenen Vater – er kann nun ganz das Kind (seines Vaters) sein.

(GrO tut es, mit sehr viel Respekt)

T *(zu UgV)*: Sag zu ihm: „Komm her."

(UgV umarmt seinen Sohn)

T *(schaut zu GrV)*: Beim ältesten Sohn passiert immer noch nichts, so wie ich das sehe. *(Stellt GrV links neben UgV und GrO links neben GrV)*

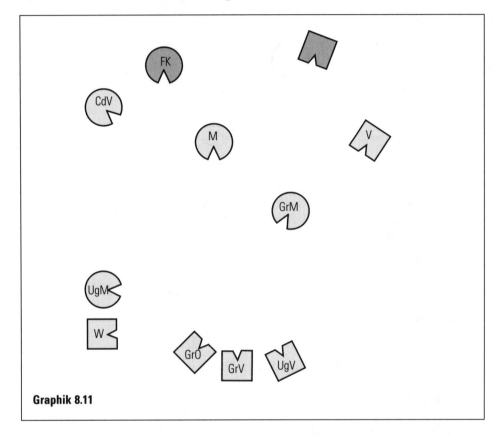

Graphik 8.11

T *(zu GrV)*: Schau mal zu deinem Vater hin und sag: „Vater, an deiner Seite werde ich wieder lebendig."*

*Auch für den zweiten Sohn muss nun die Klärung im Verhältnis zum Vater erfolgen.

(GrV tut es)

T *(zu UgV)*: Halt mal deinen Sohn fest, nimm ihn mal in den Arm.

(UgV legt sanft den linken Arm um die Schultern von GrV)

(GrO lächelt, als er das sieht)

T *(zu GrV)*: Guck mal. Dein jüngerer Bruder freut sich, wenn er das sieht. *(Zu GrO)* Kannst du das sehen, oder bist du eifersüchtig als jüngerer Bruder?

GrO *(fröhlich)*: Ich finde das absolut o. k. so!

T *(zu UgV)*: Und jetzt sag zu den beiden: „Aus finanziellen Gründen kann ich das Unternehmen nicht teilen!"*

*Der Urgroßvater spricht die (damalige) Wirklichkeit aus, sagt seinen Söhnen, wie es ist ...

(UgV schaut beide Söhne an und wiederholt dann den Satz)

T *(zu GrO)*: Was passiert, wenn du das hörst?

GrO: Das ist o. k. Keine Diskussion.

*... damit sie erkennen und anerkennen können, was ist. Dieser Akt des Anerkenntnisses dessen, was der Fall ist, ist der entscheidende innere Vollzug, der ein ablenkendes, kräftezehrendes und problemgründendes Hadern mit der Situation (Motto: „Hätte, wenn und aber ...") abschneidet. Stattdessen können sich die Kräfte der Beteiligten bündeln und auf tatsächliche Ziele richten: Es ist so, wie es ist, und aus dieser Situation machen wir das Beste!

GrV: Völlig o. k.*

T: Gut. Dann stellt ihr euch mal als Brüder gegenüber, vor den Vater, damit dieser das sehen kann!

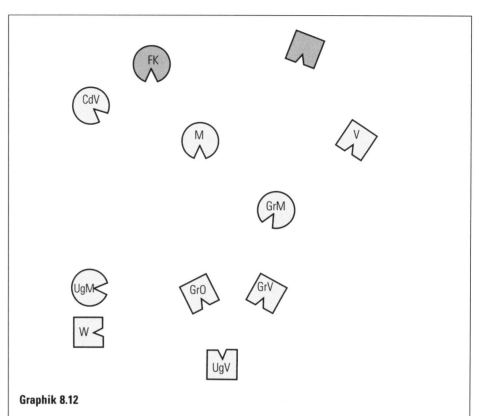

Graphik 8.12

Abschluss der Klärung zwischen der ersten und zweiten Generation.

*Beginn der Klärung auf der Ebene der zweiten Generation: Rangfolge der Brüder untereinander.

T *(zu GrO)*: Sag mal zu ihm: „Du bist der Ältere, und ich bin der Jüngere."*

(GrO wiederholt den Satz)

T: Wie ist das, wenn du das hörst?

GrV: Ein Schauer geht mir über den Rücken.

T *(zu GrO)*: Sag mal: „Ich wäre lieber unabhängig von ihm."

(GrO schaut zu GrV und wiederholt den Satz; GrV entspannt sich)

T *(zu GrV)*: Und du sag mal zum jüngeren Bruder: „Mir wäre es auch lieber." Und: „Wir beide tragen etwas aus, was wir uns nicht eingebrockt haben."*

*Auch hier kommt ans Licht, was der Fall ist: Die Brüder erkennen ihre gemeinsame Wirklichkeit.

(GrV spricht nach)

(GrO nickt und atmet tief und hörbar durch, er wirkt betroffen)

T: Wie ist es, wenn der Vater das hört?

UgV: Ich werde mehr zufrieden.

*Unterstützend nimmt der Urgroßvater vor seinen Söhnen die Verantwortung auf sich.

T: Sag mal zu deinen beiden Söhnen: „Ich habe euch viel zugemutet. Wahrscheinlich zu viel!"*

(UgV spricht nach)

GrV *(sehr kühl)*: Ist so.

GrO *(nickt)*: In meinem Fall ist es einfach, mich rauszuhalten. Es geht mich nichts an.*

T: Gut, sehr gut. *(Stellt GrV und GrO vor die Tochter von GrO (CdV))* Dann stellt euch mal nebeneinander als Brüder. *(Sie tun es)**

*Abschluss der Klärung auf der Ebene der zweiten Generation.

*Beginn der Klärung zwischen zweiter und dritter Generation.

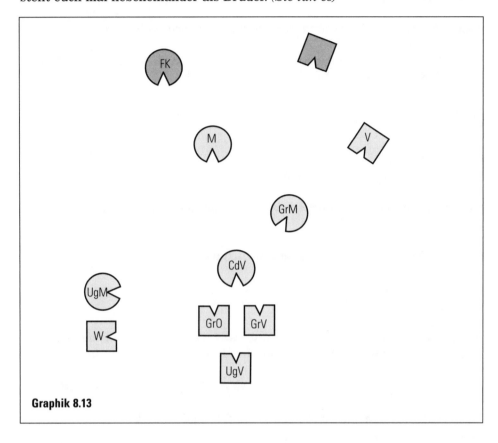

Graphik 8.13

T *(zu GrO)*: Sag mal zu ihr: „Du bist meine Tochter, und hier neben mir steht mein Bruder. Und die Probleme, die wir von unserem Vater geerbt haben, gehen dich nichts an. Halt dich da raus!"

*(GrO schaut zu CdV, seiner Tochter, und spricht nach)**

(CdV lächelt befreit)

T *(zu CdV)*: Das tut gut, gell? Sag mal: „Ja, das mache ich!"

(CdV nickt und spricht froh nach)

T *(zu CdV)*: Stell dich mal vor deinen Onkel.

(CdV stellt sich vor GrV)

T: Wie ist es für dich, wenn du ihn anschaust?

CdV *(etwas verwundert)*: Als wenn ich es jetzt leichter hätte, die Firma ruhen zu lassen.*

T: Genau. Sag mal zu ihm: „Du bist mein Onkel, und ich bin deine Nichte. Und ich halte mich völlig raus."

*Wiederherstellung der Grenze zwischen den Generationen, Auflösung der Triangulierung, Klarheit der Zuständigkeiten.

*Wenn die Tochter (CdV) nichts mehr für ihren Vater (GrO) trägt, werden die Abfindungsprobleme (vgl. Eingangsinterview) gegenstandslos.

*Die Rückgabe angemaßter Zuständigkeiten und übernommener Lasten kostet CdV zwar die alte Position, erbringt aber erstmals die eigene Position und die Freiheit, „sie selbst" sein zu können.

*Auflösung einer Identifizierung mit der eigenen Großmutter nach dem Schema, „Ich bin ich, und du bist du!" verhindert bei CdV das Wiederholungsmuster nach dem Motto: „Ich mache es genau wie du!"

*Da das Wiederholungsmuster immer das Ergebnis einer kindlichen Liebe ist („Aus Liebe zu dir mache ich es genau wie du!"), bringt dieser Satz hier die Liebe gleichsam in ungetrübter Reinform ans Licht – ohne die bisher als Beweis dafür erbrachte Wiederholungsstruktur.

*Abschluss der Klärung zwischen zweiter und dritter Generation.

*Beginn der Klärung auf der Ebene der dritten Generation.

(CdV spricht nach)

T *(zu GrV)*: Sag du zu ihr: „Das ist gut so! Du bist frei für dein eigenes Leben."*

(GrV spricht nach)

(CdV strahlt zufrieden)

T *(stellt CdV vor UgM)*: Schau mal zu deiner Großmutter.

UgM: Der möchte ich ersparen, was ich durchgemacht habe.

T *(zu UgM)*: Wenn du ihr das wirklich ersparen willst, dann sag ihr mal Folgendes: „Ich bin deine Oma. Und du bist meine Enkelin."*

(UgM spricht nach)

T: Was passiert?

UgM *(warmherzig)*: Bin sehr gerührt.

CdV: Mir ging es schon an der alten Position besser, als er *(der zusätzliche Mann)* dazugekommen ist.

T *(zu CdV)*: Sag mal zu ihr: „Liebe Oma, ich hab dich so lieb."*

(CdV spricht nach, und die Enkelin und ihre Großmutter umarmen sich sehnsüchtig)

T: Sag zu ihr: „Halt dich aus allem raus, was wir hier für Probleme miteinander haben! Das sind nicht deine. Halt dich da ganz raus. Du bist frei."

UgM *(spricht nach, und fügt dann an)*: Ich möchte, dass es dir gut geht!

CdV *(rollt entspannt ihre Schultern)*: Ich fühle mich total frei und reich. Mir gefällt das.

UgM: Mir auch.

T *(nimmt CdV etwas zurück von UgM)*: Sag mal: „Oma, das mach ich."

(CdV tut es)

UgM: Das ist gut. Meinen Segen hast du.*

(CdV sieht sehr erleichtert aus)

(Der Trainer stellt GrO links hinter GrM, stellt dann noch CdV gegenüber von V)

T *(zu CdV und V)*: Seht ihr euch mal an?*

V: Als die beiden *(GrO und CdV)* jetzt kamen, zog es mich einerseits unwahrscheinlich dorthin. Andererseits zog es mich auch weg von denen. Es kann sein, dass es an der doppelten oder dreifachen Botschaft lag, die von meinem Vater zu mir kommt. Und ich kriege das nicht so hin, wie er es haben möchte. Ich habe den Eindruck, ich solle Bedürfnisse befriedigen, die ich nicht kenne. Ich kenne nur meine eigenen, und für die ist kein Platz.

T: Genau. Dir geht es wie deinem Vater und deinem Onkel. Du kriegst etwas zugeschustert, was du nicht frei gewählt hast und was du dir nicht ausgewählt hättest.

GrV: Ich habe den Eindruck, die Firma steht absolut obenan. Und wenn jemand mit seinen privaten Wehwehchen kommt: Weg damit!

T *(zur Gruppe)*: Habt ihr das gehört? Das war eine sehr wichtige Botschaft, er sagt: Sein Gefühl bzw. das Gefühl der Person, die er darstellt, ist: Für ihn stand die Firma obenan. Und alle persönlichen und privaten Interessen sind Wehwehchen, die spielen keine Rolle, letztendlich! *(Zum Klienten)* Weißt du etwas dazu?

K: Nein. Er ist früh gestorben. Aber ich könnte mir das vorstellen. Mein Vater hatte nämlich ein ähnliches Leitbild gehabt.

T: Gut. *(Gibt V ein Gewicht und stellt ihn dann vor GrV)* Sag mal zu deinem Vater: „Für dich kam erst die Firma und dann lange Zeit gar nichts. Das ist dein Leitbild, ich habe das übernommen, und ich möchte es nicht mehr. Ich gebe es dir zurück."

V *(spricht nach und übergibt es GrV, dann mit präsenter Stimme)*: Das kommt gut.

T: Fein. Dann mach mal einen Schritt zurück.

(V geht etwas zurück)

T *(dreht V zur Großcousine)*: Wie geht es dir jetzt mit deiner Cousine?

V *(lächelt CdV freundlich an)*: Ich habe den Eindruck, ich habe jetzt den Freiraum, das mit ihr zu verhandeln. Das ist jetzt möglich.

T: Genau. *(Stellt V und CdV nebeneinander)* Stellt euch mal nebeneinander, damit ihr euch nicht so konfrontativ gegenübersteht. Und guckt euch mal an.

(V und CdV lächeln sich zu)*

T *(sieht das und sagt)*: Das sieht ja schon ganz ordentlich aus.

CdV *(freudig)*: Ich habe richtige Zuneigung zu ihm.

T: Ja. *(Zu V)* Sag mal zu deiner Cousine: „Wir beide werden einen Weg finden, der für uns beide angenehm ist."

(V spricht nach)

CdV und V *(schauen einander einverständig an)*: Ja, das schaffen wir.*

T: So. *(Stellt K vor V und CdV)* Du hast ja diese Firma von deinem Vater geerbt. Und in der Realität hast du mit deiner Großcousine Ärger gehabt. Wie ist es, wenn du jetzt ihr gegenüberstehst?*

*Nachdem sowohl V wie auch CdV jetzt von ihren Fremdgefühlen, Anmaßungen und Wiederholungsmustern befreit sind, können sie sich erstmals als sich selbst begegnen und in dem anderen denjenigen wahrnehmen, der er (nun) ist.

*Abschluss der Klärung auf der Ebene der dritten Generation.

*Beginn der Klärung auf der Ebene der vierten Generation (Klientenebene).

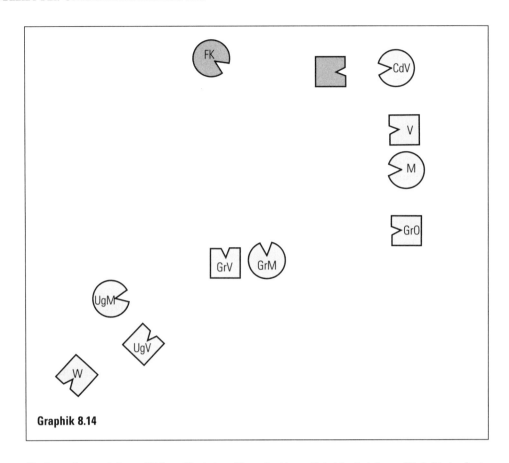

Graphik 8.14

K: Jetzt kann ich endlich selbstständig arbeiten. Jetzt hab ich endlich Entscheidungsfreiheit.*

*Für den Stellvertreter des Klienten ist mit den vorangegangenen Interventionen hinreichend Klarheit geschaffen.

T: Genau. *(Zum Klienten)* Stellst du dich mal an deinen Platz?

*(Der Klient stellt sich an die Stelle von K)**

*Nun geht es darum, das innere Erleben des Klienten durch den Eintritt in die Aufstellung zu verändern.

K: Ich fühle immer noch diese große Last, die von Großvater über den Vater zu mir weitergegeben worden ist. *(Mit resignierter Stimme)* Ich darf keine privaten Wünsche und Freuden haben ...*

*Für den Klienten ist im Gegensatz zu seinem Stellvertreter die Dominanz des überlieferten Firmen- und Familienleitbildes noch immer ungebrochen.

(GrV reckt sich und fühlt sich mit Stolz erfüllt)

T: Guck mal, der Großvater. Endlich mal einer, der ihn versteht. Wir sehen mal, ob das über den Vater oder direkt vom Großvater kommt. Aha, der Großvater strahlt zum ersten Mal.

(Der Trainer stellt den Klienten gegenüber dem Großvater und gibt ihm ein Gewicht in die Hand)

GrV: Ich möchte mich hinter ihn stellen.

T: Gleich. Aber erst mal nimmst du das zurück. *(Zum Klienten)* Sag mal zu deinem Großvater: „Lieber Opa, von dir haben mein Vater und ich das Leitbild übernommen: Erst kommt die Firma, dann kommt lange nichts, und dann kommen private Interessen!"*

*Test, ob das Leitbild vom Großvater über den Vater dem Klienten weitergegeben wurde.

(K spricht nach)

T: „Aber das ist dein Leitbild. Ich gebe es dir hier zurück."*

*Rückgabe an seinen möglichen Ursprung.

(K spricht nach und übergibt das Gewicht an GrV)

GrV: Das ist ganz leicht, ist keinerlei Last für mich.*

UgM *(von sich aus)*: Ich hatte das Gefühl, das Leitbild gehört hier zu uns.*

T: Gucken wir mal. *(Stellt GrV vor UgM)* Sag zu ihr: „Mutter, das hat mich sehr belastet."

*(GrV spricht nach und gibt das Gewicht an UgM)**

UgM: Das stimmt, das ist meines. Da kann noch mehr drauf.

T: Sag mal zu deinem Sohn: „Wir haben dich damit belastet. Wir möchten, dass du dein Leben genießt."

(UgM schaut ihren Sohn an und spricht nach)

T *(beobachtet die Reaktion von GrV)*: Das kann er nicht glauben.

UgM: Stimmt. Kann er nicht.

GrV: Ein Schutzmechanismus. Aber das war mein Leben.*

T: Genau. *(Zur Gruppe)* Jetzt gibt er eine große Belastung zurück, von der man denkt, er müsse froh sein, dass er sie los ist. Stattdessen sagt er: Das war mein Leben! Aber das ist normal. Für diese Art von Unternehmerpersönlichkeit war oder ist das der Inhalt ihrer Existenz! Ja? *(Zum Klienten)* Wie geht es dir, wenn du siehst, was dieses Leitbild, das im Grunde genommen sein Rückgrat war, deinem Großvater brachte?

K: Er ist daran zugrunde gegangen.

T: Genau. Geh mal zwei Schritte zurück, und verneige dich leicht vor deinem Großvater und sag: „Ich achte das als deinen Lösungsversuch. Und ich finde meinen eigenen."*

(K nimmt Abstand und spricht nach)

T *(zu GrV)*: Wie ist das, wenn du das hörst?

GrV *(gerührt)*: Das ist o. k.

T: Fein. *(Stellt den Klienten vor dessen Vater)* Wie geht es dir, wenn du deinen Sohn jetzt siehst?*

V: Ich habe ihm gegenüber ein Schuldgefühl. Ich kriegte von meinem Vater Druck, dieses Konzept, diese Idee an meinen Sohn weiterzugeben. Ich habe den Wunsch, das Leitbild meinem Vater nochmals zurückgeben!

T: Genau. Mach! *(Stellt V vor GrV und gibt ihm ein Gewicht)*

---

*Der Großvater identifiziert das Leitbild nicht als seines ...

*... stattdessen erkennt die Urgroßmutter ihre Verantwortung.

*Rückgabe an den Ursprung des Leitbildes in der ersten Generation.

*Hier wird die existenzielle Verankerung und Totalität eines Identitätsideals deutlich, hinter dessen Aufgabe geradezu ein Vakuum zu liegen droht.

*Wenn der Großvater das übernommene Bild nicht aufgeben kann, dann kann die Weitergabe dadurch unterbrochen werden, dass der Klient dieses Ideal als das vom Großvater gewählte Ideal würdigt – um es als dessen Weg ganz bei ihm zu lassen.

*Klärung zwischen Vater und Sohn: Hat der Sohn vom Vater die Erlaubnis, seinen eigenen Weg zu wählen?

Trotz bester Voraussetzungen bleibt der Unternehmenserfolg aus

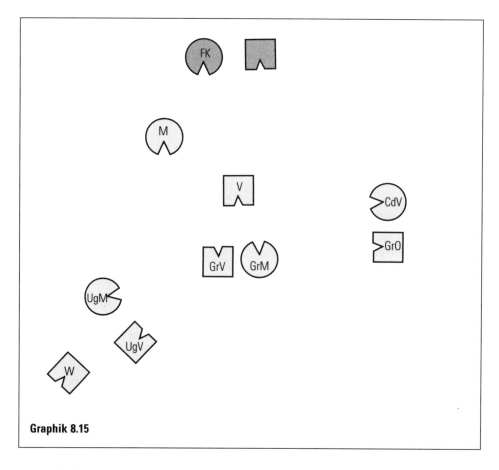

Graphik 8.15

T *(zu V)*: Sag mal: „Vater, dieses Leitbild hat mich nicht glücklich gemacht. Ich gebe es dir zurück."

T *(zu GrV)*: Schaust du ihn mal an? Wie geht es dir, wenn du ihn jetzt anschaust?

GrV: Er gehört da nicht hin. Er muss aus der Firma raus. Da muss jemand anders hin *(zeigt auf K)*.

T: So sieht der Großvater das.

V: Ich werde es dir zeigen.

T: Ja. Das ist die Dynamik: Er *(V)* will es dem Vater beweisen und arbeitet sich halb zu Tode. Gut. *(Stellt V neben M; zu V)* Wie ist es, wenn du jetzt deinen Sohn anguckst?

V: Ich hätte dir gerne mehr Hilfe gegeben und Schutz. Aber ich konnte es nicht.*

K *(lächelt seinem Vater freundlich zu)*: Ich weiß.

T: Wie ist das, wenn du das jetzt so siehst?

K: Es löst sich was.*

T: Genau. *(Stellt Vater und Mutter als Paar zusammen, beide halten sich an den Händen; zur Mutter)* Sag mal zu deinem Sohn: „Du kannst deinen eigenen Weg gehen!"

*Nachdem der Vater das ihm aufoktroyierte Identitätsmuster zurückgegeben hat, kann nicht nur die ungetrübte väterliche Liebe zu seinem Sohn wieder erwachen ...

*... sondern der Sohn kann diese väterliche Liebe jetzt auch annehmen.

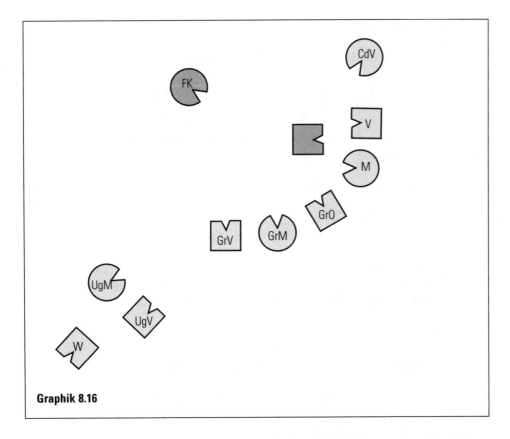

Graphik 8.16

M *(spricht nach und fügt dann lachend an)*: Aber ich hab da auch noch ein bisschen was zu sagen!

T *(lacht)*: Ja, ja, mit der Mutter muss man auch noch etwas klären. *(Gibt dem Klienten ein Gewicht in die Hand)* Sag mal zu ihr: „Mutter, das hab ich für dich getragen. Das ist nicht meins. Ich gebe es dir zurück."

(K spricht nach und übergibt das Gewicht)

T *(zu M)*: Sag mal: „Das ist meines. Das halt ich fest! Das trage ich selbst."

(M spricht nach)

V: Mir ist aber noch nicht ganz wohl. Ich denke, es würde leichter werden, wenn die zwei *(zeigt auf den Klienten und M)* noch etwas regeln. Ich weiß nur nicht, was.

M: Ja, das Gefühl habe ich auch.

T: Stimmt. *(Zu K)* Geh mal einen Schritt zurück, und sag zu ihr: „Ich leite jetzt die Firma. Und nicht du!"*

(K wiederholt mit dünner Stimme)

M: Das glaube ich ihm nicht.

K *(von sich aus)*: Ich kann das. Du kannst mir vertrauen.

V: Ich möchte mich gerne hinter ihn stellen und ihn damit unterstützen.

T: Ja, mach mal. *(V stellt sich hinter den Klienten)* Sag es noch mal.

(K wiederholt es, aber dieses Mal mit viel kräftigerer Stimme)

*Klärung des eingangs von FK geschilderten Problems, dass die Mutter noch immer großen Einfluss auf die Firma ausübt.

M: Jetzt glaube ich ihm.

T *(zu M)*: Sag einfach zu ihm: „Ich halte mich raus."

M *(zu K)*: Wenn du mir zeigst, dass du die Firma leiten kannst, o. k. Und du dich abgrenzt.

K: Ja. Ich bin dabei. Ich werde es dir beweisen und denke, wir finden da eine gemeinsame Lösung.

M *(nickt dem Sohn freundlich zu)*: Ja, das ist o. k. Aber ich muss schon wissen, dass du es ernst meinst.

T: Sehr gut. *(Der Trainer wendet sich der Ehefrau (FK) zu)* Was ist bei dir?

FK: Am Anfang ging es mir ganz schlecht. Das war alles nur eine schwarze Masse, ich hatte überhaupt keinen Platz da drin. Zu ihr, der Großmutter, habe ich eine gute und warme Beziehung. Ich kann sie unheimlich gut verstehen.

T *(zur Klientin)*: Du nickst so?

Klientin: Ja, das stimmt. Das ist in der Realität auch so.

FK: Und mit meiner Schwiegermutter hatte ich ganz große Probleme. Vorher hatte ich so eine Handlungsunfähigkeit. Und jetzt hab ich mehr Elan. Ich bin offen. Und es tut mir sehr gut, was sich hier tut.

T: Das ist ja nicht schlecht. Gut. Jetzt wollen wir mal ein Schlussbild suchen.

FK: Was mir vorher noch ganz wichtig war, zu sagen, ist: Der Vater wollte es dem Großvater als Sohn beweisen. Und ich habe den Eindruck, als die Mutter sagte: „Beweis es mir!", dass es jetzt wieder bei uns so ist. Das schlug mir vorher tief in die Magengrube, ich hatte Angst, dass sich das wieder so fortsetzt. Und das möchte ich gerne weghaben.

T: Wie ist das, wenn du das von deiner Frau hörst?

K: Das stimmt jetzt so nicht mehr. Ich weiß jetzt, wo ich ansetzen muss.

T: Genau. O. K. *(Holt die Klientin ins Bild, FK setzt sich)* Stellt euch mal hier vorne hin, damit ihr den Blick frei habt. *(Stellt den Rest der Repräsentanten in Abfolge der Generationen hinter das Paar)*

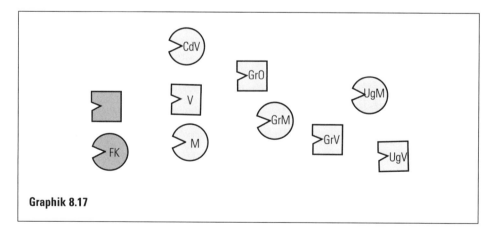

Graphik 8.17

T: O. K. Und jetzt geht ihr beide mal gemeinsam einen Schritt nach vorne. *(Beide tun es)* Wie ist das für euch?

K *(sehr vital und klar)*: Ich fühle mich unglaublich kräftig. Ich sehe eine Perspektive und einen Weg. Miteinander!

T: Ja. Das kann man sehen.

Klientin: Ich habe Angst, dass jetzt aus 16 Stunden Arbeit 20 werden.

T: Der Beweis besteht nicht in mehr Arbeit. Sondern worin besteht der Beweis?

K: In einer klaren Grenze!

M: Das kann ich nur bestätigen.

T: Sehr richtig.

K: Meine Mutter hat geklammert, wie verrückt. Aber immer, wenn ich ihr etwas mit Gewalt abgenommen habe, war sie erleichtert.

T: Genau. Manche brauchen das sogar. *(Zur Klientin)* Wie ist es für dich, wenn du das hörst?

Klientin: Jetzt wird es besser. Dann kann ich auch leichter mitarbeiten. Aber die Kontrolle von hinten *(zeigt zu M, die hinter ihr steht)* macht mich verrückt. Ich darf auch mal was falsch machen!

T *(stellt den Klienten hinter seine Frau, als Grenze zu M)*: Ich stelle dich nur mal kurz dazwischen. Als Übergangsposition sozusagen.

Klientin *(sehr entspannt)*: Ah, das tut gut.

T *(zustimmend)*: Ja. Du musst deine Frau schützen, du musst eine Grenze ziehen.

M: Genau. Das stimmt. Ich komme da auch nicht mehr durch.

T *(zum Klienten)*: Siehst du, deine Mutter sagt das auch. *(Zur Klientin)* Lehn dich mal bei deinem Mann an. *(Klientin tut es und strahlt ebenfalls vor Vitalität)* Das ist nicht das Schlussbild. Aber für den Übergang ist das genau das richtige Bild. O. K., ich danke euch. Das war es.

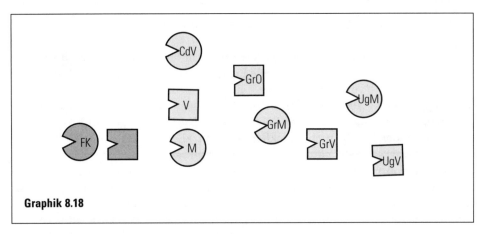

Graphik 8.18

Nachbesprechung

Wie viel muss man auflösen?

TN/GV: An meinem Platz in der Skulptur hatte ich den Eindruck, dass noch einiges ungelöst war. Was hat das zu sagen?

T: Mein Eindruck war, das Ungelöste war bei den Urgroßeltern. Auch das haben wir nicht richtig aufgelöst. Da haben Informationen gefehlt. Aber das Entscheidende auf dem Weg in die Gegenwart ist für ihn *(Klienten)*: Wo war der Umschlag in die Lösung? In dem Moment, als sein Vater und die Cousine versöhnt nebeneinander standen.
Es ist richtig, dass die Beziehung zwischen dem Vater und dem Großvater nicht geklärt war. Aber was heißt das? Das heißt im Grunde genommen nur, dass dieser Mann nicht aus seiner Haltung herausgeht. Die Frage ist: Was ist notwendig, um den Einfluss auf ihn *(Klienten)* zu unterbrechen? Das war das eigentlich Entscheidende. Und für mich war deutlich, der Einfluss war hinlänglich unterbrochen, sodass für ihn die Entwicklung eines eigenen Leitbildes möglich ist. Und das Interessante ist, was ich nicht wusste und gerade von ihm erfahren habe, dass nächsten Monat in seiner Firma ein Workshop ist: Die Entwicklung eines neuen Firmenleitbildes. *(Lacht zum Klienten rüber)* Also, das ist eine nette Koinzidenz. Und das Nächste waren die Eingriffe der Mutter in das Unternehmen. Auch da war klar, dass er deutlich dazwischentreten muss. Je deutlicher er diese Grenze setzt, desto leichter gibt sie nach. Sie sagt ja gerade: „Ja, tritt da ganz deutlich dazwischen!" Und seine Frau sagte: „Ja, ich brauche das auch, ich möchte von dir beschützt werden!" Damit ist für mich klar, dass er jetzt alle Informationen hat, die er braucht, um handeln zu können. Das heißt, es geht nicht darum, „alle" systemischen Verstrickungen des Herkunftssystems aufzulösen.
Damit stellt sich natürlich immer die Frage: Wie weit muss ich auflösen? Ich gehe so damit um, dass ich auf das Ziel blicke. Und das Ziel ist, den Klienten handlungsfähig zu machen! Wenn das nicht möglich gewesen wäre, dann hätte man sagen können: Es müsste noch etwas aufgelöst werden. Wenn sich aber für den Klienten eine Lösung findet, die ihn handlungsfähig macht, dann bedeutet das für mich, es als gelöst zu sehen.

Leitbilder der Altvorderen

TN/GrV: Der Großvater erschien mir in der Skulptur wie der Böse.

T: Nein, das war nicht mein Eindruck. Er ist nicht der Böse, sondern für diesen Mann war das eigene Aufopfern für die Firma sein gesamter Lebensinhalt. Seine Frau hatte nichts von ihm. Und das hat er auf seinen Sohn und seinen Enkel projiziert. Das ist aber für mich nichts Böses, sondern das war sein Lösungsversuch, den er aufgrund seiner Lebensgeschichte für sich gewählt hat. Dieser Lösungsversuch hat ihn nicht glücklich gemacht, aber er konnte damit kongruent leben und sterben. Sehr bald, er ist ja früh gestorben.
Für seinen Sohn und seinen Enkel hingegen ist das *Ja* zu diesem Lebensentwurf viel unerträglicher gewesen, und insofern war die Frage: Wie kann man dem Klienten helfen, aus der Weitergabe dieses Leitbildes herauszukommen, ohne den Großvater zu entwerten? Denn es geht nicht darum, den Großvater zu entwerten. Das ist seine Art, wie er mit seinem Leben umgegangen ist. Aber die Weitergabe dieses Leitbildes hat weder seinem Sohn noch seinem Enkel gut getan.

TN/UgV: Mein Eindruck war, dass der andere *(Sohn des UgV)* eigentlich die Firma übernehmen sollte.

T: Ja, das hast du in der Konstellation ja auch deutlich gesagt. Aber wenn man das durchgespielt hätte, dann wäre das ein Szenario gewesen, das mit der historischen Wirklichkeit ja rein gar nichts zu tun gehabt hätte. Was wir brauchen, ist ein inneres Lösungsbild für ihn, den Klienten, das weitestgehend mit den tatsächlichen Gegebenheiten übereinstimmt. Und das Entscheidende für mich war, dass der Konflikt, den der Klient mit der Cousine des Vaters und deren Familie hatte, im Grunde genommen ein Konflikt zwischen der Cousine des Vaters und dem Vater des Klienten war. Und dieser Konflikt wiederum kam von der Urgroßelternebene. Aber dann war es möglich, dass sein Vater und die Cousine des Vaters friedlich nebeneinander standen. Dadurch wurde es für ihn möglich, sich aus diesem Konflikt innerlich herauszuhalten. Es geht hier ja um sein inneres Bild, das mit diesem Konflikt zu tun hat. Und erst wenn er das hat, kann er sich innerlich von den ganzen Leitbildern, der Schuld usw. befreien. Sein Stellvertreter sagte ja auch an einer Stelle: „Jetzt habe ich zum ersten Mal den Eindruck, ich habe die Firma übernommen!" Und für ihn die Firma übernehmen: Alles, was nicht zu mir gehört, bleibt bei den anderen, und das, was meine Verantwortung ist, trage ich selbst! Und erst, wenn das geschehen ist, wird man handlungsfähig. Solange man in fremde Schicksale verstrickt ist, ist man nicht handlungsfähig. Das heißt, man kann nicht das tun, was man gerne tun möchte. Daher ist es immer das Ziel, den Klienten aus dem fremden Schicksal, in das er durch Übernahme und Identifikation verstrickt ist, zu lösen.

Die Verstrickung in ein fremdes Schicksal entsteht durch Identifikation, durch Übernahme von Lebenshaltungen, von Lebensskripten, also zum Beispiel solchen Leitbildern, oder durch Sühne. Sühne bedeutet, dass ich versuche, für eine Schuld, die nicht meine ist, etwas gutzumachen, indem ich *(blickt zum Klienten)* ... vermindert lebe. Und meine Vermutung ist, dass der verminderte wirtschaftliche Erfolg, der eben nicht so ausfällt, wie er es sich wünscht und wie er aufgrund von Engagement und Kompetenz möglich wäre, eine Form der Sühne ist. Er sühnt für etwas, was nicht seine Schuld ist, dadurch, dass er sich aufreibt, aber nicht erntet, wie es dem Arbeitsaufwand entspricht. Das ist eine typische Sühne. Und in dem Maße, wie er aus der Verstrickung mit diesem Schicksal *(zeigt auf das Flipchart)* herauskommt, hört die Sühne auf, und der Aufwand trägt anderen Nutzen.

K: Ist für mich dieser Gesellschafterkonflikt beendet, wenn ich weiß, dass mein Vater und seine Cousine das hätten regeln müssen und ich jetzt nichts mehr tun muss?

T: Genau. So ist es. Dann bist du frei.

K: Aber die Tatsache, dass ich das letztendlich gemacht habe, ist das bedeutsam?

T: Das ist deine persönliche Verantwortung. O. K.? *(K nickt)*

AUFSTELLUNGEN IM NON-PROFIT-BEREICH

Non-Profit-Organisationen leben, wie der Name schon besagt, von Spenden, Mitgliedsbeiträgen und öffentlichen Mitteln. Namentlich im letzteren Fall gibt es eine zumindest zeitlich begrenzte Existenzgarantie. Diese entlastet die Organisation von der Angst ums Überleben und ermöglicht auf der anderen Seite dadurch allerdings auch ein Vergessen des eigenen Existenzzwecks. Was wir bei Non-Profit-Organisationen immer wieder beobachtet haben, ist ein Aus-dem-Blick-Verlieren des Zwecks und auch der Bedürfnisse der eigentlichen Adressaten ihrer Dienstleistung; stattdessen findet man ein übermäßiges Beschäftigen mit sich selbst und eine Überbetonung von Personalquerelen und ideologischen Debatten.

Darüber hinaus haben wir beobachtet, dass die Mitarbeiter in diesen Organisationen sehr häufig mit dem Thema der jeweiligen Organisation (Flüchtlingshilfe, misshandelte Kinder/Frauen u. Ä.) selbst in ihrer Herkunftsfamilie Erfahrungen gemacht haben. Oft haben sie aus einer triangulierten Position heraus versucht, an der Lösung dieser Probleme mitzuwirken; was natürlich misslang und bei ihnen Gefühle des Versagens, der Schuld zurückgelassen hat. Solange solche eigenen Verstrickungen nicht gelöst sind, versuchen diese Personen, in der Organisation das zu lösen, was ihnen zu Hause als Kind nicht gelungen ist. Dadurch können sie ihre Klienten nicht wirklich sehen (Doppelbelichtung) und missbrauchen sie ungewollt durch die Art und Weise ihrer Hilfeleistung nochmals. Insofern kann die systemdynamische Organisationsberatung bei diesen Organisationen nur dann fruchtbare Resultate zeigen, wenn gleichzeitig die systemischen Verstrickungen der Mitarbeiter aus ihren Herkunftsfamilien mitbearbeitet werden.

In gemeinnützigen Organisationen arbeiten zur Zeit viele Personen, die aufgrund ihrer personalistischen Werthaltung* gegenüber Hierarchien, eindeutigen Weisungsbefugnissen und Berichterstattungspflicht Aversionen hegen. Diese Einstellung kollidiert einerseits mit den formaljuristischen Anforderungen der Organisationsstruktur und andererseits mit der faktischen informellen Führerschaft, die sich allein aus der Gruppendynamik ergibt. Die Teamideologie („Wir sind alle gleich") verdeckt Verantwortlich- und Zuständigkeiten, stigmatisiert Karrierebedürfnisse und ist so die Grundlage für viele Querelen.

---

*Der Ausdruck personalistische Werthaltung entlehnt sich dem Graves-Modell über Wertentwicklung und meint eine Werthaltung, bei der das Selbst die eigenen Bedürfnisse zugunsten der anderen zurückstellt, so dass es allen gemeinsam gut geht.

UNKLARER AUFTRAG ODER WO GEFÜHLT STATT GEHANDELT WIRD
AUFSTELLUNG 9

Trainer: Was ist dein Anliegen?

Klientin: Ich bin Mitglied in einem Förderverein für Schüler, und ich habe das Gefühl, dass der Verein, in dem ich derzeit zweite Vorsitzende bin, auseinander bricht.
Es gibt gegenseitige Anfeindungen, und ich weiß nicht, was ich tun soll. Mich beschleicht ein komisches Gefühl, wenn ich in den Sitzungen bin und mich dann frage, wer ist jetzt hier eigentlich der Chef des Ganzen?
Und das, obwohl wir sehr wohl einen ersten Vorsitzenden haben, der aber immer zeitlich schnell weg möchte und eigentlich nicht so richtig interessiert zu sein scheint.

T: Und Dein Anliegen?

K: Mein Anliegen ist ... *(Sie bricht den Satz ab und überlegt sehr lange; dann eher zu sich selbst gewandt)* ... ist im Moment nicht ganz klar.
(Spricht schleppend, nachdenklich) Ich spüre nur, es war nicht ganz richtig, den Verein zum damaligen Zeitpunkt zu gründen. Es war der falsche Augenblick.

T: Für wen macht ihr das eigentlich?*

*Frage nach Ziel und Zweck als zentrale Frage bei Non-Profit-Organisationen.

K: Ich habe das Gefühl, das Arbeiten in diesem Verein hat so etwas Zähes und Unwahres. *(Sie senkt den Blick)* Und das macht mich sehr betroffen. *(Hebt den Blick wieder)*
Und ich würde gerne einen Verein gründen, mit Leuten aus dem Inneren heraus. *(Ihr Blick geht dann wieder ins Leere)**

*Es fällt auf, dass die Klientin die Frage nicht beantwortet. Schwierigkeiten bei der Formulierung eines Anliegens sind häufig ein Hinweis auf ein Fremdgefühl.

T: Was genau ist dein Anliegen?

K: Heute Morgen war mein Anliegen so: Ich möchte gerne wissen, wo mein Platz in diesem Verein ist. Ich bin dort als zweite Vorsitzende und möchte wissen, was für eine Aufgabe ich dort habe ...

T: ... und jetzt?

K: Dann sehe ich so den Verein als Ganzes und weiß nicht, wo er hintendiert oder ob er auseinander geht.
(Pause)
Und meine Frage ist: Lohnt es sich überhaupt, so viel Energie reinzustecken, so viel Arbeit reinzustecken, obwohl ich diesen Verein eigentlich so gar nicht möchte?

T: ... Hast du dich schon entschieden?

K *(überlegt lange, dann zögerlich)*: Ich glaube, ich bin schon entschieden worden. Ich möchte gerne Zeit haben ... *(Überlegt weiter, der Trainer lässt ihr dabei viel Zeit zum Nachdenken)* ... um zu wissen, wie ich antworten soll.

(Der Trainer zeigt anbietend auf die Aufstellfläche)

K: Jetzt hier, meinst du? Nein, ich werde es demnächst klären.*

T: O. K. Die Frage ist, wie viel Zeit brauchst du, dich zu entscheiden?

*Nicht nur das Anliegen ist unklar, auch das Motiv dafür, aufstellen zu wollen, bleibt im Nebel.

K *(entschieden und geklärt)*: Eine Woche!

T: O. K.! *(Nickt der Klientin abschließend zu)* Danke, das war's.

(Die Klientin will anscheinend den Klientenstuhl nicht verlassen)

T: Was passiert bei dir gerade?

K: Nein, ich möchte doch nicht aufstellen, sondern ich möchte das für mich in dieser Woche klären.

T: O. K. *(Zur Gruppe)* Bei so einer Situation wie hier ist es wichtig, dem Klienten Zeit und Raum zu geben, damit er überhaupt sein Anliegen erst einmal für sich klären kann.
Ihre Frage ist ja im Grunde genommen: Soll ich mich zurückziehen oder nicht? Wenn ich zum Beispiel bei so einer Aufstellung den Eindruck gewonnen habe, das ist, aus welchen Gründen auch immer, ein tot geborenes Kind bzw. das geht so nicht, dann ziehe ich mich zurück.
Hier im Interview war nun interessant, dass sie die Frage „Für wen macht ihr das eigentlich?" überhaupt nicht beantwortet hat. Ganz einfache Frage: Für wen macht ihr das eigentlich? Aber diese Frage hat sie anscheinend überhaupt nicht wahrgenommen oder konnte sie in dieser Situation nicht beantworten.
Was wiederum meine Vorannahme bestätigt, die ich hier ja schon häufig geäußert habe, dass eben bei solchen Vereinen der Zweck ganz leicht aus dem Auge gerät und es dann schnell sehr zäh wird. Das heißt, auch in diesem Fall hier ist die Frage: Ist diesem Förderverein einfach nur der Zweck abhanden gekommen, und ist es darum so zäh?
(Zur Klientin) Darf ich dir noch ein Frage stellen?

K: Ja.

T: Ganz am Ende des Interviews, als ich gesagt habe: Das war's, hast du gesagt: Ich möchte doch gerne noch etwas klären. *(Klientin nickt)* Was war es, das du klären möchtest? Was ist, nachdem du das jetzt gehört hast, dein Anliegen?

K *(überlegt kurz und spricht dann mit ernsthafter und trauriger Stimme weiter)*: Ich fühle mich schon sehr stark mitverantwortlich für das, was ich da mit ins Leben gerufen habe. Ganz stark.

T: Ja. Und was möchtest du gerne klären?

K *(überlegt, dann mit klarer und zügiger Stimme)*: Ich möchte Klarheit über das, was wir dort machen. Und was *(betont)* meine Aufgabe ist! Und wo unser Fokus liegt!

T: O. K. Ich würde gerne mal etwas testen. Was passiert denn, wenn du sagst: Um aussteigen zu können, brauche ich die Erlaubnis!
Zur Erläuterung: Wenn ich etwas mit ins Leben gerufen habe, und das versandet dann allmählich, entstehen ja meist Loyalitätskonflikte; ein Sich-verantwortlich-Fühlen für das, was man mit aufgebaut hat; hier also für den Verein und sein Schicksal in der Zukunft.
Einerseits ist die Tendenz: Oh, das ist so öde, am liebsten würde ich gehen. Andererseits, als Mitgründer hat man dann ein gewisses Loyalitätsgefühl. Also, was man dann zum Teil braucht, ist eine Art von Erlaubnis! Zu wissen: Ich habe die Erlaubnis, dort zu gehen.
Und zum Teil hängt diese Erlaubnis, die man sich nur selber geben kann, davon ab, wie man das einschätzt, was da gerade läuft. Eine Aufstellung könnte in dieser Situation dann den Zweck haben zu klären, ob man sich aufgrund der Kenntnis dessen, was dort systemisch läuft, erlauben kann zu gehen.

Der Witz ist aber nun der, dass sie das gerade nicht gesagt hat – das habe ich jetzt nur rausgehört. *(Klientin nickt wissend)* Jetzt sage ich das und kriege Zustimmung von ihr.
Dann weiß ich jetzt noch ein bisschen mehr. Nämlich: Obwohl ich ihr viel Zeit zum Nachdenken gegeben habe und sie schon relativ lange darüber nachdenkt, war es für sie sehr schwer, das selbstständig zu formulieren. Nämlich: Lohnt es sich, da noch Energie reinzustecken, hab ich die Erlaubnis zu gehen, und zwar *von mir selbst*? Das war für sie nicht so einfach.
Das würde ich jetzt wiederum als ein Hinweis auf das nehmen, was in diesem Verein läuft, nämlich sehr viel Nebel, sehr viel Unklarheit.
(Pause; schaut ruhig wartend zur Klientin)

K *(nachdenklich, etwas traurig)*: Ja.

T: Ich möchte, dass du jetzt noch mal formulierst, was dein Anliegen ist, was zu klären ist. O. K?

K *(überlegt, dann mit kräftiger, klarer Stimme)*: Ich möchte unter diesen Voraussetzungen, wie wir als Verein zusammengekommen sind, diese Aufgabe nicht mehr machen! *(Pause)* Ich habe das Gefühl, ich habe mich da in etwas hineinziehen lassen. Und das möchte ich nicht.

T: O. K. *(Zur Gruppe)* Nach all dem, was ich jetzt gesagt habe, wofür eine Aufstellung jetzt gut sein könnte, kommt von ihr der Satz: Unter diesen Umständen möchte ich dort nicht mehr im Vorstand sein. Wofür braucht man da dann eine Aufstellung? Braucht man nicht. So ist es.
Der Clou ist aber, als ich zu ihr sagte: Dann überlege dir das eine Woche, blieb sie sitzen und sagte: Nee, das will ich nicht! Also, was läuft hier?
Hier ist eine Handlung notwendig, vor der sie eine gewisse Angst hat. Und statt der Handlung hat sie ein Gefühl. Und statt die Handlung zu vollziehen, möchte sie aufstellen. Aber im Grunde genommen, nach diesem Interview, ist eben alles klar. Denn ich hatte das Gefühl, ihre Energie war am höchsten, als sie sagte: Unter diesen Umständen mache ich das nicht!
Und da war Kraft. Das ist der Moment zu sagen: O. K. Feierabend! Das war es dann für jetzt.
Denn wenn es hier einen Aufstellungsbedarf gibt, dann sozusagen einen *objektiven Aufstellungsbedarf*, d. h., es gibt für das System schon Klärungsbedarf. Das ist aber etwas anderes als der subjektive Klärungs- und Aufstellungsbedarf der Klientin. In diesem Fall war der subjektive Wunsch der Klientin nach Klärung nicht tragend. Es gab zwar durchaus einen Aufstellungsbedarf, aber nur im objektiven Sinne. Für die Klientin ist das im Moment zumindest nicht das Primäre.
O. K, das war's.

AUFSTELLUNGEN IM BERATERKONTEXT

Das Allerwichtigste für einen Berater ist es, die eigenen Muster und Verstrickungen erkannt und geklärt zu haben – namentlich die Triangulierung bzw. Parentifizierung. Allein eine solche Klärung ermöglicht die angemessene Antwort auf die für diese Tätigkeit grundlegende Frage: „Wer bin ich als Berater?"

Solange diese Muster nicht gelöst sind, ist der Berater:

a) anfällig für die Übernahme von Verantwortung, die ihm nicht zusteht.
b) anmaßend in dem Sinne, dass er den zu Beratenden schon abqualifiziert, allein weil er Beratung benötigt.
c) Er hat die Tendenz, die Mitarbeiter wie Geschwister zu behandeln, denen gegenüber er sich als der bessere Vater (als die Firmenleitung) zu profilieren sucht.

Seine Kompetenz kann er nur dann einbringen, wenn er sein Helfersyndrom hinter sich gelassen hat, nicht nach Schuldigen sucht, sondern nach Lösungen. Er lässt sich in keine Koalition hineinziehen und kann so eine Außenperspektive aufrechterhalten, die zusammen mit seiner fachlichen Qualifikation hilfreich wirken kann.

Ein weiterer wichtiger Punkt im Beratungskontext ist die Fähigkeit zu erkennen, wann sind Trainings, Weiterqualifikationsmaßnahmen usw. notwendig und wann die Klärung systemischer Verstrickungen. Da heutzutage noch kaum eine Kenntnis von systemischen Verstrickungen in Unternehmen existiert (Teambildung, Management- und Kommunikationstrainings etc.), wo eigentlich eine Lösung der systemischen Verstrickung Not täte. Die systemischen Verstrickungen zeigen sich auf der kommunikativen Ebene, haben dort aber nicht ihre Basis. Da diese nicht gesehen wird, ist es nahe liegend, nach Maßnahmen im kommunikativen Bereich zu fragen.

Häufig ist zu beobachten, dass man als Trainer und Berater aufgefordert wird, Maßnahmen durchzuführen, die so oder ähnlich schon von anderen Trainern erfolglos durchgeführt wurden, und häufig wird über diese Trainer dann abwertend gesprochen („Die haben es nicht gebracht"). Gleichzeitig wird dem neuen mitgeteilt, man erwarte sich von ihm nun endlich die erhoffte Lösung.

Anstatt die Kollegen für unfähig zu halten, ist es sinnvoller, sich zu fragen, ob mehr desselben in solchen Fällen wirklich eine Lösung sein kann. Der Berater steht hier vor der oftmals schwierigen Situation, dem potenziellen Auftraggeber klarzumachen, dass der Auftrag, so wie er erteilt wird, schwerlich mit Erfolg beendet werden kann und dass der erste Teil der Beratung bereits darin besteht, den Auftrag angemessen umzuformulieren. Bei dieser Reformulierung ist der entscheidende Punkt, dass niemand per se außen vor bleiben darf. Jeder ist potenziell Teil des Problems – also auch der Auftraggeber selbst.

Ist eine solche systemische Reformulierung des Auftrages nicht möglich, scheint die Übernahme wenig sinnvoll. Dies kollidiert sehr häufig mit den wirtschaftlichen Existenzinteressen des Beraters. Für diesen Konflikt gibt es keine goldene Lösung, vielmehr braucht der Berater ein hohes Maß an Selbstreflexion und im Bedarfsfall an systemischer Supervision, um bezüglich seiner eigenen Rolle im

Beratungszusammenhang die Klarheit zu behalten („Wer bin ich als Berater?"). Dies ist nach unserer Erfahrung nur durch kontinuierliche Supervision der Berater zu gewährleisten. Die Autoren haben es sich zur Angewohnheit gemacht, jeden Auftrag, bevor sie ihn annehmen, selbst zu stellen, um gerade diese Klarheit zu gewährleisten.

Der Sog eines großen Systems, sich den Berater einzuverleiben, ist in seiner Wucht kaum zu überschätzen, und insofern ist Wachheit und gegenseitige kollegiale Supervision für einen Berater unverzichtbar.

MEINE ROLLE ALS BERATER UND TRAINER KLÄREN

AUFSTELLUNG 10

*K. zufolge besteht eine mehr oder weniger enge Verbindung zwischen seiner Unklarheit als Berater und seiner persönlichen Disposition. Eine problemevozierende Disposition kann, muss aber nicht ihre Ursache in einer systemischen Verstrickung des Klienten haben. Das heißt, auch wenn der Kontext der hier dokumentierten Arbeit eindeutig als ein systemdynamischer deklariert ist, und auch wenn der Klient selbst eine systemische Verstrickung nahe legt, sollte der Berater neben der systemischen immer auch die anderen (kommunikativen) Ebenen mit im Blick behalten. Nicht alles ist systemisch bedingt!

*Die erste richtungsweisende Hypothese zielt hier auf einen so genannten „vergifteten" Auftrag, bei dem Zuständigkeiten der Firma dem eingekauften Berater offen oder verborgen überantwortet werden.

Klient: Ich habe gerade die erste Phase eines Auftrags einer großen Organisation abgeschlossen und bin mir über meine Rolle dort nicht sehr klar. Ich merke auch, dass das etwas mit mir zu tun hat.*

Trainer: Bist du als Berater dort?

K: Ja. Diese Organisation umfasst insgesamt 11 000 Leute, und bei diesem Training handelte es sich um eine Einheit von 70 Leuten. Ich bin eingekauft worden über die *(Klient seufzt bedrückt)* – ich merke schon, da geht es los.

T: Du seufzt schon, wenn du erzählst: „Ich bin eingekauft worden."

K: Also, ich bin selbst da hingegangen, habe mich angeboten, und die von der zentralen Personalentwicklung waren hell begeistert. Ich weiß nicht, ob von mir, aber ich nehme es zumindest mal an.

T: Eine Vorannahme von uns ist: Wenn der Kunde so begeistert ist, einen Berater gewonnen zu haben, dann hat er ihm meistens eine Verantwortung oder Aufgabe zugeschoben und ist erleichtert, dass er sie los ist.*

K: Genau das ist es. Die wollten mehr damit. Die, die mich eingekauft haben, haben gar keine Möglichkeit, in die Abteilung, die ich zu trainieren hatte, hineinzuregieren.

T *(geht zum Flipchart)*: Ich mache mal Folgendes. Ich sortiere jetzt erst einmal die Fakten und Funktionen. Und dann stellen wir das auf. O. K.?

K: O. K.

T: Wer ist der Auftraggeber, der dich eingekauft hat?

K: Ein Abteilungsleiter in der Personalentwicklung.

T: Und der hat dir den Auftrag als Berater gegeben?

K: Ja, aber das ist ein bisschen komplizierter. Er hat mir den Auftrag gegeben, aber ich werde von jemandem betreut, der hierarchisch unter ihm steht. Ich weiß nicht, was für eine Funktion diese Person hat. Das ist mir selbst nie ganz klar geworden. Der ist fast nie da und erreichbar.

T: O. K. Der Abteilungsleiter, der dir den Auftrag gab, hat einen Mitarbeiter, der dich betreuen soll?

K: Ja. Und der ist fast nie da.

T: Und du bist externer Berater. *(Klient nickt)* Was ist die Aufgabe dieser Beratungstätigkeit?

K: Anfangs sollte ich die Mitarbeiter zu mehr Serviceorientierung bringen. Nur die Mitarbeiter, nicht die Führungskräfte! Da wurde ich schon hellhörig und habe zu denen gesagt: So geht das nicht, wir müssen schon mit den Führungskräften anfangen! Ich habe dann durchgesetzt, dass ich überhaupt erst mal hineingehen kann, um eine Befragung zu machen, damit ich das Ganze kennen lerne und dann in einem Pilotprojekt die Führungskräfte trainieren kann. Das hat auch funktioniert und ist auch auf Begeisterung gestoßen.

T: Und wo sind jetzt diese Führungskräfte?

K: Das ist eine zweite Abteilung.

T: Gibt es darüber eine Geschäftsführung?

K: Ja, es gibt eine Geschäftsführung mit verschiedenen Hauptabteilungsleitern. Und einer davon ist dafür zuständig. Ich denke, dass diese Person nicht so wichtig ist, nach meinem Gefühl jedenfalls.

T: Schauen wir mal. Jetzt gibt es also hier diese Führungskräfte – ist das eine Parallelabteilung?

K: Ja. Und bei den Führungskräften gibt es eine Abteilungsleiterin: Die aber nur auf einer halben Stelle sitzt und zur Zeit ihr Kind betreut. Dafür hat sie sich sozusagen eine Assistentin aufgebaut, die die Regierungsmacht in ihrer Abteilung hat.

T: Das ist die, die fast nie da ist?

K: Ja. Und eine Sekretärin gibt es auch noch, zum Abschirmen. Und darunter gibt es eine Abteilung, die außen liegend ist, also zehn Kilometer entfernt sitzt, mit einem da drunter liegenden Abteilungsleiter. Und im Hause sind nochmals sechs Abteilungsleiter. Also insgesamt sieben Abteilungsleiter auf dieser Ebene.

T: O. K. Und das sind die, die du bis jetzt auch geschult hast?

K: Ja. Inklusive der Leitung der Personalentwicklungsabteilung, das heißt, die Abteilungsleiterin, ihre Assistentin und auch ihre Sekretärin waren dabei.

T: Und darunter kommen noch die Mitarbeiter?

K: Ja. Ungefähr 70 Leute, die ich alle geschult habe.

T: Die hast du auch alle geschult?

K: Ja. Die habe ich auch schon alle durch. Alles im grünen Bereich, tolle Feedbacks! Aus dieser Situation heraus habe ich dann eine Analyse gemacht und denen gesagt, wie es weitergehen muss. Also: Ein Führungskräftetraining ist notwendig.

T: Also, du hast erst mit den Führungskräften angefangen, dann mit den Mitarbeitern weitergemacht und dann eine Analyse gemacht, mit dem Vorschlag, jetzt mit den Führungskräften weiterzumachen?

K: Richtig. Um die Reorganisation wirklich systematisch durchzuführen. Und das stieß auf steinerne Gesichter. Also, ich habe wirklich das Gefühl gehabt: Ich bin in meine eigene Falle getappt. Und das ist jetzt mein Thema, das ich noch nicht verstehe. Ich weiß noch nicht, was ist mir da eigentlich passiert.

T: Wie klingt dieser Satz für dich: „Ich habe den Kredit, den ich mir mühsam aufgebaut habe, mit einem Streich verspielt."*

K: Also, da ist zumindest was dran. Es ist aber nicht ganz stimmig.

T: O. K. Ich wollte es nur mal testen.

*T testet, ob der Klient einem Muster folgt, mit dem er sich um den Lohn seiner Arbeit bringt und so wirklichen und dauerhaften Erfolg verhindert.
Solche „Selbsttorpedierungsmus-

ter" können in systemischer Perspektive wichtige Hinweise auf eventuell bestehende Nachfolgedynamiken oder Sühnestrukturen sein.

K: Denn der ist noch nicht verspielt.

T: Aber auf's Spiel gesetzt.

K: Ja. Und zwar indem ich sehr ehrlich und offen war. Ich habe zu stark auf die Schwachpunkte geblickt und zu wenig Begeisterung produziert. Ich habe gesagt: Hier brennt es. Hier müsst ihr Acht geben! Ich verstehe aber noch nicht, was da mit mir los war.

T: Ich denke, jetzt ist es sinnvoller zu sehen, was die Aufstellung zeigt, was da wirkt. Also, such doch mal jemanden aus für diesen Abteilungsleiter PE, dann jemanden für diese weibliche Führungskraft und einen Repräsentanten für diese Führungskräfte.

K: Die Stellvertreterin ist ebenfalls sehr wichtig! Bevor ich an die weibliche Führungskraft komme, muss ich immer über sie hinweg. Mit der spreche ich sehr intensiv. Es sind beides sehr kluge Frauen.

T: O. K. Da folge ich dir mal. Also, stelle diese Stellvertreterin dazu. Dann einen Repräsentanten für diese Führungskräfteebene.

K: Einen für die sieben?

T: Ja. Einen, der geradezu typisch diese Ebene repräsentiert.

K: Das sind Frauen und Männer, die sehr unterschiedlich sind.

T: Folge deiner Intuition.

(Klient überlegt, wählt dann einen kräftigen Mann aus)

T: Dann jemanden, der die Mitarbeiter vertritt.

K *(wählt dafür eine Frau aus)*: Das sind hauptsächlich Frauen.

T: Und jemanden für dich. – Noch eine Frage von mir: Bei dieser Präsentation für die Trainings, ging es da über das Thema Dienstleistungen hinaus?

K: Ja. Das kam als Information zu mir durch. Aber innerlich wusste ich, dass die gar nicht weitergehen wollten.

T: Die wollten gar nicht.

K: Durch die intensive Arbeit mit den Mitarbeitern, die ja sehr erfolgreich war, und durch das Seminar mit den Führungskräften kam im Grunde jetzt ein Teilauftrag zu mir herüber.

T: Dann nehmen wir noch die Kunden dieses Unternehmens dazu. Wenn es um das Thema Dienstleistung geht, ist das ja offensichtlich wichtig. Um die sollte es ja eigentlich gehen!

(Der Klient wählt eine junge Frau dafür aus und beginnt dann, die zuvor ausgewählten Personen gemäß seinem inneren Bild aufzustellen)

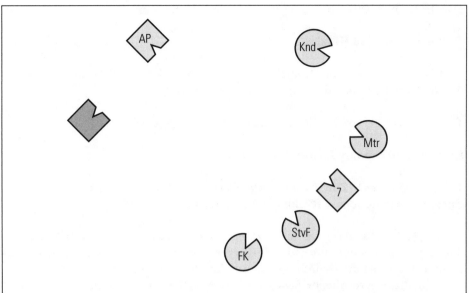

grau = Serviceberater (SvB; Klient); AP = Abteilungsleiter Personalentwicklung; Knd = Kunden; Mtr = Mitarbeiter; 7 = Gruppe der sieben Führungskräfte; StvF = Stellvertreter der Führungskräfte; FK = Führungskraft

Graphik 10.1

(Befindlichkeitsrunde)

T: Wie geht es der Leiterin?

FK: Die Sicht ist verdeckt, und mir tun die Knie weh. Ich will eigentlich weg, ich habe ganz andere Interessen.

T: Wie geht es der Stellvertreterin?

StvF: Die Sicht auf die Mitarbeiter ist verdeckt. Ich sehe nur die Kunden. Es ist nicht gut.

T: Wie geht es dem Leiter der Abteilung Personalentwicklung?

AP: Unwohl. Mir fehlt der Durchblick *(zeigt auf die Reihe FK bis Knd)*. Und ich fühle mich von da *(SvB)* stark beeinflusst.

T: Wie geht es dem Stellvertreter des Beraters?

SvB: Ich habe das Gefühl, dass ich hier etwas tun soll, wo es eigentlich um etwas anderes geht. Zu den Führungskräften und den Mitarbeitern besteht ein gutes Gefühl der Art: Wir haben schon etwas zusammen gemacht, und das war gut. Trotzdem ist das von dem Gefühl überlagert, dass es noch um etwas anderes geht. Zu den Kunden habe ich überhaupt keine Beziehung. Und hier *(zeigt zu FK und StvF)* ist die Konstellation ein bisschen seltsam. Die Führungskraft *(FK)* scheint ein bisschen verdeckt zu sein, auf mich wirkt eher die Stellvertreterin *(StvF)*. Und eigentlich komme ich mir ein bisschen fehl am Platz vor.

T: Wie geht es dem Stellvertreter der Führungskräfte?

7: Erst dachte ich, es ist eine überflüssige Ebene. Ich habe mir versucht, meine Zukunft vorzustellen. Dann habe ich mir aber als Selbsterhaltung gesagt, vielleicht sind auch die hinter mir überflüssig. Also, irgendjemand ist überflüssig!

T: Verstehe. *(Zu Mtr)* Wie geht es den Mitarbeitern?

Mtr: Ich habe totale Angst und will vor allen Dingen weg.

T: Wie geht es dem Kunden?

Knd: Als Kundin würde ich mich nicht beachtet fühlen. Ich habe den Eindruck, da läuft irgendetwas ab. Hauptsache, davon weg.

T: Also, je weiter weg von der Organisation desto besser?

Knd: Ja. Und von ihm hier *(AP)* besonders.

T *(zum Klienten)*: Zur Erinnerung: Dein Konflikt war, dass du an dieses Führungsgremium eine Rückmeldung gemacht hast.

K: Genau. Das ist das, was ich dort beschrieben habe: Dieses Wegwollen und dass etwas geschehen muss, damit das da *(zeigt auf AP und SvB)* zusammenkommt. Dass das die Grundlage ist und dass es nicht angehen kann, dass man von den Mitarbeitern mehr Serviceorientierung fordert, wenn hier hinten *(zeigt auf FK bis 7)* nichts klappt.

T *(zu K)*: Wer hätte denn die Möglichkeit, so eine Reorganisation zu entscheiden?

K: Die Leiterin. Ja, sie kann das.

T: Sie steht also auch über der Abteilung Personalentwicklung.

K: Sie ist völlig autonom. Die Hauptabteilungsleiterebene ist natürlich nochmals drüber. Die regiert aber in dem Sinne nicht hinein. Sie kann entscheiden – natürlich nur innerhalb eines gewissen Rahmens.

T: Verstehe. *(Dreht SvB und FK einander gegenüber)* O. K. *(Zu FK und SvB)* Guckt euch mal beide an.

SvB: Das ist gut jetzt. Ich glaube, das ist die richtige Richtung.

FK: Ich habe auch das Gefühl, als sollten wir uns unterhalten.

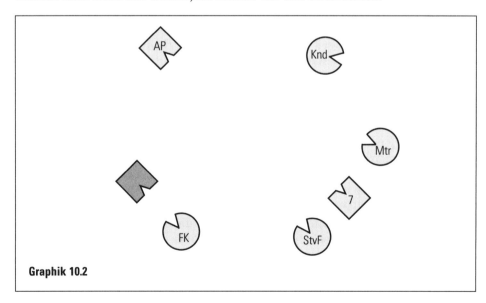

Graphik 10.2

T *(zum Klienten)*: Ist das passiert?

K: Ich habe das gerade vereinbart, ich habe in wenigen Tagen mit ihr einen Termin.

FK: Ich habe auch das Gefühl, bisher übergangen worden zu sein.

SvB: Und ich habe das Gefühl, ich würde gerne mit ihr alleine sprechen.

T: Das war auch meine Idee. Was hier offensichtlich eine gute Variante gewesen wäre oder jetzt noch nachzuholen ist, ist erst einmal ein Vieraugengespräch mit der Leiterin. Denn den Auftrag hast du ja von der Leitung der Abteilung Personalentwicklung bekommen, und dieser Auftrag ist ja auch gut abgelaufen. Jetzt geht es aber um einen neuen Auftrag, und das kann er alleine nun nicht mehr entscheiden. Für diesen Auftrag müsste es jetzt ein Agreement mit dieser Leiterin geben.

K: Stimmt. Ich hätte eigentlich vor der Präsentation mit ihr unter vier Augen unter Umgehung der Instanzen reden müssen.

T: Genau.

(Der Trainer stellt dann FK und SK näher zusammen und stellt sie an den Rand, als Zeichen des Vieraugengesprächs)

T: O. K. Und ihr stellt euch jetzt mal vor, ihr tauscht hier alle Informationen aus, die für den Verlauf dieses Prozesses wichtig sind.

(Beide nicken zufrieden, wie nach einer ernsthaften Übereinkunft nach einer Geschäftsbesprechung)

SK und FK: So ist es gut.

T: Ich stell das jetzt erst mal auf, damit etwas Ordnung reinkommt. *(Der Trainer beginnt, das Bild umzugruppieren)* Und bitte euch, ein bisschen darauf zu achten, wie es ist mit der Nähe und Distanz zwischen euch ist. Ich mache danach noch eine Runde, wie es für euch ist.

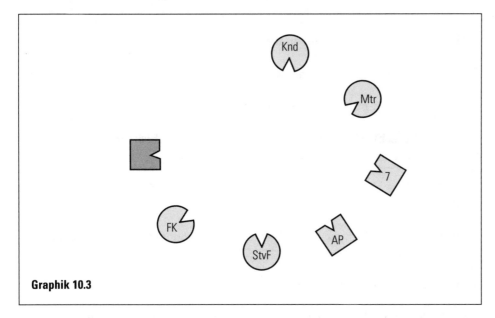

Graphik 10.3

T *(zu SvB)*: Wie geht es dir jetzt an dieser Position?

SvB: Ich habe das Gefühl jetzt, ich stehe an der Spitze dieser Konstellation, aber das fühlt sich nicht besonders gut für mich an.

T: Kommt ihr mal so rum, dass das hier einen Kreis bildet?

(Die Konstellationsteilnehmer tun es, alle stehen in ungefähr gleichem Abstand zueinander)

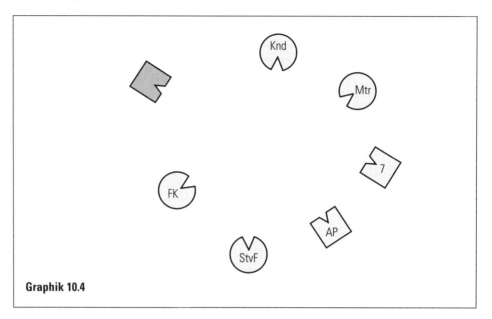

Graphik 10.4

T: Wie ist das?

SvB: Ich habe immer noch das Gefühl, dass sehr viel Erwartung auf mir liegt.

T: Ja. Wir machen mal eine Runde, und dann gucken wir uns das nochmals an.

FK: Ich fühle mich sicher und wertgeschätzt. Und ich spüre mehr Kraft als vorher.

StvF: Ambivalent. Ich spüre eine Spannung im Raum, kann sie aber nicht identifizieren.

T: Wie geht es dem Leiter Personalentwicklung?

AP: Bin gespannt und neugierig, was jetzt passiert.

T: Wie geht es den Führungskräften?

7 *(seufzt)*: Schlecht! Keine Wertschätzung. Fühle mich abgelehnt. Von ihm abgelehnt *(zeigt auf AP)* und von ihm *(SvB)* nicht beachtet.

T *(zu 7)*: Ist das ein Gefühl, das schon vorher da war? Schon vor dieser neuen Runde?

7: Ich habe das Gefühl, dass das System einen Sündenbock sucht und dass ich das im Moment bin.

T: Wie geht es den Mitarbeitern?

Mtr: Tendenz nach hinten. Und auf den *(zeigt zu AP)* bin ich wütend.

T: Wie geht es den Kunden?

Knd: Etwas zu eng. Zu den Mitarbeitern habe ich kaum Kontakt. Die Führungskräfte *(7)* habe ich wie vernebelt wahrgenommen. Und ich merke, die rechte Schulter zieht mich regelrecht runter. Es ist sehr belastend.

T: O. K. Ich glaube, so kommen wir nicht weiter. Ich probiere mal etwas anderes.*

T *(zu SvB)*: Du hast vorhin gesagt, es gibt etwas, was nicht ausgesprochen ist, das Eigentliche! *(T gibt SvB ein Gewicht in die Hand)* Was passiert denn, wenn er da steht und das in der Hand hat? Bei der Leiterin?

F: Ist mir ein bisschen peinlich.

T: Ich weiß, du guckst beschämt nach unten. Wie geht es den anderen?

StvF: Ist sowieso klar. *(AP und 7 nicken auch)*

(T stellt SvB und FK einander gegenüber)

*Nachdem alle ressourcenorientierten Klärungen ohne Erfolg bleiben, geht der T nun auf die Anfangshypothese des „vergifteten" Auftrags ein: Dem Berater wurde mit dem Auftrag eine Verantwortung untergeschoben, die ihm als Berater nicht zukommt, die er nicht wahrnehmen kann und darf.

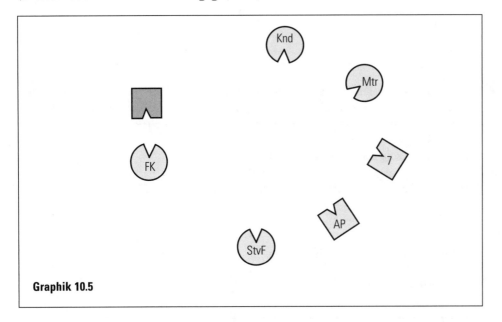

Graphik 10.5

T *(zu SvB)*: So. Gehst du mal zur Leiterin und sagst: „Es ist mir nicht klar, wie ich dazu gekommen bin, aber es ist nicht meines. Darum gebe ich dir es zurück." *(SvB tut es)**

FK: Es fühlt sich schwer an, aber es ist gut.*

(T stellt SvB und FK wieder wie zuvor nebeneinander; vgl. Grafik 12.2)

T *(zu SvB)*: Wie geht es dir jetzt, als Berater?

SvB: Ja, erleichtert *(atmet auf)*. Jetzt ist dieser Erwartungsdruck weg.

FK *(hält das Gewicht in den Händen)*: Ich würde es gerne weitergeben.

T: An wen?

FK: An meinen Stellvertreter.*

T: So weit kommt es noch. *(Gruppe lacht)* Nicht, solange ich hier noch was zu sagen habe. So. *(T tauscht SvB gegen K aus)*

(Hineinnahme des Klienten)

*Der Berater gibt die im Auftrag mit enthaltene illegitime Aufgabe an den Auftraggeber, also an den Ort der eigentlichen Verantwortung und Zuständigkeit, zurück. Derjenige, der die Verantwortung wieder zurücknimmt, empfindet dies zwar einerseits als schwer (sonst hätte er sie nie abgegeben), aber andererseits auch als richtig und gut, da nun die Zuständigkeiten wieder „in der Ordnung" sind – die Bedingung für gegenseitigen Respekt.

*Offenbar ist diese Führungskraft ein Meister im Delegieren eigener Verantwortlichkeiten und braucht noch einige Zeit, um sich an das Tragen eigener Lasten zu gewöhnen.

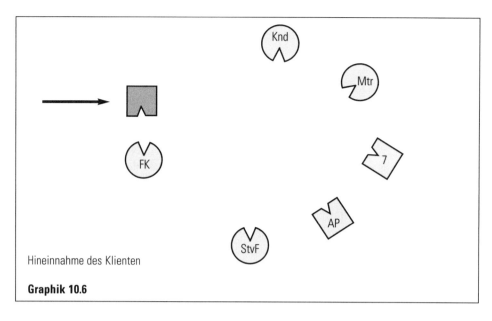

Hineinnahme des Klienten

Graphik 10.6

T *(zum Klienten)*: Diesen Akt sollst du ruhig mal selber machen. *(Gibt K das Gewicht)* Sag mal zu ihr: „Ich habe eine Tendenz dazu, so etwas anzunehmen. Aber es ist nicht meines, und darum gebe ich es dir zurück."*

(Der Klient tut es und übergibt das Gewicht an FK)

FK: Ich nehme es. *(Wie eine Mutter, die eine Last für ihr Kind trägt)*

T: „... weil es mir gehört."

FK: Weil es mir gehört. Es ist gut so.

T *(zum Klienten)*: Wie geht es dir jetzt?

K macht eine Geste wie jemand, der noch knapp davongekommen ist)

T *(zu K)*: Nur noch kurz. Das ist ein Muster bei dir, nicht? *(K nickt)* Würde ich dringend bearbeiten. Nur weil wir das jetzt bei dieser Firma aufgelöst haben, heißt das nicht, dass es für dich generell aufgelöst ist, ja?

K: Ja.

(T tauscht den Klienten wieder gegen seinen Stellvertreter, SvB, aus und dreht beide zur Kreismitte)

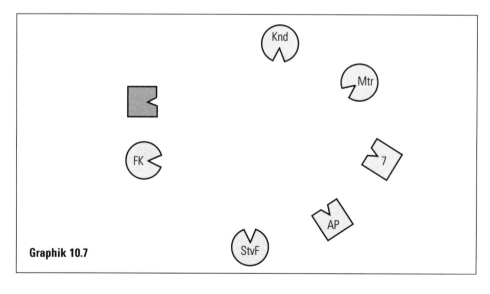

Graphik 10.7

---

*Der Satz „Ich habe eine Tendenz dazu, so etwas anzunehmen" entspricht nicht dem Standard-Wording eines Rückgaberituals, sondern ist in diesem Fall speziell auf den Klienten gemünzt, der über eine ausgeprägte Disposition verfügt, sich triangulieren zu lassen, sich fremde Lasten aufladen zu lassen.
Unauffällig in diese Arbeit eingebunden, kann der Satz an dieser Stelle das Muster eventuell bereits ein wenig transparenter und damit weniger zwanghaft gestalten.

T *(zu 7)*: Wie geht es dir jetzt?

7: Besser.

AP: Auch besser.

StvF: Auch besser. Aber ich will noch mit ihm reden.

T: Ja, kommst du mal her, und stellst dich vor ihn hin?

(StvF tut es)

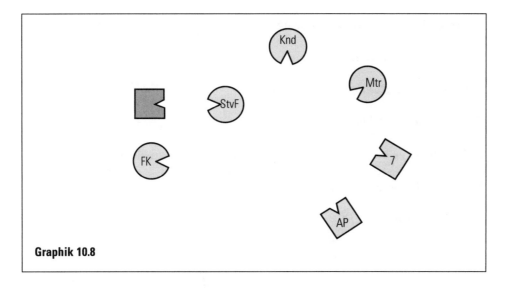

Graphik 10.8

T *(zu StvF)*: Wie ist es, wenn du ihn *(SvB)* anguckst?

StvF: Ich möchte ihm was Gutes tun.*

T: Sag zu ihm: „Es ist mir wichtig, dass du da bist. Wir brauchen deine Hilfe."

(StvF tut es)

T: Ist es das, was du sagen wolltest?

StvF: Ja.

T *(zu SvB)*: Wie ist es bei dir, wenn du das hörst?

SvB: Wohlbefinden, aber sehr distanziert.*

T *(lächelt und stellt sich neben SvB)*: Sag mal zu ihr: „Ich helfe euch gerne, aber ich mache eure Probleme nicht zu meinen."

(SvB tut es)

StvF *(mit enttäuschter Stimme)*: O. K.

T *(zu StvF)*: Würdest du aber gerne machen. *(Zu SvB)* Das war ein Angebot, dir etwas auf den Schoß zu legen.

SvB: Genau.

T: Sag noch zu ihr: „Der Versuch ist nicht strafbar, aber es funktioniert nicht mehr bei mir."

*Wenn die Triangulierung des Beraters aufgelöst ist, das heißt, wenn klar ist, wofür er tatsächlich da ist und was er tatsächlich geleistet hat, kann überhaupt erst das Bedürfnis entstehen, ihm zu danken und ihn in seiner Funktion und Leistung zu würdigen.

*Die Würdigung der eigenen Leistung kann nun dankbar entgegengenommen werden, ohne dass dies die klaren Grenzen wieder verwischt.

(SvB tut es)

T *(zur Gruppe)*: Für solche Avancen ist er anfällig.

SvB: Ja. Aber es ging nicht mehr.

(StvF stellt sich wieder in die Reihe neben FK)

AP: Irgendwie fühle ich mich teilnahmslos.

T: Vielleicht ist das auch so.

AP: Irgendwo, ja genau, überflüssig.

T: Genau. Setzt dich mal hin.

(AP verlässt die Runde und setzt sich hin)

T *(zu 7)*: Wie ist es bei dir?

7: Bei mir ist es besser. Er *(zeigt auf SvB)* ist jetzt irgendwie – allparteilich.

T: Genau. Geh mal ein Stück dichter heran.

(7 stellt sich neben StvF)

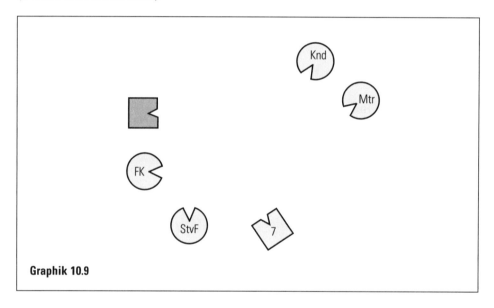

Graphik 10.9

T: Wie geht es bei den Mitarbeitern?

Mtr: Viel besser, seit er *(AP)* nicht mehr da ist. Sogar hier zu denen *(zeigt zu 7)* ist es auch gut.

T *(zu SvB)*: Gehst du mal ein Stück dichter ran? *(SvB stellt sich dicht neben FK und beobachtet ihn dabei; T zu FK)* Sieh ihn an: Er nimmt es nicht. Du kannst auf Leiden machen, so viel du willst.

Mtr *(zu FK)*: Aber du gewinnst auch an Kontur.

T: Natürlich. Ist doch klar. Sofort hat sie mehr Respekt. *(Zu FK)* Wenn du deine Sachen trägst, hast du sofort mehr Respekt. *(Zur Gruppe)* Und in der Haltung, in der er *(SvB)* jetzt ist, kann er wirklich beraten. Und wenn er das nicht mehr trägt, wisst ihr, was er dann nicht mehr machen wird? Euch belehren!

T *(zu K)*: Weil du etwas trägst, was ihr *(FK)* gehört und nicht dir, kommst du in die Haltung des Belehrens, und das lassen sie sich nicht gefallen. Aber in dieses Belehren und Ermahnen verfällst du nur, weil du das trägst, ja? In dem Moment, wo du es nicht mehr trägst, hat deine Mitteilung, dein Feed-back, nichts Belehrendes oder Ermahnendes mehr, sondern hat wirklich nur etwas von einem Beobachter – und dann können sie das auch annehmen.

K: D'accord.

FK: Jetzt wird es leichter.

T: Das war es. Ihr könnt euch setzen. Danke.

Nachbesprechung

Vergiftete Aufträge

T: Das war etwas ganz Wesentliches, für alle von euch, die als Berater tätig sind: Schon in der Art, wie er das beschrieben hat, war genau das annonciert. Man sucht sich einen Berater, von dem man spürt, dass man es ihm aufbürden kann, und dann hat er das.
Und daraus entwickelt sich das Anmaßende. Als du *(K)* nämlich darüber berichtetest, wie du in der Gruppe die Veränderungen angemahnt hast, hatte deine Art etwas Anmaßendes. Und diese Anmaßung ist die notwendige Folge der Übernahme einer Verantwortung, die einem nicht zusteht. Und dann ist man in einer – gelinde gesagt – beschissenen Situation. Darum ist es so unendlich wichtig, zu verhindern, dass man solche vergifteten Aufträge bekommt, ohne dass man gleich den gesamten Auftrag verliert.
Denn das ist ja die geheime Angst, die dahinter steht: Wenn ich den vergifteten Auftrag nicht annehme, dann bekomme ich den Auftrag als Ganzes gar nicht. *(Zu TN/K)* Und ich vermute mal, das ist ein relativ lukrativer Auftrag – Führungsebene, 60 bis 70 Leute trainieren, Führungsebene, das ist eine Menge Geld. Plötzlich kriegt man einen Schreck, ist vielleicht ein bisschen indisponiert: Wenn ich jetzt diesen vergifteten Auftrag ablehne, kriege ich den Auftrag vielleicht gar nicht! Von daher neigt man irgendwie innerlich dazu, das anzunehmen.
Das heißt: Grundsätzlich steht der Berater neben dem Chef und trägt null und nichts von seiner Verantwortung! Kein Milligramm! Dann wird der Berater automatisch bescheiden, weil er nämlich in diesem System nichts zu melden hat. Und gleichzeitig kann er seine dissoziierte Haltung nutzen, um wertvolle Informationen zu geben. Und eines ist klar: Darüber zu entscheiden, was mit diesen Informationen geschieht, ist natürlich Sache der Chefin.

Warnsignale für vergiftete Aufträge

Das heißt, ihr könnt euch als Berater darauf kalibrieren, wenn ihr in eine vorwurfsvolle, dem Auftraggeber gegenüber anmaßende Haltung kommt oder euch beispielsweise denkt: „Ach, dieser Laden, denen kann man es hundertmal sagen, die packen es einfach nicht." Wenn ihr das bei euch spürt, dann könnt ihr sicher sein – und das ist wirklich hundertprozentig sicher –, dass ihr euch eine Aufgabe habt aufbürden lassen, die nicht eure ist. Ihr fühlt euch überfordert, und aus der Überforderung heraus werdet ihr fordernd und anmaßend. Und die Bereitschaft, sich etwas aufbürden zu lassen, was einem nicht zusteht, kommt im Regelfall aus der eigenen Familie, weil man entweder trianguliert oder parentifiziert ist. Auf Deutsch: Als Kind hat man die Erfahrung gemacht, dass man die Konflikte zwischen den Eltern auf irgendeine Weise schlichten muss, damit in der Familie Harmonie herrscht und es einem als Kind gut geht. Wenn ein Kind entweder trianguliert oder parentifiziert ist, also gelernt hat, dass die Eltern es brauchen, damit sie überhaupt miteinander umgehen können, dann ist man der geborene

Berater. Als Berater geht man nämlich zu Chefs und sagt ihnen, wie sie es machen sollen. Vielleicht kann man es mal so sehen: Alle Berater sind von Hause aus trianguliert! Sie fühlen sich geradezu zu diesem Beruf hingezogen. Sie gehen nämlich zu Leuten, die funktionale Chefs und Väter sind und die es nicht bringen und darum einen Berater brauchen – so zumindest empfinden es die Triangulierten. Und dann geht man dahin und sagt: Ich sehe schon, ihr bringt das nicht auf die Reihe, ich zeige euch mal, wie das gemacht wird! Die sind erleichtert und froh, einen Idioten gefunden zu haben, der ihre Arbeit macht. Sie geben ihm dann den schlimmsten Teil, das schlimmste Päckchen. Jetzt steht der Berater da, hat aber weder die Kompetenz noch die Befugnis. Und weil der die nicht hat, kann er nichts durchsetzen. Was bleibt ihm übrig? Er wird ermahnend, besserwisserisch, und das lässt sich natürlich keiner gefallen. Ergo: Der Berater ist wieder draußen. Und zweitens entsteht in ihm der Eindruck: Ich weiß das zwar besser als die, aber sie können die Wahrheit nicht vertragen, und darum schmeißen die mich raus.

TN: „Die sind noch nicht so weit!" *(Gruppe lacht)*

Wenn aus der Triangulierung ein Beruf wird

T: Genau. Das ist die Dynamik des triangulierten Kindes. Bei ihm konnte man das übrigens schon daran sehen, wie er die Personen aufgestellt hat, wie er geht: Er schreitet! Die Anmaßung ist schon sichtbar in der Art, wie er die Leute auswählt und bewegt. Ein nobles Schreiten. Aber auch hier ist wieder ganz wichtig, dass ihr versteht, dass das kein Charakterfehler ist. Es ist die Rolle, die er im Familiensystem hatte, und die hat er sich nicht ausgesucht. Ein Kind geht nicht zu seinen Eltern und mischt sich von sich aus ein. Wenn es das macht, dann sagen Eltern, die keine Schwierigkeiten mit so etwas haben: Mein lieber Freund, wenn Mutti und Vati was miteinander zu klären haben, dann gehst du mal schön spielen, das geht dich gar nichts an! Wenn aber jetzt die Mutter beispielsweise die Tendenz hat, abends, wenn sie den Kleinen ins Bett bringt, zu sagen: „Ach Peterchen, mit Papi ist schon schwer, nicht?" Was soll denn Peterchen sagen? „Mutti, mach, dass du aus der Türe kommst, das ist nicht mein Problem, sondern deines!"? Was soll er machen? – Und schon ist er in Koalition mit der Mutter gegen den Vater. Das heißt, niemand sucht sich das aus.

K: Ja, so etwas durfte ich in meiner Kindheit tun.

T: Und weil man in dieses Muster hineinsozialisiert worden ist, denkt man: Aha, das ist meine Rolle im Leben. Und dann sucht man sich einen Beruf, in dem man diese Rolle weiterspielen kann. Und eine gute Rolle, Chefs oder „Elternfiguren" zu beraten, ist der Unternehmensberater. Die Kunden sind Chefs, also Eltern, die es nicht bringen. Und jetzt zeigt man ihnen, wie es geht. Und man zeigt es ihnen auf eine Art und Weise, dass sie sich klein und mickrig fühlen. Die Folge ist, sie schmeißen einen raus.
Aber vorher liefert man Trainings ab, aber nur mit „Sehr gut"! Dass ich gut bin, haben sie mir ja hier selbst bestätigt. Aber das können sie nicht vertragen, und darum schmeißen sie mich raus.

Konsequenzen der Auflösung von Triangulierungen

Das ist ein Muster, das man natürlich ewig wiederholen kann, wenn man will. Aber man muss nicht. Die Lösung ist dann, die eigene Triangulierung aus der Herkunftsfamilie zu bearbeiten. Dann ist es überhaupt erst möglich, eine Haltung zu entwickeln, in der man als Berater auftreten kann, ohne Anmaßung, ohne Besserwisserei und ohne das Gefühl, dass alleine die Tatsache, gebraucht zu werden, im Grunde genommen ein Armutszeugnis der anderen ist. Und gleichzeitig, wenn man nichts Anmaßendes mehr hat, kann man die eigene Stärke, die tatsächliche Leistungsfähigkeit, wirklich in die Waagschale legen, ohne dass es gegen jemanden gerichtet ist.

K: Ich habe letztes Jahr begonnen, mir andere Tätigkeitsfelder zu suchen, andere Dinge zu tun, als diese Aufträge anzunehmen. Aber das ist keine Lösung. Ich weiß, dass ich diese Dinge erfolgreich machen kann, aber ich fliehe sie, weil ich spüre, das ist nicht meine Rolle. Ich mag sie nicht, ich fühle mich nicht wohl in dieser Rolle. Das heißt, meine eigentliche Kraft kriege ich überhaupt nicht rüber.

T: So ist es. Genau. Und die Lösung ist ganz einfach. Du stellst dein Familiensystem auf, deine Herkunftsfamilie, und löst diese Triangulierung auf. Du wirst da in was reingezogen, was nicht deines ist. Das ist alles. Wenn du das aufgelöst hast, dann kannst du das machen, ohne dass du diese verdeckten Aufträge annehmen musst, innerlich! *(K nickt zustimmend)*

TN: Das System lädt die Probleme, mit denen es sich selbst auseinander setzen müsste, also beim ihm, dem Berater ab, sodass sie sich selbst damit nicht mehr auseinander setzen müssen.

T: Genau.

TN: Suchen die Kunden ihn bzw. einen Berater, der just noch trianguliert ist?

T: Das ist eine gute Frage. Es könnte sein, dass er dann bestimmte Aufträge nicht mehr bekommt. Es könnte aber auch sein, dass er jetzt eine solche Souveränität ausstrahlt, die den Kunden sagt, dass sie mit ihm zusammen viel mehr lösen können, als wenn sie einfach einen nehmen, dem man alles aufhalsen kann. Denn das bringt ja letztendlich gar keine Lösung, sondern nur eine kurze Erleichterung. Er ist dann der unangenehmere Berater, der aber wirklich helfen kann. Denn der andere kann ja in dem Punkt gar nicht helfen.

WIE MUSS ICH MEINE BERUFLICHEN ZIELE GESTALTEN? WAS IST MEIN ZIEL?

AUFSTELLUNG 11

Trainer: Was ist dein Anliegen?

Klientin: Mein Anliegen besteht darin, herauszufinden, wie ich meine berufliche Zukunft gestalten soll. Momentan gibt es drei Möglichkeiten für mich: Zum einen die Übernahme einer Geschäftsführung, als Zweites eine Beratertätigkeit in einem Trainerforum. Und das Dritte wäre, ich mache das alleine. Ganz auf mich gestellt, selbstständig und autonom.

T: O. K. Das wäre jetzt der Rahmen.

K: Die Frage, die ich dabei klären möchte, ist folgende: Wo bei diesen drei Möglichkeiten komme ich wirklich an das Ziel? Oder gelänge es vielleicht bei zwei von den dreien? Ich möchte mehr Klarheit darüber gewinnen, welche der drei Möglichkeiten für mich als gute berufliche Zukunft infrage kommt!

T: Gut. *(Geht zum Flipchart)* Dann werden wir das mal aufzeichnen.
Du hast drei Möglichkeiten: Die Erste ist, du wirst Geschäftsführerin. Weißt du schon, zu welcher Firma du gehen würdest?

K: Es handelt sich dabei um eine Organisation, die gerade im Entstehen ist. Es ist ein Angebot, das ich bekommen habe.

T: Ist diese Organisation wirtschaftlich oder eher sozial organisiert?

K: Beides.

T: Wie kann ich mir das vorstellen?

K: Ich möchte hier nicht so offen darüber sprechen. Mir ist aber klar, wie es organisiert werden wird.

T: Verstehe. Dann wärest du beim Entstehen beteiligt?

K: Richtig. Es wäre etwas, an dessen Entstehung ich maßgeblich beteiligt wäre.

T: O. K. Dann nenne ich das mal hier „die Organisations-Geschäftsführerin". Und das Zweite wäre, als Teil des zuvor genannten, bereits bestehenden Trainerverbundes mitzuwirken.

K: Genau. Dieser Verbund besteht als e. V. aus einem Mann, zwei Frauen und gegebenenfalls aus mir.

T: O. K. Und die dritte Möglichkeit wäre, dich selbstständig zu machen.
(Zur Gruppe) Um die systemische Dynamik von diesem Trainerverbund sowie dieser Geschäftsführertätigkeit überhaupt sichtbar zu machen, kann man logischerweise nicht nur die Tätigkeit als solche aufstellen. Warum?
Beim Trainerverbund ist klar: ein Mann, zwei Frauen! Es ist aber noch nicht klar, ob sie gleichrangig sind bzw. in welchem Verhältnis sie zueinander stehen. Und bei der Geschäftsführertätigkeit ist auch noch nicht klar, wer wem gegenübersteht! Steht sie einer Person, einem Konsortium, einem Verein oder was auch immer gegenüber?
(Zur Klientin) Wir brauchen deshalb noch notwendige Informationen.

Beginnen wir mit der Geschäftsführerin. Wie wärest du dort in dieses wirtschaftliche bzw. soziale Gebilde eingebettet? Wäre jemand über dir, wenn ja, wer?

K: Ja. Es gibt eine Organisation, die darüber zu entscheiden hat, ob ich dort Geschäftsführerin werden soll oder nicht.

T: Dann bist du abhängig von dieser Organisation. Und vom wem wird diese Organisation angeführt? Von einem Mann oder einer Frau?

K: Das sind mehrere Männer und Frauen.

T: Gleichberechtigt?

K. Ja. Männer und Frauen gleichberechtigt. Aber ich kann im Moment noch nicht sagen, wie viele und wer dort vorsteht.

T: Also, ist das im Moment noch ein bisschen im Nebel.

K: Ja.

T: Beim Trainerverbund scheint mir die Situation eindeutiger zu sein. Dann fokussieren wir uns als Erstes darauf, ob diese Alternative geht oder nicht. O. K.?

K: Ja. Da weiß ich besser Bescheid. Der Mann dort ist eindeutig der Chef. Von den beiden Frauen ist eine seine Ehefrau. Sie hat auch eine eigene Organisation innerhalb der Organisation dort inne! Und die andere ist eine Trainerin, die ich persönlich kenne und die auch mit den beiden befreundet ist.

T: O. K. Dann müssen wir diesen Teil noch als Eigenständiges auskoppeln, damit die Hierarchie klarer wird. Welche Funktion hat die Ehefrau?

K: Sie hat ihr eigenes Ressort, das sie leitet. Aber im Prinzip steht sie in der Hierarchie unter ihm. Sie steht als Ressortleiterin unter ihm.

T: Und was ist das für ein Ressort?

K: Office-Management. Das ist ihr Trainingsbereich.

T: O. K. Und die andere Trainerin, die ...

K: ... macht ebenfalls Office-Management. Sie kriegt ihre Aufträge aber nicht nur vom Chef beziehungsweise dessen Ehefrau. Sie gibt auch welche zurück.

T: O. K. Das ist die Trainerin! Welche Position würdest du in diesem Trainerverbund dann einnehmen?

K: Relativ frei. Aber mit der Maßgabe, zunächst einmal im Bereich Office-Management anzufangen.

T: Du wärest also nicht sehr stark in die Hierarchie eingebunden, sondern wärst dort erstmals als eigenständige Trainerin tätig?

K: Genau. Aber zuvor ist da noch einiges zu klären. Und das ist genau das, was ich hier und heute herausfinden will!

T: O. K. Wer hätte denn dann das Sagen, bezogen auf dich?

K: Sie! Die Ehefrau.

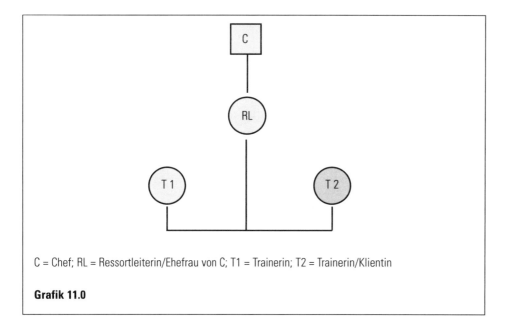

C = Chef; RL = Ressortleiterin/Ehefrau von C; T1 = Trainerin; T2 = Trainerin/Klientin

Grafik 11.0

T: Gut. Jetzt fehlt hier in diesen Beziehungen noch eine ganz entscheidende Frage: Wer braucht wen wofür?*
Wofür brauchst du diese Firma, wofür braucht die Firma dich?
Es handelt sich ja hier um einen Bereich, wo du deine Tätigkeit selbstständig ausführst. Wozu brauchst du jetzt die anderen?

K: Stimmt, das ist eine wichtige Frage. Es ist für mich ein sehr wichtiger Kontakt, um das, was ich anzubieten habe, im Rahmen dieses Trainerverbundes anbieten zu können!

T: Die würden dich also praktisch vermarkten?

K: Ja.

T: Das heißt, die finden Kunden dafür. Sie sind in der Akquisition.

K: Genau. Aber ich entscheide inhaltlich mit, was in das angebotene Programm kommt und wie es dargestellt wird!

T: Ist das völlig geklärt, dass die die Aufträge für dich akquirieren?

K: Ja. In dem Moment, wo ich denen zusage, dass ich da mitmachen will, ja.

T: O. K. Wie stände es dann mit den Finanzen?

K: Das sind jetzt Sachen, die sind noch offen. Da sind aber noch eine ganze Menge Detailfragen zu klären, deswegen bin ich auch unsicher, wie das genau organisiert sein soll.

T: O. K. Die zweite Frage ist: Wofür brauchen die dich?

K: Die haben gewisse Projekte, mit denen sie vom Umfang her alleine nicht fertig werden können. Außerdem sind sie speziell im Personalentwicklungsbereich noch nicht so erfahren wie ich. Deshalb werde ich von denen benötigt.

T: Also wäre ein Geben und Nehmen möglich. Damit ist der Bereich, Trainer in einem Trainerverbund zu sein, geklärt.
Nun die Frage zur Selbstständigkeit als dritter Alternative. Wie soll die ablaufen, wie hast du dir das vorgestellt, dass du hier auf diesem Feld erfolgreich sein kannst?

*Wer braucht wen wofür? Dies ist eine der zentralen Fragen beim Zusammenschluss und der Bildung von Netzwerken. Nur wenn die gegenseitige Bedürftigkeit ausgeglichen ist, hat ein solcher Zusammenschluss eine Chance auf Gelingen. Sind die Bedürftigkeiten sehr unterschiedlich, gibt es auf die Dauer keinen Ausgleich, was zu Unzufriedenheit und Störungen führt, die letztendlich die Beziehungen auf der geschäftlichen wie auch auf der persönlichen Ebene ruinieren. Häufig wird Bedürftigkeit als Mangel erlebt und darum schamhaft verschwiegen; man tut so, als ob man den anderen nicht bräuchte. Die initiale Unaufrichtigkeit verhindert im Weiteren offene Gespräche über Wünsche, Forderungen usw.

K: Da bin ich noch in der Gründungsphase, da bin ich mir noch nicht klar über mich selber!
(Mit leicht träumerischer Stimme) Ich weiß, da zieht mich deutlich etwas hin. Ich habe auch aufgrund der zahlreichen Trainings, die ich hinter mir habe, bestimmte Vorstellungen, wie es aussehen könnte. Aber die sind noch nicht sehr konkret. Speziell Einzelcoaching würde ich sehr gerne machen.

T: Es klingt so, als ob du noch keinen konkreten Plan hättest, damit du dorthin kommst, wo du hin willst!

K: Richtig.

T: Es ist momentan mehr als ein Wunsch oder ein Traum zu sehen.

K: Ja. Aber: Vom Gefühl her ist es schon etwas mehr. Es zieht mich dorthin! Aber meine Frage ist ja: Was von den drei Zielen soll ich wählen, welche sind verwirklichbar? Es hat ja keinen Sinn, wenn ich die Zeit jetzt in das falsche stecke und etwas hinterherrenne und dann nichts davon habe, abgesehen von der Lernerfahrung, die ich dort mache.

T: Wenn du, jetzt, in dich hineinspürst. Welches von den dreien würdest du, jetzt im Augenblick, favorisieren?

K *(lächelt)*: Genau das weiß ich im Moment eben nicht.

T: Also sind alle drei gleich stark?

K: Ja. Es reizt mich alles drei!

T *(zur Gruppe)*: Ich werde dann jetzt zuerst mit dem Trainerverbund als konkretem Angebot anfangen mit der Frage: Geht das überhaupt? Sonst würde die Aufstellung zu komplex und zu verwirrend. Wenn sich zeigt, dass das nicht geht, dann fällt das als Erstes schon mal weg.
(Zur Klientin) Dann stelle bitte folgende Stellvertreter auf: für dich, für die Ressortleiterin, für die Trainerin und jemanden für den Chef.

(Klientin wählt aus und stellt vier Personen auf)

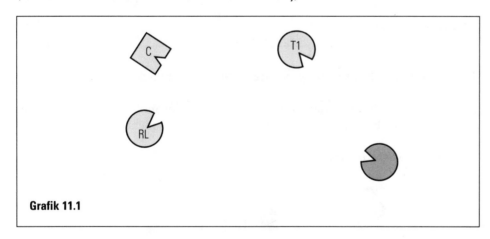

Grafik 11.1

T *(zum Chef)*: Wie geht es dem Chef?

C *(Stimme klingt etwas dünn und ärgerlich)*: Ich habe einen eigenen Laden, das ist ganz klar! Und ich habe dabei das Gefühl, dass ich hier in diesem Laden noch ein bisschen aufräumen muss. Auch dass hier einige inkompetente Leute in dem Laden sind. *(Zornig)* Und hier muss aufgeräumt werden!

T: Wie geht es der Ehefrau und Ressortleiterin?

R: Als sie dazukam, habe ich mich gefreut! Dann hat es mir nicht gepasst, dass die neue Trainerin so weit weggeschoben wurde. Hier *(zur Trainerin 1)* habe ich das Gefühl, dass da etwas nicht stimmt. Und das hat mich verwirrt.
Und zu ihm, meinem Mann, habe ich zu wenig Kontakt.

T: O. K. Wie geht es der Trainerin?

T1: Bin innerlich sehr nervös und aufgewühlt. Und habe den unheimlichen Drang, hier rauszugehen! Als sie *(Trainerin 2)* reinkam, hatte ich den Eindruck: Gott sei Dank, ich bin nicht alleine! Dann hat sie mich aber nicht angesehen. Und da wurde der Impuls noch größer, hier rauszugehen.
Und wenn er sagt: „Hier sind lauter inkompetente Leute!", glaube ich, damit meint er mich. *(Sehr ärgerlich)* Warum sagt er mir das nicht direkt? Am liebsten, ganz raus hier!

T: Wohin hast du gesehen, bevor sie da war?

T1: Auch schon in die Richtung, nach draußen.

T: Wie geht es der Klientin?

K *(kopfschüttelnd)*: Traurig! Mir wird sehr übel. Es ist fast nicht auszuhalten.

(Der Trainer stellt das Bild um und verändert die Position der Ehefrau / Ressortleiterin)

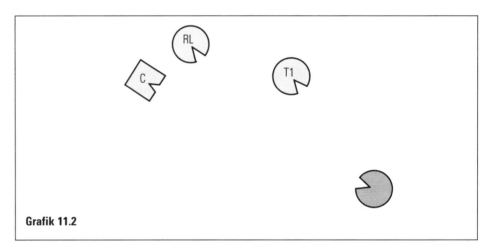

Grafik 11.2

T: Wie fühlt es sich für dich an, an dieser Stelle zu stehen?

RL: Also, ich fühle mich immer noch insgesamt unwohl. Das hat jetzt wenig geändert. Weil ich meine, dass hier *(zeigt zu T1)* etwas nicht stimmt!

(Der Trainer stellt das Bild weiter um)

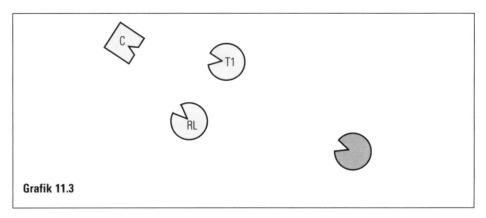

Grafik 11.3

T *(zum Chef)*: Was ist, wenn du deine Mitarbeiterin jetzt so anguckst?

C *(zeigt zu RL)*: Hier ist was quer, hier gibt es was zu klären. *(Zeigt zur Ressortleiterin, seiner Ehefrau)* Das hat mit ihr *(zeigt zu T1)* nichts zu tun, sie hat sich erst mal rauszuhalten!

T: O. K.

(Der Trainer stellt das Bild um)

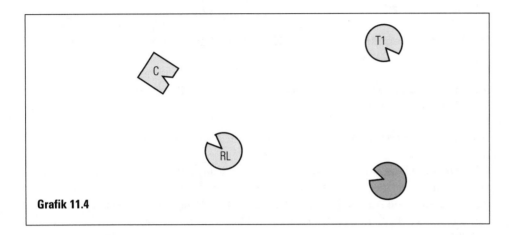

Grafik 11.4

T *(zur Gruppe)*: Ich möchte euch kurz mein Vorgehen erläutern: Was wäre im Moment eine Idee für die weitere Aufstellung? Eine Idee wäre, das zwischen dem Ehepaar zu ordnen, damit die Trainerin dort reingucken kann. Andererseits aber ist das nicht das Anliegen der Klientin.
Also, bevor man jetzt in vorschnellen Aktivismus verfällt, soll man einfach ganz ruhig überlegen: Was kann ich hier legitimerweise machen?*
Die Frage der Klientin ist, gibt es für sie eine Erfolg versprechende Möglichkeit, in diesem Trainerverbund mitzuarbeiten? Der Platz aber, auf dem sie steht, ist momentan unerträglich.
Was ist dann die einzig noch sinnvolle Aktion, die man an dieser Aufstellung zusätzlich machen kann?
Eine Begegnung mit dem Chef, als dem Firmeninhaber! Also die beiden gegenüberstellen.
In der Aufstellung die Beziehung des Paares zu klären wäre irrelevant, weil sie darauf überhaupt keinen Einfluss hat!
Die relevante Frage ist: Gibt es für die Klientin eine Möglichkeit, in einer Art mit dem Chef in Kontakt zu kommen, der sie aus dem bestehenden Clinch herausbringt und ihr einen eigenen Platz ermöglicht, oder eben nicht!
Und das testen wir jetzt. Und dann sehen wir mal, was passiert!

(Der Trainer stellt Bild um)

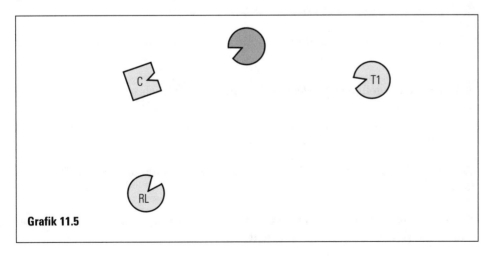

Grafik 11.5

T: Wie geht es dir dabei, hier dem Chef gegenüberzustehen?

T2: Ich habe wenig Beziehung zu ihm.

T: Dann stell dich mal etwas weiter nach vorne, damit du im Spannungsfeld stehst.

(Die Klientin stellt sich näher an C)

T: Wie ist es jetzt?

T2: So ist besser. *(Mit hängenden Schultern)* Ich stehe nun da und bin traurig.

RL *(kommentiert von sich aus recht bissig)*: So gefällt mir das nicht! Wenn sie so bei ihm dasteht!

T *(abbremsend)*: Gut, aber darum geht es im Augenblick nicht!

(Zur Gruppe) Das, was jetzt passiert ist, ist etwas sehr Wichtiges, das prinzipiell in Aufstellungen geschehen kann: Sie, die Ressortleiterin, stellt ja eine bestimmte Person da. Und nun steigt bei ihr ein gewisser Affekt hoch. Dieser Affekt führt sie dazu, diesen Kommentar zu geben. Dass sie etwas sagt, obwohl sie nicht gefragt ist!
Das macht ja nichts. Das ist für den Aufstellungsleiter vielmehr ein wichtiger Hinweis: Aha, es brodelt jetzt hier in dieser Situation.
Wichtig ist jetzt an dieser Stelle, dass man sich nicht die Leitung aus der Hand nehmen lässt. Wenn man zulässt, dass die Leute einem aus dem Affekt heraus dreinreden, verliert man die Aufstellungsleitung. Wenn das ein paar Mal passiert, dann hat jeder den Eindruck: Ich darf hier sagen, was ich will! Also, was wäre hier die angemessene Reaktionsweise, dieser Aussage gegenüber?
Hier wäre es falsch, zu sagen: „Ich verstehe sehr wohl dein Gefühl." Also keine Gesprächstherapie; das ist keine Aufstellungsleitung. Stattdessen: „O. K., darauf komme ich gleich!" Das heißt, man nimmt das zur Kenntnis und sagt nonverbal: „Aber nicht jetzt!" Die Aktionen stets kurz und knapp zu halten ist eine Regel der Aufstellungsleitung. –
(Zur neuen Trainerin) Wie geht es dir, wenn du hier diesen Chef wahrnimmst?

K: Ja, ich denke, wir könnten uns einig werden, zusammenarbeiten, aber als sie gerade das gesagt hat, habe ich die gleichen Magenschmerzen gehabt wie vorher am Eingangsplatz. Also, bevor das nicht geklärt ist, habe ich hier keinen Grund dabeizubleiben!

T: Genau. Ist auch mein Eindruck

RL *(von sich aus im Hintergrund)*: Eigentlich schade.

C: Also, es könnte was zustande kommen, aber ich muss vorher noch einiges klären.

K: Eines Tages vielleicht. *(Erleichtert)* Und jetzt kann ich weg.
Und damit wäre an sich alles geklärt!

T: Genau.

(Die Darsteller setzten sich, die Klientin setzt sich nochmals auf den Klientenstuhl)

T *(zur Gruppe)*: Was bedeutet das jetzt arbeitstechnisch für sie. Was ist die praktische Konsequenz dieser Einsicht?

Nun, mit dem Chef in einem Gespräch zu überprüfen, ob eine Zusammenarbeit überhaupt möglich ist. Weil hier ja etwas geklärt werden muss. Der Clou ist ja immer: Wir müssen stets fragen, was kann sie, als Klientin, mit dieser Information anfangen?

Sie ist angesprochen worden von der Trainerin, vermittelt worden von der Ehefrau, stand auf einem Platz, wo die Stellvertreterin sagte: Mein Eindruck ist, hier müsste etwas anderes stehen!

Das heißt, sie wird in einen bestehenden Konflikt hineingeholt. Als Figur, die sozusagen im Mobile der Beziehungen einen Kontrapunkt setzen soll.

Sie empfindet keine Lust, dort mitzuarbeiten, weil es sehr belastend ist, gleichzeitig kann sie aber nur mitarbeiten, wenn sie aus diesem ganzen Kraftfeld rauskommt.

Das heißt, sie hat weder Macht noch Recht, dem Chef zu sagen: Kläre mal was mit deiner Frau!

Also wäre es eine Möglichkeit, um ein Gespräch mit dem Chef zu bitten. Worum könnte es in einem solchen Gespräch gehen?

Ein unpassender Versuch wäre, ihm zu sagen, dass er das Problem mit seiner Frau klären sollte. Denn dann nimmt sie eine Coachingrolle ein, keine Mitarbeiterrolle.

Als Mitarbeiterin kann sie nicht sagen: Bevor ich bei ihnen arbeite, denke ich, müssen sie erst einmal etwas mit ihrer Frau klären.

O. K., was ist das Ergebnis dieser Aufstellung?

TN: Den Job sein lassen.

T: Das wäre vielleicht ein bisschen zu platt. Was wäre das Dringendere?
In der Situation der Jobsuche ist sie natürlich Freiwild für solche Spiele. Das heißt, sie sollte eine natürliche Aversion gegen solche unklaren Angebote entwickeln, sodass sie sich von vornherein gar nicht in solche Spiele reinziehen lässt und solche unklaren Situationen für sie erst gar nicht entstehen können.
(Zur Klientin) Ist es so o. k. für dich?

K: Ja.

T: Danke. Du kannst dich setzen.

Nachbesprechung

T: Was lässt sich speziell aus dieser Aufstellung lernen?
Für die Aufstellungsleitung gilt: Wenn etwas in der Beschreibung der systemischen Situation unklar ist, dann muss man bei Nachfragebedarf immer nachfragen!

Und es gilt, die aktuelle Lebenssituation zu bedenken: Die Klientin ist dabei, eine neue wirtschaftliche Existenz aufzubauen, es besteht eine Anfälligkeit für Spiele.

Also: ausreichend Sammlung, sich Zeit nehmen, eventuell laut denken. Sonst einfach zum Klienten sagen: Mir ist noch nicht ganz klar, worum es hier geht! Statt in Hektik und Kontaktlosigkeit zu verfallen.

Wichtig beim Aufstellen ist weiterhin: Nie das Anliegen der Klientin aus dem Auge verlieren! Eine Aufstellung gewinnt dann an Zug und energetischer Dichte, wenn das Ziel, das Anliegen als leitendes Motiv immer im Blick bleibt.

TN: Angenommen, man hört sich das an und sagt: „Das ist es alles nicht." Stellt man dann nicht auf?

T: Für mich ist es schon ein Unterschied, ob die Klientin selbst erleben kann, das taugt nicht, oder ob der Trainer das aus echter oder vermeintlicher Erfahrung heraus sagt oder gar oktroyiert.
Die Klientin hatte nicht gemerkt, dass sie dort in eine Spiel hineingezogen werden sollte. Stattdessen hatte sie das Gefühl: „Die Welt braucht mich, hier kann ich was retten!"
Auf die therapeutische Frage nach ihren Motiven müsste man wohl an gestörte Primärgefühle in Richtung „Retter" denken. Das wäre dann ein passender Ansatz für die weitere Arbeit mit ihr.
O. K., das war's.

Dritter Teil:

Arbeiten mit Aufstellungen

Das Metaformat der systemdynamischen Aufstellungsarbeit

Nachdem wir uns der systemdynamischen Organisationsberatung im ersten Teil eher aus einer theoretisch-systematischen Perspektive genähert haben, um im zweiten Teil die Vorgehensweise in praxi vorzuführen, sollen mit dem abschließenden dritten Teil nun unter ganz pragmatischen und handlungsorientierten Gesichtspunkten die arbeitstechnisch relevanten Aspekte dieser Art des Consultings in kompakter Form zusammengestellt werden.

Das Hauptinteresse dieses dritten Teils lässt sich damit in zweifacher Hinsicht eingrenzen: Zum einen sollen hier die in Teil 2 dokumentierten Techniken und Lösungsschritte sowie die dafür notwendigen Kontexte der Aufstellungsarbeit detailliert vorgeführt werden. Zum anderen möchten wir die auf diesem Weg begegnenden Einzelschritte aus ihrer Vereinzelung lösen und sie systematisch in eine Gesamtform, in ein übergeordnetes Muster, in die Rahmenstruktur der systemdynamischen Organisationsberatung einbetten. Die Intention des folgenden Teils zielt also in doppelte Richtung: Aufbereitung und Darstellung der arbeitstechnischen Details einerseits und andererseits Rückbezug und Einordnung dieser Details in die rahmengebende Handlungssystematik der systemdynamischen Organisationsberatung.

Im Hinblick auf den zuletzt genannten Systematisierungsaspekt gehen wir dabei zunächst von der allgemeinsten Struktur aus, unter der die systemdynamische Vorgehensweise rein formal darstellbar ist: vom so genannten Metaformat. Dieses Metaformat liefert als grundlegender Leitfaden die allererste und allerweiteste Orientierung dafür, wie sich die systemdynamische Beratungsarbeit als eine klar gegliederte Abfolge sequenzieller Handlungseinheiten strukturieren lässt. Anders gewendet, kann das Metaformat als das allgemeine Ablaufschema, als das orientierende Flussdiagramm jeder systemdynamischen Arbeit gelten; als ein formales und daher also abstraktes Schema, das dementsprechend durch die anschließenden Kapitel mit konkretem, sprich: anwendungsorientiertem Inhalt gefüllt werden soll. „Anwendungsorientiert" meint dabei die notwendigen technischen und handwerklichen Bedingungen, die sich überblickshaft unter folgenden Punkten eingrenzen lassen:

- Wie führt man ein einleitendes Interview?
- Welche Fragen sind unbedingt wichtig?
- Welche Dynamiken gibt es, und welche sind konkret auf der Basis des Interviews zu vermuten?
- Mithilfe welcher Module ist die jeweilige Dynamik zu bearbeiten?
- Wie lassen sich die unterschiedlichen Problemkontexte differenzieren?
- Was sind die Kriterien für individuelle und systemische Konflikte?
- Welche nichtsystemischen Interventionstechniken sind in der Aufstellungsarbeit wichtig?
- Ist der Berater in einem Zustand, der es ihm erlaubt, abgegrenzt zu bleiben?
- Wie kann der Berater seine Intuition für systemische Dynamiken schulen und entwickeln?

Zielen die hier angeführten Fragen bereits auf die konkrete Binnenthematik des Metaformates, so kann das Format selbst zunächst sehr allgemein in zwei große Teile gegliedert werden, nämlich in:

a) die einleitende, präliminare Phase
und in
b) die Phase der eigentlichen Aufstellungsarbeit.

Tabellarisch ergibt sich dann folgendes Bild:

a) präliminare Phase:
1. Akquise
2. Diagnose
3. Sondierung
b) Aufstellungsarbeit:
4. Auswahl
5. Einleitendes Interview
6. Aufstellen des Systems
7. Befragen der Stellvertreter
8. Interventionen
9. Übergang ins Familiensystem
10. Lösungen

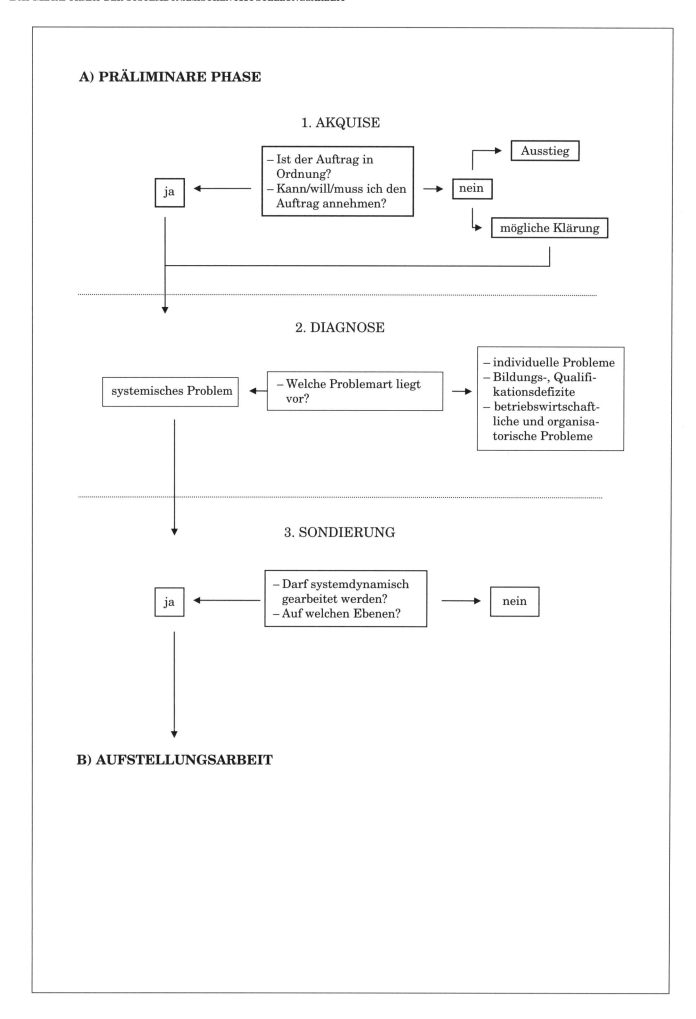

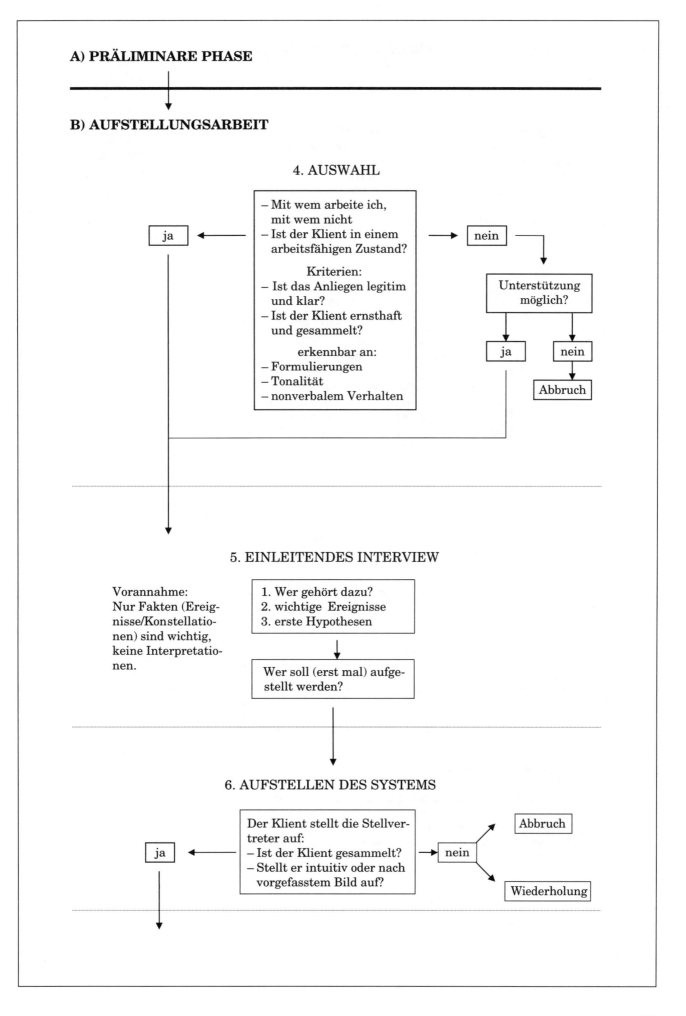

7. BEFRAGEN DER STELLVERTRETER

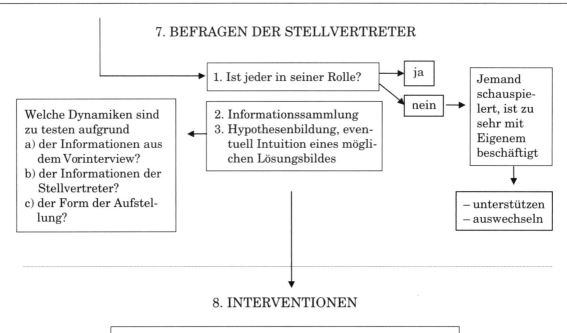

1. Ist jeder in seiner Rolle?
   - ja
   - nein → Jemand schauspielert, ist zu sehr mit Eigenem beschäftigt
     - unterstützen
     - auswechseln

2. Informationssammlung
3. Hypothesenbildung, eventuell Intuition eines möglichen Lösungsbildes

Welche Dynamiken sind zu testen aufgrund
a) der Informationen aus dem Vorinterview?
b) der Informationen der Stellvertreter?
c) der Form der Aufstellung?

8. INTERVENTIONEN

Auswahl des Vorgehens entsprechend der vermuteten Dynamik:
– Welche Umstellungen sind für welche Dynamik geeignet?
– Welche Testkriterien müssen erfüllt sein, um von der jeweiligen Dynamik ausgehen zu können?
– Sequenz der lösenden Bewegungen mit oder ohne „lösende Sätze" (Wer sagt was zu wem in welcher Reihenfolge?)

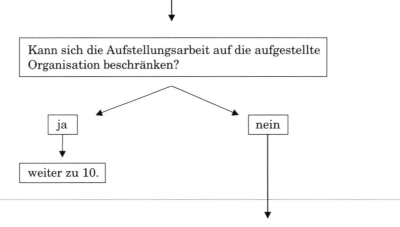

Kann sich die Aufstellungsarbeit auf die aufgestellte Organisation beschränken?
- ja → weiter zu 10.
- nein ↓

9. ÜBERGANG INS FAMILIENSYSTEM

– Hinzunahme notwendiger Stellvertreter
– Test der vermuteten Dynamiken (Tod im Kindbett, früh verstorbene (Groß-)Eltern/Geschwister, Ausgeschlossene, Triangulierung, Parentifizierung, sexueller Missbrauch etc.)
– Auflösung der Verstrickung
– Hineinnahme des Klienten zum Aufbau des inneren Bildes; dann weiter mit Stellvertreter

Das Metaformat der systemdynamischen Aufstellungsarbeit

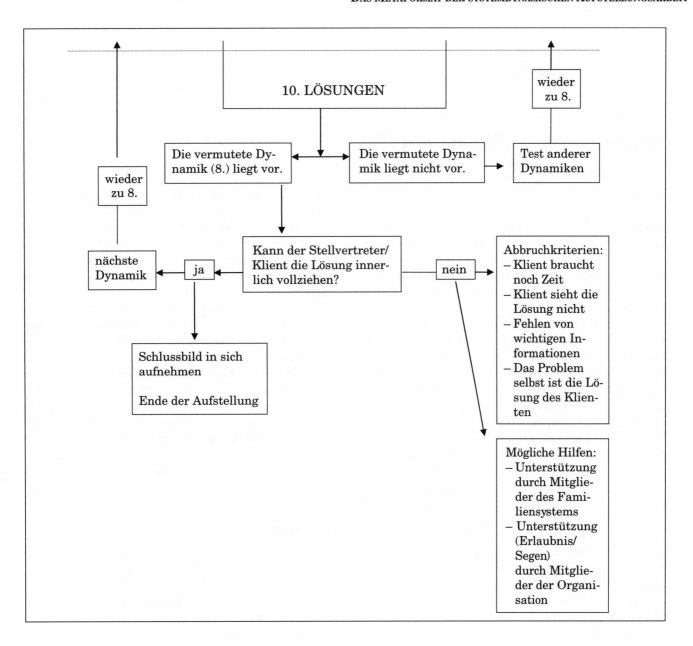

Erläuterungen zum Metaformat

1. Akquise

Anders als die klassischen Formen der Unternehmensberatung nimmt die systemdynamische Organisationsberatung Unternehmen als Ganzheiten in den Blick. Das heißt, sie betrachtet das Unternehmen als eine Einheit, die sich aus einer Vielzahl von Elementen zusammensetzt, wobei diese untereinander in Wechselwirkung verbunden sind. Wesentlich dabei ist, dass in dieser Perspektive auch der Berater als Teil des Systems erscheint: Er ist einerseits Teil des Systems, das er andererseits optimieren soll, er ist innen und außen zugleich. Die Rolle des Beraters ist also überdeterminiert und konfrontiert ihn mit der nicht unkomplizierten Anforderung, zugleich Teil des Ganzen sein zu müssen, ohne die notwendige Souveränität, Distanz gegenüber dem Ganzen aufgeben zu dürfen.

Damit verändert sich die Sicht sowohl auf das Problem als auch auf die Tätigkeit des Beraters, der zu dessen Behebung engagiert wird: Das Problem wird nicht mehr als ein lokal begrenzter (symptomaler) Problemherd betrachtet, den es mit den hierauf eingegrenzten Mitteln zu beseitigen gilt. Die systemdynamische Sichtweise beschreibt das Problem vielmehr als eine Reaktion des Systems an einem Ort auf eine Aktion des Systems an einem anderen Ort, d. h. als eine Ausgleichsbewegung, die das System – wenn auch auf dysfunktionalem Weg – insgesamt stabilisiert.

Wichtig für den Berater ist dabei nun, dass innerhalb dieses Wechselwirkungsgefüges auch die Tatsache, dass er selbst zur Problemlösung herangezogen wird, ein Versuch des Systems sein kann, sich in einem Funktionsgleichgewicht zu stabilisieren – und zwar ohne dabei das ursächliche Problem beseitigen zu wollen. In den Fällen, in denen die Tätigkeit des Beraters offen oder verdeckt dazu dienen soll, das Problem des Unternehmens unangetastet zu lassen, es eventuell dem (hierfür nicht zuständigen) Berater zu überantworten, oder in Fällen, in denen der Berater in eine Koalition mit einem bestimmten Unternehmenselement (Personalleitung, Geschäftsführung etc.) eintreten soll, sprechen wir von „vergifteten Aufträgen" (s. S. 172 u. 209 ff.).

Damit ergibt sich für die Auftragsakquirierung das Dilemma, dass ein vergifteter Auftrag einerseits äußerst lukrativ sein kann, er aber andererseits für den systemdynamischen Organisationsberater in dieser Form nicht akzeptabel ist: Um eine systemdynamische Beratung „sauber" leisten zu können, ist es unabdingbar notwendig, dass die Rolle und Funktion des Beraters im System und für das System von allen Versuchen des Systems, ihn der Systemwirklichkeit einzuverleiben, unangetastet bleibt. Der Berater muss als Teil des Systems die Systemwirklichkeit erkennen, darf diese Systemwirklichkeit jedoch nicht zu seiner eigenen zu machen; er ist, wie gesagt, innen und außen zugleich.

Sollten alle Versuche des Beraters, hier die eigene Integrität zu wahren oder wiederherzustellen, scheitern, sollten sich also alle Ansätze als hinfällig erweisen, mit denen der Berater sich weigert, als Verlängerung oder Verschleierung der Problemursache zu dienen, dann können auf dieser Basis wohl Trainings, Coachings und Beratungen klassischen Zuschnitts stattfinden, eine systemdynamische Organisationsberatung jedoch scheidet aus. Auf diese Weise verwandelt sich die Frage der arbeitsrelevanten Integrität unmittelbar in eine Frage der ökonomischen Existenzsicherung.

2. Diagnose

Unter Diagnose verstehen wir an dieser Stelle die Antwort auf die im Erstgespräch stillschweigend mitlaufende Frage des Beraters: Liegt ein systemisches Problem, eine systemische Verstrickung vor oder nicht? Das Intrikate an dieser Frage besteht nach dem in Punkt 1 Gesagten nun darin, dass ein klares Ja stets dann zu erwarten ist, wenn der Berater einen vergifteten Auftrag ausführen soll. Vergiftete Aufträge – so kann eine grobe Faustregel lauten – sind sichere Indikatoren für systemische Konflikte innerhalb der zu beratenden Organisation.

Damit ergibt sich allerdings eine leicht paradoxe Situation: Die systemdynamische Organisationsberatung steht als effektives Instrument zur Lösung systemischer Verstrickungen und Störungen bereit, die sich anfänglich darin äußern, dass die zu beratende Organisation dem Berater einen vergifteten Auftrag präsentiert, den dieser folglich ablehnen müsste. Anders: Die Diagnose, systemdynamisch arbeiten zu müssen, ist zugleich das Warnsignal, nicht systemdynamisch arbeiten zu dürfen.

Die Frage nach einem möglichen Ausweg aus diesem Dilemma kann in einem ersten Schritt damit beantwortet werden, dass wir den paradoxen Satz leicht modifizieren: Die Diagnose, systemdynamisch arbeiten zu müssen, ist zugleich das Warnsignal, unter den vom System vorgegebenen Bedingungen nicht systemdynamisch arbeiten zu dürfen. Das heißt, die sich im Kontext der Beratung ausbildende Einheit von Organisation und Berater darf nicht dazu führen, den Berater der Organisation zu assimilieren, sondern muss als neues System von allem Anfang an die Identität und damit auch die Problemwirklichkeit und -beschreibung des Beraters in ihrer Eigenständigkeit sicherstellen. Oder, anders: Die Differenz zwischen Berater und Organisation ist irreduzibel, obschon das Beratungssystem beide umfasst.

Wie aber lässt sich diese Differenz aufrechterhalten, wie kann der Berater den ihm angetragenen Verstrickungsangeboten widerstehen? Oder, anders gefragt: Wie kann die Diagnose einer systemischen Verstrickung innerhalb der Organisation in eine sich anschließende Organisationsberatung überführt werden? Damit dafür die eigene Rolle und Funktion stets in der notwendigen Beratungsautonomie gehalten werden kann, ist es hilfreich, während der präliminaren Phase einige Kernfragen virulent zu halten. Im Sinn einer die Beobachtung orientierenden Richtschnur verhindern die folgenden Fragen, die notwendige Binnendifferenz im System gegenüber dem System zu verlieren.

- Soll ich die Problemdefinition des Systems übernehmen?
- Soll ich die Lösungsvorstellung des Systems nur noch durchführen?
- Soll ich etwas tun, wofür schon jemand im Unternehmen bezahlt wird?
- Soll ich etwas tun, wofür derjenige im Unternehmen bezahlt wird, der mir den Auftrag gibt?
- Wird ein interaktioneller Konflikt zwischen innerbetrieblichen Parteien als Defizit/Problem einer Seite dargestellt?
- Soll ich mich auf eine Seite stellen?
- Soll ich (für eine Seite) die schmutzige Arbeit leisten?

Lassen sich diese Fragen positiv beantworten, so können wir zum einen von einer systemischen Störung des Unternehmens ausgehen, haben aber zum anderen unsere eigene Position im Kontext des Beratungssystems (Unternehmen plus Berater) mitreflektiert. Mithilfe der vorgestellten Fragen also thematisieren wir sowohl die Problemwirklichkeit des Unternehmens (systemische Verstrickung/Diagnose) als auch dessen Versuche, den Berater dieser Wirklichkeit einzuverleiben. Ein Versuch, an dessen Ende die ursprüngliche Systemwirklichkeit des Unternehmens steht, solange es dem Berater nicht gelingt, sich von Beginn an zu emanzipieren, also seine eigene Systembeschreibung aufrechtzuerhalten, um so mit dem neu etablierten Beratungssystem auch eine neue Systembeschreibung, -wirklichkeit zu generieren.

Neben den vorgestellten diagnostischen Fragen gibt es dann noch zwei weitere Hinweise, die auf einen systemischen Konflikt des Unternehmens deuten; jedoch ohne dabei eine latente Gefahr für die Autonomie und Integrität des Beraters heraufzubeschwören. Wir vermuten systemische Verstrickungen hinter einem Problem, wenn

- die sachliche Problembeschreibung des Unternehmens rein inhaltlich Verstrickungsmuster beschreibt,
- das geschilderte Problem trotz zahlreicher Lösungs- und Veränderungsansätze in der Vergangenheit mit großer Beharrlichkeit sich kontinuierlich durchhält oder turnusmäßig wiederholt.

3. Sondierung

Hat das einleitende Gespräch bis hierhin eine systemische Verstrickung des Systems offenbart, dann stellt sich als Nächstes die nur scheinbar unverfängliche Frage, ob in und mit diesem System überhaupt systemdynamisch gearbeitet werden darf. Dies ist beileibe nicht selbstverständlich.

Wenn wir daran erinnern, dass eine systemische Verstrickung sich am ehesten als ein vergifteter Auftrag zeigt, dann ist damit bereits die tendenzielle Neigung des Systems beschrieben, sich der systemdynamischen Reformulierung seiner Wirklichkeitsbeschreibung zu entziehen: Koalitionsangebote, partielle Schuldzuweisungen, blinde Flecke sowie das Anliegen, den Berater zum ausführenden Organ eigener Lösungen zu funktionalisieren, lassen sich als vehemente Verhinderungsstrategien begreifen, mit denen das System die systemdynamische Neusituierung zu umgehen sucht. Vergiftete Aufträge sind also einerseits Symptom und andererseits Mechanismen, das Symptom gegen Veränderung zu verteidigen.

Für den Berater entsteht an dieser Stelle das Problem, dass sein Angebot zu einer systemdynamischen Beratung zugleich die Weigerung ausspricht, das Beratungsspiel nach den Bedingungen des zu beratenden Systems zu spielen: Die systemdynamische Organisationsberatung agiert innerhalb des Systems (innen) gegen dessen Selbstbeschreibung (außen) allein nach eigenen Autonomiebedingungen. Die Simultaneität von innen und außen, die die notwendige Bedingung jeder systemdynamischen Arbeit ist, wird dann in den Fällen, in denen das System seine bisherige Stabilität beibehalten will, völlig zu Recht als Bedrohung empfunden. Der Berater, der sich nicht assimilieren lässt, bedeutet das Versprechen einer neuen Wirklichkeitsbeschreibung, die u. U. als unökonomisch, lästig, substanziell, kurz: unerwünscht empfunden wird. Die damit zu klärende Frage heißt schlicht: Darf überhaupt systemdynamisch gearbeitet werden?

Zum anderen begreift die systemdynamische Beratung die Organisation als eine Ganzheit, also als das Zusammenspiel aller ihrer Teile, d. h. einschließlich dessen, der den Auftrag vergibt. Handelt es sich um einen vergifteten Auftrag, dann ist die Wahrscheinlichkeit sehr hoch, dass der Auftraggeber (Firmen-, Personalleitung etc.) sich selbst als Teil des Systems, des Problems ausblendet: Das Problem ist in der Firma, aber an einem klar einzugrenzenden anderen Ort. Dabei führt bereits die funktionale Ausdifferenzierung, Arbeitsteilung und Unternehmensstruktur dazu, dass der auftraggebende Teil des Unternehmens sich selbst nicht als Teil des Auftrages, des Problems, des Ganzen mitreflektiert: Der Personalleiter, der von der Unternehmensführung die Aufgabe bekommt, in Zusammenhang mit einem Berater die Kundenorientierung der Vertriebsabteilung zu verbessern, hat aufgrund der relativen Distanz zum Symptom wenig Anlass, sich selbst als Teil des Problems zu definieren; noch weniger die Führung. Die Konsequenz einer so partialisierten Sichtweise ist dann das Einverständnis mit einer systemdynamischen Organisationsberatung in Grenzen. Das heißt, systemdynamische Arbeit ja, aber nur in bestimmten Abteilungen, Teams, auf subalterner Ebene, auf der sich das Problem zeigt – ohne dort begründet sein zu müssen. Damit ergibt sich als weitere Frage: Auf welchen Ebenen darf überhaupt gearbeitet werden? Welche Tabuzonen müssen unangetastet bleiben?

Wohlgemerkt, es geht dabei nicht um eine einfache Umkehrung (top down statt bottom up), sondern um die grundsätzliche, wenn auch in je unterschiedlicher Form aktualisierte Perspektive auf das Ganze. Ob tatsächlich mit dem Gesamtsystem oder mit einigen relevanten Teilen des Systems zu arbeiten ist, entscheidet sich an späterer Stelle in der konkreten Aufstellungssituation. Doch auch wenn wir dort stets mit dem Minimum beginnen, also zunächst die auf das Essenzielle reduzierte Systemeinheit stellen, gilt selbst diese minimalistische Vorgehensweise immer nur gegenüber dem Gesamtsystem und konstituiert sich nur vor dem Hintergrund der Systemwirklichkeit als ganzer. Das heißt, auch wenn die tatsächliche Aufstellungsarbeit auf subsystemischer Ebene agiert, ist diese Reduktion allein das Produkt der konkreten Problemlage, nicht jedoch das Ergebnis einer zuvor ausgehandelten Begrenzung auf bestimmte Organisationszweige.

Um in dieser sondierenden Phase den im Idealfall maximalen, zumindest aber hinreichenden Spielraum für eine effektive Arbeit zu bekommen, kommt es darauf an, inwieweit der Berater sein Angebot zu einer systemdynamischen Organisationsberatung allein als faktisch gerechtfertigt vermitteln kann. Persönliches Engagement (Helfersyndrom), Besserwisserei zeigen sich als kontraproduktiv bei der Gratwanderung, durch den vergifteten Auftrag hindurch, ja eigentlich gegen ihn, den Auftrag zur systemdynamischen Arbeit zu erhalten. Viel eher ist hier die unambitionierte Offenheit angezeigt, mit der der Berater sich als derjenige präsentiert, der zum Handeln engagiert wurde und dafür bereit ist, nicht mehr und nicht weniger. Insofern dieses Handeln allein den Regeln des Beraters folgt, erwächst auch hier wieder das Dilemma, die arbeitstechnisch notwendige Autonomie u. U. durch den Verlust des Auftrags zu erkaufen. Doch zeigt die Erfahrung, dass die unaufgeregte Haltung „So oder gar nicht" als ernsthafte Manifestation eines Lösungsweges durchaus dazu in der Lage ist, anfängliche Widerstände abzubauen.

4. Auswahl

Bevor wir mit einer Aufstellung beginnen, ist es wichtig, zu prüfen, ob der Klient in einem Zustand ist, der es überhaupt als sinnvoll erscheinen lässt, mit ihm zu arbeiten. Ein ursächlich sinnvoller Zustand zeigt den Klienten als gesammelt und ernsthaft. Anders gewendet, sollte nicht mit Klienten gearbeitet werden, die beispielsweise emotional vollkommen aufgelöst, stark abgelenkt, nicht fokussiert sind. Allerdings sollte der Berater die Arbeit nicht vorschnell unterbrechen, sondern überprüfen, ob der Klient durch unterstützende Fragen oder Interventionen relativ schnell in einen arbeitsfähigen Zustand versetzt werden kann. Scheint dies möglich, dann unterstützt der Berater den Klienten dahin gehend; scheint dies unter den gegebenen zeitlichen und sonstigen situativen Bedingungen nicht möglich, dann verschiebt der Berater die Aufstellung auf einen späteren Zeitpunkt.

Ist der Klient in einer arbeitsfähigen Verfassung, dann entscheidet als weiteres Auswahlkriterium die Relevanz seines Anliegen darüber, ob eine Aufstellung gemacht wird oder nicht. Relevanz meint hierbei, dass das Anliegen von hinreichender persönlicher Betroffenheit getragen sein soll, also nicht das Produkt reiner Neugierde oder eines nicht problemfundierten Interesses ist. Dies zu unterscheiden fällt umso leichter, je deutlicher der Klient während der Formulierung seines Anliegens die stillschweigend mitlaufende Frage des Beraters beantworten kann: Wofür ist es für ihn wichtig, dieses Anliegen zu klären?

Des Weiteren gilt es auch an dieser Stelle, für jeden Einzelfall erneut zu prüfen, ob das Anliegen systemisch zu bearbeiten ist. „Systemisch" bedeutet, dass sich aufgrund der Schilderung des Anliegens die Vermutung ergibt, es handele sich hierbei überhaupt um eine systemische Störung.

5. Einleitendes Interview

Nachdem die Entscheidung gefallen ist, mit einem bestimmten Klienten zu arbeiten, und nachdem das Anliegen deutlich formuliert ist, beginnen wir als Erstes mit der Zusammenstellung der Systembestandteile sowie der sie verbindenden Relationen (Funktions- und Hierarchieebenen): Wer gehört zu dem betreffenden System dazu, und wer steht wo? Im Regelfall ist es an dieser Stelle nützlich, bei Firmen und Institutionen das entsprechende Organigramm aufzuzeichnen, d. h. das schematisierte Diagramm der Unternehmensstruktur, aus dem die verschiedenen Hierarchieebenen und Funktionen hervorgehen. (Bei Familien wird das entsprechende Genogramm aufgezeichnet).

Im Anschluss an die Klärung, welche Personen und Abteilungen zu dem infrage stehenden System dazugehören, besteht der nächste Schritt in der Frage nach relevanten Ereignissen innerhalb der Systemgeschichte. Wichtig dabei ist der Grundsatz, dass es bei der systemdynamischen Arbeit ausschließlich um Fakten, um tatsächliche Ereignisse geht und nicht um Interpretationen und Deutungen dieser Ereignisse. Das heißt, es wird etwa die Entlassung einiger Mitarbeiter als Entlassung notiert und nicht die Spekulationen, warum, ob zu Recht oder Unrecht sie entlassen worden sind. Für den interviewenden Berater ist es in dieser Phase in zweifacher Hinsicht wichtig, darauf zu achten, dass der Klient tatsächlich nur Ereignisse anführt und nicht seine Interpretation der Ereignisse. Zum einen wird dadurch vermieden, dass er sich in mit seinen Deutungen und Sichtweisen verbundene emotionale Zustände hineinredet. Und zum anderen dient eine hier gegebenenfalls notwendige Unterbrechung, die ruhig, aber bestimmt erfolgen sollte, nicht zuletzt dem Selbstschutz des Beraters, der mit der inhaltlichen Beschränkung auf Daten und Sachverhalte die Gefahr weiter minimiert, von der Systemwirklichkeit vereinnahmt zu werden.

Sind die relevanten Ereignisse bekannt, überprüft der Berater nochmals, ob es sich bei dem Anliegen des Klienten tatsächlich um ein Problem handelt, das durch eine Aufstellung geklärt werden kann, oder ob vielleicht eher eine andere Form der Problemlösung gewählt werden sollte. Bleibt man bei der Einschätzung, dass es sich um ein systemisch relevantes Anliegen handelt, werden erste Hypothesen auf der Basis der bis jetzt vorhandenen Informationen gebildet. Diese Hypothesen helfen uns zu entscheiden, ob wir sofort alle zugehörigen Personen aufstellen lassen oder ob wir zunächst mit einem Teil beginnen. Letzteres könnte sich anbieten, wenn die Dynamik, um die es geht, ganz offenbar nur bestimmte Teile des Unternehmens betrifft. Aber auch für eine sichere Informationsgewinnung kann es ratsam sein, erst mit wenigen Personen zu beginnen, um durch das schrittweise Dazustellen von weiteren Personen genaue Informationen darüber zu erhalten, was sich im System ändert, wenn sie dazukommen.

6. Aufstellen des Systems

Nachdem wir unsere erste Hypothese gebildet haben, lassen wir den Klienten die von uns nach Maßgabe der Hypothese vorgegebenen Mitglieder des Systems aufstellen, d. h., der Berater bestimmt die für die Aufstellung relevanten Teilnehmer. Während der Klient aufstellt, beobachten wir, ob er dies gesammelt und intuitiv tut oder ob er die von ihm gewählten Stellvertreter unkonzentriert und lieblos im Raum „abstellt" bzw. ob er sie nach einem bereits vorgefassten inneren Bilde schnell und zügig stellt. Sollte das der Fall sein, unterbricht man das Aufstellen und bittet den Klienten, den Vorgang in gesammeltem Zustand zu wiederholen. Ist ihm dies nicht möglich, so bricht man die Aufstellung fürs Erste ab.

Sollte der Klient einen Stellvertreter auswählen, der nicht aufgestellt werden möchte, ist es wichtig, darauf zu achten bzw. die entsprechende Anweisung zu geben, dass der Klient ganz bewusst seine Aufmerksamkeit und inneren Bilder von dieser Person abzieht und sich kongruent für eine andere Person als Stellvertreter entscheidet. Dabei ist es wichtig, dem Klienten gegebenenfalls klarzumachen, dass grundsätzlich jede Person die Rolle übernehmen kann; äußerliche Ähnlichkeiten usw. spielen dafür keine Rolle. Das einzige Kriterium, das zwischen Stellvertreter und der von ihm repräsentierten Figur deckungsgleich sein muss, ist das Geschlecht; also, für einen Mann wird ein Mann, für eine Frau wird eine Frau ausgewählt.

Aufseiten des Stellvertreters ist eine kongruente Bereitschaft gefordert, sich für diese Aufgabe zur Verfügung zu stellen. Ist diese nicht zu erkennen bzw. hat der Trainer den Eindruck, die Person ist im Moment zu sehr mit anderen/eigenen Dingen beschäftigt (z. B. aus einer früheren Aufstellung), dann sollte der Berater den Klienten bitten, jemanden anders auszuwählen.

7. Befragen der Stellvertreter

Nachdem der Klient die Personen aufgestellt hat, geht der Therapeut von Person zu Person (im Regelfall folgt er dabei der Rangfolge im System) und befragt sie nach ihrer Befindlichkeit. Dabei wird gleichzeitig darauf geachtet, ob die Person erstens bereits ihre Rolle eingenommen hat, ob sie zweitens eigene Empfindungen/Emotionen in der Rolle ausdrückt oder ob sie drittens Dinge mitteilt, die sie nicht tatsächlich empfindet, sondern aufgrund des Gehörten bzw. des jetzt Gesehenen erdenkt bzw. kombiniert. Der Therapeut interveniert dabei so, dass der Stellvertreter Auskunft über seine Befindlichkeit als Stellvertreter gibt. Ist dies nicht zügig möglich, wechselt man besser aus. Aufgrund der Form der Aufstellung (wer steht wo und sieht in welche Richtung), der Befindlichkeitsbeschreibungen der Stellvertreter sowie der Kenntnis der eingangs zusammengetragenen Ereignisse werden dann die ersten Hypothesen konkretisiert, verfeinert bzw. verändert.

8. Interventionen

Je nachdem, welche Dynamik der Berater als Erste bearbeiten möchte, entscheidet er sich für ein Modul, eine Aktion (vgl. S. 213 ff.). Solche Interventionen können beispielsweise darin bestehen, eine Person an einen anderen Platz zu stellen, sie aufzufordern, einen bestimmten lösenden Satz zu sagen bzw. einem anderen Stellvertreter symbolisch etwas nicht Zugehöriges an seinen eigentlichen Ort zurückzugeben (Rückgabe). Dabei besitzt jede dieser Aktionen einen zweifachen Aspekt. Erstens dient sie als Test, ob die vermutete Dynamik tatsächlich vorliegt, und ist dies der Fall, dann wird zweitens über die so vollzogene Intervention schrittweise die Systemordnung wiederhergestellt.

Liegt die zunächst vermutete Dynamik an dieser Stelle nicht vor, dann testet der Berater eine andere Dynamik, so lange, bis die zugrunde liegende Dynamik sich zeigt. Liegt die Dynamik offen zutage, sodass sie mit passenden Interventionen gelöst werden kann, kann es allerdings dazu kommen, dass auf der anderen Seite der Klient (noch) nicht in der Lage ist, den wesentlichen

Lösungsschritt zu vollziehen. In diesem Fall unterstützt der Berater den Klienten, indem er mit entsprechenden Zwischenschritten das System so weit verändert, dass auf dieser Basis dem Klienten der eigene Schritt ermöglicht wird. Falls (eventuell vorher schon erkennbar) der Klient allerdings auch unter diesen neuen Bedingungen nicht in der Lage ist, den für ihn notwendigen Schritt zu vollziehen, bricht der Berater an dieser Stelle ab. Der Klient verweigert sich der Lösung, was als seine Entscheidung zu akzeptieren ist. (Dies ist z. B. häufig dann zu beobachten, wenn jemand schon Jahrzehnte seines Lebens in einer Nachfolge gelebt hat und aus tiefer Bindungsliebe von diesem Weg nicht abgehen will/kann. Oder wenn jemand aus Wut und Trotz aus einer Anmaßung nicht herausgehen will.)

9. Übergang ins Familiensystem

Der nachfolgend skizzierte Übergang in das Familiensystem des Klienten ist kein in jedem Fall notwendiger Schritt, sondern nur dann angezeigt, wenn der Klient bzw. ein Repräsentant die innerhalb der Organisationsaufstellung notwendigen Schritte nicht vollziehen kann, solange ihn eine familiensystemische Verstrickung hindert. Unter Umständen also können Übergänge ins Familiensystem die soeben in Punkt 8 angesprochenen Zwischenschritte auf dem Weg zur Lösung sein.

Im Rahmen der systemdynamischen Organisationsberatung unterscheiden wir zwei Ebenen der familientherapeutisch relevanten Probleme: Zum einen gibt es eine Vielzahl systemischer Konflikte im Beruf, die sich auf einen familiären Hintergrund zurückführen lassen, der infolgedessen mitbearbeitet werden muss, damit der berufliche Konflikt gelöst werden kann. Zum anderen aber gibt es eine Reihe von Problemen, wie etwa sexuellen Missbrauch, Essstörungen, Adoption usw., die für einen Familientherapeuten zwar zum täglichen Geschäft gehören, die aber für einen Consultant für Systemdynamik in der Regel nicht notwendig zu seinem Aufgabengebiet gehören.

Weist ein Problem ursächlich in den Familienkontext zurück, so vollzieht sich der Übergang ins Familiensystem durch die Hinzunahme der dafür notwendigen Stellvertreter, den Test der vermuteten Dynamiken (Tod im Kindbett, früh verstorbene (Groß-)Eltern/Geschwister, Ausgeschlossene, Triangulierung, Parentifizierung etc.), die Auflösung der Verstrickung und die Hineinnahme des Klienten in die Aufstellung. Hat der Klient sein inneres Bild gemäß der für das Familiensystem erfolgten Lösung in sich aufgebaut, wechselt man ihn wieder gegen seinen Stellvertreter aus, um auf dem durch diese Zwischenschritte bereiteten Boden die Organisationsaufstellung zur Lösung zu führen.

Handelt es sich bei der zu beratenden Organisation um ein Familienunternehmen, so ist die Trennung von Familien- und Firmensystem per se aufgehoben, was allerdings nicht zu dem Fehlschluss verleiten darf, es gäbe nur eine Interventionsebene. Vielmehr realisieren sich auch in einem solchen Überlagerungsfall sehr wohl die beiden Systemebenen von Familie und Firma, auch wenn sie (zumindest bei Mitgliedern beider Systeme) in Personalunion repräsentiert werden (Vater/Gründer; Sohn/Nachfolger). Hier ist es also eminent wichtig zu differenzieren, auf welcher Ebene das Problem und infolgedessen die Intervention siedelt.

10. Lösungen

Sind sämtliche Dynamiken geklärt, die für das Anliegen des Klienten relevant sind, und haben alle Beteiligten ihren Platz gefunden, ist die Aufstellung beendet. Im Regelfall wird der Klient in das Abschlussbild hineingestellt, an den Platz, an dem vorher sein Stellvertreter stand. Der Klient wird aufgefordert, sich das Bild und das Gefühl einzuprägen, um es in sich als neue Systemwirklichkeit wirken zu lassen.

Vergiftete Aufträge

In den Erläuterungen zum Metaformat war bereits häufig die Rede von so genannten vergifteten Aufträgen, die dort einerseits als diagnostisches Kriterium für systemische Verstrickungen der Organisation und andererseits als Warnsignal galten, unter den vom System in der Auftragsvergabe formulierten Bedingungen nicht zu arbeiten.

Damit kommt innerhalb der systemdynamischen Organisationsberatung der Art und Weise der Auftragsvergabe eine besondere Bedeutung zu. Solange wir uns im Rahmen klassischer Unternehmensberatung bewegen, stellt das Thema der Auftragsakquirierung und -vergabe ein wenn auch nicht unproblematisches, so doch unthematisiertes Feld dar. Das findet seine Ursache in der modelltheoretischen Konzeption, die den klassischen Formen der Beratung zugrunde liegt: Der externe Berater wird engagiert, um ein thematisch klar definiertes und/oder lokal begrenztes Problem innerhalb des Unternehmens zu lösen (schlechter Informationsfluss, Teambildung innerhalb einer Abteilung etc.). Anders gewendet, erscheint der Berater als ein probates Instrument, das von der Unternehmensleitung unter funktionalen Zweck-Mittel-Abwägungen benutzt wird. Sofern sich die Beratung in dieser Hinsicht als instrumentelle Problemlösungsstrategie für lokal begrenzte Probleme begreift, nimmt sie das Unternehmen als Ganzes noch gar nicht in den Blick; der Berater interveniert in chirurgischer Manier an einem offensichtlichen Störungsherd, bis dieser Herd beseitigt ist.

Grundlage dieses Modells ist die Annahme, dass es sich bei der Organisation und dem Berater um zwei voneinander getrennt existierende Systeme handelt, die bei hinreichender Kommunikation erfolgreich kooperieren können: Der Berater bleibt als Berater von der Problembeschreibung des Systems unangetastet, mehr noch: Auch das Problem wird als Problem isoliert betrachtet. Zwar hat das auftraggebende Unternehmen dieses Problem und zeigt auf symptomaler Ebene Störungen, die behoben werden wollen, doch treten diese Symptome nicht in ihrer genuinen Verbindung zum Unternehmen in den Blick. Ähnlich wie der Arzt dem Symptom einer bestimmten Krankheit bei allen Patienten mit dem gleichen Präparat begegnet, wird auch hier auf ein jeweiliges Problem ein feststehendes Instrumentarium zur Abhilfe angesetzt – gegen den Erreger der Masern wird bei allen Patienten das gleiche Medikament verwendet, gegen mangelnde Motivation der Mitarbeiter steht analog eine Reihe vorgefertigter Mittel bereit. Das Problem wird mithin als stereotype Größe betrachtet, die konkrete Arbeit daran richtet sich auf ein abstraktes, d. h. vom Symptomträger losgelöstes Phänomen, weswegen die Art und Weise, in der der behandelnde Arzt/Berater gerufen wird, als vollständig zu vernachlässigende Variable erscheint.

Diese Situation ändert sich jedoch für die systemdynamische Organisationsberatung erheblich: Unter systemdynamischen Gesichtspunkten ist die Frage des Beraters nach der eigenen Rolle, Funktion, Leistung für das System, innerhalb des Systems und damit dann möglicherweise auch innerhalb des Problems von entscheidender Bedeutung. Denn zum einen gehen die systemdynamischen Annahmen nicht länger davon aus, dass sich in der Beratungssituation zwei voneinander klar getrennte Systeme begegnen; stattdessen sprechen wir von einem neuen System, dem Beratungssystem, das sich aus der Organisation und dem Berater zusammensetzt, verbunden durch den Beratungsauftrag. Damit ist das vom Auftraggeber formulierte Problem bereits Bestandteil der Systemwirklichkeit des Beraters, insofern dieser zusammen mit dem Auftraggeber das Beratungssystem bildet; die Problembeschreibung ist dann eine Selbstbeschreibung des Beratungssystems am Ort der zu beratenden Organisation.

Zum anderen werden in Anlehnung an die Systemtheorie die Probleme eines Systems immer auch als Lösungsversuche des Systems betrachtet, mit denen es seine Stabilität unter den bisherigen Bedingungen zu sichern sucht. Probleme sind hier keine abstrakten, stereotyp zu behandelnden Schwierigkeiten, sondern systeminterne Reaktionen auf systeminterne Aktionen, die das Gesamtgleichgewicht unter den existierenden Systembedingungen aufrechterhalten. Damit ist aber dann die Problembeschreibung selbst wieder eine systeminterne Reaktion auf eine systeminterne Aktion (Problem), womit, anders ausgedrückt, die Problembeschreibung selbst bereits Teil des Problems ist, das sich nunmehr als das Gesamt der über den Kreis „Aktion/Reaktion" konstituierten Systemwirklichkeit zeigt. Infolgedessen kann eine Problemlösung auf der Ebene des Problems selbst (und damit auf der Ebene seiner Beschreibung) grundsätzlich nicht gelingen, bzw. führt die Beseitigung des sichtbaren Problems zu einer Verschiebung des Symptoms.

Hier nun ist die Stellung des Beraters unter systemdynamischen Gesichtspunkten von herausragender Bedeutung. Wenn er der Organisation nicht mehr länger als äußerlich gedacht wird, sondern als Bestandteil des neuen Beratungssystems eine Selbstbeschreibung des Systems am Ort Berater formuliert, dann ist sein Angebot, das Problem zu lösen, für das System zwangsläufig bedrohlich, solange nicht erkennbar ist, wie die Stabilität des Systems ohne das Problem wiederhergestellt werden kann. Der Berater, der die angebotene Problem- und Selbstbeschreibung des Systems nicht mehr als einfachen Ursache-Wirkungs-Zusammenhang übernehmen kann, hat als Bestandteil des neuen Systems, also als Teil des Beratungssystems, die ursprünglich bestehende Stabilität bereits verändert.

Daher tendiert das zu beratende System dazu, seine Stabilität dadurch wiederzuerlangen, dass es das neue Element „Berater" mit in die Ausgleichsbewegung integriert. Das Bedrohungspotenzial der Instabilität einerseits und das zu beseitigende Problem andererseits setzen das Unternehmen, das den Berater engagiert, einer Zerreißprobe aus, der es häufig damit zu entgehen sucht, dass es zwar den Beratungsauftrag erteilt, ihn aber so erteilt, dass eine ursächliche Lösung des Problems bereits durch die Form der Auftragsvergabe unterminiert wird – der Auftrag ist ein uneigentlicher Auftrag, ein vergifteter Auftrag.

Selbstverständlich werden vergiftete Aufträge auch in klassischen Beratungs- und Coachingkontexten vergeben, dies ist kein Spezifikum der systemdynamischen Organisationsberatung. Anders als in den klassischen Formen der Beratung jedoch agiert der systemdynamische Organisationsberater nicht als ein dem System äußerlicher Berater, der der Form der Problem- und Selbstbeschreibung des Systems gegenüber indifferent bleiben kann, wenn das System sein Problem schildert, die Aufgabe formuliert und die Bedingungen vorgibt, innerhalb deren es zu lösen ist.

Genau dies aber scheidet für die systemdynamische Organisationsberatung aus: Die Problem- und Selbstbeschreibung des zu beratenden Systems ist nichts, was dem Systemconsultant äußerlich bleibt, was er also als vorgegebene Wirklichkeit des Systems akzeptiert, weil sie selbst bereits die den sichtbaren Symptomen vorgelagerte Ebene der Symptomursachen offenbart, denen der Systemconsultant gerade seine ganze Aufmerksamkeit widmet. Die Symptomauflösung ist hier ja nur die erwünschte, keinesfalls avisierte Begleiterscheinung einer grundsätzlichen Reformulierung der Selbstbeschreibung des Systems. Das heißt, die systemdynamische Organisationsberatung zielt nicht auf die in der Problembeschreibung angebotenen Störungen und Probleme des Systems, sondern richtet sich auf die hinter der Problembeschreibung, auf die hinter den Symptomen liegenden Bedingungen der Möglichkeit für diese Symptome, die sich in der Form der Problembeschreibung, also der Auftragsvergabe, manifestieren. Pointiert ließe sich sagen: Die Beschreibung des Symptoms ist das Symptom selbst.

Daher ist es für den Systemconsultant von herausragender Bedeutung, die Auftragsvergabe auf mögliche Strategien der Stabilitätssicherung, also auf „Vergiftungsspuren", hin zu durchleuchten. Wie solche sich selbst unterminierenden, den Berater in seiner Autonomie gefährdenden Strukturen im Rahmen der Auftragsvergabe aussehen können, listen wir anhand einiger häufig begegnender Muster im Folgenden exemplarisch.

Berater als verlängerter Arm des Auftraggebers

In diesen Bereich fallen sämtliche Triangulierungsmuster, d. h. Angebote, sich mit einer der in Rede stehenden Seiten gegenüber den anderen zu verbünden. Dem Berater werden offen oder verdeckt Koalitionsangebote gemacht („Wir beide wissen schon ...", „Ihnen brauche ich ja nicht zu sagen ..."). Eine Variante der Triangulierung besteht darin, dass der Berater als „Gunman" der Führung in die Abteilung geschickt wird („Sie machen das schon!") oder dort als deren Kundschafter installiert wird („Was ist in der Abteilung eigentlich los?"). Das zugrunde liegende Muster besteht darin, dass der Auftraggeber Managementaufgaben abgibt, vor eigenen Zuständigkeiten zurückweicht. Der Berater, der solche Aufgaben von dem eigentlich dafür Zuständigen übernimmt, gerät damit in einen Loyalitätskonflikt zwischen den Mitarbeitern und dem Auftraggeber. In diesem Muster gibt es in der Regel eine offene und/oder verdeckte Verachtung aufseiten des Beraters bzw. der Mitarbeiter gegenüber dem Auftraggeber.

Konflikte innerhalb der Geschäftsleitung

Der Berater bekommt den Auftrag, weil ein Mitglied der Geschäftsführung dies für sinnvoll hält. Dieser weiß allerdings auch, dass ein Kontrahent im Unternehmen die Methode des Trainings oder den Inhalt nicht billigt. Eventuell wird sogar von dem Kontrahenten ein Spion in die Seminargruppe eingeführt, um dessen Vorurteile zu bestätigen. Das Training wird damit ein verlagerter Austragungsort eines firmeninternen Machtkampfes, von dem Mitarbeiter in der Regel Kenntnis haben; die Atmosphäre ist verwirrt-verunsichert, da niemand sich traut, das Thema offen auszusprechen.

Training als Legitimation

Das Training wird von der Leitung als Beweis des guten Willens und des Engagements vorgeschoben, nach dem Muster: Wir müssten mal wieder was machen. Das Interview hinterlässt ein Gefühl von diffusem Unbehagen, da dem Berater weder eine klare Motivation noch eine deutliche Angriffsfläche für seine Arbeit geboten wird. Die Formulierungen des Auftraggebers bleiben eher diffus, nach dem Schema: „Motivieren Sie mal meine Leute!"

Sabotageprogramm des Chefs

Aus seinem Herkunftssystem hat der Auftraggeber (Chef) den doppelten Auftrag (eventuell Skriptsatz im Sinne der Transaktionsanalyse) übernommen: „Opfere dich für den Erfolg des Unternehmens auf!" und verdeckt (Gegenskript): „Sei nicht erfolgreich!" oder: „Du bist ein Versager!" Das hierbei aktivierte Muster sucht in dem oft mit viel Vorschusslorbeeren eingekauften Berater einen Sündenbock, der als Versager dingfest gemacht werden kann, wenn er die Vorschusslorbeeren nicht einlöst. Erkennbar ist dieses Muster an der missachtenden, mitunter verächtlichen Art und Weise, mit der die Unternehmensleitung gegenüber dem aktuellen Berater von der Arbeit seiner Vorgänger spricht. Die Suggestion, dass der neue Berater gegenüber den übrigen Versagern eine vollkommen neue Qualität besitze, zeigt dem neuen Berater möglicherweise allein nur die Fallhöhe an, in die er sich gerade begibt.

Nichtwürdigung früherer Trainer

Eng mit dem vorherigen Punkt verbunden ist die generelle Missachtung vorausgehender Trainings sowie ihrer Trainer. Sollten die in den Augen der Auftraggeber alle versagt haben, dann ist es wesentlich wahrscheinlicher, dass man sich selbst sehr schnell auch in dieser Reihe wieder findet, als dass man die von der Führung angekündigte lang ersehnte letzte Rettung ist. Daher ist es immer ratsam, sich danach zu erkundigen, wie die vorangegangenen Trainings gelaufen sind, um das grundsätzliche Verhältnis der Leitung zu Trainings und Trainern zu erkunden. Darüber hinaus ist die Rolle, die vermeintliche letzte Hoffnung für das Unternehmen zu sein, zwar durchaus ehrenvoll, jedoch von vornherein mit einem Anforderungsprofil versehen, das einen Erfolg nahezu aussichtslos erscheinen lässt und das aufseiten des Trainers zwangsläufig in Überforderung, schließlich in Enttäuschung und Verbitterung mündet.

Auftraggeber ist selbst das Problem

Er ist z. B. autoritär, unberechenbar, unzuverlässig, nimmt seine Führung nicht wahr, trianguliert Mitarbeiter, zeigt Missbrauchstendenzen, eventuell sexueller Art. Die Auswirkungen des Verhaltens sind im System bewusst, doch ergeht an den Berater die Forderung, eine Lösung des Problems zu generieren, ohne dabei das Problem zu thematisieren. So kann sich beispielsweise Eigeninitiative innerhalb des Systems als gefährlich erweisen, da bereits Mitarbeiter, die ein überdurchschnittliches Maß an Eigeninitiative zeigten, entlassen wurden. Gleichzeitig jedoch wünscht sich der Auftraggeber mehr Eigeninitiative von seinen Mitarbeitern. Die hierzu gestarteten Trainings können dann für den Berater finanziell durchaus lukrativ sein, doch wäre das zugrunde liegende Problem der mangelnden Sicherheit und Berechenbarkeit des Chefs dadurch selbstverständlich nicht behoben.

Verschiedene Problemsituationen

Als Unternehmensberater und Trainer kommt man immer wieder in die Situation, dass ein Klient ein Problem schildert und rasch einen Vorschlag für mögliche Lösungen und Maßnahmen erwartet. Um eine entsprechende Empfehlung geben zu können, hat es sich als hilfreich erwiesen, Probleme in folgende vier Kategorien zu teilen:

- Individuelle Probleme
- Systemische Konflikte
- Bildungs- und Qualifikationsdefizite
- Betriebswirtschaftliche- und Organisationsprobleme.

Natürlich kennen Unternehmen noch andere Probleme, die nicht in diese vier Kategorien fallen (z. B. Marketing, PR, Technologien etc.), aber für diese Probleme werden in der Regel andere Experten als Berater hinzugezogen. Oft sind die Probleme ineinander verzahnt, und es gilt, einen Maßnahmenkatalog zu entwickeln, der das berücksichtigt. Dabei gehen wir von der Erfahrung aus, dass eine Aufstellung im Zweifel als diagnostisches Instrument immer nützlich ist.

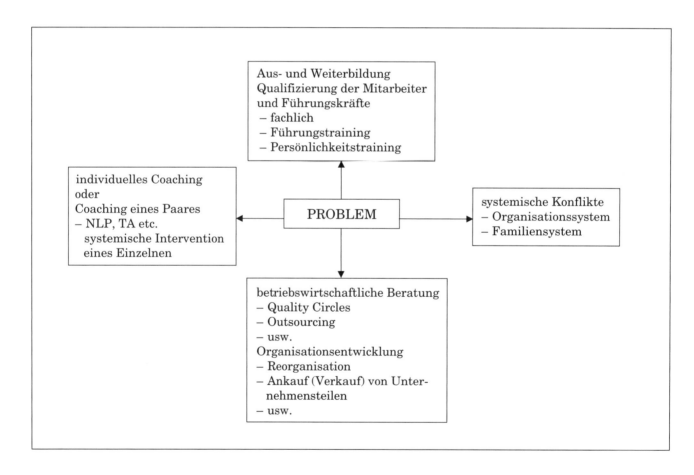

Module

Im Folgenden haben wir die für die Aufstellungsarbeit zentralen Interventionsschritte einzeln aufgeführt. Dabei werden sowohl die Aspekte der Organisations- wie auch der Familienaufstellung angeführt, da innerhalb der systemdynamischen Organisationsberatung beide Dimensionen der Aufstellungsarbeit virulent sind. Insgesamt unterscheiden wir als das in der Aufstellungsarbeit begegnende Instrumentarium die folgenden elf Subsequenzen:

- Abgrenzung
- Rückgabe
- Rangfolge
- Ehre geben
- Ich sehe dich als ...
- Segen geben
- Ich folge dir nach/Ich mache für dich weiter
- Kontakt herstellen
- Doppelbelichtung auflösen
- Triangulierung auflösen
- Das innere Bild wirken lassen

Abgrenzung

Das Abgrenzungsmodul dient dazu, aufseiten der Vorgesetzten bzw. der Eltern Zuständigkeiten gegenüber dem Untergebenen respektive dem Kind zu klären, um auf diese Weise

a) Triangulierung aufzulösen; der Mitarbeiter, das Kind ist in einen Konflikt bzw. in die Zuständigkeiten von Vorgesetzten bzw. Eltern hineingezogen;
b) den Mitarbeiter, das Kind von einer Aufgabe, Last, Verantwortung zu befreien, die nicht in seine Zuständigkeit fällt (Mitarbeiter, Kind tragen etwas, das nicht ihres ist);
c) (daraus resultierendes) anmaßendes Verhalten aufzulösen; wer für andere etwas trägt, nimmt nicht die ihm zugehörige Stelle im System ein und maßt sich fremde Zuständigkeit an (Anmaßung hier in einem außermoralischen Sinn verstanden).

Das zugehörige Wording lautet etwa: „Ich bin dein Vater, und du bist mein Sohn/meine Tochter, und hier neben mir steht meine Frau, deine Mutter. Wenn wir beide Probleme miteinander haben, dann sind wir selbst dafür zuständig. Du kannst dafür nicht zuständig sein. Halt dich da raus!"

Die Mutter sagt dem Kind das Analoge. Auf den Kontext von Unternehmen und Institutionen übertragen, bedeutet Abgrenzung, dass der Vorgesetzte seinen Mitarbeitern Zuständigkeiten und Verantwortlichkeiten entsprechend klarmacht. Dieses Modul ist komplementär zu „Rückgabe" und „Ehre geben". Es stellt sicher, dass Rangfolge und Zuständigkeiten im System klar sind und jeder das trägt, was ihm zukommt.

Rückgabe

In Systemen kommt es immer wieder vor, dass Jüngere bzw. Spätere von den Älteren oder Vorgängern bzw. Vorgesetzten etwas übernehmen. Dies kann ein Gefühl, eine Aufgabe oder Pflicht, ein Verdienst oder eine Schuld usw. sein. In Familien ist der Hintergrund für diese Übernahme die Bindungsliebe des Kindes. Damit meinen wir den unbedingten, instinkthaften Willen des Kindes, zur überlebenssichernden Familie dazuzugehören, sowie das Bedürfnis, einem anderen sein möglicherweise schweres Los zu erleichtern, ihm zu helfen, indem ihm eine Last (vermeintlich) abgenommen wird.

Die Mechanismen, die in Firmen und Teams im Einzelnen zu Übernahmemustern führen, können sehr unterschiedlich gelagert sein: die Wiederholung eines Musters aus der Ursprungsfamilie, ein Gefühl von Solidarität, Angst um den Arbeitsplatz usw. Die Folge solcher Übernahmen ist aber immer eine Überforderung und eine Anmaßung dessen, der etwas nicht Zugehöriges auf sich nimmt.

Die Überforderung besteht darin, dass der Entsprechende versucht, etwas zu tragen oder zu erledigen, was er nicht kann bzw. nicht darf. Die Anmaßung besteht darin, dass derjenige, der etwas übernommen hat, den Eindruck hat, dass er – obgleich in nach- bzw. untergeordneter Position – etwas macht, was eigentlich die Vorgeordneten machen sollten, und er sich von daher ihnen gegenüber überlegen fühlt. Anmaßung, das hieraus resultierende Verhalten sowie die damit verbundenen Gefühle werden dabei nicht als Charakterfehler der betreffenden Person verstanden, sondern sind Ausdruck eines weitgehend unbewussten systemischen Geschehens. Dies sieht man u. a. daran, dass das anmaßende Verhalten sofort aufhört und einer Erleichterung weicht, wenn das Angemaßte zurückgegeben wird bzw. wenn der andere seine Verantwortung etc. wieder übernimmt.

Diesen Rückgabevorgang kann man sowohl in einer Aufstellung als auch in einer Einzelsitzung dadurch ausdrücken, dass man dem Betreffenden einen Gegenstand in die Hand gibt (Stein, Aktenordner etc.), den er dann mit folgenden Worten zurückgibt: „Dies ist nicht meines, sondern deines. Ich brauche das nicht, und ich will das auch nicht. Ich gebe es dir zurück." Im Einzelfall kann der Inhalt des Zurückgegebenen auch konkret benannt werden, z. B.: „Das ist deine Wut, deine Verantwortung usw." Bei dieser Rückgabe achtet der Berater darauf, ob derjenige das Entsprechende wirklich zurückgibt, sich innerlich davon löst oder nur eine Leerformel nachbetet.

Nach erfolgreicher Rückgabe sollen beide, der Rückgebende und der, der etwas zurückbekommen hat, darauf achten, was sich dadurch für beide verändert. Im Regelfall fühlt sich der Rückgebende leicht und frei, und derjenige, der etwas zurückgenommen hat, fühlt sich größer, klarer und stärker und wird vom anderen auch entsprechend wahrgenommen. Was nochmals klarmacht, dass das Eigene, selbst wenn es schwer ist, stärkt. Das Rückgabeformat kann auch benutzt werden, wenn nicht genau klar ist, was inhaltlich übernommen wurde. Bezeichnenderweise sagt der Übernehmende dann, spontan: „Ja, das ist meines", ohne dass ihm gesagt worden ist, worum es sich im Einzelnen handelt. Gibt man etwas an den Falschen zurück, entsteht bei diesem sofort das Gefühl: „Das ist nicht meines, das gehört nicht zu mir", sodass man die Rückgabe auch als Test benutzen kann.

Rangfolge

Die Rangfolge in einem System ist durch den zeitlichen Eintritt in das System geregelt. Der Frühere hat Vorrang vor dem Späteren. In Unternehmen und Institutionen gibt es neben der Rangfolge in der Zeit noch die Rangfolge der Tüchtigkeit. Kommt die Rangfolge durcheinander, fühlen sich die Betreffenden bezüglich ihres Platzes, ihrer Aufgabe verunsichert bzw. werden anmaßend, wenn sie einen Platz einnehmen, der ihnen nicht gemäß ist. Damit ist zugleich schon die Frage beantwortet, wann das Modul der Rangfolge angezeigt ist: Wenn die Rangfolge unklar ist bzw. nicht anerkannt wird.

Ist die angemessene Rangfolge im System wiederhergestellt, ist es oft sinnvoll, dass sie nochmals ausgesprochen und bestätigt wird, z. B.: „Du bist der Erste, und ich bin der Zweite." Die Wirkung dieser Klarstellung ist Erleichterung und Sicherheit.

Ehre geben

Das Wording, die Ehre zu geben, existiert in drei verschiedenen „Stärkegraden", je nach Art der Beziehung und Grad der Anmaßung:

1. Die erste und mildeste Form besteht darin, dass derjenige, der die Ehre erweisen soll, seinen Kopf leicht beugt und sagt: „Ich gebe dir die Ehre als ..."
2. Die zweite Form besteht darin, dass derjenige, die die Ehre erweisen soll, sich tief verbeugt, den Kopf hängen lässt, in dieser Haltung einige Zeit verweilt und sagt : „Ich gebe dir die Ehre als ..."
3. Die dritte Form besteht darin, dass derjenige, der die Ehre erweisen soll, sich auf den Boden kniet, beide Handflächen zeigen nach oben, der Kopf berührt mit der Stirn den Fußboden, und sagt: „Ich gebe dir die Ehre." Die letzte Form ist nur in Familien, zwischen Eltern und Kindern, sinnvoll.

Ziel dieses Moduls ist es, aus der Anmaßung herauszuführen, Rangfolge und Zuständigkeiten anzuerkennen. Auch hier ist es wichtig, darauf zu achten, ob der innere Vollzug dem Gesagten entspricht. Der Consultant fragt denjenigen, dem die Ehre erwiesen wird, ob er den aufrichtigen Vollzug des Interventionsschrittes spüren kann, und kalibriert sich selbst auf Klang und Intonationsmuster der Stimme desjenigen, der die Ehre gibt. Manchmal braucht es einige Zeit, bis es möglich ist, den Vollzug innerlich zu empfinden. Dann stellt sich Erleichterung ein, und der Betreffende fühlt sich frei, das zu tun, wofür er da ist. Bei Kindern, die ihren Eltern die Ehre geben, entsteht das Gefühl: Jetzt kann ich endlich Kind sein. Wurde dieser Vollzug wirklich gemacht, entsteht ein spontanes Bedürfnis, das, was man noch für den anderen trägt, zurückzugeben. Die Kriterien, an denen zu erkennen ist, dass das Modul einzufügen ist, bestehen in:

- anmaßendem Verhalten,
- Bockigkeit,
- mangelnder Abgrenzung („Ich bin nicht du!!!"),
- nicht beachteter Rangfolge.

Ich sehe dich als ...

Wenn jemand in ein System verstrickt ist, kommt es vor, dass er andere im System entweder gar nicht wahrnimmt oder nicht als das, was sie sind. So kann es zum Beispiel sein, dass ein Vater, der stark an seine Herkunftsfamilie gebunden ist, seinen Sohn kaum wahrnimmt und zu ihm kein Vater-Sohn-Verhältnis aufbaut. Der Sohn fühlt sich dann dementsprechend als Sohn nicht angenommen. In Unternehmen und Teams gibt es Ähnliches. Der Chef nimmt bestimmte Mitarbeiter nicht wahr, beachtet sie nicht bzw. sieht sie nicht als das, was sie sind. Er würdigt nicht ihre Leistungen und nimmt Außergewöhnliches als selbstverständlich hin. In solchen Fällen hat es sich, nachdem die entsprechende Problematik geklärt werden konnte, bewährt, wenn derjenige, der bislang „mit Blindheit geschlagen" war, sagt: „Ich sehe dich als ... meinen Sohn, meine Tochter, meine Sekretärin, meinen Stellvertreter usw."

Die Folge dieses Satzes ist die Herstellung einer wirklichen Beziehung zu einem Gegenüber, sodass in Familien die Liebe fließen kann bzw. bei einem Arbeitsverhältnis eine positive, sachgemäße Arbeitsbeziehung überhaupt erst möglich wird. Aufseiten des Gesehenen und des Sehenden entsteht Erleichterung.

Woran merke ich, dass dieser Satz notwendig ist?

- Das Kind/Der Mitarbeiter fühlte sich nicht wahrgenommen, nicht zugehörig, nicht beachtet.
- Das Kind/Der Mitarbeiter war identifiziert mit jemandem anders und wurde nur wie durch eine Doppelbelichtung wahrgenommen.
- Der Vater/Der Chef war so stark mit anderen beschäftigt, dass keine Aufmerksamkeit für die Kinder, für die Mitarbeiter übrig blieb.

Segen geben

Jemanden den Segen geben bedeutet in diesem Kontext so viel wie: „Meine guten Wünsche begleiten dich! Du bist frei, die Dinge so zu tun, wie du sie tun möchtest. Die Wahl zu treffen, die du möchtest." Wenn ein früheres Systemmitglied sein Leben nur sehr reduziert leben konnte (Krankheit, früher Tod, Vertreibung, Kinderlosigkeit trotz Kinderwunsch, ohne Partner), dann fällt es einem der Nachfolgenden häufig schwer, das eigene Leben voll und ganz zu leben. Der Segen entspricht also einer Erlaubnis zu eigenem Glück, Erfolg, dem Recht zur eigenen Wahl und dem Gelingen des eigenen Lebens. Aber auch der Freigabe des bislang Gebundenen in seine eigene Verantwortung und Entscheidungsmacht. Auch in Unternehmen und Teams verzichten Spätere aus Loyalität auf Erfolg und Gelingen sowie auf Glück und Befriedigung in ihrer Tätigkeit.

Für das Segengeben stehen zwei Variationen zur Verfügung:

- Der Frühere sagt zum Späteren: „Lass es dir gut gehen. Meinen Segen hast du."
- Der Spätere setzt sich auf den Boden und lehnt sich mit dem Rücken an die Beine des Früheren an. Dieser legt seine Hände auf den Kopf des Sitzenden und segnet ihn still. Diese Variante nutzt man üblicherweise nur bei Familienaufstellungen, bei denen Onkel, Tanten oder die Großeltern den Neffen bzw. den Enkeln auf diese Art und Weise ihren Segen geben.

Ich folge dir nach/Ich mache für dich weiter

Hellinger hat in Familiensystemen folgende Dynamik herausgefunden: Kinder wollen ihren früh verstorbenen Eltern oder Geschwistern in den Tod nachfolgen. Sie leben in der kindlichen Illusion, dass sie dadurch mit der geliebten Person wieder vereinigt wären oder ihr gleich sein könnten. In der darauf folgenden Generation führt das bei den Kindern der Kinder zur Dynamik, die Hellinger unter dem Kürzel: „Lieber ich als du!" beschreibt. Das heißt, das Kind spürt, dass der Vater oder die Mutter sterben möchte, und bietet sich an, dies für ihn/sie zu tun.

Auf Firmen und Institutionen kann man diese Nachfolgeproblematik nicht direkt übertragen. Es kann jedoch eine Tendenz bei Systemmitgliedern beobachtet werden, die Arbeit, die Interessen, die Projekte des Verstorbenen so weiterzuführen, als würde der noch leben. Nachfolger setzen sich selbst an die Stelle des Verstorbenen.

„Ich führe deine Arbeit weiter" bedeutet dann nicht nur, dass ein angefangenes Projekt, eine Forschungsrichtung usw. von dieser Person weitergeführt wird, weil es für sie selbst sinnvoll ist, sondern es wird so getan, als ob man der Verstorbene sei (Identifikation). Die Auflösung dieser Dynamik besteht darin, dass der Tote erklärt:

- Ich bin tot.
- Und dies ist mein Schicksal und nicht deines.
- Und du lebst, und ich möchte, dass du lebst.

Der Überlebende achtet das Schicksal des anderen und bittet gegebenenfalls um den Segen des Verstorbenen, um sich dann ganz frei seinen eigenen Wünschen, Zielen und Projekten zuzuwenden.

Kontakt herstellen

Sämtliche lösenden Sätze können nur dann ihre Wirkung entfalten und zu einem inneren Vollzug führen, wenn sich beide Personen, um die es geht, wirklich begegnen, wenn ein wirklicher Kontakt hergestellt ist. Dies geschieht über die Augen, über den Blick. Manchmal stört eine Brille diese Art von Kontakt. Dann bittet man den Betreffenden, sie abzusetzen. Manchmal findet allerdings auch ohne Brille kein wirklicher Kontakt statt, weil der eine im anderen nicht sein wirkliches Gegenüber sieht, sondern stattdessen seine inneren Bilder auf den anderen projiziert und in einer – für ihn selbst oft unbemerkten – Art Trancezustand ist.

Wenn der Berater das wahrnimmt, fordert er die betreffende Person auf, mit ihrer Aufmerksamkeit ganz nach außen zu gehen, die inneren Bilder zu verlassen und ihr Gegenüber wirklich anzusehen. Manchmal hilft es, wenn man zum Beispiel die Frage stellt, welche Augenfarbe das Gegenüber hat. Diese Frage kann nur beantwortet werden, wenn der andere, mindestens für einen Augenblick, aus der Trance herauskommt.

Doppelbelichtung auflösen

Unter einer Doppelbelichtung verstehen wir eine Situation, in der ein Gegenüber auf der unbewussten Ebene mit einer relevanten früheren Person identifiziert wird. Häufig mit dem Vater oder der Mutter. Es ist nicht ungewöhnlich, dass der Chef oder eine Autoritätsperson wie zum Beispiel ein Vorgesetzter oder auch ein Trainer mit dem eigenen Vater identifiziert wird. Man sieht dabei auf einer unbewussten Ebene beide Personen gleichzeitig, eben wie bei einer fotografischen Überblendung. Interessant ist in diesem Zusammenhang, dass die inneren Bilder beider Personen am gleichen Ort vorgestellt werden.

Dies lässt sich testweise feststellen, indem man die betreffende Person bittet, einmal an den eigenen Vater zu denken (wenn es sich um den Vater handelt) und sich zu merken, wo genau sie im Inneren das Bild gesehen hat. (Vielleicht halb links, in zwei Meter Entfernung, etwas oberhalb der Sehachse.) Dann bittet man die Person, an den Chef (wenn es sich um den Chef handelt) zu denken und dabei zu beobachten, wo sie nun dieses Bild sieht. Werden beide Bilder am selben Ort repräsentiert, lässt man die Person beide Bilder auseinander schieben. So bleibt z. B. das eine links, und das andere wird auf die rechte Seite geschoben. Der Klient sagt dabei: „Das ist mein Vater (schaut nach links), und das ist mein Chef (schaut nach rechts), und das sind ganz verschiedene Personen, und sie haben nichts miteinander zu tun."

Man erkennt eine solche Doppelbelichtung leicht daran, dass die Reaktionen auf das Gegenüber der Situation und der Beziehung nicht entsprechen, sondern eher auf eine Vater-Kind-Beziehung o. Ä. hindeuten.

Triangulierung auflösen

Unter einer Triangulierung versteht man in der Familientherapie den Einbezug eines Kindes in einen elterlichen Konflikt. Verallgemeinert versteht man unter Triangulierung den Einbezug einer Person aus einer niedrigen Hierarchieebene in einen Konflikt auf einer höheren Hierarchieebene. Zum Beispiel zwei Mitglieder eines Vorstandes haben einen Konflikt miteinander, in dem sich einer der beiden mit einem Hauptabteilungsleiter gegen den anderen verbündet. Der Triangulierte ist in diesem Fall der Hauptabteilungsleiter. Generell stellen hierarchieübergreifende Koalitionen immer eine systemische Störung dar. Die Lösung führt hier über eine Klärung der Zuständigkeiten (vgl. Abgrenzung).

Das innere Bild wirken lassen

Das Schlussbild einer Aufstellung entfaltet als inneres Bild seine heilende Wirkung. Wenn sich jemand im System aus seinem neuen inneren Bild so verhält, wie es dem neuen inneren Bild der geglückten Ordnung entspricht, dann entfaltet dies eine heilsame Wirkung im System. Oft ist es dann nicht mehr nötig, direkt verändernd einzugreifen (Symptombekämpfung). Manchmal ist dieses Tun durch Nichttun wirkungsvoller und gemäßer als ein aktives, absichtsvolles Eingreifen. Dies gilt unter anderem gerade dann, wenn eine Diskrepanz zwischen dem in der Aufstellung eruierten Lösungsbild und der tatsächlichen Firmenrealität besteht, die vom Klienten (es sei denn, er ist selbst der Chef) aufgrund mangelnder Kompetenz und Verfügungsgewalt nicht in Richtung Aufstellungsbild hin verändert werden kann.

Aus diesem Grund ist es wichtig, zu verstehen, dass ein aktives Handeln im Äußeren nur manchmal die Konsequenz einer Aufstellung ist. Häufig reicht die veränderte Einstellung an einem Ort des Systems dazu aus, die Interaktionsmuster des Gesamtsystems nachhaltig zu verändern. Und auch dann, ja umso mehr, wenn der Betreffende über seine individuellen Aufstellungserfahrungen innerhalb des Unternehmens Stillschweigen bewahrt.

Gefühlskategorien

Wir folgen der Ansicht von Hellinger, dass es nicht nur verschiedene Kategorien von Gefühlen gibt, sondern dass der Wahrnehmung und Unterscheidung dieser Gefühlskategorien auch in dem von uns abgeschrittenen Rahmen der systemdynamischen Interventionsarbeit eine bedeutende Stellung zukommt. Nach Hellinger gibt es vier Arten von Gefühlen:

- Primärgefühle,
- Sekundärgefühle,
- Fremdgefühle,
- Gefühle des Seins.

Primärgefühle

Unter einem Primärgefühl verstehen wir eine unverfälschte, ursprüngliche innere Reaktion auf ein Ereignis, einen Zustand in der uns umgebenden Lebenswelt. Es zeichnet sich dadurch aus, dass es uns ganz ausfüllt, übermannt, dass es niemals mehrschichtig ist, sondern immer als klar identifizierbares, einheitliches Gefühl erfahren wird: ein Aufwallen von Liebe, ein Impuls von Wut oder Zorn, Trauer etc. Die (nicht selbstverständliche) Erlaubnis, Primärgefühle zuzulassen, führt zum Einklang mit sich selbst und verleiht dem Selbst und seinen Handlungen Ganzheit, Unmittelbarkeit und Kraft.

Die Auswirkung auf die Umgebung ist gleichfalls sehr charakteristisch: Primärgefühle berühren andere zutiefst, bringen Menschen einander nahe, rufen Sympathie hervor, bewirken Gemeinsamkeit und Harmonie, verbinden. Die innere Klarheit, die sie hervorrufen, strahlt auch auf die Umgebung ab, fördert auch dort unmittelbaren Gefühlsausdruck und Einklang mit sich selbst. Primärgefühle wirken ansteckend.

Sekundärgefühle

Sekundärgefühle sind vorgeschobene Gefühle, die anstelle der Primärgefühle aus Gründen kultureller Akzeptanz ausagiert werden. Empfindet es jemand etwa unangebracht, dem primären Gefühl einer tiefen Trauer Ausdruck zu verleihen, so kann er stattdessen und sichtbar eine Wut oder auch Fröhlichkeit demonstrieren, wobei dann Wut oder Fröhlichkeit den Status eines Sekundärgefühles einnehmen.

Sekundärgefühle wirken auf die Umgebung langweilend, ermüdend, machen überdrüssig, sie lösen im Zuhörer einen diffusen Handlungsimpuls aus, die Situation irgendwie zu entkrampfen, ohne jedoch eine Zielvorstellung dessen zu geben, was eigentlich zu tun wäre.

Sekundären Gefühlen fehlt die einfache, kristallklare, strukturierende und ordnende Kraft der Primärgefühle. Sie sind ihrer Natur nach zusammengesetzt, weil in ihnen das nicht zugelassene primäre Gefühl mitschwingt. Da sekundäre Gefühle ausgedrückt werden mit einem Auge auf die Reaktion der Umgebung, haben sie etwas Verstelltes, Künstliches, Zur-Schau-Gestelltes und Manipulatives.

Fremdgefühle

Fremdgefühle sind übernommene Gefühle, die im Zuge einer Identifizierung von anderen Mitgliedern des Familiensystems übernommen werden. Insbesondere werden Gefühle übernommen, die von dem ursprünglichen Besitzer des Gefühls nicht zugelassen bzw. nicht offen ausgedrückt wurden, sodass in diesem Zusammenhang von einer emotionalen Stellvertreterschaft gesprochen werden kann.

Fremdgefühle sind von hoher Persistenz, sie sind offen oder latent ununterbrochen spürbar da und prägen die Grundstimmung eines Menschen. Da Fremdgefühle nicht auf persönliches Erleben zurückgehen, kann man mit ihnen nicht auf die übliche therapeutische Weise arbeiten. Sie gehen nicht auf eigenes Erleben zurück, d. h., sie wurzeln nicht in einer Traumatisierung.

Fremdgefühle sind ein wichtiges diagnostisches Kriterium, sie deuten auf eine Identifizierung hin, d. h. auf einen wichtigen Skriptbezug. Sie sind aus der aktuellen Situation nicht zu erklären. Man erkennt sie an ihrer Auswirkung auf die Umgebung. Anders als Sekundärgefühle wirken sie eher lähmend und machen ratlos. Sie haben etwas Penetrantes an sich und rufen anders als Sekundärgefühle weniger Turbulenz, Ärger oder den Eindruck des Manipuliertwerdens hervor als vielmehr den Eindruck, im Nebel herumzutasten, hinterlassen eine eigentümliche Irritation und Hoffnungslosigkeit.

Die einzige Art, mit Fremdgefühlen umzugehen, ist, sie zurückgeben zu lassen und die ihnen zugrunde liegende Identifizierung zu lösen.

Seinsgefühle

Seinsgefühle sind Gefühle, die man vielleicht besser als Zustände des Seins beschreiben könnte. Als solche werden sie begleitet von Gefühlen der Leichtigkeit, Heiterkeit, Harmonie und Fülle. Sie begleiten spirituelle

Zustände. Sie werden erfahren als Einssein mit sich selbst und der Welt. Wenn sie während der therapeutischen Arbeit auftreten, sind sie ein Hinweis darauf, dass die Arbeit in die richtige Richtung verläuft.

Erkennen von Gefühlszuständen als Leitfaden für Therapie

Gefühle kann man nicht nur als eigene Gefühle an sich selbst wahrnehmen, anhand der oben beschriebenen „Außenwirkung" von Gefühlen lässt sich vielmehr auch wahrnehmen, welcher Kategorie von Gefühlen die emotionale Gestimmtheit des Gegenübers zuzuordnen ist. Gefühle anderer Personen lassen sich also an ihrer Wirkung auf einem selbst und andere in der Umgebung dieser Person erkennen.

1. Primärgefühle strahlen Einfachheit ab, Klarheit, Kraft und Ordnung. Sie bewirken Gemeinsamkeit, Sympathie und Harmonie.
2. Sekundärgefühle wirken verstellt, künstlich und manipulativ, machen hilflos und bewirken Schuldgefühle. Man erkennt sie auch an der Langeweile, dem Überdruss, der Irritation und dem Ärger in der Umgebung.
3. Fremdgefühle wirken lähmend und machen ratlos. Sie haben etwas Penetrantes an sich und rufen den Eindruck hervor, dass man im Nebel herumtappt, dass man nichts machen kann und dass alles hoffnungslos ist.
4. Das Charakteristikum von Seinsgefühlen ist ihre Leichtigkeit, Heiterkeit und Harmonie.

Gefühle und Aufmerksamkeit

Jeder kennt es, dass es beim Zuhören bestimmte Punkte gibt, an denen Langeweile auftritt, dann wieder Aufmerksamkeit, dann wieder Langeweile usw., mitunter steigert sich diese Langeweile bis zur Unlust, zur lähmenden Müdigkeit. Dieses Phänomen ist besonders in Gruppen aufschlussreich, weil man hier feststellen kann, dass die gesamte Gruppe auf gleiche Weise reagiert. Plötzlich bricht in der gesamten Gruppe eine eigenartige Unruhe aus, wie auf Kommando lenken sich die Teilnehmer ab. Was ist geschehen?

Der Sprecher wechselte aus einer Phase hoher persönlicher Betroffenheit und Relevanz über in eine Phase relativer Unbetroffenheit und persönlicher Irrelevanz. Dieser Übergang bleibt den Zuhörern (meist allerdings unbewusst) nicht verborgen, als Reaktion entziehen sie ihre Aufmerksamkeit.

Aufmerksamkeit und Ablenkung

Der oben beschriebene Umschlagpunkt, an dem die Zuhörer dem Sprecher ihre Aufmerksamkeit entziehen, markiert den Übergang, an dem der Sprecher von etwas Relevantem, Primärem zu etwas Irrelevantem, Sekundärem überwechselt. An die Stelle des Eigentlichen tritt etwas Uneigentliches, das aus Furcht vor kultureller, moralischer etc. Sanktion vor das Eigentliche geschoben wird.

Das uneigentliche andere besteht darin, dass der Sprecher

a) auf ein mit einem anderen Gefühl verbundenes Thema übergeht, weil er das ursprüngliche Anliegen mit dem dazugehörigen Gefühlszustand für unakzeptabel hält oder auf verdeckte Weise zu bekommen versucht, was er nicht offen auszusprechen wagt (Lob, Anerkennung, Bestätigung, Sex); oder er

b) etwas Fremdes ausdrückt, das das Eigene überdeckt und zurückdrängt (hier wirken fremde Anliegen, fremde Gefühle, Zuständigkeiten und Motive).

Der Entzug von Aufmerksamkeit (eigener und die der anderen) ist ein zuverlässiges diagnostisches Hilfsmittel zum Erkennen von Sekundär- und Fremdgefühlen. Fremdgefühle aber sind ein Bestandteil von Identifizierung auf der Ebene des Systems.

Jeder ist Teil des Systems

Um die Wirkung fremder Gefühle auf sich selbst als diagnostisches Instrument verwenden zu können,

1. braucht der Berater Übung im Erkennen von Gefühlskategorien,
2. muss er lernen, als Empfänger zu agieren,
3. muss er selbstverständlich alle auch anderen Kanäle (visuell, auditiv) benutzen und sich gegebenenfalls Rückmeldungen beim Klienten oder bei der Gruppe holen, um seine Wahrnehmungen zu prüfen.

Dabei ist es grundsätzlich wichtig, dass der Berater sich im Zusammenhang mit Sekundär- und Fremdgefühlen als konstruktiver Partner gegenüber dem Klienten verhält. Das heißt, er ist angehalten, diese negativen Zustände anhand der erkannten Gefühlskategorien zu thematisieren und konstruktive Wege zu eröffnen, die aus diesen Zuständen herausführen. Diese Unterbrechung ist insofern wichtig, als der Berater als Empfänger immer auch ein Sender ist (ebenso auch sämtliche Gruppenteilnehmer); bleibt ein negativer Zustand hier ohne Unterbrechung, so kann es leicht zu einer positiven Feed-back-Schleife kommen, d.h. zu einer unerwünschten Entwicklungsstabilisierung innerhalb des Systems Berater/Klient (eventuell Gruppe).

Zugangshinweise für Verstrickungen

Die oben aufgeführten Gefühlskategorien wurden bereits als diagnostisches Instrument beschrieben; die unterschiedliche Wirkung der Gefühlszustände auf die Umgebung diente als Hinweis auf einen inneren Zustand eines Klienten. Diese Verbindung zwischen einem äußerlich erkennbaren Zustand und einem innerlich daran geknüpften Zustand können wir also nutzen, um von der Wahrnehmung äußerlicher Phänomene auf bestimmte damit verbundene innere Zustände zu schließen. Die äußere Wahrnehmung wird so zu einem so genannten Zugangshinweis (ZH) auf bestimmte innere Zustände. Dabei dienen nicht nur die Gefühlskategorien, sondern das gesamte Spektrum wahrnehmbarer Physiologie als mögliche Zugangshinweise auf interne Zustände.

Im Folgenden wollen wir skizzieren, welche ZH es für systemische Verstrickungen gibt, wie man sie erkennt, welche sinnvollen Fragen sich an welchen ZH anschließen und wie man sie zur Diagnose und zur Ableitung von Interventionen in der Beratung nutzen kann.

Wir können zwischen ZH unterscheiden,
- die wir von außen wahrnehmen können, und solchen,
- die nur der Klient in seinem inneren subjektiven Erleben wahrnehmen, uns dann aber mitteilen kann, und solchen,
- die Therapeuten bei sich wahrnehmen können (Gefühlswahrnehmung).

Die von innen und außen wahrnehmbaren ZH können wir wiederum in visuelle, auditive und kinästhetische unterscheiden.

Die im Folgenden dargestellten ZH beziehen sich auf zwei der von Hellinger gefundenen vier Gefühlskategorien: die Sekundärgefühle und die Fremdgefühle.

Um präzise arbeiten zu können, ist es wichtig, genau zu unterscheiden zwischen der Grundstimmung, der Physiologie einer Person und ihrer Wirkung auf die Umgebung im Sekundärgefühl oder im Fremdgefühl.

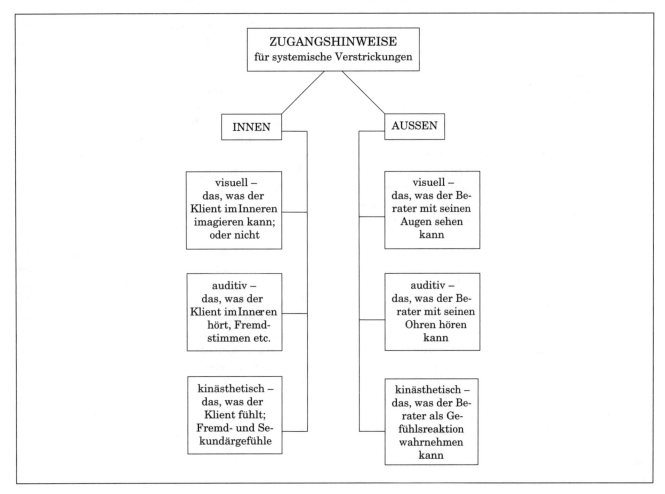

Sprachliche Zugangshinweise

Auditiv digitale Zugangshinweise

Unter *auditiv digitalen* Zugangshinweisen versteht man (im NLP) die Worte, die jemand benutzt, um einen bestimmten Inhalt auszudrücken, im Gegensatz zu *auditiv tonalen*, die sich auf den Klang der Stimme und das Intonationsmuster beziehen.

Bei den Sekundär- oder Ersatzgefühlen zeigt sich sowohl auf der tonalen als auch auf der digitalen Ebene eine stark problemorientierte Sprache, die in peinlichster Ausführlichkeit sämtliche Details plastisch schildert, sodass der Berater kaum eine Möglichkeit hat, den Klienten zu stoppen bzw. auf eine Lösung hin zu orientieren. Allerdings muss man beim Erstellen eines Genogramms als Berater durch genaues Fragen herausfinden, wo eine mögliche Nachfolge, ein In-die-Bresche-Springen oder eine Sühneleistung erfolgt ist. Um hier die notwendigen Informationen zu erhalten, hat man teilweise sogar den Unwillen der Klienten in Kauf zu nehmen, die einer so genauen Beschäftigung mit „alten Sachen" häufig äußerst abgeneigt sind. Sie wirken beim Erzählen oft auch unbeteiligt, und/oder es fehlen ihnen Informationen. Sie geben häufig rationalisierte Erklärungen, warum sie nicht in der Lange sind, diese Informationen zu beschaffen, haben oft Angst, Verwandte zu fragen, um nicht an lang Vergessenes oder Tabuisiertes zu rühren. Hierin zeigt sich schon eine Loyalität der Klienten gegenüber ihrem System. In ihren Sätzen finden sich häufig Generalisierungen, Tilgungen und Verzerrungen – wie allerdings häufig in therapeutischen Situationen. Kommt eine diffuse Irritation, eine gewisse Überforderung des Beraters dazu, werden sie zu Hinweisen auf Fremdgefühle.

Das inhaltlich Mitgeteilte ist dann wichtig, wenn die berichteten Symptome nicht aus der Kenntnis des Lebenslaufs des Klienten heraus zu erklären sind. Zum Beispiel sollte man überprüfen, ob eine depressive Neigung aus Anpassung an die von den Eltern unterdrückte Spontaneität eines fröhlichen Ausdrucks entstanden ist, also als Ersatzgefühl zu gelten hat, oder ob es die Folge von nicht betrauerten Toten, die Nachfolge von Ausgeschlossenen ist im Sinne eines Fremdgefühls, eines Ausgleichs oder nicht genommenen Lebens.

Im Fremdgefühl benutzt der Klient Redewendungen und Formulierungen, die auf seine Verstrickung (z. B. Identifizierung) schließen lassen, dies besonders, wenn man sie wörtlich nimmt:

- „Ich hänge so an ..."
- „Ich komme nicht davon (von ihm/ihr) los ..."
- „Ich habe Angst, ich werde so wie ..."
- „Ich habe die gleichen Symptome wie ..."

Auditiv tonale Zugangshinweise

Die Arbeit Hellingers hat gezeigt, dass jemand sein Nicht-nehmen-Können (des Lebens; des Glücks; des Positiven, das ihm widerfährt; etc.) häufig durch eine generelle Vorwurfshaltung ersetzt. In diesem Zusammenhang hilft die Kenntnis der Gefühlskategorien, hier nun zu unterscheiden, ob eine Person ihren vorwurfsvollen Unterton aufgrund von Ersatzgefühlen oder aufgrund einer systemischen Verstrickung äußert – eine wichtige Unterscheidung insofern, als beides zu unterschiedlichen Interventionen führt.

Allgemein gilt der Sprachduktus als ZH, wenn er nicht zum Alter und/oder zum sozialen Status passt. Beispiel: ein junger Musiker, der wie ein alter, distanzierter Geschäftsmann spricht, wenn er über seine Probleme redet.

Die unten angegebenen Unterscheidungen können sowohl als ZH für Sekundär- wie auch für Fremdgefühle gelten. Auch bei dem Hilflosspiel (Sekundärgefühl) sprechen die Klienten nicht gemäß ihrem chronologischen Alter: Sie produzieren einen „Jammerton" oder sprechen mit einer Kinderstimme oder sehr dramatisch oder unangemessen flehentlich oder innig etc. Auch wenn sie extrem schnell, wie aufgezogen, wie nicht zu stoppen, vorwurfsvoll sprechen, ist das eher ein Hinweis auf Sekundärgefühle. Auditiv tonale ZH sind:

- Kinderstimme,
- Märchenstimme,
- unangemessen innige Stimme,
- Flüstern,
- extrem schnelles Sprechen,
- nicht zu stoppen, wie aufgezogen,
- vorwurfsvolle Stimme ohne interaktionalen Auslöser.

Unsere Erfahrung zeigt, dass z. B. eine extrem schnelle Sprechweise, die kaum zu stoppen ist, häufig darauf hindeutet, dass die Person entweder ein starkes Gefühl wegredet oder glaubt, dass sie kein Recht hat, sich Zeit zu nehmen. Als Intervention schlagen wir vor, den Klienten zu bitten, bewusst sehr langsam zu reden, und ihn immer wieder höflich darauf aufmerksam zu machen, wenn er in die alte Sprechweise zurückfällt. Dies führt erfahrungsgemäß nach ganz kurzer Zeit zu einer starken emotionalen Reaktion, mit der man dann arbeiten kann.

Visuelle Zugangshinweise

Hellinger hat die meisten Hinweise für systemische Verstrickung in seinen Familienaufstellungen gefunden, durch das Einnehmen einer ver-rückten Position. Da wir nicht immer eine Gruppe für Aufstellungen zur Verfügung haben, um Verstrickungen entschlüsseln zu können, und darüber hinaus Hinweise in der beratungstechnischen Einzelsituation brauchen, haben wir die folgenden aufgelistet.

Für beide Gefühlskategorien kann gelten:

- Der Klient hat nicht das „eigene Gesicht auf".
- Bei Sekundärgefühlen ist es häufiger das Lächeln des angepassten Kindes, das eine Belohnung für seinen Gehorsam erwartet im Sinne von: „Mache ich es nicht gut so?"

- Nicht so leicht zu unterscheiden davon ist das Gesicht des loyalen Kindes, das die Eltern anlächelt (Genaueres s. u.).

Beispiele für Sekundärgefühle:

- Jemand erzählt mit einem Lächeln von seinen Depressionen.
- Jemand erzählt begeistert, wie erschöpft und leer er ist.
- Jemand berichtet mit leichenbitterer Miene von seinen beruflichen Erfolgen.
- Jemand spricht heiter von den Menschen, die er in letzter Zeit verloren hat.

Das bedeutet: Auch das genannte Hauptsignal für Fremdgefühle, das Lächeln beim Erzählen schlimmer Dinge, trifft erst einmal für beide Gefühlskategorien zu, für Sekundär- und Fremdgefühle.

Der Klient
- hat immer den gleichen Gesichtsausdruck (chronifiziert oder der Situation unangemessen),
- ist immer gleich traurig oder grinsend.

Bei Sekundärgefühlen kann das eine Folge des Verbots von Primärgefühlen sein, z. B. wenn ein eifersüchtiges Kind gelernt hat, seine Eifersucht zu verbergen, und immer hilfreich zugewandt sein muss. Oder wenn ein Kind seine Trauer über den Tod seiner Mutter nicht zeigen durfte und deshalb in allen Situationen chronisch heiter ist.

- Gesicht oder Habitus scheint älter oder jünger, als es zu der Person passt.
- Das jüngere Aussehen kann auf ein Sekundärgefühl hindeuten. Es kann aber auch ein Hinweis auf eine unterbrochene Hinwendung sein. Älter aussehen ist jedoch häufig ein Hinweis auf eine Verstrickung/Identifizierung mit einem Altvorderen.
- Der Klient zeigt das Verhalten, die Haltung einer anderen Person.
  Dies weist in Zusammenhang mit bestimmten Lebensgewohnheiten oder Symptomen häufig auf eine Identifizierung hin.

Beispiel: Eine Klientin erzählte strahlend von ihrem „Scheißtag" auf der Arbeit, lachend von ihrer Angst, etwas falsch gemacht zu haben, und kichernd, dass sie morgen auch noch einen Zahn gezogen kriegt. Aus ihrer Familiengeschichte wusste ich, dass sie wegen der schwierigen finanziellen Situation und des Dauerstreits der Eltern immer „die Fröhliche" sein musste, die „die Gute-Laune-Flagge der Familie in den Wind hängen" sollte. Bei Fremdgefühlen wirkt das Gesicht eher verschlossen, oder das Lächeln wirkt nicht von Gefühl erfüllt. Erst wenn die Liebe des Kindes zu der Person, der es nachfolgt oder mit der es identifiziert ist, zutage getreten ist, wird das Lächeln warm.

Beispiel: Eine Klientin wusste von der Existenz einer Schwester, einer außerehelichen Tochter des Vaters. Wenn sie darüber sprach und auch über den Ausschluss der Mutter der Schwester, hatte sie ein leeres Lächeln im Gesicht. Erst als gewürdigt wurde, wie toll die Versuche der Frau sind, dem Vater Kontakt mit der Tochter zu ermöglichen, kam Bewegung und Wärme in ihr Lächeln.

Klientinnen haben häufig gar kein Bild von der ausgeschlossenen Person, sie fehlt im inneren Familienbild (oft gab es auch keine Fotos). Die Wirkung im Inneren kann man metaphorisch beschreiben wie einen dunklen Fleck auf einem sonst normal belichteten Film. Es besteht eine Neigung, die neu dazugekommene Person im System nicht direkt und spontan anzuschauen (in einer Visualisierung oder einer Aufstellung mit Stellvertretern). Das bedeutet, keine Beziehung herzustellen, in der Verstrickung zu bleiben.

Der Klient
- hat nicht das eigene Gesicht auf,
- hat immer den gleichen Gesichtsausdruck (chronifiziert oder situativ),
- ist immer gleich traurig oder lächelnd,
- hat den Habitus einer anderen Person, eventuell sogar gegengeschlechtlich,
- Gesicht und Habitus scheinen älter oder jünger, als es zu ihm passt.

Die Augen zuzumachen ist häufig ein Hinweis dafür, dass die Klienten in ihren eigenen Bildern und Gefühlen (meist denen, die eine Störung bewirken) bleiben wollen bzw. noch keine Alternative dazu sehen. Das kann ähnlich wie das Blinzeln oder ein permanentes Wegsehen auf Angst beruhen. Es kann ein Signal dafür sein, dass die Person noch mehr Sicherheit im Ersatzgefühl spürt. Es kann aber auch auf das Verbleiben in der „Anmaßung", im illusionären Kindergefühl hindeuten.

Hat jemand nicht sein eigenes Gesicht auf, liegt es nahe, dass der Berater zum Klienten sagt:

Berater: „Spüre mal in deinen Gesichtsausdruck rein! Wie fühlt sich das an?"
Klient: „Wütend!"
Berater: „Wer in deiner Familie hatte so einen wütenden Gesichtsausdruck?"

Bei immer gleichem Gesichtsausdruck liegt es nahe zu vermuten, dass der Klient ein Fremdgefühl chronifiziert ausdrückt. Der Berater kann hier ebenfalls sagen:

Berater: „Spüre mal in dein Gesicht hinein! Wie würdest du das Gefühl nennen, das du ständig ausdrückst?"
Klient: „Trauer!"
Berater: „Wessen Trauer drückst du da aus? Ist es deine, oder gehört sie zu jemand anders?"

Wenn der Klient nicht sofort das richtige Wort findet, ist es sinnvoll, mit ihm ausführlich danach zu suchen, so lange, bis er und der Berater den Eindruck haben, dass das Wort und der Gesichtsausdruck zueinander passen.

Ein anderer wesentlicher Hinweis auf eine systemische Verstrickung ist die Unfähigkeit des Klienten, sich eine bestimmte Person in der Vorstellung anzusehen.

Der Klient
- macht die Augen zu,
- blinzelt,
- hält sich die Hände vor die Augen,
- schaut trotz Aufforderung hinzuschauen immer wieder weg,
- hat einen starren und ausdruckslosen Blick (keine Scanning-Bewegungen).

Hier ist es angezeigt, dass der Berater den Klienten auffordert, trotz seines Unbehagens hinzusehen, bis er die entsprechende Person tatsächlich wahrnimmt, um so eine wirkliche Beziehung herzustellen.

An dieser Stelle möchte ich auch auf die Verschiebung der Wahrnehmungspositionen hinweisen, wie sie von C. Andreas (1994) beschrieben wird. Diese Verschiebung der normalen Wahrnehmungsposition kann sowohl auf ein Trauma als auch auf eine systemische Verstrickung hinweisen.

Trauma, Verstrickung

Es scheint an dieser Stelle sinnvoll zu sein, nochmals kurz auf den Unterschied zwischen Trauma und systemischer Verstrickung hinzuweisen. Unter Trauma verstehen wir ein Erlebnis, das der Betreffende selbst hatte, und das zu der Zeit, als es geschah, von ihm nicht integrierbar war. Dies gilt sowohl für Erlebnisse in der frühen Kindheit als auch für solche, die sich im Erwachsenenalter ereignen.

Die Verstrickung können wir sowohl aus der Sicht des Systems als auch aus der des Einzelnen definieren.

Aus der Sicht des Systems: Die Systemkraft greift sich einen Nachkommen, um einen Ausgleich zu erzeugen für die nicht angenommene Lebensaufgabe (fehlende Verantwortlichkeit), Ausgestoßene und Entwertete (= nicht geschlossene Systemgestalten).

Aus der Sicht des Einzelnen: Der Verstrickte antwortet auf etwas, was gar nicht in seine Zuständigkeit fällt. Verstrickung entsteht durch Übernahme einer Verantwortung für etwas, wofür man nicht zuständig ist.

Wie schon häufiger erwähnt, sollte bei der therapeutischen Arbeit erst die Verstrickung aufgelöst werden, bevor man sich den Traumatisierungen zuwendet. Häufig sind Traumata auch nur auf dem Hintergrund einer Verstrickung erklär- und verstehbar.

Innere Repräsentationen: auditiv

Es existieren nicht nur Fremdgefühle, sondern auch Fremdstimmen. Diesen Begriff gibt es allerdings nicht bei Hellinger. Fremdstimmen sind der auditive Ausdruck eines Introjekts. Unter Introjekten versteht man in der Psychologie die unbewusste Übernahme von Haltungen und Bewertungen von für unsere Entwicklung wichtigen Menschen.

Diese Fremdstimmen sind häufig außerhalb des Bewusstseins des Klienten. Eine solche Fremdstimme könnte z. B. die Stimme des Vaters sein, der ständig das kritisiert, was man gerade macht. Der Klient nimmt dann vorwiegend seine kinästhetische Reaktion auf diese innere Stimme wahr. Ob diese Fremdstimmen allerdings analog zu den Fremdgefühlen zu verstehen sind, ist eher zu bezweifeln. Sie sind mehr als Introjekte, als innere Antreiber aus dem persönlichen Skript zu verstehen.

Innere Repräsentationen: visuell

Ein wichtiger ZH für eine systemische Verstrickung bzw. für einen Skriptauftrag ist die Unfähigkeit des Klienten, sich sein Ziel klar und deutlich vorzustellen, und zwar so, dass sich seine Physiologie in eine Ziel- bzw. Ressourcenphysiologie verändert. Der Klient redet über dieses Ziel gelangweilt oder beiläufig, sodass nicht der Eindruck entsteht, dass ihm dieses Ziel etwas wert ist bzw. dass er bereit ist, viel dafür zu tun.

Ein weiterer wichtiger interner visueller Hinweis ist die von uns so genannte Doppelbelichtung. Darunter verstehen wir die Tatsache, dass jemand im Inneren am gleichen Ort zwei Personen gleichzeitig sieht, ohne dass er sich dessen bewusst ist. Zum Beispiel den Vater und den Ehemann bzw. die Frau und die Mutter. Dies muss zwar nicht auf eine systemische Verstrickung hinweisen, tut es aber häufig.

Doppelbelichtung aufzulösen ist eine jener Kurzinterventionen, die man gut in der Vorstellung machen kann, um Rollenverwechslungen zu klären. Virginia Satir hat das schon in ihrem Repertoire gehabt (s. die Vorstellung von Rollenhüten), als sie zwei Personen erst hintereinander aufstellen ließ und sie dann deutlich auseinander stellte. Wir benutzen diese Methode als Hilfestellung, um es dem Klienten zu ermöglichen, illusionäre Symbiosen oder z. B. Parentifizierungen aufzulösen.

Die Frage, die sich hier stellt, zielt auf die Möglichkeit, eine eventuell vorliegende Doppelbelichtung zu erkennen, deren sich der Klient gerade nicht selbst bewusst ist. Die einfachste Methode besteht darin, sich auf Inkongruenzen zu kalibrieren. Hat beispielsweise ein junger Mann mit seiner Freundin Probleme,

1. dann bittet der Berater den Klienten, sich ihr Gesicht vorzustellen (außerhalb einer Problemsituation). Zeigt er daraufhin einen Gesichtsausdruck, der nicht zu einem verliebten jungen Mann passt, der gerade an seine Freundin denkt, dann bittet der Berater
2. den Klienten, sich jetzt an das Gesicht seiner Mutter zu erinnern, und fragt ihn, wo er das sieht. Ist es am gleichen Platz, dann zieht der Berater

3. die Bilder mit seinen Händen auseinander und sagt, während er auf die entsprechenden Orte zeigt, zu dem Klienten: „Dies ist deine Mutter, und das ist deine Freundin, und die beiden sind nicht identisch, dies ist deine Freundin, und das ist deine Mutter, und das sind zwei getrennte Personen."
4. TEST: Jetzt bittet der Berater den Klienten, nochmals an seine Freundin zu denken. Er kalibriert sich auf die physiologischen Reaktionen des Klienten und beobachtet, ob die Blickrichtung für die beiden Personen unterschiedlich ist.

Diese kurze Intervention ist manchmal ausreichend, um das Problem, mit dem der Klient kommt, zu beseitigen, und ist häufig allerdings nur der erste Schritt in einer Reihe von Interventionen, die zu einer Klärung des Verhältnisses von Sohn und Mutter führen.

Möglichkeiten der Aufstellungen

Im Kontext einer Firma könnte eine Abteilung von einer anderen Abteilung als Repräsentant aufgestellt werden, während die Abteilung, deren Bild aufgestellt wird, dabei zusieht. Wenn einige für die Aufstellung nicht offen sind, könnte man Sätze, die bei der Aufstellung verwendet werden, verdeckter benutzen. Zum Beispiel mit Sätzen wie: „Du vor mir, ich danach, so bleibt's." Oder anstatt Personen werden Aspekte des Problems aufgestellt. Zum Beispiel die Quelle als Symbol. Damit wird dann indirekt derjenige dargestellt, der die Problemquelle ist. Oder z. B. die Schwelle, die symbolisiert dann den, der bremst. Dies ist eine Variante von Matthias Varga von Kibéd.

Unterschiedliche Arten von Aufstellungen

a) Typische Konflikte in Firmen mit der Vermutung eines Ursachenkonflikts in der Herkunftsfamilie. Die Vorgehensweise gestaltet sich dann als Dreischritt aus

- der Organisationsaufstellung, die das Problem offenbart,
- der Aufstellung der Herkunftsfamilie sowie
- der integrierenden Organisationsaufstellung als Abschluss.

Verbindungen von Organisations- und Familienverstrickung zeigen sich in folgenden Konstellationen:

a1) Chef oder Gründer reinszeniert sein Familiengrundthema bei der Gründung der Firma.

a2) Mitarbeiter reinszenieren familiäre Grunderfahrungen, wie z. B. Triangulierungen in ihrer beruflichen Situation.

a3) Externer Berater und Trainer werden durch den Auftrag in die Verstrickung hineingezogen und in ihre eigene ungeklärte systemische Verstrickung; Traumatisierung und Skriptaufträge hindern sie daran, das zu bemerken bzw. sich abzugrenzen.

b) Organisationsaufstellung: Mit systemfremden Personen werden die konfliktrelevanten Systemteilnehmer dargestellt und zusätzliche Themen wie z. B. Unternehmensziele, Kunden, Schulden, Kapital, alles, was Stress macht, etc.

c) Positionsaufstellung: Im System mit Systemteilnehmern. Ziel ist nicht die Lösung, sondern primär die Informationsgewinnung. Vorgehensweise: Einer oder mehrere Systemteilnehmer stellen ihr inneres Bild als Position auf. Rahmen: Subjektive Sicht, Ziel ist die Informationsgewinnung.

d) Gruppenarbeit: Es wird vom Trainer die Ordnung im Unternehmen vorgestellt, danach werden die Mitarbeiter in verschiedene Gruppen eingeteilt zur Bearbeitung der Frage: Wo hat es hier im Unternehmen systemische Verletzungen gegeben, und was könnten mögliche Lösungen dafür sein? Nach der Gruppenarbeit kommen die Kleingruppen in die große Gruppe zurück und stellen ihre Thesen vor. Zur Unterstützung der Lösungsenergie können sich die Teilnehmer nach den Gesetzmäßigkeiten der Ordnung hinsetzen.

e) Rituale: Zum Beispiel eine Trance, in der die Teilnehmer zurückgeführt werden in ihre Kindheit und Ressourcen aufnehmen aus ihrer Ursprungsfamilie. Mit dieser Systemkraft kehren sie zurück in die Gegenwart, wo z. B. ein Ritual des Abschieds von ausgeschiedenen Mitarbeitern aus dem System vorgenommen wird, indem man sich für Leistungen dieser ausgeschiedenen Mitarbeiter bedankt, die sie für das System erbracht haben; diese Personen also würdigt. Danach wird die Trance fortgesetzt und auf die Zukunft gelenkt, um jetzt mit dieser neuen Kraft in Zukunft etwas Positives anfangen zu können.

Fragen zu Familienbetrieben

An dieser Stelle listen wir die wesentlichen Fragen auf, die das einleitende Interview (Metaformat Phase 5.) strukturieren:

Zugehörigkeit
- Worum geht es? (Thema)
- Wer gehört dazu? (als offene Frage)
- Wer gehört zum Betrieb?
  - Wer zur Familie?
  - Wer zu beiden Systemen?
  - (Aufzeichnen des Organi- und des Genogramms)
- Wie ist die Rangfolge in der Zeit? – Wird sie beachtet?
- Wer hat den Betrieb gegründet?
- Wer leitet ihn heute?
- Wie genau ist die geschichtliche Entwicklung?
- Wer ist ausgeschlossen?
- Wer wurde enterbt?
- Wer war/ist das „schwarze Schaf"?
- Wer hat Platz gemacht und wurde nicht gewürdigt?
- Wer hat Verdienste übernommen, die er nicht selbst erworben hat?

Krisen
- Was waren kritische Momente in der Entwicklung?
- Wodurch waren die Krisen ausgelöst?

Macht
- Wer hat das Sagen (rechtlich und faktisch)?
- Wer hat Prokura?

Nachfolge
- Wie waren die Nachfolgeregelungen?
- Wann und wie wurde die Leitung übergeben? (Auch im Sinne von: Was muss passieren, damit jemand die Leitung abgibt?)

Leistungen
- Wer hat was mit in den Betrieb gebracht (Geld, Name, Know-how ...)?

Familie – Betrieb
- Wer hat in den Betrieb eingeheiratet?
- Wie ist der Einstellungsmodus? Werden eher Familienmitglieder oder Externe eingestellt? Haben eher Externe oder Familienmitglieder Karrierechancen?

Kompetenz und Risiko
- Wie wird der Kompetenzrang geklärt?
- Wer ist wofür verantwortlich?
- Wer trägt welches Risiko?
- Wie wird der Gewinn verteilt?
- Wie ist die Gehaltsverteilung? (Im Sinne von: Werden z. B. Familienmitglieder angemessen bezahlt?)
- Wie werden die Ressourcen verteilt? (Finanzen, Immobilien, Material ...)

Rechtsform
- Wer hat welche Ansprüche?
- Werden diese wahrgenommen?
- Wie ist die Rechtsform des Betriebs?
- Wer entscheidet über die Geschäftsaufgabe oder würde darüber entscheiden?

Loyalität
- Wer ist wem gegenüber loyal (eventuell zu welchem Preis)?
- Wem gegenüber fühlt sich der, der am meisten (am wenigsten) Einsatz zeigt, am stärksten verpflichtet?

Organisationen stellen

Beschließen möchten wir den technischen Teil dieses Kapitels mit einigen Sätzen, die in aphoristischer Form die langjährigen Erfahrungen Bert Hellingers zum Thema „Aufstellungsarbeit mit Organisationen" bündeln. Sie wurden auf einem Seminar Hellingers eben zum Thema notiert.

Ordnung
- Ordnungen sind wahrgenommene Wirklichkeit, sie sind fließend. Eine Einsicht, die wirkt.
- Der Chef hat immer den ersten Platz, danach kommt die Rangfolge nach Zugehörigkeitsdauer.
- Die Verwaltung hat Vorrang aus ihrer Funktion heraus.
- Wer Sorge trägt für die Finanzen, ist besonders wichtig.

Bindung und Würdigung
- Die größte Bindung liegt bei der untersten Ebene.
- Kleine, so genannte unbedeutende Beschäftigte dürfen nicht unterschätzt werden, sie tragen oft etwas für höher stehende.
- Entlassene Mitarbeiter wirken schlimm in das System hinein, wenn sie als Sündenbock entlassen werden, wenn es sich um Ausschluss handelt oder wenn deren Verdienste nicht gewürdigt werden.
- Jeder ist ebenbürtig dazugehörig. Jeder hat ein Recht dazuzugehören, der kleinste Arbeitnehmer wie der größte Chef. Eine Verletzung dieses Prinzips schwächt das System.
- Wenn ein System leichtfertig ausschließt, verschwimmen die Grenzen. Der Einzelne stellt sich die Frage: Gehöre ich noch dazu oder nicht? Dadurch lässt außerdem die Identifikation mit dem Unternehmen nach.
- Die Lösung ist die Würdigung. Das Überleben der Firma geht vor. Also, man darf Leute entlassen, die Frage ist nur, wie das gehandhabt wird. Nach welchen Kriterien werden die Leute ausgewählt, die entlassen werden sollen? Ein gutes Kriterium wäre die Länge der Zugehörigkeit. Wer noch nicht so lange da ist, muss als Erster gehen.
- Wichtig wären auch ein angemessenes Trauerritual und entsprechende finanzielle Abfindungen.
- Ein weiteres gutes Kriterium ist: Wer ist für das Überleben des Systems wichtig?
- Ist jemand ausgeklammert? Wenn ja, muss er in den Blick kommen. Wenn ein Einzelner das für sich tut, dann wirkt es auch nur für ihn. Wenn der Chef das tut, dann wirkt es für das ganze Unternehmen.
- Wenn der Gründer noch lebt, wirkt das immer ins System hinein.
- Wird der Gründer nicht gewürdigt, wirkt sich das auf die Arbeitsmoral und auf die Identifikation aus, beide nehmen ab.
- Wenn die Früheren nicht gewürdigt werden, wirkt das wachstumshemmend auf das System, weil dann die Früheren sich immer gegen Neue und Neuerungen stemmen müssen.
- Bei einem Zusammenschluss Selbstständiger gilt: Wer sich braucht, bleibt! Andere müssen gehen. Eine Gruppe bedeutet immer Menschen, die sich zusammen brauchen. Man sucht sich einen Partner, wenn man einen braucht.
- Wenn sich jemand in einer Gruppe besser fühlt oder unschuldig fühlt, denkt er, dass er damit ein größeres Recht auf Zugehörigkeit hat. Dadurch sprengt er die Gruppe, denn es ist für eine Gruppe ein gleiches Recht auf Zugehörigkeit notwendig.
- Akzeptieren ist gnädig. Achten ist demütig.

Systemgrenzen – Hierarchieebenen und Führung
- Gegen das Haupt kann keiner gewinnen.
- Ohne Zustimmung der obersten Führung kann keine Veränderung gelingen. Die Frage „Wie kriege ich die Führung dazu, so und so zu handeln?" ist schon respektlos.
- Man muss die Führung respektieren und aus dem Respekt heraus handeln. Akzeptanz und Beurteilen ist hochmütig. Bei Zustimmung öffnen sich die Türen.
- Eine Organisation hat ein Bedürfnis nach Führung. Wenn diesem Bedürfnis entsprochen wird, wird dies als angenehm empfunden. Wenn ein Chef diesem Bedürfnis nicht nachkommt, wird er autoritär, und die Leute werden böse.
- Bei einem losen Verbund ist es für den Erfolg wichtig, wie mit den Leuten umgegangen wird, die die Führung übernehmen. Führungsfunktion ist eine Dienstleistung. Es ist wichtig, dass dies gewürdigt wird.
- Zwei Chefs in einem Bereich, das kann nicht gut gehen. Es muss immer einen Chef geben. Außer es sind unterschiedliche Aufgabenbereiche, oder sie wechseln sich ab.

Ausgleich
- Wenn jemand aus einem System mehr genommen hat, als er gegeben hat, und geht, entsteht keine negative Wirkung in dem System; derjenige muss das mit sich selber ausmachen.
- Wurde der Gehende übervorteilt, wird er nochmals von jemandem im System repräsentiert (Identifikation).

Der Unternehmenszweck
- Unternehmen im sozialen Bereich dürfen nicht zu große Gewinne machen, sonst geht das schief.
- Bei einem Unternehmen ist die Frage: Macht jemand Gewinne, weil er ein gutes Produkt produziert, oder produziert er, um Gewinne zu machen?
- Welche Motivation steht im Vordergrund? Wenn der Fokus nur auf dem Geld ist, dann führt das Geld das Produkt anstatt umgekehrt. Wie diese Frage jeweils beantwortet wird, macht einen riesigen Unterschied für das Klima im Unternehmen. (Vgl. Kernfrage im NLP:) Es geht um den Kerngedanken im Unternehmen.
- Beispiel: Bei der Aufstellung einer Bausparkasse war die Frage: Warum gibt es hier eine so hohe Mitarbeiterfluktuation? Durch die Aufstellung kam ans Licht, dass sich die Bausparkasse immer mehr vom eigentlichen Firmenzweck entfernt hat, zu dem sie angetreten ist, weil immer mehr neue Produktsparten dazugekommen sind. Wenn die Hauptaufgabe einer Firma die Selbsterhaltung ist, kann sie gleich zumachen.
- Der Kerngedanke einer Firma darf nicht verlassen werden.
- Eine Firma braucht ein Ziel und einen Zweck.

Berater, Veränderungsprozesse und Arbeitsstil
- Grundvoraussetzung, um Berater zu sein, ist, sich in das System hineinzubegeben, mit der Bereitschaft, das Schicksal des Systems zu teilen. Also nicht mit der Einstellung: Wir beraten hier mal, und ob die Pleite gehen oder nicht, ist mir egal. Liebe und Demut sind notwendig.
- Wenn man die Idee hat, jemanden zu ändern, kann er sich nicht ändern. Es kommt automatisch zu Widerstand, weil die Würde des anderen verletzt ist. Wenn er bleiben kann, wie er ist, dann kann er sich verändern. Der Berater verändert nichts. Er bringt nur Wirklichkeit ans Licht. Das kann verändern.
- Demut ist Zustimmung zur Welt, wie sie ist, Zustimmung zur eigenen Kleinheit und Zustimmung zur eigenen Größe. (Das Letztere braucht am meisten Mut.) Viele drücken sich vor der eigenen Größe – das ist Feigheit. Etwas verändern wollen ist Anmaßung. In der Zustimmung liegen die Möglichkeiten.
- Wenn man dem Unausweichlichen ins Auge schaut, weicht es zurück – ein bisschen.
- Sobald ich jemandem einen Rat gebe, gebietet es seine Würde, dass er etwas anderes macht.
- Das Richtige darf nicht erklärt werden, es wird gesagt, und Schluss.
- Die Energie, die ein Berater selbst hineingibt, geht denen, die es machen, verloren.
- Wenn ich als Berater einen Klienten nicht mag, stelle ich ihn mir als 4-jähriges Kind vor, in der Umgebung, in dem Kontext, in dem er aufgewachsen ist, ganz liebevoll, dann komme ich aus einem anderen Kontext und erkenne ihn an.
- Das Wichtigste ist die Grundhaltung, die man anderen Menschen gegenüber hat. Daraus geschieht – doing by non-doing – absichtsloses Tun.
- Ein Berater muss sich nach dem tatsächlichen Bedürfnis richten. Dann ist er geachtet.
- Es hilft das, was der Klient weder will noch fürchtet. Man sagt dem Auftraggeber: Ich tu mein Bestes. Der Auftrag ist immer: Finde heraus, was zu tun ist.
- Aus der letzten Position lässt sich am besten führen.
- Der Berater kommt als Letzter dazu und ist an letzter Position. Er ordnet sich ein. Wenn er das respektiert, kann er am meisten erreichen. Es bildet sich ein Kreis, und der Berater steht rechts neben dem Chef und nimmt sich nicht so wichtig. Dann kann er Einfluss nehmen.
- Einfluss ist etwas anderes als Macht. Jemand, der Einfluss hat, bleibt im Hintergrund. Er ist still mittendrin. Jeder, der Einfluss hat, bleibt im Hintergrund. Er ist still mittendrin.
- Jeder in einer Gruppe hat etwas, was andere brauchen. Ein Hirte wird Hirte durch die Schafe, aber die Schafe werden nicht Schafe durch den Hirten. Der Berater muss seine Würde ständig wahren, sonst gibt er seine gute Macht weg. Wer sich selbst achtet, gibt dem anderen Gelegenheit, sich selber zu achten.
- Die Lösung macht Angst, das Problem gibt Sicherheit.
- Wenn ich mir das Problem anhöre, kann ich es nicht lösen.
- Es gibt in Gruppen immer eine geheime Absprache, das Problem aufrechtzuerhalten. Nur der Therapeut hat den Mut für Lösungen.
- Die Aufstellung enthebt einem nicht des eigenen inneren Prozesses.
- Als Firmenberater kann ich das Ergebnis über eine offene Aufgabe verankern (Suchprozess). Damit ist die Zielformulierung präzise und die Aufgabenformulierung offen. Vor dem Nennen der Aufgabe kann ich die Teilnehmer auf einer Skala einschätzen lassen (nach Steve de Shazer), wie hoch die Wahrscheinlichkeit ist, dass sie die Aufgabe ausführen werden. Arbeitsstil: Bei einer Aufstellung besser fragen „Wie geht es beim Vorstand?" als „Wie geht es Ihnen?".
- Der Berater will das Gesamtsystem coachen, hat aber nur den Auftrag, eine bestimmte Abteilung zu coachen. Lösung: den eigenen Anspruch als Ressource ansehen, aber sich nicht davon domi-

nieren lassen. Aufstellung: Der Berater wird aufgestellt und ihm gegenüber seine eigenen Ansprüche. Der Berater sagt zu seinem Anspruch: „Ich nehme von dir, und wie ich deine Kraft verwende, entscheide ich selbst." So kann er im Rahmen seines Auftrags bleiben.
- Wenn der Berater zu viel Verantwortung übernimmt, kann man ihn im System mit aufstellen. Wording: „So, jetzt nimmst du dein Bild auf und mutest denen zu, ihren eigenen Teil zu tun." Damit sind die Beteiligten im System gemeint.
- Ein Berater darf kein Superchef sein. Ein Chef hat einen Mitarbeiter entlassen, und der Berater ist in den Auftrag involviert. Lösungswording: Berater zum Chef: „Das, was zu klären ist (in Bezug auf den Entlassenen), lass ich bei dir. Ich bin nur dein Berater."
- Neugierde dringt ein in den anderen. Neugierde ist, wenn ich mehr wissen will, als die Lösung erfordert – negativ. Äußerste Reduzierung ist der Rahmen für die Würdigung.
- Das Denken dient der Bewältigung von etwas, was nicht zu bewältigen ist. „Ich vergesse, was hinter mir liegt, und strecke mich aus nach dem, was vor mir liegt!"

Allgemein
- Die Eliten unterscheiden sich nur in einem Punkt: Sie suchen keinen Schuldigen, und dadurch sind sie handlungsfähig.
- Wer zu schnell alle Schuld bei sich sucht, verschließt den Blick vor anderen Dingen.
- Einwände bei Erkenntnis lähmen und zerstören.
- Macht in Gruppen ist real. Sie ergibt sich aus den Bedürfnissen und der Möglichkeit, sie zu befriedigen.
- Kein Satz darf absolut sein.
- Akquisition ist weit weg vom Begriff der Dienstleistung.
- Der Unterschied zwischen einem Meister und einem Schüler: Ein Schüler wird nie ein Meister, und ein Meister war nie ein Schüler. Begründung: Ein Meister schaut und braucht deswegen nicht zu lernen. Der Schüler lernt und schaut deshalb nicht.
- Wer auf ein Ziel losmarschiert, bekommt weniger, als er wollte. Wer das Ziel zu sich kommen lässt, bekommt mehr, als er sich jemals träumen ließ, es wird ihm geschenkt.

Fragen zur Macht

Ein Interview mit Bert Hellinger

Die Fragen stellten Klaus Grochowiak und Robert Stein-Holzheim

K und R: Die erste Frage soll die nach der Kategorie der Macht sein. Die Kategorie der Macht taucht ja in den bisherigen therapeutischen Ansätzen praktisch nirgendwo auf. Zumindest kenne ich keinen Ansatz, in dem Macht eine Rolle spielt, auch in deinen Texten nicht.

H: Ich habe schon in *Ordnungen der Liebe* Macht erwähnt. Wenn ich da über Organisationen etwas sage, dann nehme ich auch zu diesem Thema Stellung.

K und R: Ja, aber doch eher am Rande. Dadurch, dass jetzt die Aufstellungsmethode auf Organisationen ausgeweitet wird, wird aber Macht sofort zum zentralen Thema.

H: Ja.

K und R: Und da wäre jetzt die Frage: Welche Rolle spielt in dem kategorialen Gerüst von Ordnung, Bindung, Ausgleich für dich die Macht in Organisationen?

H: Also, das Erste ist, man muss sehen, wie Macht überhaupt entsteht. Sie entsteht dort, wo ein Gefälle ist zwischen einem Bedürfnis auf der einen Seite und der Macht, dieses Bedürfnis zu befriedigen, oder der Kraft, es zu befriedigen, auf der anderen Seite.

Also, wenn jemand ein Bedürfnis hat und der andere kann es befriedigen, dann hat er mit Bezug auf dieses Bedürfnis Macht. Und das ist eine wohltuende Macht. So entsteht Macht eigentlich. Also, die Eltern sind natürlich in einer Machtposition gegenüber den Kindern, die bedürftig sind, und solange sie bedürftig sind, haben die Eltern Macht. Und diese Macht ist wohltuend. Und wenn diese Macht da ist, wenn jemand diese Macht hat, dann muss er sie auch einsetzen. Denn wenn er sie nicht einsetzt, dann macht er die, die bedürftig sind, böse. Dann mit Recht.

Und wenn du jetzt an eine Organisation denkst, dann braucht diese zum Beispiel jemanden, der sie aufbaut, überhaupt in Gang bringt, und alle, die jetzt in der Organisation sind, die brauchen einen, der sie organisiert. Das ist also der Chef. Und der Chef hat sozusagen Macht, nicht weil er sich die anmaßt, sondern weil er ein Bedürfnis befriedigt, das die anderen haben. Und er hat die Macht so lange, wie das Bedürfnis besteht.

Wenn ich z. B. zum Arzt gehe und seine Hilfe brauche, hat er Macht über mich. Und ich bin froh, dass er diese Macht ausübt. Nachdem er mich behandelt hat, hat er keine Macht mehr. Dann stehen wir uns gegenüber wie Mensch zu Mensch. Vielleicht fragt er mich etwas über das Familienstellen, in diesem Augenblick braucht er mich, dann habe ich Macht. Aber nur so lange, wie er es braucht.

Also, die gute Macht, sagen wir in einer Gruppe, ist immer eine, die rotiert. Je nachdem was der Einzelne zu bieten hat. Beispielsweise hat ja auch in einem Unternehmen derjenige, der etwas Besonderes beiträgt, z. B. einer, der die Entwicklung unter sich hat, eine sehr große Macht in diesem Bereich. In dem Bereich ist z. B. der Chef von ihm abhängig, und dann dient der Chef mit seiner Macht dem anderen, damit er das, was er kann, auch machen kann. Das ist wohltuende Macht.

K und R: Genau, und wie du mit dem Adjektiv *wohltuend* schon andeutest, gibt es auch eine andere Macht. Also, dein Machtbegriff, so wie du ihn gerade entwickelt hast, basiert auf diesem Bedürfnisgefälle. Jetzt gibt es ja auch eine Macht, die dadurch entsteht, dass ich dem anderen androhe, dass er einen Nachteil erleidet, wenn er nicht das macht, was ich will. Also, das könnte man usurpierende Macht nennen.

H: Also, ich will erst einmal noch sagen, wenn jemand Macht hat und er besteht auf der Macht, ohne dass er die Leistung bringt, dann wird er autoritär. Diese Macht wird als schlimm erfahren, als bedrohlich, und gegen diese Macht wehrt man sich dann. Und das Allererste ist, ich glaube, eine ganz große Gefahr ist, dass viele, die Macht haben, sich scheuen, diese auch durchzusetzen. In manchen Betrieben will man sozusagen „demokratisch" vorgehen, und dann wird z. B. über Dinge geredet, und Entscheidungen werden herbeigeführt, bei denen alle beteiligt werden, obwohl sie gar nichts dazu beizutragen haben. Zum Beispiel habe ich ein Institut beraten, und der Leiter hat sich geweigert, seine Autorität durchzusetzen. Da saßen also 20 Leute da und alle hatten das gleiche Stimmrecht. Und ich habe dann gefragt: *"Wer von euch fühlt sich für das Ganze verantwortlich?"* Dann haben von den Zwanzig fünf die Hand gehoben, und da habe ich gesagt; *"Ihr seid die, die das hier verantworten, alle anderen haben hier nichts zu sagen, und ich rede nur mit denen, die auch wirklich bereit sind, die Verantwortung zu übernehmen."* Das ist das eine. Es gibt also einige wichtige Dinge in einer Organisation, die müssen von oben bestimmt werden, und wenn andere hereingezogen werden, die eigentlich gar nichts damit zu tun haben, dann bekommen sie Macht, ohne dass sie die dazugehörigen Leistungen erbringen müssen.

K und R: Und oft gar nicht können.

H: Und auch gar nicht können.

K und R: Ein Ergebnis der 68er Basisdemokratie.

H: Ja, ganz genau. Also, die führt ins Leere.

K und R: Genau, das wäre für mich sozusagen das Resultat der Tabuisierung der Macht, so als wenn Macht irgendetwas Unanständiges wäre.

H: Genau, ganz genau.

K und R: Und das liegt eben daran, dass, wenn man in dieser Szene von Macht redet, diese vorwiegend usurpierende Macht im Sinn hat. Also meinetwegen Imperialismus, z. B. ein Land überfällt ein anderes, unterdrückt es, beutet es aus, zwingt es zu etwas. Oder ein Mann zwingt eine Frau zu etwas unter Androhung von Gewalt.

H: Der Kapitalist, die Arbeiter.

K und R: Oder der Kapitalist, die Arbeiter oder was auch immer, dann ist das ja auch eine Form von Macht, die eben gerade nicht auf der Seite des anderen ein Bedürfnis voraussetzt, sondern der hätte ja gerade das Bedürfnis „lass mich bloß zufrieden", aber der andere sagt: „Ich lass dich nicht zufrieden, und wenn du nicht still hältst, dann gebrauche ich Gewalt."

H: Es ist doch so, dass zwischen gewissen gesellschaftlichen Gruppen, z. B. Arbeitgeber/Arbeitnehmer, bezüglich der Gewalt oder Macht beide Macht haben und aufeinander angewiesen sind. Und dort, wo sie aufeinander angewiesen sind, wird eben verhandelt. Jeder muss sich an der Macht des anderen korrigieren, bis sie zu einer Balance der Macht kommen. In einer guten Gruppe ist das so, und das geht dann auch mit allen möglichen Methoden, auch mit Tricks, mit Strategien wird das gemacht, das ist dann wie ein Krieg in gewisser Weise, wo man alle möglichen Methoden anwendet, damit diese Balance hergestellt wird. Das ist in diesen extremen Fällen der Fall.

Aber, sagen wir mal im Team, da ist es so, dass man Macht gewinnt durch seinen Beitrag. Wenn in einem Team jemand, nur weil er in dem Team ist, seine Macht ausübt, um die anderen zu blockieren, dann wird das schlimm. Dem muss man die Macht nehmen. Ich habe auch ein Beispiel dafür.

Ich habe mal in einer Klinik eine Beratung gemacht, da gab es fünf Chefärzte, die waren alle gleichberechtigt. Da konnte jeder den anderen blockieren. Das ist eine ganz schlimme Organisationsform. Und die haben zwar pro forma einen Leiter gehabt, aber der hat sich nicht getraut, etwas durchzusetzen. Es hat der Klinik großen Schaden gebracht. Hier muss eine Organisationsform gefunden werden, so dass jemand wirklich die Macht hat, die Blockaden zu brechen. Also, es muss einer über denen stehen, so dass die anderen zwar ihren Beitrag leisten können zum Guten, aber keiner kann seine Macht gebrauchen, um andere zu blockieren. Das ist hier auch ein wichtiger Gesichtspunkt für eine gute Machtstruktur.

K und R: Okay, damit kommen wir zu der Frage: *Gibt es so etwas wie eine gute Machtstruktur?* Da wo Macht ein komplementäres Bedürfnis befriedigt, ist für mich so etwas wie eine gute Machtstruktur möglich. Ich habe dies auch in Aufstellungen schon oft genug gesehen, also auch das, was du gerade beschreibst, kann ich aus meiner Erfahrung bestätigen.

Bevor ich vielleicht später noch einmal auf das Problem der usurpierenden Macht zurückkomme und wie sich das in Aufstellung zeigt und wie man dann damit umgeht, hätte ich vorher noch eine andere Frage und zwar würdest du der These zustimmen, dass *die Ordnung der Macht das zentrale Ordnungskriterium in Organisationen ist im Gegensatz zu dem Eintritt, also der Ordnung in der Zeit im Familiensystem?*

H: Ja, ... hier hat die Macht eine Funktion, da sie einem Ergebnis dient, und sie ist so lange gut, wie sie dem Ergebnis dient. Innerhalb dieser Machtstruktur, also in einer Organisation, gilt auch die Rangfolge. Das ist ganz wichtig. Beispielsweise ein neuer Chef wird ernannt und er kommt als letzter in das Team. Damit hat er von der Rangordnung her den letzten Platz, aber von der Funktion her den ersten. Jetzt kann er das verbinden. Also, wenn er das anerkennt, dass er den letzten Platz hat, dann wird er, z. B. wenn er jetzt etwas einführt, dann wird er die anderen fragen. Indem er also auf dem letzten Platz bleibt, bekommt er deren Zustimmung und deren Unterstützung.

K und R: Ich nenne es immer Führung von hinten. Im Gegensatz zur Führung von vorne.

H: Genau, das ist mit die beste Organisationsform überhaupt. Aber immer so, dass der Chef in seiner Verantwortung bleibt. Er trifft dann die Entscheidung, die anderen werden mit eingebunden. Er kann sie nicht weggeben. Sonst wird das System wieder gestört. Dann könnten z. B. irgendwelche von den anderen es blockieren, weil er dann zu nachgiebig ist. Er sieht, was die anderen wollen, und dann bestimmt er.

Ich habe schöne Beispiele gesehen in Südafrika. Also wie ein Häuptling eine Entscheidung trifft. Er holt seine Berater, die reden untereinander, und er hört nur zu. Und sobald sie dann, das dauert Stunden, und sobald sie eine Einigung getroffen haben, dann sagt er ja, so wird es gemacht. Und letztlich bringt er seine Autorität hinein, aber erst nachdem alle gehört worden sind. Aber es wird keine Abstimmung gemacht. Nicht, dass die jetzt Mehrheitsabstimmungen machen. Er entscheidet, aber jeder merkt, in dieser Entscheidung ist eben das alles eingegangen.

Das sind gute Führungsstrukturen. In großen Konzernen kann etwas nur durchgeführt werden, wenn – sagen wir mal – Drohungen existieren, d. h., wenn einer seine Leistung nicht bringt, dann hat er nicht das Recht, in der Organisation zu bleiben. Er muss also die entsprechende Leistung bringen. Das ist schon eine Drohung, und die Macht wird dann auch als einschränkend erlebt, aber diese Macht dient eben dieser Organisation als Ganzes. Wenn die Macht nicht in dieser Weise ausgeübt werden würde, könnte die Organisation nicht bestehen. Also, auch die harte Macht ist oft eine gute, eine wohltuende und eine notwendige Macht.

K und R: Ja, und wie ist es, wenn es jetzt gerade umgekehrt ist, dass sozusagen gerade von denen, die die höchste Macht haben, praktisch die geringste Leistung oder sagen wir extrem kontraproduktive Leistung produziert wird? Zum Beispiel führen sie den Konzern mit Milliarden ins Defizit, und dafür, dass sie gehen, bekommen sie dann 40 Millionen Abfindung. Da frage ich mich, wie ist es mit dem Ausgleich von Geben und Nehmen zwischen dem System und einem solchen Manager? Also, der hat dem System riesig geschadet, und dafür, dass er ihm nicht noch weiter schadet, d. h. vorzeitig aus dem Vertrag aussteigt, muss man ihm jetzt auch noch eine gigantische Abfindung bezahlen.

H: Na gut, das sind technische Sachen, wie kann man etwas erreichen. Manchmal kann man etwas erreichen nur unter hohen Kosten. Und das muss man in Kauf nehmen. Hier kann es nicht nach idealen Vorstellungen gehen. Die Frage ist, ist es machbar, und wie weit ist es machbar?

K und R: Genau, das verstehe ich. Also, natürlich, wenn der Vertrag erst mal so ist, dann kriegt man ihm eben ohne diese Kosten nicht raus. Die Frage ist jetzt, wenn diese Praxis zur Industriekultur wird, entsteht da nicht unter systemischen Gesichtspunkten eine große Störung? Verstehst du, was ich meine? Bei diesem Hintergrund frage ich mich: „Gehört die Vorstandsebene eigentlich noch zur Unternehmensführung oder fühlt die sich nicht dem System der anderen Vorstandsmitglieder anderer Unternehmen und ihrer eigenen Kaste systemisch zugehöriger als dem Unternehmen, für das sie eigentlich beauftragt ist, Verantwortung zu übernehmen?"

H: Auch wenn ich kein Fachmann darin bin, möchte ich folgende Überlegung dazu einbringen: Ich halte es für besonders schlimm, wenn die Vorstände eines großen Unternehmens sich mehr den Shareholdern verpflichtet fühlen als denen, die eigentlich die Produktion bringen. Und das ist eine Verschiebung, die hat ganz schlimme Folgen, denn die Mitarbeiter sind in dem Augenblick nicht mehr loyal. Sie können nicht mehr loyal sein, weil ja auch der Vorstand ihnen gegenüber nicht loyal ist. Ihre Loyalität gilt den Shareholdern mehr als denen, die die Arbeit machen. Also, hier gibt es eine Verzerrung. Und wenn es solche Verzerrungen gibt, wird sich nach einiger Zeit zeigen, dass es so nicht geht, und dann wird sich das korrigieren. Aber da muss man oft abwarten, bis das sozusagen vollen Schaden angerichtet hat.

Um noch einmal auf das Beispiel mit den Managern, die „ungerechtfertigt" große Summen bekommen, einzugehen: Es wird sich auf ihre Nachkommen ganz schlimm auswirken. Also, das ist überhaupt nicht anders zu sehen. Sie gewinnen überhaupt nichts dadurch. Nur vordergründig. Ich gebe dazu ein Beispiel:

Vor kurzem hatte ich folgende Situation in einer Aufstellung in St. Paulo: Da war also einer, der sollte ein Unternehmen erben, und er war unfähig, das zu nehmen, seine Seele war nicht fähig, das zu nehmen. Es kam heraus, dass der Großvater oder Urgroßvater mehrere kleine Unternehmen besaß und er sie alle verkauft oder geschlossen hatte, und er hat dann wieder neu angefangen und damit große steuerliche Vorteile für sich erzielt, aber eine ganze Reihe der Mitarbeiter wurden dadurch entlassen. Also, er hat das auf Kosten von Mitarbeitern gemacht. Diese Mitarbeiter sind jetzt in der Seele des Klienten präsent, d. h., sie sind im System präsent, sagen wir es mal so, und aus dem Gefühl der Verpflichtung denen gegenüber kann er nicht das Unternehmen führen. Die müssen also erst in das System noch mal hereingebracht werden. Man muss sich vor ihnen verneigen und sagen, es ist euch Unrecht geschehen und es tut uns leid. Und dann werden die freundlich. Und dann muss man ihnen noch sagen, das Unternehmen beschäftigt doch andere Leute, wir müssen es weiterführen, wir müssen das Beste daraus machen, damit mit den anderen nicht das passiert, was euch widerfahren ist. Seid freundlich, wenn wir das jetzt gut führen. Dann ist die Seele bereit und auch fähig, dass sie so etwas übernimmt.

K und R: Also, hier könnte man ja sagen, der Großvater hat sich in einem legalistischen Sinne und im Sinne der Profitmaximierung sicher nicht schuldhaft verhalten, aber offensichtlich reagiert das System so, als wenn das eine Schuld wäre. Und damit kommen wir zu einem ganz wichtigen Punkt, nämlich zur Frage von Schuld und Unschuld im System.

H: Also, die Seele reagiert anders als man das vom Verstand her begreift. Ich bringe mal ein kleines Beispiel: Ein Unternehmer, den ich gut kenne, bat mich um eine Aufstellung wegen seiner Selbstmordgedanken. Nach der Aufstellung ging es ihm besser, nach einiger Zeit ging es ihm dann aber wieder schlechter. Dann fiel ihm plötzlich ein, er hat über der Grenze ein Haus gekauft und dazu hat er das Geld von einer Tante bekommen, und das Geld hätte eigentlich ihrem Neffen gehört. Sie hat es aber ihm gegeben mit der Auflage, dass er der Familie des Neffen dann über die Jahre etwas zurückzahlt. Und es war ganz klar, die sind ihm jetzt alle böse.

Der Hintergrund für die Selbstmordgefährdung war diese Transaktion und obwohl sie legal richtig ist, verträgt das seine Seele nicht.

Einen anderen Fall hatte ich gerade vor kurzem, auch er selbstmordgefährdet. Er konnte sich überhaupt nicht entscheiden, wusste nicht, was er machen sollte. Ich habe mit ihm ganz ruhig gearbeitet, so dass er sich sammeln konnte, und am Ende fiel ihm ein, sein Vater war alt, und er hat ihn entmündigt auf gewisse Weise, obwohl das nicht notwendig war, aber es war ein finanzieller Vorteil darin und aus dem heraus kommt die Selbstmordgefährdung.

Das sind also kleine Dinge, wenn man es genau betrachtet, verglichen mit dem, was sonst in Unternehmen passiert, und dennoch haben sie diese Wirkung. Und man kann sehen, dass in Familien, die auf Kosten von anderen reich geworden sind, solche schlimmen Schicksale sich häufen. Damit ein Unternehmen gut geführt werden kann, muss man diese Zusammenhänge ans Licht bringen, damit etwas aus der Vergangenheit in Ordnung gebracht wird, und dann kann man mit Kraft nach vorne schauen.

Das sind dann natürlich keine typischen Organisationsaufstellungen, doch sie sind die Voraussetzung, damit eine Organisationsaufstellung, eine Neuorganisation oder eine Umstrukturierung der Organisation gelingen kann.

K und R: Das macht für mich auch aus meiner Erfahrung sehr viel Sinn, so dass man sagen kann, die systemische Organisationsberatung kann eine systemische Unternehmensführung unterstützen, gerade dadurch, dass solche Dynamiken ans Licht kommen und man dann handeln kann.

Die hier angeführten Beispiele sind alle so gelagert, dass jeweils nur der Inhaber in der Lage ist, das Problem zu lösen. Oft fragen natürlich auch andere Mitarbeiter eines Unternehmens nach einer Aufstellung z. B. für ihre Abteilung oder Filiale. Und hier stellt sich dann die Frage, wie siehst du das mit der Reichweite von Aufstellungen in Organisationen?

H: Also normalerweise würde ich nur arbeiten, wenn der Chef mich handeln lässt. Es ist die Voraussetzung. Es kann sein, dass er sagt, also, ich mache nichts aber in dieser Abteilung möchte ich, dass etwas gemacht wird. Dann kann man das mit seiner Zustimmung machen. Man muss ihm entsprechend berichten, so dass er darüber völlig im Bilde ist, dass seine Autorität auch gewahrt bleibt. Der Unternehmensberater darf niemals die Autorität untergraben, sonst untergräbt er seine auch. Das ist ganz wichtig. Und er darf niemals als der Bessere auftreten. Sowie ein Therapeut nicht auftreten kann als der bessere Vater oder die bessere Mutter, so darf ein Unternehmensberater auch nicht auftreten als der bessere Organisator.

K und R: Wenn z. B. ein Abteilungsleiter kommt und sagt: „Ich habe hier ein Problem in meinem Unternehmen und ich glaube, das liegt am Ganzen. Ich will das gerne abstellen!"

H: Dann würde ich sofort aufstehen. Dann würde ich sagen, wenn der Chef das will, dann ja. Aber auch wenn man nur für seine Abteilung was will, dann kann man das machen. Dann wäre er ja der Chef der Abteilung.

K und R: Ich möchte hier noch ein Beispiel geben:
Ich habe vor kurzem in einem großen Konzern eine Aufstellung für eine Abteilung gemacht (im Auftrag des Abteilungsleiters). Es zeigte sich, dass der Leiter der Abteilung seine Mitarbeiter gar nicht sieht. Daraufhin habe ich jemanden hinter ihn gestellt, nämlich den Chef des Chefs, und da sagte er, das ist das Einzigste, was mich interessiert. Dann habe ich ihn umgedreht, und er zitterte vor Angst.

H: Ja genau, genau.

K und R: Dann habe ich hinter seinen Chef jemanden gestellt, der drehte sich um und zitterte vor Angst. Und das ging bis zum Vorstandsvorsitzenden. Es gab also eine Tendenz, die sich von ganz oben durchzog: Wenn man seinen Vorgesetzten anguckt, zittert man, und wenn man zu seinen Mitarbeitern guckt, sieht man sie nicht.

H: Weil man nur auf den anderen schaut.

K und R: Genau, und jetzt war die Frage: Was ist hier eine gute Lösung?

Es ging ja für meinen Auftraggeber darum, dass er seine Mitarbeiter sieht.

Meine erste Frage war, was ermöglicht es ihm, in diese Angsthypnose hineinzukommen. Und es stellte sich heraus, dass er eine Doppelbelichtung auf seinen Chef mit seinem Vater hatte. Nachdem diese aufgelöst war, hatte sich am Verhalten seines Chef natürlich nichts geändert. Aber er konnte dem Druck und den Drohungen jetzt als Erwachsener ins Auge gucken und sagen: *„Okay, wenn du mir drohst, dann muss ich notfalls gehen. Aber meine Aufgabe ist bei meinen Mitarbeitern, und da gucke ich selbst hin."*

Und das konnte er auch gut machen. Er teilte mir später mit, dass vier Wochen lang Tumult in seiner Abteilung war; seitdem läuft es besser als je zuvor.

Selbst wenn er nicht da ist, was oft passiert, weil er weltweit unterwegs ist, türmt sich nichts auf seinem Schreibtisch, wenn er wieder zurückkommt. Die Leute schmeißen den Laden auch ohne ihn sehr gut. Und sie haben den Eindruck, jetzt werden wir zum ersten Mal wirklich gesehen.

H: Das ist ganz wichtig, z. B. im Rahmen der Schule. Wenn der Lehrer auf den Direktor schaut, sieht er die Kinder nicht. Und wenn er sagt: „Ich schaue jetzt nur auf die Kinder!", dann kann er gut unterrichten. Und dann kommt er später auch mit dem Direktor ins Reine, weil sein Laden ja läuft.

K und R: In meinem Beispiel hat sich nun allerdings gezeigt, was keinen wirklich überrascht hat, dass es im Unternehmen einen Führungsstil der Angst gibt, der dazu führt, dass die Mitarbeiter nicht wirklich gesehen werden. Wie verhält es sich hier deiner Meinung nach mit der Unterminierung der Autorität?

H: Also, was ich jetzt machen würde in dieser Situation. Ich würde den Abteilungsleiter und sagen wir seine ganze Mannschaft, alle, die aufgestellt wurden, vor den Hauptchef stellen und sie sich vor ihm verneigen lassen.

K und R: Und wofür ist das gut?

H: Weil er ihnen ermöglicht, dass sie arbeiten können; sie anerkennen damit seinen Beitrag zum Ganzen. Wie auch immer sein Führungsstil ist, in dem Augenblick wirkt das, ohne dass etwas gesagt wird, auf den Chef zurück, und er kann sich ändern. Sobald sie aber sagen: Ja, ja, der hat einen schlechten Führungsstil oder so, dann schauen sie nicht auf ihn auf, sie sehen ihn nicht und was er für das Ganze leistet.

K und R: Hm.

H: Hat's dir die Sprache verschlagen?

K und R: Ja, hat es. Ist ja vielleicht ein gutes Zeichen.

H: Also, der Unternehmensberater, der muss den Chef im Herzen haben, wie auch immer er ist. Dann hat er eine gute Ausgangsbasis.

K und R: Wie ist es z. B. mit den Familien, mit denen du in Amerika gearbeitet hast, mit den Nachkommen dieser Milliardärsfamilien, die ihr Vermögen auf Kosten der Schienenarbeiter gemacht haben, die ja unter unmenschlichen Bedingungen gearbeitet haben? Also, ich hätte große Probleme, einen solchen Unternehmer im Herzen zu haben, und noch größere Probleme, die Arbeiter, die er bis aufs Blut ausgebeutet hat, dazu zu bringen, sich vor ihm zu verneigen.

H: Das ist jetzt eine andere Situation. Man muss ganz klar unterscheiden. Ich habe mit einem Nachkommen gearbeitet und nur für ihn, nicht mit dem Unternehmen. Und in dieser Aufstellung wurde der Urgroßvater des Verantwortlichen zu den Toten gelegt. Und da wurde der Nachkomme ruhiger, es war eine reine Familienaufstellung. Wenn du aber jetzt eine Organisationsaufstellung machst und wenn der Chef sozusagen noch im Amt ist, dann muss er die Achtung bekommen. Genauso wie ich für alle Eltern immer Achtung habe, wie auch immer sie sind. Nur so kann ich eine Familienaufstellung machen. Sonst kommst du in ein perverses Dreieck. Das perverse Dreieck ist z. B. in der Schule, wenn sich der Lehrer mit den Schülern gegen den Chef verbündet. Und umgekehrt, wenn sich ein Schüler mit dem Chef gegen den Lehrer verbündet. Das ist ein perverses Dreieck. Es geht immer schief. Und da ist die Gefahr auch bei der Unternehmensberatung, dass man sozusagen ein perverses Dreieck eingeht. Das du dich z. B. mit unteren Abteilungen verbündest gegen die oberen. Das gibt Spannungen. Du darfst dich auch nicht mit den oberen gegen die unteren verbünden.

Du musst außerhalb von beiden sein und du musst beide achten. Dann erst kannst du gut beraten.

K und R: Beide Seiten zu achten, ist für mich eine Sache und eine zweite Sache ist, jetzt die „Opfer" aufzufordern, sich vor dem Chef zu verneigen. Ich denke hier z. B. an Fälle, in denen ein Konzernchef den Konzern, für den er arbeitet, für seine persönliche Bereicherung gegen einen zweistelligen Millionenbetrag an einen anderen Konzern verkauft. Mit der Folge von vielen Entlassungen.

H: Nein, der ist ja nicht mehr Chef. Das ist der Unterschied.

K und R: Na, nehmen wir nun mal an, der wäre jetzt nicht rausgeflogen, sondern er hätte dafür, dass er zugestimmt hat, diese Millionen bekommen und wäre gleichzeitig im neuen Konzern Mitglied des Aufsichtsrates geworden.

H: Okay, da will ich jetzt nicht darauf eingehen, weil das hypothetisch ist. Die Frage ist, ob so einer sich überhaupt halten kann. Es kommt immer darauf an, dass man die oberste Leitung oder den Besitzer achtet. Er ermöglicht allen anderen, dass sie arbeiten können. Insofern hat er also einen großen Einfluss auf alle. Den Einfluss kann er umso besser leisten, wenn die anderen ihn achten.

K und R: Also mit dem Ermöglichen habe ich noch meine Schwierigkeiten. Wenn ich eine Firma gegründet habe, ermögliche ich es natürlich Leuten, darin zu arbeiten. Ob man dies von Topmanagern genau so gut sagen kann, scheint mir zweifelhaft. Namentlich wenn man berücksichtigt, dass diese Leute, wie sich in vielen Selbstzeugnissen zeigt, ca. 70 % ihrer Arbeitszeit mit Machterhalt und Machterwerb beschäftigt sind und nur 30 % wirklich für die Leitungsarbeit aufbringen. Man könnte sonst auch sagen, die Shareholder ermöglichen es den Leuten zu arbeiten, weil sie ja die Eigner des Unternehmens sind.

Also, die Frage ist, ist hier so eine Formulierung wie „der ermöglicht es den Leuten zu arbeiten" einfach sachlich angemessen.

H: Bei so einer Situation ist es z. B. hilfreich, wenn man sie aufstellt. Wenn man z. B. den Besitzer aufstellt, den Vorstand, die Shareholder, die das Kapital geben, und die Arbeitnehmer. Und dann sieht man aus dem Verhältnis, wo ist etwas in Unordnung, wo kann etwas in Ordnung gebracht werden. Und wenn man z. B. die Shareholder vor die Arbeitnehmer stellt, so dass sie nicht einfach nur den Vorstand anblicken, dann verändert sich etwas in ihnen und sie setzen ihr Kapital anders ein als vorher. Also hier gibt es auch Möglichkeiten, Lösungen zu finden, aber man muss es dann an Ort und Stelle ausprobieren. Auf einer hypothetischen Ebene kann man das nicht genau sagen. Da gibt es zu große Unterschiede.

K und R: Ich möchte jetzt zu einer neuen Frage übergehen. Die Frage nach der Systemseele. Bei Familien hast du ja gesagt, man erkennt die Größe der Seele an der Weite ihrer Wirkung. Und wie weit sie auch immer ist, es sind maximal vielleicht 20, 30 Personen, aber bei Unternehmen ist klar, es handelt sich hier um tausende und zehntausende von Leuten. Also muss man irgendwie aggregieren beim Aufstellen, und die Frage ist, hast du Erfahrungen bzw. Überlegungen bezüglich der Grenzen der Aggregierbarkeit?

Du hast ja eben von den Arbeitern, den Shareholdern, dem Vorstand usw. gesprochen, dies sind ja schon hohe Aggregationen.

H: Also, die Vorstellung einer Systemseele habe ich hier nicht. Ich würde mich nicht trauen, von einer Systemseele zu sprechen.

K und R: Bei Organisationen? Okay, das ist ja eine sehr wichtige Aussage. Warum nicht?

H: Es ist so, dass sie nicht alle von einem gemeinsamen Gewissen gesteuert werden. Und das ist der Unterschied. In einer Familie werden alle von einem gemeinsamen Gewissen gesteuert, das zum Teil unbewusst ist. Es gibt aber Analogien. Zum Beispiel der Unternehmer, der in einer Region vielen Leuten Arbeit gibt, ist ja eigentlich ein Übervater. Die Loyalität, die ihm entgegenkommt, ist die von Kindern zu einem Vater. In gewisser Weise natürlich nur analog. Und insofern lieben sie ihn auch und achten ihn ,und er sorgt für sie, sofern er dieses Bild auch verinnerlicht hat, dass er eigentlich einer ist, der vielen Brot gibt, dann ist er vorsichtiger in dem, was er macht. Auch vorsichtiger mit Entlassungen und so. Und er kann aus seiner Sicht, aus seiner Haltung, das auch den Shareholdern vermitteln, dass er für sie sorgt. Dass er sozusagen deren Zustimmung auch bekommt für diese Fürsorge. Dann entsteht ein anderes Modell. Inwieweit das jetzt durchgeführt werden kann, weiß ich nicht, jedenfalls auf Dauer kann dieses System, wie es jetzt ist, ohne dass die eigentlichen, für die es da ist, das Ganze, die Arbeitnehmer im Grunde, deren Familien … die kann man nicht auf Dauer ausklammern. Und wenn man in Unternehmensberatungen dieses Bild vermittelt, glaube ich, kann man viel Gutes geben.

K und R: Dieser Punkt, den du eben erwähnt hast, wäre quasi der Balancepunkt dazu, dem Chef oder der Leitung einen Ehrenplatz zu geben. Die Shareholder sind ja weltweit operierende Kapitalanlageunternehmen, die natürlich die Arbeiter von den verschiedenen Unternehmen, von denen sie Anteile halten, nicht im Blick haben.

H: Genau, genau.

K und R: So dass jetzt der Unternehmensberater, der Organisationsaufstellungen macht, so eine Art intrikaten innerlichen Balanceakt bewerkstelligen muss, nämlich die Solidarität mit den Arbeitern und die Achtung vor dem Chef und den Shareholdern, die im Regelfall oder sehr häufig gerade die Arbeiter nicht im Blick haben.

H: Ja, also das wäre eine Vermenschlichung, eine Humanisierung einer Organisation, in der das gelingt. Man darf sich aber nicht zu große Ziele setzen, sozusagen das ganze System verändern zu wollen, aber in engen Grenzen kann man sicherlich etwas Gutes tun.

K und R: Du gehst also nicht von einer Systemseele aus, weil es eben kein gemeinsames Gewissen gibt; ich merke, wie das in mir etwas zum Sacken bringt, also das entspricht absolut meiner bisherigen Wahrnehmung und zwar genau weil du sagst, es gibt dort kein gemeinsames Gewissen.

H: Die Gewissenlosigkeit der Wirtschaft.

K und R: Hast du noch spezielle Überlegungen zum Verhältnis von Macht und Liebe? Das Beispiel mit den Arbeitern, die da aufgrund der Schließung der vielen Firmen arbeitslos geworden sind, und dem Nachkommen, der die Firma nicht nehmen konnte, weil er mit dem Leid dieser Arbeiter verbunden ist – ist das nicht ein Ausdruck von Liebe?

H: Ja, das ist alles unbewusst. Es ist im Grunde einfach die Gegenwart der Ausgeschlossenen. Und es hilft den Unternehmen, wenn man die Ausgeschlossenen hereinnimmt. Also, auch wenn manchmal Leute ungerecht entlassen werden, ist es hilfreich, wenn man sie noch mal hereinstellt, und die Erfahrung ist, es ist nicht notwendig, dass man sie wieder einstellt. Man muss sie aber achten. Und dann können sie gehen.

K und R: Die Beispiele, die wir gerade besprochen haben, werfen für mich die Frage nach dem Verhältnis zwischen der Wahrheit des Systems und den Interessen der Auftraggeber auf. Durch die Aufstellung kommt ja häufig etwas ans Licht. Zum Beispiel haben wir in der Vergangenheit Leute ungerechtfertigt entlassen, wir haben Vermögen angehäuft auf eine Art und Weise, die nicht korrekt war, und das wirkt heute noch hinein. Das ist nicht unbedingt das, was die Auftraggeber hören wollen. Ich arbeite daher nach folgender Maxime, die die Auftraggeber allerdings von vornherein kennen: *Ich stelle auf und das, was sich zeigt, zeigt sich, und manchmal ist das schmerzlich, was sich dort zeigt. Und wenn sie trotzdem wollen, dass ich aufstelle, dann mache ich das, aber ohne Zensur ihrerseits. Nur auf dieser Basis kann es eine gute Lösung für alle geben. Sie können dann mit der Aufstellung machen, was sie wollen, aber ich werde mich nur der Wahrheit des Systems verpflichtet fühlen und keiner Perspektivität. Also weder der der Gewerkschaften noch meines Auftraggebers noch von irgendjemand.*

H: Es ist hier auch wichtig, dass man zur Lösung kommt. Die Lösung ist nicht, dass der Konzern sich auflöst, das wäre natürlich eine ganz schlimme Lösung für alle Beteiligten, sondern dass man im Andenken an das Unrecht, das geschah, etwas Gutes tut. Was auch immer es dann ist. Das hat dann eine versöhnende Wirkung. Das Gleiche ist, wenn z. B. Arbeiter entlassen werden müssen. Dann kann man sagen: Der Betrieb kann nur überleben, wenn wir die Belegschaft verkleinern. Wir müssen also einige entlassen. Und diejenigen, die entlassen werden, die leisten einen Beitrag für die Weiterführung des Unternehmens. Ihr Leid kommt den anderen zugute. Deswegen müssen auch die, die bleiben, das achten, dass sie sozusagen auf Kosten der anderen bleiben dürfen, und müssen diese achten. Dann ist das für die leichter zu ertragen. Also, Würdigung ist überhaupt so ein Schlüsselwort für gute Lösungen.

K und R: Deine Arbeit unterscheidet sich, jedenfalls in meiner Wahrnehmung, von einem Großteil dessen, was heute psychotherapeutisch gemacht wird, dadurch, dass man sagen kann, du stehst nicht in der Tradition des *Mythos der unendlichen Lebenserleichterung*. Kann man das so sagen?

H: Ja, das ist gut formuliert.

K und R: Deine Arbeit ist ja in einem ganz strengen Sinne nicht unbedingt auf Heilung angelegt, im Sinne von *dass das Symptom weggeht* oder dass es dem Klienten besser geht. Sondern es geht dir darum, die Wahrheit des Systems ans Licht zu bringen, und das bedeutet manchmal auch, dass der Weg in den Tod nicht mehr aufzuhalten ist, und dann stimmst du auch dem zu. In diesem Sinne bist du ja meilenweit von dem Versprechen entfernt, wie es z. B. im NLP im Vordergrund steht, schnell, sicher, effizient Störungen zu beseitigen, damit das Leben leichter, erfolgreicher, gesünder gelebt werden kann.

H: Das Leben hat nun mal oft seine Tiefen.

K und R: Meine Kritik am Lebenserleichterungs-Mythos ist, dass er nicht funktioniert, also trotz Kühlschränke und High-Tech-Medizin kann man sagen, dass die grundsätzliche existenzielle Leiderfahrung von Tod, Krankheit, Verlust, Verstrickung nicht wirklich geringer geworden ist. Und man kann sagen, diese Aufstellungsarbeit, jedenfalls in meinem Verständnis, ist die erste Psychotherapie, die ich kenne, die aus diesem Lebenserleichterungs-Mythos ausgestiegen ist.

H: Übrigens ich habe da kürzlich eine Statistik gelesen, die untersucht verschiedene Völker nach deren Glückserfahrungen, so wie sie mit dem Leben zufrieden sind. Also, die höchste Glückserfahrung, allgemeine Zufriedenheit und so, mit dem Leben, Zustimmung zum Leben, findet man in Bangladesch.

K und R: Ja, das habe ich auch gelesen.

H: Hast du auch gelesen. Interessant.

K und R: Ja, und das ist genau was ich meine, also der Lebenserleichterungs-Mythos der Neuzeit, auch der ganzen sozialistischen Bewegung, ist empirisch widerlegt. Jetzt könnte man sagen: Okay, wenn dich jetzt eine Organisation bittet, eine Aufstellung zu leiten, dann ist ja ihr Interesse analog zu jemandem, der jetzt vielleicht krank ist oder Probleme in seiner Liebesbeziehung hat, und dessen Interesse natürlich ist, auf alle Fälle erst mal gesund zu werden, das Problem zu lösen usw. Du sagst, ja, das verstehe ich, aber ich arbeite nicht so, dass ich fokussiert bin auf dein Problem und gucke, wie kriege ich das weg.

H: Also, bei Organisationen bin ich schon so fokussiert. Ich bin also fokussiert auf: Wie können sie gut miteinander umgehen? Das ist schon mein Fokus.

K und R: Würdest du sagen, das ist etwas anderes als beim Familienstellen?

H: Beim Familienstellen geht es auch darum, dass man eine Ordnung schafft, dass sie gut miteinander umgehen können. Aber im Persönlichen kommt jeder an Grenzen. Auch eine Firma kommt an gewisse Grenzen, z. B. droht ein Bankrott. Das kann man auch aufstellen. Die Grenze besteht hier darin, dass man nicht davon ausgehen kann, dass man jedes Unternehmen retten kann. Also, das wäre hier die Analogie. Aber sonst schon. Also, das ist ein Auftrag, dass ich helfe, etwas effizienter zu machen und zwar zur Zufriedenheit aller Beteiligten. Ich würde das schon als klaren Auftrag annehmen und in dieser Richtung arbeiten wollen. Aber wenn was dazwischen kommt, manchmal zeigt sich, dass man nichts ändern kann, dann stimmt man dem zu und macht aus der Situation das Beste.

K und R: Du sagtest vorhin, dass die Arbeiter und natürlich die, für die Produkte produziert werden, im Blick sein müssen. An anderer Stelle sagtest du mal: *„Wenn es nur um Geld geht, also die Qualität dessen, was man macht, völlig aus dem Blick kommt, dann geht das nicht gut."* Von hier aus wäre die Frage: Wenn du engagiert wirst unter dem Gesichtspunkt, wir wollen unseren Profit erhöhen, und wenn es den Leuten dabei noch gut geht, ist es auch nicht schlecht, aber das ist eigentlich nicht das, was wir von dir wissen wollen, dann ist ja die Frage: Unter welcher Perspektive arbeite ich hier?

H: Also der Profit ist ja etwas, was das Unternehmen braucht.

K und R: Absolut, sonst geht es pleite.

H: Ja, und insofern ist das Profitstreben in dem Sinn, auch ein gutes Streben. Es muss aber im Rahmen sein, d. h., der Profit muss aus einer Arbeit kommen, die Sinn macht. Es gibt z. B. Artikel, die werden hergestellt und sind dann völlig nutzlos. In so einer Firma können die Arbeiter sich eigentlich nicht gut fühlen, wenn sie sinnlose Sachen machen müssen. Aber wenn das Produkt eines ist, was nützlich ist, was der Allgemeinheit dient, dann gibt das eine andere Zufriedenheit.

K und R: Das heißt, wenn dich so eine Firma bitten würde eine Aufstellung zu machen, und du würdest z. B. in der Aufstellung merken, wenn du vielleicht noch die Kunden dazu stellst, dieses Produkt ist so überflüssig wie ein Kropf …

H: Ja, das würde ich genauso sagen.

K und R: Du würdest also sagen: *„Dass hier große Unzufriedenheit bei den Mitarbeitern herrscht, wundert mich nicht. Sie produzieren etwas, womit sich niemand sinnvollerweise identifizieren kann, und wenn Sie das nicht ändern, dann wird Ihr Bedürfnis, eine motivierte engagierte Mitarbeiterschaft zu haben, wahrscheinlich ein Traum bleiben."*

H: Ja, genau.

K und R: Genau, das würde ich genauso machen. Ich habe noch eine Frage zum *großen Ja*, zur Zustimmung zu Krankheit und Tod. Eben sagtest du, es gibt natürlich auch Grenzen für ein Unternehmen (Bankrott). Gibt es in deiner Erfahrung zu dieser großen Zustimmung zum Leben, so wie es ist, eine Analogie in der Unternehmens- oder Organisationsberatung?

H: Im Sinne von: Wir machen besser den Schirm zu? Ja, ich meine, es kommt darauf an, was man jetzt aus dem Bankrott macht. Viele Unternehmen versuchen ja, dann noch etwas aufzubauen für die Arbeiter, dass es etwas weitergeht und so. Also, man macht nicht einfach zu, sondern versucht, das Bestmögliche aus der Situation zu machen. Und das ist eigentlich das, worauf es ankommt. Unter der Mitarbeit der Arbeitnehmer natürlich.

K und R: Würdest du der Maxime *die Wahrheit eilt immer* zustimmen?

H: Ich habe keine festen Grundsätze, wie du weißt. Aber oft ist es so. Aber ich überlege mir z. B. schon, ob ich jetzt was sage oder nicht. Also, ich sage es nur, wenn es eine Chance hat anzukommen. Wenn ich sehe, dass da keine Bereitschaft ist, sage ich es auch nicht. Dann behalte ich das für mich.

K und R: Ich meine nun beim Aufstellen selbst. So wie ich deine Arbeit kenne, ist es so, dass ich nicht gesehen habe, dass du irgendwann etwas nicht aufstellst, weil du denkst, wenn ich das jetzt auch noch aufstelle: das ist zuviel oder das kann ich ihm nicht zumuten.

H: Ja, manchmal bin ich da auch vorsichtig, wenn ich sehe, dass die Seele des anderen nicht dazu bereit ist, dann stoppe ich an einem gewissen Punkt und warte, bis sich etwas bei ihm entwickelt. Also, ich bin auch hier sozusagen klug in dem Sinne, dass ich nicht weiter gehe als ich sehe, dass es möglich ist. Ich behalte also manchmal auch einiges für mich, was ich nicht sage.

K und R: Verstehe, und das würde analog natürlich, vermute ich, auch für Organisationsaufstellungen gelten.

H: Wenn du z. B. unter Fundamentalisten bist, dann kannst du bestimmte Dinge nicht sagen. Du sagst es einfach nicht. Und auch manche Organisationen sind noch in der fundamentalistischen Ideologie verhangen. Dann sage ich das nicht.

K und R: Verstehe. Eine letzte Frage habe ich noch und zwar: Bei den meisten Aufstellungen, die ich bisher gemacht habe, war es so, dass bei den zentralen Akteuren mindestens eine Person für eine Person stand, und es gab dann zwar auch Aggregationen wie die Mitarbeiter und die Kunden, aber das war eher in der Peripherie. Verstehst du, was ich meine?

H: Ja.

K und R: Bei der Aufstellungsform, die du vorgeschlagen hast, die Shareholder, der Vorstand, die Mitarbeiter, vielleicht auch noch die Kunden, gibt es nur aggregierte Stellvertreter. Könnte man sagen, dass man so die große Dynamik eines Unternehmens in den Blick bekommen kann?

Ich habe einmal für einen multinationalen Konzern den Weltmarkt aufgestellt, also die Mitbewerber auf dem Weltmarkt, die Kunden auf dem Weltmarkt, da gab es auch keine Einzelpersonen – also das ging einigermaßen, aber es hat für mich nicht die Kraft entwickelt, wie das normalerweise eine Aufstellung tut.

H: Vor allem war das Thema zu groß.

K und R: Es war einfach zu groß.

H: Das Thema Weltmarkt ist zu groß. Aber wenn du bei einem konkreten Unternehmen bist, dann kann man diese Aggregate sehr gut aufstellen. Man stellt auch manchmal Länder auf. Und das geht auch. Das verkörpert sich dann mit sehr großer Kraft. Aber es darf nicht mehr sein als für die Lösung notwendig ist. Also, sobald man experimentiert sozusagen, ach, probieren wir doch mal, dann ist man nicht kompakt.

K und R: Ja, es hat wenig Kraft.

H: Nein, das kann es auch nicht haben.

K und R: Es gibt, wenn ich dich richtig verstehe, für dich keine prinzipiellen Grenzen für die Aggregation. Man kann ja auch ein ganzes Land aufstellen, kann, wie du es ja oft bei Kindern machst, die türkisch-deutsche Eltern haben, Türkei und Deutschland aufstellen, was ja ein riesiges Aggregat ist, aber etwas, was für diese Klienten genau in dieser Spannung Deutschland – Türkei sehr wichtig ist.

H: Genau, genau. Ich gebe dir mal ein Beispiel dafür. Also, in Amerika haben wir eine Aufstellung gemacht, da war einer, dessen Großvater hat einen Schwarzen umgebracht. Im Süden, rassistisch. Und dann haben wir die beiden aufgestellt. Also den Großvater und den Ermordeten. Und der Großvater hat so was von Hochmut gezeigt, also so was Kaltes und so. Na gut, und dann habe ich noch einige andere Sklaven aufgestellt. Und dann habe ich Afrika aufgestellt. Und dann ist dieser Farmer, also dieser Großvater, dieser Mörder, er hat sich dann zurückgezogen, und auf einmal ist er auf den Boden und hat einen unglaublichen Schmerz gespürt. Dann ist er zu dem Ermordetem hin, hat sich neben ihn gelegt, und die Sklaven in Afrika sind um ihn herumgegangen und haben den berührt mit Mitgefühl. Und dann habe ich einen aufgestellt für die USA. Und der Vertreter der USA ist ganz langsam dorthin gegangen, hat sich dann hingekniet, verneigt und ist in dieser Verneigung vor den Sklaven und vor Afrika verblieben. Also, hier ging es wunderbar, weil es ganz aktuell war.

K und R: Das sind zwei Beispiele, wo ein Land und ein ganz konkretes Einzelschicksal aufeinander bezogen sind. Das habe ich auch in Holland häufig gesehen mit Indonesien.

H: Und da hat es Kraft. Wenn man von etwas Individuellem ausgeht und dann das, was noch notwendig ist, mit hereinbringt, aber nicht so einfach Länder aufstellt.

K und R: Okay, also Bert, herzlichen Dank für dieses Interview, war uns ein großes Vergnügen.

H: War einmal eine praktische Zusammenarbeit zwischen uns. Ja, okay. Euch beiden alles Gute.

K und R: Danke.

H: Danke schön.

Eigene systemische Verstrickungen auflösen

Ans Ende dieses Teils und bewusst an den Schluss des Buches möchten wir eine grundsätzliche Bemerkung über eine, ja vielleicht die zentrale Voraussetzung schlechthin stellen, über die einerseits jeder systemdynamische Organisationsberater verfügen sollte, die sich aber andererseits nicht im Sinne eines reinen Erwerbs von Fähigkeiten lernen und aneignen lässt. Auch dieses Buch kann dahin gehend keine Hilfestellung leisten, da diese allererste und wichtigste Voraussetzung der Beratung ganz und gar in die Zuständigkeit jedes Einzelnen fällt, der sich entschließt, auf diese Weise mit Organisationen zu arbeiten.

Denn: Jeder Mensch ist aufgrund seiner eigenen Herkunft auf die eine oder andere Art systemisch vorgeprägt, belastet, verstrickt. Wir sind mit Menschen aus unserem Herkunftssystem identifiziert, haben Gefühle und Einstellungen übernommen, von denen uns nicht klar ist, dass sie nicht das Produkt unserer eigenen Geschichte und Interaktionen sind. „Der Apfel fällt nicht weit vom Stamm!", nennt es der Volksmund, womit gemeint ist, dass Mitglieder einer Familie in der Regel über verwandte Kommunikations- und Interaktionsmuster, über gemeinsame Werte und Grundüberzeugungen verfügen – eben über den gleichen Stallgeruch.

Aber mehr als das verbinden sich Familiensysteme auf einer weniger offensichtlichen Ebene durch die unbewussten Determination, denen die Einzelnen in ihren Handlungen folgen: stereotype Grundmuster, mit denen sich der eine seinen dauerhaften Erfolg verbaut, mit denen ein anderer verhindert, eine glückliche Beziehung zu finden, etc.; kurz, systemische Verstrickungen, die uns in unserem alltäglichen Miteinander bestimmen, ohne dass uns dies überhaupt bewusst ist. Die in der Kindheit grundgelegten systemischen Verstrickungen setzten sich unter der Oberfläche des Bewusstseins in unseren späteren Beziehungen fort, sowohl in den privaten als auch in den beruflichen.

Wollen wir nun unsererseits anderen Menschen helfen, sich aus ihren Verstrickungen zu lösen, dann ist es von entscheidender Bedeutung, dass wir nicht nur über die notwendige fachliche Kompetenz verfügen, sondern auch über einen bestimmten Grad an persönlicher Entwicklung, der dies überhaupt ermöglicht: Grundvoraussetzung für das erfolgreiche Arbeiten mit systemdynamischen Aufstellungen ist die eigene Klarheit des Beraters, gleichsam die persönliche Reife, die es ihm erlaubt, sich sowohl offen wie auch abgegrenzt den systemischen Kräften auszusetzen, die das zu beratende System uns anbietet und die in den Aufstellungen zutage treten. Wer sich selbst nicht aus bestimmten Dynamiken gelöst hat, die ihm sein eigenes System als Verstrickungsmuster auferlegt hat, wird, wenn ihm diese Dynamiken in Beratungsgesprächen und Aufstellungen begegnen, sich ihnen nicht mit der unabdingbaren Distanz öffnen können, die jedoch notwendig ist, um sie auflösen zu können.

Das heißt: In gleichem Maße, wie es wichtig ist, sich mit den theoretischen, technischen und pragmatischen Aspekten der systemdynamischen Organisationsberatung vertraut zu machen, ist es eine ebenso wichtige Grundvoraussetzung, sich den Grad an persönlicher Reife zu erwerben, der für diese Art der Arbeit die Voraussetzung ist.

Die hier geforderte Reife erwerben wir dadurch, dass wir uns aus unseren eigenen Verstrickungen befreien. Dies hilft uns nicht nur, den Koalitions- und Triangulierungsangeboten des Systems, das wir beraten, zu widerstehen. Darüber hinaus macht uns die eigene Klärung allererst zu glaubwürdigen Vertretern dessen, was wir tun.

Literatur

Andreas, C. (1994): Core Transformation. Reaching the wellspring within. Moab, UT (Real People) [dt. (1995): Der Weg zur inneren Quelle. Core-Transformation in der Praxis. Neue Dimensionen des NLP. Paderborn (Junfermann)].

Giegerich, W. (1988): Die Atombombe als seelische Wirklichkeit. Zürich (Schweizer Spiegel).

Giegerich, W. (1989): Drachenkampf oder Initiation ins Nuklearzeitalter. Zürich (Schweizer Spiegel).

Günther, G. (1976–1980): Beiträge zur Grundlegung einer operationsfähigen Dialektik. Hamburg (Meiner).

Rombach, H. (1980): Phänomenologie des gegenwärtigen Bewußtseins. Freiburg (Alber).

Rombach, H. (1988): Strukturontologie. Freiburg (Alber).

Rombach, H. (1993): Strukturanthropologie. Freiburg (Alber).

Hellinger, B. (1993): Finden, was wirkt. München (Kösel).

Hellinger, B. (1996): Die Mitte fühlt sich leicht an. München (Kösel).

Hellinger, B. u. G. ten Hövel (1996): Anerkennen, was ist. München (Kösel).

Hellinger, B. (1994): Ordnungen der Liebe. München (Kösel).

Varga von Kibéd, M. u. I. Sparrer (2000): Ganz im Gegenteil. Tetralemmaarbeit und andere Grundformen systemischer Strukturaufstellungen. Heidelberg (Carl-Auer-Systeme).

Weber, G. (1993): Zweierlei Glück. Heidelberg (Carl-Auer-Systeme).

CREATIVE NLP ACADEMY
KLAUS GROCHOWIAK · SUSANNE HAAG

Wir stehen für:

- NLP-Ausbildungen
- Praxisnahe Umsetzung des NLP für das Business
- SystemDynamik
- Persönliche Entwicklung
- NLP Neu- und Weiterentwicklungen
- Ergänzende Seminare
- Lernmaterialien

CREATIVE NLP ACADEMY INC.
Postfach 1806, 65006 Wiesbaden
Tel. (0611) 527 237, Fax (0611) 529 707
cnlpa@cnlpa.de

Ausführliche Broschüren mit Inhaltsangaben senden wir Ihnen gerne zu

Ihr direkter Weg zu uns: www.cnlpa.de